王陽明全集

中华传世藏书
【图文珍藏版】

[明]王阳明⊙原著

马昊宸⊙主编

綫裝書局

阳明王先生报功祠记 费宏

经世保民之道，济其变，而后显其功，厚其施，而后食其报。传曰："太上有立德，其次有立功。"时而至于立功，则去太上远矣。士君子遭时遇主，处常尽变，不得已而立功。固不望其报之久。追人之思报，自不能已，故昌黎祀潮，子厚祀柳，张咏绘像而祀于蜀，羊祜建碑而祀于襄阳，其致一也。

赣之牙境，万山盘亘，群盗纵横，土酋跳梁于东南，逆藩窥伺于西北。正德丙子春，阳明王公以大中丞秉钺来镇，纲纪号令，朝发夕新。凡四省、五道、九府州、六十九县、二十五卫所之奔命者，皇皇汲汲，恐于后至之诛。又卓见大本，广集众思，张施操纵，不出庭户，而遥制黠虏于江山数千里之外，英声义烈，肃于雷霆。今年平南靖，明年平桶冈，又明年平浰头，又明年平逆藩。如虔，如楚，如闽，如粤，四郊力稽，清夜弦歌，而边圉之患除。如豫州，如江州，如桐城，如淮甸，千里肃清，万夫解甲，而社稷之忧释。夫公以文儒之资，生承平之世，蹈疏逖之踪，当盘错之会，天枢全斗极之光，地维扫豺狼之穴，玺书频奖，茅土加封，一时遭际，可以风励群工矣。

公之去赣久矣，而人犹思之，复建祠以祀之。富者输财，贫者效力，巧思者模像，善计者纠工，虚堂香火，无替岁时。报施之道，不于其存，而于其亡，身后之事，未定于天下，而私于一方，吾是以知赣人之重义也。孔子曰："斯民也，三代之所以直道而行也。"兹非三代之遗民欤？

公继其父龙山公之学，且与孙忠烈同年同官，忠烈死逆藩之难，而公成靖难之功，浩然之气，充塞两间，增光皇国，幸与不幸，易地则皆然者。然则公之立功，虽有先后大小，要皆以忠输君，以孝成亲，以信许友者欤。公讳守仁，字伯安，别号阳明。龙山公讳华，以大魁冢宰。孙忠烈讳燧，以中丞赠宗伯。皆吾乡先达也。

呜呼！望雷阳而思新竹。按营垒而叹奇才，高山仰止，景行行止，谨纪其实，以备野史之拾遗云。

田石平记 费宏

田江之滨，有怪石焉，状若一龟，卧于衍石之上。长倍寻，厚广可寻之半。境土宁静，则偃卧维平，有眚，则倾欹潜浮，以离故处。故俗传有平宁倾兵之谶。岁乙酉，岑氏猛，食采日殷，恣横构兵。守臣方上疏议讨，一夕，石忽浮去数百武。猛惧，乃使力士复之，向夕，殷祀之，以潜弭其变。明年，大兵至猛，竟失利以灭，人益异焉。

猛党卢、王二酋胁众连兵，据思、田，以重烦我师，朝议特起今新建伯阳明王公来平。比至，集众告曰："蠢兹二酋，岂惮一擒，维疮痍未瘳，而重罹锋刃，为可哀也。"即日下令，解十万之甲，撤四省之兵，推赤二酋，俾自善计。二酋惮公威德，且知大信不杀，遂率众自缚泣降。公如初令，谕而遣之。单车诣田，经画建置，以训奠有众。田父老望风观德，如堵如墙，罗拜泣下曰："大兵不加，明公再生之赐也。田丑何以为报！"维田始祸，石实崇之，具以怪状闻，且曰："自王师未旋，石靡有宁，田人惴惴，守之如婴，今则亡是恐矣。愿公毁此，以宁我田。"公曰："其然，与若等往观之。"既观，曰："汝能怪乎？吾不汝毁，而与决。"取笔大书其上曰："田石平，田州宁，千万世，巩皇明。"明年春，公使匠氏镌之，遂以为田镇。田人无远近老稚，咸讴歌于道，以相庆焉。

嗟夫！维石在阿，赋性不那，孰使之行，岂民之讹。维奴维祥，肇是兴亡，天实变幻，而莫知其方。维邪则泄，维正则灭，亦存乎其人而已矣。公忠诚纯正，其静一之学，浩然之气，见于勤王靖难者，可以格神明而贯金石。天下已信之，有弗灵于是石乎？田人宝兹石文，盖不啻交人之累铜柱也已。公车将旋，田人趋必东曰："兹不可无述以告于世。"世作《田石平记》。

白釉观音坐像

阳明先生画像记 少师徐阶

阳明先生像一幅，水墨写。嘉靖己亥，予督学江西，就士人家摹得先生燕居像二，朝衣冠像一。明年庚子厦，以燕居之一赠吕生舒，此幅是也。

先生在正德年间，以都御史巡抚南、赣，督兵败宸濠，平定大乱，拜南京兵部尚书，封新建伯。其后以论学为世所忌，竟夺爵。予往来吉、赣间，问其父老，云："濠之未叛也，先生奉命按事福州，乞归省其亲，乘单舸下南昌，至丰城，闻变，将走还幕府，为讨贼计，而吉安太守松月伍公议适合，郡又有积谷可养士，因留吉安，征诸郡兵，与濠战湖中，败擒之。"其事皆有日月可按覆。而忌者谓先生始赴濠之约，后持两端遁归，为伍所强，会濠攻安庆不克，乘其沮丧，幸成功。夫人情苟有约，其败征未见，必不遁。凡攻讨之事，胜则侯，不胜则族，苟持两端，虽强之必不留。武皇帝之在御也，政由嬖幸。濠悉与结纳，至或许为内应。方其崛起，天下皆不敢意其遽亡。先生引兵而西，留其家吉安之公署，聚薪环之，戒守者曰："兵败，即纵火，毋为贼辱。"呜呼！此其功岂可谓幸成，而其心事岂不皦然如日月哉！忌者不与其功足矣，又举其心事诬之，甚矣小人之不乐成人善也。

自古君子为小人所诬者多矣，要其终必自暴白。乃予所深慨者，今世士大夫，高者谈玄理，其次为柔愿，下者直以贪黷奔竞，谋自利其身。有一人焉，出死力为国家平定大乱，而以忌厚诬之，其势不尽驱士类入于三者之途不止。凡为治，不患无事功，患无赏罚。议论者，赏罚所从出也。今天下渐以多事，庶几得人焉，驰驱其间，而平时所谓议论者如此，虽在上智，不以赏罚为劝惩，彼其激励中才之具，不已疏乎？此予所深慨也。

濠之乱，孙、许二公死于前，先生平定之于后，其迹不同，同有功于名教。江西会城，孙、许皆庙食，而先生死祠，予督学之二年，始祀先生于射圃。未几，被召，因摹像以归，将示同志者，而首以赠吕生。予尝见人言此像于先生极似，以今观之，貌殊不武，然独以武功显，于此见儒者之作用矣。吕生诚有慕乎，尚于其学求之。

重修阳明王先生祠记 大学士李春芳

阳明先生祠，少师存翁徐公督学江右时所创建也。

公二十及第，宏辞博学，烨然称首词林。一时词林宿学，皆自以为不及。而公则曰："学岂文词已也！"日与文庄欧阳公穷究心学，闻阳明先生良知之说，而深契焉。江右为阳明先生过化地，公既阐明其学以训诸生，而又谓崇祀无所，不足以系众志，乃于省城营建祠宇，肖先生像祀之。遴选诸生之俊茂者乐群其中，名曰龙沙会。公课艺暇，每以心得开示诸生，而一时诸生多所兴起云。

既公召还，荐跻纶阁，为上所亲信，盖去江右几三十年矣。有告以祠宇倾圮者，公则愀然动心，捐赐金九十，属新建钱令修葺之。侍御甘斋成君闻之曰："此予责也。"遂身任其事，鸠工庀材，饰其所已敝，增其所未备，堂宇斋舍，焕然改观，不惟妥祀允称，而诸生之兴起者，益勃勃不可御矣。

噫！公当枢管之任，受心膂之寄，无论几务丛委，即宸翰咨答，日三四至，而犹惓惓于崇先哲、兴后学如此，诚以学之不可以已也。夫致知之学，发自孔门，而孟子良知之说，则又发所未发。阳明先生合而言之曰"致良知"，则好善恶恶之意诚，推其极，家国天下可坐而理矣。公笃信先生之学，而日似体之身心，施之政事。秉钧之初，即发私馈，屏贪墨，示以好恶，四海向风。不数年，而人心吏治，翕然丕变。此岂有异术哉？好善恶恶之意诚于中也。故学非不明之患，患不诚耳。知善知恶，良知具存，譬之大明当天，无微不照，当好当恶，当赏当罚，当进当退，锱铢不爽，各当天则。循其则而应之，则平平荡荡，无有作好，无有作恶，而天下平矣。故诚而自慊，则好人所好，恶人所恶，而为仁。不诚而自欺，则好人所恶，恶人所好，而为不仁。苟为不仁，生于其心，害于其事，蠹治戕民，有不可胜言者矣。公为此惧，又举明道《定性》《识仁》二书发明其义，以示海内学者，而致知之学，益明以切。诸生能心推其义而体诸身，则于阳

《王阳明全集》原典

一七七三

明先生之学几矣。业斯舍者，其尚体公之意，而殚力于诚，以为他日致用之地哉！

成君守节，曹州人，癸丑进士，按治江右，饬纪布惠，卓有贤声，盖有志于学者。

平宁藩事略 敬斋蔡文见任廉使

阳明先生，以道德功业，冠绝古今，无容议矣。独宁藩一事，不理于谗口者有二：曰始与宁府交通，后知事不可成，因人之力，从而剪之，以成厥功；又曰宁府财宝山积，兵入其宫，悉取以归。此二者，当时谗口嗷嗷，至形诸章奏，播诸远近。缙绅有识，皆知其为必无，而莫悉其无之故；皆知其绝无可疑，而无以破人之疑。余甚恨之。足迹半天下，访之莫有知者。迨移官入赣，赣故先生开府之地，当时故老尚有存者，咨访累月，乃得其详。于是跃然以喜，疾谗口之无根，且知先生计虑之深，规模之远，有非常情之所能测识也。

自古建非常之功，必待非常之人。逆藩之积虑，非一日矣，当时所惮，独先生在耳。杀之不得，必欲致之，事乃可成，故致惓惓于先生。而先生亦示不绝于彼者，力有所为，机有所待。

峒酋叶芳等有众万人，感不杀之恩，乐为我用；先生推诚抚之，间示以意。芳叩首踊跃，待报而发。逆藩招集无赖，亦属意于叶芳，尝以厚赀陷之。芳受不却。有以闻于先生者，先生怃然有失。久之，搏案起曰："吾今日视义当为，事之成败，身之祸福，不计也。"会逆藩起，遂部所属民卒，督知府邢珣、伍文定等以行。叶芳密使人告曰："吾以疑彼也。今日之事，生死惟命。"先生大喜，即携以往。鄱湖之战，逆藩觊望芳来。芳乘之，遂就擒。大难之平，芳与有力。不然，逆兵众且强，独以民卒之脆弱涣散，安能当其锋哉？兵入南昌，先生召芳语之曰："吾请于朝，以官偿若劳，如何？"芳叩首曰："芳土人，不乐拘束，愿得金帛作富家翁耳。"遂入宫，籍所有以献，余以予芳，满其欲焉。

由前观之，先生所以阳示不绝于彼者，阴欲有为于此。使当时积谷练兵，宁不启彼之疑，而厚其毒。法曰"藏于九地之下，奋于九天之上"是也。其后以赍委叶芳者，则以夷治夷之法。故先生心事如青天白日，用兵如风雨雷霆，本无可疑；何疑者之纷纷也！故表而出之。

荫子咨呈蔡文

正德十六年七月十八日，奉到兵部凤字二千八百八十号勘合内开一件捷音事，准武选司付奉本部连送该本部题送，准浙江布政司咨呈，据绍兴府申，据余姚县申，蒙本府纸牌，仰县速将都御史王承荫子侄应该之人，取具无碍亲供，并官吏里邻人等不扶结状缴报等因，依蒙行据该隅里老吕时进等，勘得右副都御史王，任江西南、赣等处剿贼成功，钦承荫子一人，世袭锦衣卫百户，行县取具里老并本族亲供。今据前因，合将缴到王冕等供状一纸，系本县东北隅五里民籍，有侄王守仁，任江西南、赣等处右副都御史为剿贼成功钦承荫子王正宪，世袭锦衣卫百户，行县取具里老并本族亲供呈缴到部。查得先该提督南、赣都御史王奉称征剿江西南、赣等处贼寇，驱卒不过万余，用费不满三万，两月之间，俘斩六千有奇，破巢八十有四，渠魁授首，噍类无遗。该本部查议得都御史王躬亲督战，获有军功，所当先录，伏望圣明俯照节年平寇，升荫有功官员事例，将王照例升职荫子，以酬其功，等因具题。正德十三年四月十八日，节该奉圣旨："是。各官既剿贼成功，地方有赖，升右副都御史，荫子侄一人做锦衣卫，世袭百户，钦此。"查无本官应袭子侄姓名，已经备行原籍官司查取，去后。又该提督南、赣军务右副都御史王奏报广东韶州府乐昌等县平贼捷音，内开擒斩首从贼人首级共二千八百九名颗，俘获贼属，并夺回被掳男妇五百名口等因。该本部查议得本官分兵设策，一旦剿平，厥功非细。本部议将王量加升级，于先荫子百户上再加升荫，以酬其功。伏蒙钦依，王守仁已因功升职，还赏银四十两，纻丝二表里。臣等以为王守仁累建奇功，各不相掩，今止给赏，似不足酬其功。合无王守仁量升俸给，于先荫子百户上量加升荫等因。本年十二月初三日具题。本月二十六日奉圣旨："王守仁累有成功，他男先荫职事上还加升一级，钦此。"又经备行钦遵讫，今据前因，久查升级事例，实授百户上加一级，该副千户，通查案呈到部，欲将都御史王应荫子王正宪查照先奉钦依，加荫子侄一人做锦衣卫，世袭百户，再加。续奉钦依，加升一级，与做副千户，填注锦衣卫左所支俸。缘系查录恩荫，节奉钦依，王守仁荫子侄一人做锦衣卫，世袭百户，及他男先荫职上还加升一级事理等因。正德十五年三月初四日，少师兼太子太师本部尚书王等具题。次年四月二十五日，奉圣旨："是，钦此。"钦遵，拟合通行，为此合行浙江布政司转行绍兴府余姚县，著落当该官吏，照依本部题奉钦依内事理，即便查取王正宪作速起程，前来赴任。仍将本官起程日期，缴报施行。

处分家务题册 门人黄宗明书

先师阳明先生夫人诸氏，诸无出，先生立从侄正宪为继。嘉靖丙戌，继率张氏生子，名正聪，未及一岁，辄有两广之命，当将大小家务处分详明，托人经理。殁几一载，家众童僮不能遵守，在他日能保无悔乎？

宗明等因送先生葬回，太夫人及亲疏宗族子弟四方门人俱在，将先生一应所遗家务，逐一禀请太夫人，与众人从长计处，分析区画，以为闲家正始，防微杜渐之原。写立一样五本，请于按察司佥事王，绍兴府知府洪，用印钤记。一本留府，一本留太夫人，正宪、正聪各留一本，同志一本，永为照守。

先生功在社稷，泽被生民，道在宇宙，人所瞻仰。其遗孤嫠室，识与不识，无不哀痛，况骨肉亲戚，门生故旧，何忍弃之负之哉！凡我同事，自今处分之后，如有异议，人得与正，毋或轻贷。

同门轮年抚孤题单 门人薛侃书

先师阳明先生同祖兄弟五人：伯父之子曰守义、守智，叔父之子曰守礼、守信、守恭。同父兄弟四人：长为先师，次守俭、守文、守章。先师年逾四十，未有嗣丁，择守信第五男正宪为嗣，抚育婚娶。嘉靖丙戌，生子正聪，明年奉命之广，身入瘴乡，削平反乱，遂婴奇疾，卒于江西之南安。凡百家务，维预处分，而家众欺正聪年幼，不知遵守。吾侪自千里会葬，痛思先师平生忧君体国，拳拳与人为善之心，今日之事，宜以保孤安寡为先，区区田业，非其所重。若后人不体，见小失大，甚非所以承先志也。

及禀太夫人及宗族同门戚里，佥事汪克章，太守朱衮，酌之情礼，参以律令，恤遗孤以弘本，严内外以别嫌，分爨食以防微，一应所有，会众分析，具有成议。日后倘复恩典承袭，亦有成法。正聪年幼，家事立亲人管理，每年轮取同志二人兼同扶助，诸叔侄不得参挠。为兄者务以总家爱弟为心，以副恩育付托之重；为弟者务以嗣宗爱兄为心，以尽继志述事之美；为旁亲者亦愿公心扶植孤寡，以为家门之光。前先师在天之灵，庶乎其少慰矣。倘有疏虞，执此闻官。轮年之友，亦具报四方同门，咸为转达。明年宪典，幽有师灵，尚冀不爽。所有条宜，开具于后。

请恤典赠谥疏薛侃

礼科等科都给事中等官辛自修等题，为开读事，伏睹诏书内一款："近年病故大臣，有应得恤典而未得，亦有不应得而得者，科道官举奏定夺，钦此。"臣等公同面议，举得大学士杨廷和、蒋冕、石瑶，尚书王守仁、王廷相、毛澄、汪俊、乔宇、梁材、湛若水、喻茂坚、刘切、聂豹，侍郎吕柟、周广、江晓、程文德，少詹事王伟，祭酒王云凤、魏校、邹守益二十一人，奇勋大节，茂著于生前，令望高风，愈隆于身后，俱应得恤典而未得者。中间如吕柟，有祭葬而无谥，石瑶有谥而不足以尽其平生，俱应改拟补赐。又访得文臣中如曾铣、杨守谦、商大节、程鹏、朱方、张汉、王杲、孙继鲁八人，或志在立功，身遭重辟，或事存体国，罪累流亡，至今无问，知与不知，皆痛惜之。臣等仰惟恩诏既恤得罪之臣，复举原终之典，而诸臣独以一时负罪，遂不得沾被洪慈，人心咸为悯恻。似应查复原官，量加优恤，以示褒答等因。奉圣旨："礼部看议来说，钦此。"

浙江等道监察御史王等题，为开读事，伏睹诏书内一款，"近年病故大臣有应得恤典而未得，亦有不应得而得者，科道官举奏定夺，钦此。"钦遵，臣等备行礼部祠祭司，查取节年给过大臣恤典，并有请未给缘由，随行浙江等道，各公举所知，以奉明诏。续行祠祭司及各道手本，开具各臣前来，臣等逐一会同详议。举得原任大学士杨廷和、蒋冕、石瑶，尚书王守仁、王廷相、湛若水、毛澄、汪俊、乔宇、梁材、喻茂坚、刘讱、聂豹，侍郎吕柟、周广、江晓、程文德，少詹事黄佐，祭酒魏校、王云凤、邹守益等，即其立朝，则大节不亏，溯其居身，则制行无议，公是在人，不容泯没，俱应得恤典而未得者也。中间如吕柟，虽有恤典，而未得赠谥，石瑶已有赠谥，而未尽其人，似应得补赐改拟者也。又查得节年给过恤典，如尚书邵元节、陶仲文、顾可学、徐可成、甘为霖，侍郎郭文英、张电、朱隆僖等，或秽迹昭彰，人所共指，或杂流冒滥，法所不容，俱不应得而得者也。伏望敕下该部，再加详议，将杨廷和、王守仁等应复官荫者，复其冒荫，仍给祭葬赠谥；吕柟准赐赠谥，以成恩礼；石瑶如法改拟，以符名实；其滥叨恩典，如邵元节、陶仲文先经刑部议处外，其顾可学等，均为冒滥，名器可惜，合当追夺，以昭明法者也。再照录忠恤罪，圣朝厚下之典也。观过而知仁，明主鉴物之公也。

臣等又访得如文臣之中，如曾铣、杨守谦、商大节、翟鹏、朱方、张汉、王杲、孙继鲁等，究其罹祸之迹，原其为国之忠，生则未雪，死而益明。武臣之中如周尚文者，出谋宣力，功在边稿，恤典未给，人心称屈。兹当圣仁湛濡之时，正烦冤洗濯之会，诸臣之恤典，似当应给，以广殊恩者也。再乞敕下该部，一并酌议，请自上裁，仍通行各该抚按，遵照诏书广求博访，凡大臣恤典，果有应得而未得，及不应得者，各宜悉心甄别，以宣上德。亦不得曲意徇物，滥及庸劣。庶几恩之所敷，潜晦不遗，义之所抑，回慝莫逃，劝惩之典行而风世之道备矣，等因。奉圣旨："礼部看议来说，钦此。"

辨明功罚疏薛侃

南京户科给事中岑用宾一本开读事，臣惟国家之礼大臣，其生也，固重其爵禄以宠异之，其殁也，亦必优其恤典以施褒之，所以示君臣一体之义，终始存殁无间也。然是恩宠之泽，予夺出自朝廷之上，忠良之臣，固在所必加，其匪人恶德，亦不使得以幸及焉。盖加于忠良，则为公，及于匪人，则为僭，公而不僭，则君子以劝，小人以惩。此固人君奉天而不私，而实默寓劝惩之机于其间也。臣伏读皇上登极之诏，内一款有曰："一近年病故大臣，有应得恤典而未得，亦有不应得而得者，科道官举奏定夺，钦此。"臣有以仰见皇上之新政，固将欲使朝廷恩宠之大典，昭大公于天下万世也。臣备员南垣，敢不祗承德意哉？臣谨之缙绅，参之闻见，查得：

已故原任刑部尚书林俊，福建兴化府莆田县人，举成化戊戌科进士。历官四十余年，屡陈谠言，忠诚剀切，抗犯颜敢谏之节，尚简素清约之风。迭仆迭起，朝野推重。在四川则抚剿蓝、鄢之剧寇，在江西则裁制宁藩之逆萌，功尤不泯。暮年遭际，保终完名。居家构疾，具疏预辞。身后恤典，竟为不合者所忌，乘机排阻，至今公论惜之。

已故原任南京兵部尚书新建伯王守仁，浙江绍兴府余姚县人，举弘治己未科进士。筮仕三十余年，扬历中外，所至有声。而讨江西宸濠之叛，平广西思恩、田州及断藤、八寨之贼，功烈尤著。且博极经史，究心理学，倡明良知之训，洞畅本源，至今为人士所宗。不幸其殁也，遽为忌者疏论，遂削去伯爵并恤典赠谥，迄今人以为恨。

已故原任南京兵部尚书湛若水，广东广州府增城县人，举弘治乙丑科进士。历官三十余年，立朝正大重厚，有休休有容之风；治事经纬详明，有济世匡时之略。尤倡明正学，以接引后进为已任，自始至终，孜孜忘倦，凡所造就，多为时名流。致仕家居，逾二十载，寿考而终。其子孙曾陈乞恤典赠谥，未蒙先帝俞允，至今众论咸以为歉。

已故原任南京工部尚书吴廷举，广西横州府千户所人，举成化丁未科进士。历官四十余年，机略优长，节操素励，犯逆瑾之怒，而刚正不回，谕桃源之寇，而诚信久布。且始终一介不取，殁后殡殓无资，廉洁高风，古今鲜俪。访其赠谥，尚亦未与云。

已故原任户部侍郎唐胄，广东琼州府琼山县人，举弘治壬戌科进士。历官四十余年，始终正直，不少变易。迭任藩臬巡抚，劳代最多。在部建议陈言，忠说更切。后以忤旨，被杖削籍；众皆惜之。昨吏部题请，虽以复职赠官，而祭葬并谥未议，犹为缺典。

以上五臣，其任职先后，虽稍不同，而负忠良重望则，无二致。明诏所谓应得恤典而未得者，此其最也。

又查得已故原任礼部尚书顾可学，其先后居官，臣无暇论已。独其晚年挟持邪浮诞术，于求进用，因而滥叨恩赏，秽浊清曹，迄今舆论咸羞称之。其始而炼合秋石，继而练制红铅，妄行进御，至使方士人等踵迹效尤。皇上所谓王金、陶仿等妄进药物，致损圣躬。臣愚以为若诛求首恶，则顾可学尤不容逭矣。其存日，既悖逃刑宪，不与方士人等同就诛夷，则其死也，宁可复使之冒滥朝廷恩赉于泉下也哉？明诏所谓有不应得而得者，此诚其最也。

夫表扬善类，则天下皆知为善之利，排斥奸谀，则天下皆知肆恶之非，乃治世所不容缓者。伏乞敕下，该部查议，如果臣言不谬，即将林俊、王守仁、湛若水、吴廷举、唐胄五臣，查照旧例，一体追补赠谥、祭葬、荫子等项；顾可学前后所冒官职赠荫等项尽行削夺。其王守仁伯爵应否承袭，并行集议题请，取自上裁。如此，庶乎予夺明而恩威不忒，赏罚当而劝惩以昭矣。

再照臣子冤抑，久当获伸，殊恩滥窃，终宜厘正。如已故原任吏部尚书李默，生平博雅能文，清修鲠介，居官守职，茂著风猷。止缘入柄铨曹，不阿权势，遂致奸人乘望风旨，竟尔挤排，含冤圄圉，赍志而死。今际遇昌时，彼泉壤之下，宁无昭雪之望乎？已故原任江西副使汪一中，在昔统兵征剿，始而无料敌之明，继而无御敌之策，坐使狂寇冲突，命殒兵刃。较之守备不设，诚为一律。倘若悯其死事，姑不追论，存其官职，犹或可也，故隆忠赠荫，崇之貌祀，其为冒滥不已甚乎？当时与一中同事者，金事王应时也。应时被虏赎回，寻冒升秩，旋被参论落职。观应时不当冒升，则一中不应赠荫明矣。再乞敕下该部查议，将李默一臣，比照遗诏恤录之典，复其官职，加入赠祭，少雪冤魂；将一中一臣，遵照明诏不当得之旨，夺其赠荫祠祀，俾毋终辱明典。则予夺益彰，而淑慝益著，未必不为圣朝平明之治少裨也。奉圣旨："该部知道。"

请从祀疏薛侃

钦差提督学校巡按直隶监察御史臣耿定向谨题，为应明诏，乞褒殊勋，以光圣治事。恭惟皇上御极之初，诏下中外，据剔幽滞，恤录往忠，鼓动寰宇。凡有血气者，靡不竞劝矣。伏思原封新建伯南京兵部尚书王守仁者，虽经科臣列举题请，顾其功在社稷，道启群蒙，是犹未可以概凡论也。臣敢特为陛下言之。

臣伏闻武宗初年，旧邸宦官有马永成、刘瑾等，时号"八虎"，置造淫巧，蛊惑上心；日进走马飞鹰，道为娱乐；不令亲近儒臣，讲学修德，耽废万几。时科道官谏，不听，户部尚书韩文泣血苦谏，不听，左右辅臣时时密谏，不听，以致海内汹汹思乱，盗贼蜂起，天下骚动。江藩宸濠，由此乘机窃发，谋危宗社，时非守仁在赣，倡义擒灭，今日之域中，殆有不忍言者矣。此其功在国论，章章较著，人所共明也。及宸濠既擒，太监张忠及许泰等复又诱惑武宗，以亲征为名，巡幸南都，其实阴怀异志，欲逞不轨。时宗社之危，益如累卵矣。全赖守仁握兵上游，随机运变，各恶潜自震慑，武宗因得还京厚终，于以启先皇帝逮我皇上今日万世无疆之业。此其功甚钜，而为力尤难，其迹则甚隐矣。至其倡明道术，默赞化理，未易言述。即举所著拔本塞源一论，开示人心，犹为明切。如使中外大小臣工实是体究，则所以翊我皇上太平无疆之治者，尤非浅小。此其功则百千世可颂者也。在昔先皇帝入继大统，首议锡爵进秩，遣官存问，即欲召入密勿，以咨启沃。维时辅臣桂萼者，妒其轧己，阴肆挤排，故荐令督师两广，竟使赍志以殁。寻复构煽，致削封爵。智士忠臣，至今扼腕悼叹而不置矣。

伏惟早上俯垂轸念，敕下廷臣，虚心集议，特赈复爵赠谥，从祀孔庙，万代峪仰，甚盛举电。臣窃又伏思，为此请，在国家诏功彝典，当如此耳。乃若笃忠效知之臣，其心惟愿国家永灵长之庆，而不愿有建功之赏；惟愿朝端防、一德之交，而不乐有倡道之名。伏惟皇上省览及此，深惟往事之鉴，益弘保大之图。而左右臣工，共明一体之学，顿消有我之私。则守仁之道，即已表章于今日，而守仁之志，即已获伸于九原矣。即今奕世阤穷，永言销灭，亦其所安。此守仁之心、亦微臣之心也。臣无任祝望激切陨越之至。为此专差舍人丁宪赍捧，谨题请旨。奉圣旨："礼部知道。"

题赠谥疏薛侃

吏部一本，为开读等事，节该本部验封清吏司案呈，奉本部送，准礼部咨，该科道等官会举已故原任新建伯南京兵部尚书兼都察院左都御史王守仁等官各应得恤典等因。除祭葬照例给与外，据赠官备咨前来本部，俱经照例题奉钦依外，准吏部咨该翰林院接出揭帖某人等因，开咨送司，案呈到部。查得赠谥官员例应给与诰命，本部欲行翰林院撰文，中书舍人关轴书写，臣等未敢擅便开坐。谨题请旨。

计撰述官员。诰命轴。

原任新建伯南京兵部尚甫兼都察院左都御史王守仁，今赠新建侯。谥文成。

原任少师兼太子太师吏部尚书华盖殿大学士杨廷和，今赠太保，谥文忠。

原任少傅兼太子太傅户部尚书谨身殿大学士蒋冕，今赠少师。谥文定。

原任太子太保吏部尚书兼武英殿大学士石瑶，今赠少保。

原任少保兼太子太保吏部尚书乔宇，今赠少傅，谥庄简。

原任太子太保兵部尚书兼都察院左都御史王廷相，今赠少保，谥肃敏。

原任人子太保兵部尚书聂豹，今赠少保，谥贞襄。

原任人子太保兵部尚书彭泽，今赠少保，谥襄毅。

原任太子少保户部尚书王杲，今赠少保。

原任太子少保户部尚书梁材，今赠人子太保，谥端肃。

原任礼部尚书汪俊，今赠太子少保，谥文庄。

原任刑部尚书喻茂坚，今赠太子少保。

原任刑部尚书刘切，今赠太子少保。

原任刑部尚书林俊，今赠太子少保，谥贞肃。

原任南京工部尚书吴廷举，今赠太了少保，谥清惠。

原任南京兵部尚书湛若水，今赠太子少保。

原任兵部左侍郎张汉，今赠兵部尚书。

原任南京工部左侍郎程文德，今赠礼部尚书。

原任南京工部左侍郎何孟春，今赠礼部尚书，谥文简。

原任南京礼部右侍郎吕柟，今赠礼部尚书，谥文简。

原任兵部右侍郎兼都察院左副都御史曾铣，今赠兵部尚书，谥襄愍。

原任兵部右侍郎兼都察院右副都御史杨守谦，今赠兵部尚书，谥恪愍。

原任兵部右侍郎兼都察院右佥都御史商大节，今赠兵部尚书，谥端愍。

原任南京刑部右侍郎江晓，今赠工部尚书。

原任都察院右副都御史孙继鲁，今赠兵部左侍郎，谥清愍。

原任詹事府少詹事兼翰林院侍读学士黄佐，今赠礼部右侍郎。

原任都察院右佥都御史朱方，今赠都察院右副都御史。

原任南京国子监祭酒邹守益，今赠礼部右侍郎，谥文庄。

原任刑部左侍郎刘玉，今赠刑部尚书，谥端毅。

原任太子太保吏部尚书熊浃，今赠少保，谥恭肃。

原任太仆寺卿杨勋，今赠右副都御史，谥忠节。

原任左春坊左赞善罗洪先，今赠光禄寺少卿，谥文恭。

原任兵部员外郎杨继盛，今赠太常寺少卿，谥忠愍。

题遣官造葬照会薛侃

工部为开读事，书填堂字一千八百二十号勘合，照会浙江布政司，仰比号相同，照依后开事件，作速完报施行，须至照会者。

计开一件开读事，屯田清吏司奉本部连送该本部题，本司案呈，奉本部送准礼部咨，该礼科等科都给事中等官辛自修等题前事，该本部看得大学士蒋冕性行朴忠，学识雅正。当武朝南巡之日，而协谋靖乱，其成康定之功；遇先皇继统之初，而秉正立朝，克效赞襄之职。乞身远引，似得进退之宜；洁己令终，无损平生之誉。新建伯兵部尚书王守仁，具文武全才，阐圣贤之绝学。筮官郎署，而抗疏以犯中珰，甘受炎荒之谪；建台江右，而提兵以平巨逆，亲收社稷之功。伟节奇勋，久已见推于舆论；封盟恤典，岂宜遽夺于身终。尚书汪俊，秉刚介之性，持廉慎之操。筮仕词林，而再蹶复起，生平之制行可知；继司邦礼，而百折不回，立朝之节概具见。洁己无惭于古道；归田见重于乡评。尚书乔宇，才猷博达，德量宏深。预计伐叛濠之谋，而留都赖之以不耸；持法落逆彬之胆，而奸萌藉此以潜消。入掌铨衡，公明懋著；晚归田里，誉望弥隆。左都督周尚文，志本忠勤，才尤清耿。深谋秘略，克成保障于云中；锐于强才，久震威名于阃外。近年良将，在所首称；身后恤典，委难报罢。以上诸臣，论其职任才猷，不无差等之别；要其官常人品，均为贤硕之俦：所当厚加恤典以优异者也。尚书喻茂坚，历官中外，积有年；劳守己，始终并无訾论。尚书王杲，持身清慎，任事刚方。谪死本无非罪，大节委有可加。以上二臣，所当照例给与祭葬者也。相应题请，合无将大学士蒋冕，尚书乔宇，左都督周尚文，各照例与祭九坛；新建伯王守仁与祭七坛；尚书汪俊与祭二坛；尚书喻茂坚与祭二坛；尚书王杲与祭四坛。移咨工部，照依品级，造坟安葬，及行各该布政使备办祭物香烛纸，就遣本司堂上官致祭等因。题奉圣旨："蒋冕、乔宇、周尚文、王守仁、汪俊各照例与祭葬，还同吕柟，俱与他谥；石瑶准改谥；其余都依拟行，钦此。"钦遵，咨部送司，查得先该本部为审时省礼，以宽民力事，议得病故大臣，照依今定后开价值，转行有司措办，给付丧家自行造葬，不必差官。中间果有功德昭彰，闻望素著，公私无过，或曾历边务，建立奇功，及经帷纂修，效劳年久，此等官员，合照旧例差官造葬。俱听本部临时斟酌，奏请定夺等因。题奉武宗皇帝圣旨："是，造坟开圹工料，价银则例准拟，钦此。"已经通行钦遵去后，今该前因，通查案呈到部，看得大学士蒋冕，尚书乔宇、王守仁、汪俊、喻茂坚、王杲，都督周尚文，俱功德昭彰，闻望素著，及效劳经帷修纂，并建立边功，俱应差官造葬。查得本部司属官员，各有差占，及查见今行人司并中书等衙门俱缺官，不敷委用。合候命下之日，容职等查顺便省分，行移事简衙门，查有应差官员，或一人兼差二三省，本部照例各给批文定限。仍行兵部应付各官前去。各该布政司比号相同，著落当该官吏照依后开拟定价值派办。各该布政司仍委堂上官一员，会同本部委官，前去造坟处，所依式造葬。各毕日，备将夫匠价银数目，各该布政司类造黄册奏缴，青册送部查考等因。

隆庆元年六月初八日，少傅本部尚书雷等具题。本月初十日。奉圣旨："是，钦此。"钦遵，拟合通行，为此合连送司，仰类行各该布政司，著落当该官吏照依本部题奉钦依内事例，钦遵造葬施行等因。连送到司，各付前去类填施行。

计开，浙江布政司派办已故原任新建伯兼南京兵部尚书王守仁，系京二品文官，造坟工料价银二百五十两，夫匠一百五十名，每名出银一两，通共该银四百两正。右照会浙江等处承宣布政使司准此。隆庆元年六月十七日，对同都吏王宜开读事。右照会浙江布政司当堂开拆。

祭葬札付薛侃

浙江等处承宣布政使司为开读事，礼房准户部勘合科付承准礼部以字四千二百五十二号勘合照会前事，准祠祭清吏司付奉本部连送该本部题，本司案呈奉本部送礼科都给事中等官辛自修等题，钦奉诏书，内一款："近年病故大臣，有应得恤典而未得，亦有不应得而得者，科道官举奏定夺，钦此。"臣等会同科道官复加询访，公同面议，举得尚书王守仁勋大节，茂著于生前；令望高风，愈隆于身后。应得恤典而未得者。伏乞敕下该部，再加查议。如果恤典未给，将王守仁应复官荫者，先复其官荫，仍给以祭葬赠谥等因。奉圣旨："礼部看议来说，钦此。"钦遵，钞出送司，行准吏部文选清吏司回称，王守仁原任新建伯，兼南京兵部尚书；及准考功清吏司手本回称，王守仁病故。各回报到司。

查得《大明会典》并见行事例，文官见任并致仕者，二品，病故，祭二坛。又查得凡伯爵管事有军功者，祭七坛，工部造坟安葬。又查得先为比例，乞恩赠谥事，节奉孝宗皇帝圣旨："今后有乞恩赠的，恁部里还要斟酌可否来说，务合公论，不许一概徇情，比例滥请，该科记着，钦此。"今该前因，案呈到部，看得恤典一节，朝是所以崇奖贤哲，褒答忠劳，表章于既往，激劝于将来，其典至重，其法至严者也。若使有当得而不得，有不应得而滥得者，又何以示教戒于天下，而公是非于后世耶？

兹者躬遇我皇上嗣承大统，典礼鼎新，正人心争自濯磨之始。而明诏所及，特开厘正恤典一款。言官奉诏谘询，陈列上请，无非祇承明命，以公劝惩之意。相应议拟，为照新建伯兵部尚书王守仁，具文武之全才，阐圣贤之绝学。筮官郎署，而抗疏以犯中珰，甘受炎荒之谪；建台江右，而提兵以平巨逆，亲收社稷之功。伟节奇勋，久已见推于舆论；封盟恤典，岂宜遽夺于身终。所当厚加恤典，以示优异者也。臣等参稽公论，查照事例明白，相应题清，合无将新建伯王守仁与祭七坛，照依品级造葬，仍乞赐谥易名，以表潜懿，其爵荫移咨吏部查议外，合候命下，行翰林院撰祭，并拟谥号，工部差官造坟安葬，及行该布政司买办祭物、香、烛、纸。就遣本布政司堂上官致祭。恩典出自朝廷，臣等不敢定拟，伏乞圣裁等因。

隆庆元年四月二十七日，本部尚书兼翰林院学士高等具题。二十九日，节奉圣旨："王守仁照例与祭葬，还与他谥。钦此。"钦遵，拟合就行，为此合就连送，仰付该司类行浙江布政司转属支给官钱，买办祭物、香、烛、纸，就遣本布政司堂上官致祭。仍将用过官钱，开报户部知数。毋得因而科扰不便。连送别司，合付前去，烦为类填施行等因到司，案呈到部，拟合就行浙江布政司照依勘合内事理，一体遵奉施行等因。备承移付，准此。拟合就行，为此除外，札付本官照札备承照会内事理，即便转行该县，支给官钱，买办祭物、香、烛、纸完备，择日申请本司分守该道亲诣致祭施行。毕日，将用过官线，行过日期，明开动支何项银数，备造青黄文册三本申报，以凭转缴施行，毋得违错不便。须至札付者。

计开：

一、祭文

谕祭文

维隆庆年月日，皇帝遣本布政司堂上某官某，谕祭原任新建伯兼兵部尚书赠新建侯王守仁，文曰：惟卿学达天人，才兼文武。拜官郎署，抗疏以斥权奸；拥节江西，仗义而讨凶逆。芟夷大难，茂著奇勋。又能倡绝学于将湮，振斯文于不坠。岂独先朝之名佐，实为当代之真儒。顾公评未定于生前，致恤典尚缺于身后。朕兹嗣统。特用颁恩，爵陟侯封，申锡酬功之命；谥加美号，庸彰节惠之公。冥漠有知，英灵斯烈。

首七等文

曰：惟卿学探洙、泗之奥，才为管、葛之俦。直节著于立朝，奇功收于定难。德既茂矣，勋莫尚焉。方膺显命以虓荣，遽罹谗言而褫爵。公评殊快，恩宠特加。首七莫追，载颂谕祭，服兹明渥，用慰幽灵。

终七、百日文同，但改"首七"为"终七"，又改"终七"为"百日"。

下葬等文

曰：惟卿学问闳渊，谋猷敏练。接千载圣贤之正脉，建万年社稷之奇功。久被浮言，莫伸国是。虽爵随身废，而名与道存。兹当窀穸之期，用贲幽泉之宠。歆兹彝典，奖尔忠魂。

期年、除服文同，但改"窀穸"为"周期"，又改为"禫除"。

一、祭品

猪一口。羊一腔。馒头五分。粉汤五分。果子五色（每色五斤）。按酒五盘。凤鸡一只。炸骨一块。炸鱼一尾。酥饼酥锭（各四个）。汤鸡一分。汤鱼一分。降真香一炷。烛一对（重一斤）。焚祝纸（一百张）。酒二瓶。

右札付绍兴府准此。入递，不差人。

隆庆二年二月十三日对同通吏朱椿开读事。十四日申时发行绍兴府。札付押。十六日到府。

江西奏复封爵咨任士凭

钦差巡抚江西等处地方、兼理军务、兵部右侍郎兼都察院右金都御史任，为开读事，据江西布政司呈奉职按验准吏部咨前事，内开，会同巡按御史，即查新建伯王守仁当宸濠倡乱之时，仗义勤王，奋身率众，中间分兵遣将，料敌设谋，斩获功次，擒缚渠魁等项，是否的有实迹可据；地方荡平之后，群情果否诵功；爵荫削除以来，群情果否称枉；即今应否准其子孙世袭。逐一备查明白，作速会奏施行等因。备咨前来，案行本司，会同司道查议详报。并蒙巡按江西监察御史苏案验，奉都察院勘札同前事依奉行。

据南昌府呈，据南昌县申称，故牒府县儒师生，及唤通县耆民坊里陈一鸣等，并质之乡宦原任侍郎等官曾钧、丁以忠、刘伯跃、胡植等，逐一查结，得宸濠阴谋不轨，已将十年。蓄养死士，招集盗贼，一旦举事，势焰熏灼。于时本爵方任南赣都御史，往闽勘事。正德十四年六月十五日，行至丰城，闻变，即旋吉安。督率知府伍文定等调集军民兵快，约会该府乡官王懋中等，相与激发忠义，移檄远近，暴扬逆濠罪恶。于是豪杰响应，人始思奋，士民知有所恃而壮胆，逆党知有所畏而落魂。夫本爵官非守土，而讨逆之命之未下，一旦举大事，定大谋，此非忠愤激切，克悖大义者，不能也。

至七月初二日，逆濠留兵万余守江西省城，而自引兵向阙。本爵昼夜促兵，十五日会临江之樟树。十八日，分布督遣知府伍文定等攻广润七门。二十二日，破贼，尽擒逆恶。二十四日，遇黄家渡。二十六日，逆濠就擒。不延时日，江省底定。此非谋略素定，料敌若神者，不能也。

夫逆濠，一大变也，以六月十四日起事，以七月二十六日荡平，兵不血刃，民不易市，即本爵之勋烈，诚与开国同称。迨先帝登极，大定公典，论江西首功，封本爵为新建伯，给券世袭。此固报功之盛典，而江右咸称快焉。继因平蛮病故，朝议南宁之事，霍韬、黄绾诸臣奏疏甚明。竟扼于众忌，而天下咸称枉焉。迩者为开读事，科道等官疏欲复其世袭，此公道之在人心，不容泯也。昔开国文臣刘基，以武功封诚意伯，停袭百余年。嘉靖初，特取其的裔世袭。夫本爵学贯天人，才兼文武，忠揭日月，功维社稷，恩庇生民，拟之刘诚意，不相伯仲。倘蒙覆奏，准其世袭，扶植崇德报功之公道，兴起忠臣义士之世教等因。并据本县儒学生员王缉等结报相同，备申本府，转申到司。

据此，随该本司左布政使曹三旸，右布政使程瑶，会同按察使张柱，都司署都指挥佥事耿文光，分守南昌道左参政方弘静，分巡南昌道佥事严大纪，会看得原封新建伯王守仁，正德十四年督抚南、赣之时，于六月初九日，自赣起行，往福建勘事。

时宸濠谋为不轨，欲图社稷。本月十四旧，擅杀都御史孙燧，副使许逵，并执缚都、布、按三司官，及府县等衙门大小官员，俱囚之，尽收在城各衙门印信，及搬抢各库藏一空，释放在城各司府县见监重囚，舟楫蔽江而下，声言直取南京。

次日，本爵在于丰城舟中闻变，疾趋吉安，集兵勤王。行至中途，尤恐兵力未集，若宸濠速出，难以遽支，乃间谍扬言朝廷先知宁府将叛，行令两广、湖、襄都御史杨旦、秦金准兵部咨，调遣各处兵马，暗伏要害地方，以伺宁府兵出袭杀；复取优人数辈，将公文各缝衣絮中，各与数百金以伞其家，令其至伏兵处所，飞报窃发日期；将发间，又捕捉伪太师李士实家属至舟尾，令其觇知，本爵佯怒，令牵之上岸处斩，已而故纵之，令其奔报；宸濠逻获优人，果于衣絮中搜得公文，宸濠遂疑惧不敢即发。

十八日，至吉安，督率本府知府伍文定，临江知府戴德孺，赣州知府邢珣，袁州知府徐琏等，调集军民，召募义勇，会计一应解留钱粮，支给粮饷，造作战船；奏留公差回任御史谢源、伍希儒，分职任事；约会致仕、养病、丁忧、闲住及赴部调用等项一应乡官，相与激劝忠义，晓谕祸福。又恐宸濠知其调度，觉其间谍，发兵速出，乃密使伪国师刘养正家属及平日与宸濠往来乡官阴致归附之意，以缓其出。直伺调度已定，乃移檄远近，宣布朝廷威惠，暴露宸濠罪恶。又度兵家决胜之机，不宜急冲其锋，须先复省城，捣其巢穴，贼闻必回兵来援，则出兵邀而击之，此全胜之策。于是佯示以自守不出之计。

七月初二日，宸濠兵万余，使守江西省城，乃自引兵向安庆。本爵探知其出，遂星驰促各府兵，期以本月十五日会于临江之樟树镇。身督知府伍文定等兵径下，戴德孺等兵各依期奔集。十八日，遂至丰城，分布哨道，约会齐攻省城广润七门。是日又探得宸濠伏兵于新旧坟厂，以备省城之援，乃密遣兵从间道袭破之，以摇城中。

十九日发市汊，二十日，各兵俱至信地，我师鼓噪并进，绵緪而登，一时七门齐入，城遂破。擒其居守宜春王拱樤，及伪太监万锐等千余人。宸濠宫中眷属纵火自焚。遂封府库，搜出原收大小衙门印信九十六颗。先上江西捷音疏。仍分兵四路追蹑。

宸濠攻围安庆未下，至是，果解围归援省城，卒如本爵所料。于是议御寇之策，本爵断以宜先出锐卒，乘其惰归，邀击以挫其锋，众将不战而自溃。遂遣知府伍文定等分道并进，击其不意，奋死殊战。贼大溃。因傍谕城中，军民虽尝受贼官爵，能逃归者，皆免死；能斩贼徒归降者，皆给赏。使内外居民及向导人四路传布，以解散其党。

二十三日，宸濠先锋至樵舍，风帆蔽江。本爵亲督伍文定等四面分布，以张其势。

二十四日，贼逼黄家渡。乃合兵交击，噪呼并进，贼大溃而奔。擒斩二千余级，落水死者以万数。贼气大沮，退保八字脑。

二十五日，伍文定等奋督各兵并进，炮及宸濠舟。贼又大溃。擒斩二千余级，潮水死者，莫计其数。乃夜督伍文定等为火攻之具。邢珣等分兵四伏，期火发而合。

二十六日，宸濠方召群臣，责其间不致死力者，将引出斩之，争论未决；我兵已四面云集，火及宸濠副舟，众遂奔散。宸濠与妃泣别，宫人皆赴水死。宸濠并其母子、郡王、将军、仪宾及伪太师、国师、元帅、参赞、尚书、都督、指挥、千百户等官数百人皆就擒矣。擒斩贼党凡三千余级，落水死者约三万余，所弃衣甲器仗财物，与浮尸积聚，横亘若洲。余贼数百艘，四散逃溃。

二十七日，复遣官分兵，追剿殆尽。计先后擒斩首从贼人贼级，并获宫人贼属、夺回被胁被虏、招抚畏服官民男妇等项共一万一千五百九十六名、颗、口。功成而事定矣。

先是本爵起兵吉安时，两上疏乞命将出师。蒙朝廷差安远伯朱秦，即许泰，平虏伯朱彬，即江彬，左都督朱晖，即刘晖，太监张忠、张永等为总督、军务、赞画、机密等官，体勘宸濠叛逆事情，前往江西。至中途，闻宸濠受擒，报捷至京。计欲夺功，乃密请驾亲征。江彬、许泰等乃倡言本爵始同宸濠谋叛，因见天兵亲讨，始擒宸濠，以功脱罪，欲并擒本爵以为己功。又谕本爵欲将宸濠放至城中，待驾至，列阵重擒。本爵不可，遂各引兵至南京候驾。本爵乃力疏清止亲征。

九月十一日，亲自谅带官军将宸濠并宫眷逆情重犯督解赴阙，扶病前进。行止浙江杭州府，又遇奏差太监张永赍驾贴，开称宸濠等待亲临地方，覆审明白，具奏定夺。本爵遂按行浙江按察司转呈太监张永会同监军御史公同该省都、布、按三司等官，将见解逆首宸濠，并宫眷等项，逐一交付明白转解。于是江彬等日夕谋欲夺功，欲反坐本爵，并擒为功，赖张永极力辩获得免。

时本爵功高望重，颇为当路所忌。正德十六年十二月内，该部题为捷音事，议封公伯爵，给与诰券，子孙世世承袭，赐敕遣官奖劳，锡以银币，犒以羊酒，封新建伯，奉天翊卫推诚宣力守正文臣，特进光禄大夫柱国，兼南京兵部尚书，参赞机务，岁支禄米一千石，三代并妻一体追封。本爵累疏辞免。

明年，嘉靖改元，本爵丁父忧，四方来游其门，讲学益众。科道官迎当路意，劾公伪学。服阕，例该起复，六年不召。江西辅臣有私憾本爵者，密为进谗，以阻其进。嘉靖六年，广西岑猛倡乱，兵部论荐本爵总督四省军务，前去荡平，又成大功。时本部力参其擅离职役，及参其处置广西思、田、八寨事恩威倒置，又诋其擒宸濠时军功冒滥，乞命多官会议。明年，江西辅臣复进密揭，命多官会议。遂削世袭伯爵，并当行恤典，皆不沾被矣，等因到职。

据此卷查先准吏部咨前事，已经案行该司，会同查议去后，今据前因，该职会同巡按江西监察御史苏朝宗参看得原任新建伯王守仁，当宸濠叛逆之日，正督抚南、赣之时。宸濠之未发也，若非剿平浰头等巢，则勇智绝伦之徒皆为贼所用，必大肆蔓延之祸。及宸濠之既发也，若非行间以缓其出，则四方大兵之众，非朝夕可集，必难为扑灭之功。督伍文定，督载德孺，督邢珣等饱歌协力，足见分兵遣将之能。系省城，系黄家渡，系樵舍，决胜若神，信有料敌设谋之智。斩获功次，具载于纪功之册，而擒缚渠魁，甚明于交割之文。且奋身率众之劳，皆历历可据，仗义勤王之举，尚昭昭在人。先与后擒，乃豪党利己之诬，本不足辩。而其中原以北，终不能攻陷金陵以据者，要皆本爵至微之谋。论之今日，江西死节，皆蒙赠恤，生存皆获抚安，孰非本爵勤劳之举。地方荡平之后，诵功者载在口碑；爵荫削除以来，称枉者孚于士论。盖较之开国元勋，若非同事，而拟其奠安社稷，则与同功。但世袭之典，事体重大，出自朝廷，非臣下所敢轻议。为此除具题外，今备前由，理合移咨贵部，烦请查照施行。须至咨者。

右咨吏部，隆庆元年十月十一日行说堂。十一月十三日到。

浙江巡抚奏复封爵疏 王得春

巡按浙江监察御史王题，为恳乞鉴忠义，复袭爵，以光圣政事。

臣惟人臣报国之忠，致身之义，虽得之天性，然其所以鼓舞而激励之者，实赖君父在上有以握其机也。

臣会同提督军门赵。窃见原任新建伯王守仁，为浙江余姚人。方正德己卯宁庶人宸濠谋反时，守仁以南、赣巡抚提督军务，奉旨前往福建勘处叛军，道经丰城，闻变，乃潜回吉安，遂与知府伍文定等，誓死讨贼。

当是时也，宸濠以数十年逆谋，发之一旦，远迩骇震，内而武宗皇帝左右近习，多昏酗，宸濠赂遗，甚有与之交通者。外而孙燧、许逵同时被害，三司而下，多就拘囚。又遣其党，分收诸郡邑印信，逆焰所熏，视湖、湘、闽、浙不复在目中。帆墙东下，日蔽江塞，遂破南康、九江如摧枯拉朽。急攻安庆，直瞰留都。东南事势，亦孔棘矣。

守仁以书生，民非素属，地非统辖，兵非素练，饷非素具，徒以区区忠义，号召豪杰，仓卒调度，誓死讨贼。其报宸濠谋反疏曰："臣以区区之命，诚为讨贼之举，务使牵其举动，而使进不得前；捣其巢穴，而使退无所据。"夫观守仁血诚之言，其忠根诸天性者，固将昭日月而贯金石矣。而其牵举动、捣巢穴之见，智勇殊绝，视宸濠真为囊中物耳。宸濠固凶狡，竟莫能逃。继之南昌破，而巢穴平矣。宸濠返而渠魁执矣。不两月间，地方底宁，朝廷无征兵遣将之烦，地方臻反乱为治之效。此功在社稷，甚为奇伟。乃天祐国家，生此伟人，而其诚与才合，盖有追踪乎百代之上者矣。

使是时而非遇守仁，使守仁以南昌非故属，不以讨贼为己任；即使讨贼，张虚声，待奏报，而不速为扑灭之计。臣等知东南安危，未可必也。即使朝廷之上，闻变急图，遣将得人，供饷得人，调度得人，未免延缓日时。及其戡定，又不知所伤人命几何，所费粮饷几何，所费爵赏几何，所损国家之气几何，此守仁之功所以为大也。

奈何功虽成矣，而奸党忌嫉，不惟爵赏不及，抑且媒孽多方。又赖天祐我国家，不使忠义抱屈终身。幸遇世宗皇帝，入继大统，即位未几，首录守仁之功，封新建伯，世袭。部下伍文定等，升赏有差。当是之时，海内之人，又莫不以世宗皇帝，能赏忠义之勋，亦莫不以守仁之功，为足以当封爵而不愧也。

是时守仁虽腐封爵，徒淹家居。未尝一日柄用。嘉靖六年间，始起奉敕讨两广叛目。卢苏、王受等，既平，以冲冒炎瘴病笃，具疏辞官，不待报而归，至江西南康地方，病故。

夫以守仁江西之功论之，诚已竭夫报国之忠，以两广之还迹之，又未失夫致身之义，俱无可以议焉者。只以当时大臣，有忌其两广功成，疏中未叙己者，乃从中主议，谓其不俟命而行，非大臣体，遂有旨削袭爵。臣等尝为守仁冤之。何则？假使守仁诈病而归，与地方未平，而急身谋，诚为可罪。然地方已平矣，即不病，亦当听其辞归，以彰朝廷均劳大臣之义。矧地方已平，而又病，病又笃，卒死于道路，而人犹执其迹以罪之，冤亦甚矣。

兹幸我皇上御极，即位一诏，将使天下无一物不得其所。故凡平日内外大小臣工，或一言有益于国家，一行有益于生民者，无不恤录。若守仁者，其伯爵之袭，臣等固谓其为皇上新政第一事也。况经言官疏请，往复行勘，海内臣工，万口一词，成以守仁伯爵当袭。臣等谬膺抚按浙江，为守仁桑梓地，其得之公论，稽之群情，揆之国典，察诸守仁讨贼之心之功，其伯爵诚宜使袭，而不可泯者。且方今南北多事，北虏尤甚，皇上宵旰九重，内外大小臣工，非不兢兢图谋，思以陈见伐虏悃诚，而犁廷扫穴之绩，尚未有能奏者。臣等诚谓皇上宜籍守仁报国之忠，致身之义，皇上俯采公议，复其袭爵，将见内外大小臣工，莫不以守仁忠义不白于正德之季，我世宗皇帝能白之。又稍抑于嘉靖六七年间，我皇上今日又独能察而伸之。莫不相率激励于守仁之忠义，以报皇上矣。其为圣政之光，岂小哉！伏乞敕下吏部，再加查议节次，言官奏疏，亟为上请，守仁幸甚，天下幸甚。

缘系恳乞鉴忠义，复袭爵，以光圣政事理，为此具题。奉圣旨："吏部知道。"

题请会议复爵疏 王得春

吏部题，为开读事，验封清吏司案呈，奉本部送吏科钞出巡抚江西等处地方兼理军务兵部右侍郎兼都察院右佥都御史任题云云等因，又该巡按江西监察御史苏等题同前事，俱奉圣旨："该部知道，钦此。"钦遵，按查先奉本部送准礼部咨，内开原任新建伯兼南京兵部尚书王守仁，具文武之全才，阐圣贤之绝学。筮官郎署，而抗疏以犯中珰，甘受炎荒之谪；建台江右，而提兵以平巨逆，亲收社稷之功。伟节奇勋，久已见推于舆论；封盟恤典，岂宜遽夺于身终。爵荫仍咨吏部查议施行等因到部，除新建伯王守仁照例追赠新建侯，已该本部具题，奉有谕旨外。所据世袭一节，当武庙之末造，江西宸濠突然称变，事关社稷。本爵亲调官兵，一鼓擒之，不动声色，措天下于太山之安，较之靖远、威宁之功，良亦伟矣。但因南宁之事，停袭岁久。一旦议复，事体重大，相应就彼再行查勘，以昭公论。已经备行移咨去后，今该前因，续该奉本部送吏科钞出，提督军务巡抚浙江等处地方都察院右佥都御史赵题云云等因。又该巡按浙江监察御史王题，同前事。俱奉圣旨："吏部知道，钦此。"钦遵，钞送到司通查，按呈到部，查得王守仁以正德十四年讨平逆藩宸濠之乱，该本部题，奉世宗皇帝圣旨："王守仁封新建伯，奉天翊卫推诚宣力守正文臣，特进光禄大夫柱国，还兼南京兵部尚书，照旧参赞机务，岁支禄米一千石，三代并妻一体追封，钦此。"嘉靖八年正月内，为推举才望大臣以安地方事，该本部会题，节奉钦依，王守仁伯爵姑终其本身，除通行钦遵外，今该前因案呈到部。看得爵人于朝，赏延于世，昔圣王所不能废。即如王守仁削平宸濠之变，功在社稷，岂有仅封伯爵、止终其身之理。所据南、北两京科道官，江、浙两省抚按官，交章论荐于四十年之后，实惟天下人心之公是。但事体重大，必须广延众论，本部难以独拟。合候命下，容臣等会同五府九卿科道等官从公详议，如果新建伯应该世袭，具实奏请，恭候宸断。缘系开读事理，谨题请旨。奉圣旨："是。"

会议复爵疏 吏部尚书杨博

少傅兼太子太傅吏部尚书杨博题，为开读事，验封清吏司案呈，奉本部送吏科钞出，巡抚江西等处都察院右佥都御史任题，为开读事，据江西布政司呈奉职案验准吏部咨前事，内开会同巡按御史即查新建伯王守仁云云。臣等会同太师兼太子太师后军都督府掌府事成国公臣朱等、户部等衙门尚书等官马等，议得戡乱讨逆者，固人臣效忠之常，崇功懋赏者，实国家激劝之典。已故新建伯王守仁，本以豪杰命世之才，雅负文武济时之略。方逆濠称兵南下也，正值武宗巡幸之时，虐焰薰灼，所至瓦解。天下之事，盖已岌岌矣。本爵闻变丰城，不以非其职守，急还吉安，倡义勤王。用敌间，张疑兵，得跕胡虿尾之算；攻南昌，击樵舍，中批亢捣虚之机。未逾旬朔，而元凶授首，立消东南尾大之忧；不动声色，而奸宄荡平，坐贻宗社磐石之固。较之开国佐命，时虽不同；拟之靖远、威宁，其功尤伟。仰蒙先帝知眷，圭符剖锡之赏，已荣于生前；不幸后被中伤，山河带砺之盟，尚靳于身后。此诚四十年未备之缺典，海内人心，兴灭继绝，所望于皇上者，诚不浅也。先该南北科道官交章腾荐，公论益明；近该江、浙抚按官勘报相符，功次甚确。所据新建伯爵，臣等稽之令典，质之舆情，委应补给诰券，容其子孙承袭，以彰与国咸休，永世无穷之报。但爵封重大，系干特恩，臣等擅难定拟，伏乞圣裁。奉圣旨："你每既说王守仁有擒逆之功，著遵先帝原封伯爵与世袭，钦此。"钦遵，已经查取应袭儿男去后，今据浙江布政使司咨呈据绍兴府申据余姚县申，内开勘据该图里邻吕本隆等结，称王正亿见年四十三岁，原系南京兵部尚书都察院左都御史新建伯王守仁继妻张氏于嘉靖五年十二月十二日所生嫡长亲男，向因伊父先年节次剿平南、赣、乐昌等处山贼，恩荫一子，世袭锦衣卫副千户，本官见任前职，并非旁枝过继，亦无别项违碍，相应承袭伯爵等因。给文起送到司，拟合起送。为此除给批付本官亲赍赴部告投外，今将前项缘由，同原来结状，理合备送咨呈施行等因，到部。送司案呈到部，看得浙江布政使司查勘过见在锦衣卫副千户王正亿委系新建伯王守仁嫡长亲男，并无违碍，相应承袭一节，既经奉有前项明旨，合无将王正亿准其承袭新建伯伯爵，以后子孙世袭。但恩典出自朝廷，未敢擅便等因。隆庆二年十月二十五日，少傅兼太子太傅吏部尚书杨博等具题，本月二十七日奉圣旨："是，王正亿准袭伯爵，钦此。"

再议世袭大典 杨博

吏部等衙门少傅兼太子太傅尚书等官杨博等题为恳乞圣明再议世袭大典，以服人心，以重名器等因。奉圣旨："该部知道，钦此。"钦遵，钞出到部，送司案查。先为开读事，该科道等官都给事中辛自修等，及南京户科给事中岑用宾等，各奏荐原任新建伯王守仁应复爵荫等因，该本部题奉钦依，备行江西抚按衙门查勘去后，续该江西抚按官任士凭等查勘得原任新建伯王守仁应复伯爵等因。又该浙江抚按官赵孔昭等会荐前来，随该本部题奉钦依，会同太师兼太子太师后军都督府掌府事成国公朱希忠等，户部等衙门尚书等官马森等，议得本爵一闻逆濠之变，不以非其职守，急还吉安，倡义勤王。未逾旬朔而元凶授首，立消东南尾大之忧；不动声色，而奸宄荡平，坐贻宗社磐石之固。较之开国佐命，时虽不同；拟之靖远、威宁，其功尤伟。委应补给诰券，容其子孙承袭，以彰与国咸休，永世无穷之报等因。奉圣旨："你每既说王守仁有擒逆之功，遵著先帝原封伯爵与世袭，钦此。"钦遵，案呈到部，看得新建伯王守仁一事，始而江西抚按勘议，继而府部科道会议，揆之公论，似亦允协。乃今南京十三道官复有此奏，系干赏延重典，臣等难以独拟，合候命下，容本部仍照例会同在京应议各官覆议明白，具奏定夺，未敢擅便，伏乞圣裁等因。五月十五日，奏奉圣旨："是，钦此。"钦遵，查得诚意伯刘基食粮七百石，乃太祖钦定；靖远伯王骥一千石，新建伯王守仁一千石，系累朝钦定，多寡不同。今该前因，臣等会同太师兼太子太师后军都督府掌府事成国公朱希忠等，户部尚书刘体乾等，议得国家封爵之典，论功有六：曰开国，曰靖难，曰御胡，曰平番，曰征蛮，曰擒反。而守臣死绥，兵枢宣猷，督府剿寇，咸不与焉。盖六功者，关社稷之重轻，系四方之安危，自非茅土之封，不足报之。至于死绥宣猷剿寇，则皆一身一时之事，锡以锦衣之荫则可，概欲剖符，则未可也。窃照新建伯王守仁，乃正德十四年亲捕反贼宸濠之功，南昌、南、赣等府，虽同邦域，分土分民，各有专责，提募兵而平邻贼，不可不谓之倡义。南康、九江等处，首罹荼毒，且进且攻，人尽摇动，以藩府而叛朝廷，不可不谓之劲敌。出其不意，故俘献于旬月之间，若稍怀迟疑，则贼谋益审，将不知其所终。攻其必救，故绩收乎万全之略，若少有疏虞，则贼党益繁，自难保其必济。肤功本自无前，奇计可以范后。靖远、威宁，姑置不论，即如宁夏安化之变，比之江西，难易迥绝。游击仇钺，于时得封咸宁伯，人无间言。同一藩服捕反，何独于新建伯而疑之乎？所据南京各道御史欲要改荫锦衣卫，于报功之典未尽，激劝攸关，难以轻拟。合无将王守仁男袭新建伯王正亿不必改议。以后子孙仍照臣等先次会题，明旨许其世袭。但予夺出自朝廷，臣等未敢定拟，伏乞圣裁。奉圣旨："王守仁封爵，你每既再议明白，准照旧世袭。"

卷二十五 附录

诰命

奉天承运皇帝制曰：

竭忠尽瘁，固人臣职分之常；崇德报功，实国家激劝之典。矧通侯班爵，崇亚上公，而节惠易名，荣逾华衮。事必待乎论定，恩岂容以久虚。尔故原任新建伯、南京兵部尚书兼都察院左都御史王守仁，维岳降灵，自天佑命。爰从弱冠，屹为宇宙人豪；甫拜省郎，独奋乾坤正论。身濒危而志愈壮，道处困而造弥深。绍尧孔之心传，微言式阐；倡周程之道术，来学攸宗。蕴蓄既宏，猷为丕著；遗艰投大，随试皆宜；戡乱解纷，无施弗效。闽、粤之箐巢尽扫，而擒纵如神；东南之黎庶举安，而文武足宪。爰及逆藩称乱，尤资杖钺渊谋，旋凯奏功，速于吴、楚之三月；出奇决胜，迈彼淮、蔡之中宵。是嘉社稷之伟勋，申盟带砺之异数。既复抚夷两广，旋致格苗七旬。谤起功高，赏移罚重。爰遵遗诏，兼采公评，续相国之生封，时庸旌伐；追曲江之殊恤，庶以酬劳。兹特赠为"新建侯"，谥"文成"，锡之诰命。于戏。钟鼎勒铭，嗣美东征之烈；券纶昭锡，世登南国之功。永为一代之宗臣，实耀千年之史册。冥灵不昧，宠命其承。隆庆二年

传

新建伯文成王先生世家

耿定向

先生有言曰："豪杰而不圣贤者有之，未有圣贤而不豪杰者。"盖尝上下古今，三代以还，不具论孔孟后负豪杰才者，类溺于质矣。优入圣域者诚尠。遒潜心学圣，以名理著称者，原本才质足拟古豪杰士，固不数数然也。惟我昭代文成王先生，亶乎豪杰之才，而圣贤学者，孟子以后鲜与匹矣。顾其受才英迈，骈宕不羁，少乏狥齐之誉，而人伦所遭又多不幸，且逢世艰危，任肩重钜，其应用施措，有难以绳矩律者。以此世之姱修莊士，或泥其迹，不欲深究其学，而一二及门承传者，识及质淆，见超至靡，只窃其绪言而张皇之，行多不掩，因缘饰以异说，致使先生学竟湮郁不彰。忧世卫道者，至谓先生借寇兵，赍盗粮，岂不悲哉？愚本据先生生平所历，著世家，中特述其经尝险阻，为明怆惩悟人之因，而尤详其晚年省悔克治之切，以著其修證之实。世豪杰士，勿徒昵耳，而直反之躬，不自咎往，而亟图更其新。先生我师哉？维时见知闻知者，多在豫章举所知，述邹罗二先生传外，述泰州心斋传者，陆子静有言："可使不识一字凡夫，立地作圣。"玩心斋先生良知旨，信立地作圣诀也。

先生姓王氏，讳守仁，字伯安，其先晋右军羲之裔也。右军传二十三世，迪功郎寿，始自山阴徙余姚。传五世，曰纲字性常者，具文武才，国初为刘伯温荐，仕至广东参议，遇苗乱死之。参议生彦达，达伤父死难，不仕，号秘湖渔隐。渔隐生与准，是为先生高祖，精礼、易，永乐中辟举，避步壁石崖，伤足得免，因号遁石翁。翁生杰，以明经贡太学，号槐里子。生天叙，号竹轩，以子贵赠礼部右侍郎，后加赠如先生爵，累世载德，见诸名公所著传。赠公生华，是先生父，号海日，亦号龙山，成化辛丑赐进士及第第一人，仕至南京吏部尚书。母郑夫人娠十四月而诞先生，成化壬辰九月丁亥也。

先生生五岁始言，即能诵赠公所恒读书，赠公讶之，封曰："儿往耳而默记之也。"尚书公及第，先生方十龄，赠公携于京师，过金山，饮客命赋诗。先生赋曰："金山一点大如拳，打破淮扬水底天。醉倚妙高台上月，玉箫吹彻洞龙眠。"客惊异，复命赋蔽月山房诗。曰："山近月远觉月小，便道此山大于月。若人有眼大如天，还见山小月更阔。"卓志超识，其夙植耶。比至京就塾，尝闻塾师以科第为第一等事，先生中不然曰："科第上有圣贤事当为者。"赠公闻而奇之。丙午，年十五，游居庸，慨然有经略四方志。是时畿辅、秦、楚患盗，拟上书阙下，尚书公斥之，乃止。弘治改元戊申，年十七，外舅诸公宦豫章，往就甥馆，合卺毕，闲步铁柱宫，见道士静坐，与语，悦之，遂相对终夕。归越过广信，谒娄一斋谅。谅故游聘君康斋门者，为语"圣人为必可至"，深契焉。先生故好谑，自是常端坐省言，同业者未信。先生曰："吾昔放逸，今知遇，当改也。"壬子，年二十一，举乡试入京，为考亭格物学，觉烦苦无得，乃贬为词章。明年下第，时相李文正戏呼为来科状元，且曰："试以吾言作赋。"先生援笔立就，惊羡为"天才天才"云。念疆圉多警，乃留意兵法。寻有疾，复谈养生术。己未，年二十八，成进士，观政工部，与海内名士乔宇、汪俊、李梦阳、何景明、顾璘、徐祯卿、边贡辈学古文词。已差督造王威宁墳，事竣，谢弊不受，受其佩剑，以符所梦也。应诏上边务八事。逾年，授刑部主事，创制《囹圄巡警规》，至今遵之。嗣差视谳江北，便游九华，闻岩洞有异人，历崄访之。异人初不语，徐曰："周茂叔、程伯淳若家好秀才，可归求之。"先生会心焉。壬戌秋，请告归越，年三十二，究心二氏之学，筑洞阳明麓，日夕勤修习，静中内照，形躯如水晶宫，忘己忘物，忘天忘地，混与太虚同体。有欲言而不得者，常思遗弃世累而不能置。念于祖母岑及尚书公，久之，悟此念生自孩提，人之种性，灭绝种性，非正学也。甲子，聘主山东试，识拔多名士，程录尽出其手，士林传诵焉。明年门人始进，与甘泉湛公定交。尝谓"初志此学，几仆而兴，晚得友甘泉，而后吾志益坚，毅然不可遏"云。正德改元丙寅，奄瑾窃柄，恶南台省戴铣、薄彦徽等攻己，逮系诏狱。先生抗疏救之，瑾矫诏收先生，杖谪贵州龙场驿驿丞。既行，瑾使人尾侦之，将甘心焉。先生至钱塘，讬迹投江，附估舫遁，倏遇飓风，飘至闽境。夜奔山径，叩寺求宿，不纳，则之别刹。刹故虎穴，穴僧恒趣旅客于中，而利其遗物于虎口。及先生至，虎绕刹咆哮，不及人。且，僧知先生无恙，异之，乃要至寺，则前铁柱宫所晤道士在焉。因与商远遁意。道士曰："公有亲在，且名满朝野，倘不逞之徒假姓名倡乱，家族危矣。"为筮之，遇《明夷》，遂泆策归，由武夷出广信，省尚书公于留都。丁卯夏，徐曰仁、蔡宗兖、朱节受学。是秋三子子同举乡试，别先生。为序，明师友之义，具《文录》。冬，赴龙场。龙故在万山丛棘中，蛇虺魍魉，瘴疠蛊毒之交错。夷人鴂舌，语言不通。无居舍，始教之范土架木为小菴，已就石穴而处。从行三仆，以历险冒瘴，皆病，先生躬析薪汲水，作糜以饲，百方慰解之。目同旅行者，父子主仆骈首死焉。为文瘗之，而自为石椁以待。盖先生于时，因衡动忍，不惟得失荣辱胥已解脱，即死生一念亦为拚置。端居澄默以思，倏若神启，大解从前伎俩见趣，无一可倚，惟此灵昭不昧者，相为终始。不离伦物应感，而是是非非，天则自见。证之《六经》、四子，无不吻合，益信圣人之道，坦若大路，如此著《五经臆说》。与学者尝发格致旨。久之，夷人亦渐亲近，共伐木，为构龙冈书院、何陋轩、玩易窝居之。安宣尉来遗馈，却之。因申朝廷威信令甲，析其减驿之议。又讽之出兵，平阿买、阿扎之叛。盖不特忘在夷狄患难中，且有以行乎夷狄患难者。与贵阳学使席公书，往复质辨朱陆同异。席大省，著《明宽录》，而葺书院居先生，率诸生师事之。庚午，量移庐陵令，时当论知行合一。初于门人徐曰仁发之，谓称："人知孝知弟，必其能孝能弟，即知痛知痒，非本诸身，亦恶乎知？盖欲人反身默议。所以生生者，惟此知，故即知而行在其中，非闻见知解之知也。世儒局于习闻，执以考索为知，以摹拟为行，从来矣。"闻之多骇疑者。过常德、辰州，见冀元亨、蒋信、刘观时，咸能卓静坐，后稍有悟，复示书曰："于此着力，方有进步，顾须刊落声华，切己用功，重惩世亟标榜者。"在庐陵仅七月，政务开导人心，不事刑威，稽旧制，选里正三老，坐申明亭，讼者至，使劝解化诲，后几无讼。冬入觐。台州黄宗贤绾来问学，自言"于学有志，未实用功"。先生曰："人患无志，不患无功。"后契良知旨，始纳贽称门人。卒为先生托孤，以女取其胤子。是年，先生升南刑部主事，寻改吏部验封司，会试为同考试官，识邹文庄于糊名卷中，一时人服其精鉴。同寮方叔贤献夫位在先生上，闻先生论学有契，遂肃贽受学。引疾归西樵，以卒其志。先生寻转文選员外郎，升考功司郎中。门人稍益进，谓王司成云凤曰："仁，人心也，体本弘毅，识仁，则弘毅自不容已"云。已升南京太仆少卿，便归省。舟中与徐曰仁论《大学》宗旨。曰："格物是诚意功夫。"曰仁因省"明善是诚身功夫，穷理是尽性功夫，道学问是尊德性功夫，博文是约礼功夫，惟精是惟一功夫"，知行合一旨大洞然。曰仁盖得于反身实体也。逾年至滁。孟源问："静坐中思虑纷杂，奈何？"曰："思虑亦强禁绝不得，就其萌动处省克，到天理精明后，有物各付物意，自然精无杂思矣，所谓知止乃有定也。"

甲戌，升南京鸿胪卿，年三十五。薛尚谦侃、陆原静澄、郭善甫庆辈受业，先生往惩末俗卑污，来学者多就高明一路引掖。时见有流入空虚，为放言高论者，甚悔之。自是教学者存理去欲，为省克实功。谓黄宗贤曰："学须立诚，从心体入微处用功。不然，则平日所谓学者，适以长傲，遂非。彼自谓高明光大，而不知堕于狼戾险嫉矣。"谓陆澄曰："义理无定在，无穷尽，未可少有得即自足。尧舜之上善无尽。今学者于道，若管窥天，少有所见，遂傲然居之不疑。与人言论，不待其终，而先怀轻忽非笑心，訑訑之声音颜色，有道者侧观之，方为之悚息汗颜，而彼且悍然不顾，略无省悔，可哀已。"澄问："论道者往往不同，何如？"曰："道无方体，即天也。人尝言天，实未知天。若解道即天，何莫非道？彼局于一隅之见，以为道止如此。若解向里寻求，见得自己心体，即无处不是此道。亘古亘今，无终无始，更何同异？盖心即道，道即天，知心则知道知天矣。欲见此道，须从心上体忍始得。"澄问："象山云'在人情事变上作工夫'，如何？"曰："除了人情事变，即无事矣。喜怒哀乐，非人情乎？自视听言动，以至富贵贫贱，患难死生，皆事变也。事变惟在人情里，其要在致中和。"

中华传世藏书

王阳明全集

《王阳明全集》原典

谓汪司成俊曰："心统性情，寂感体用一原也。顾用显而易见，体微而难知。彼谓自朝至暮，未有寂然不动时，是惟见其用，未得其体也。善学者，因用识体耳。"又曰："体用一源，有未发之中，即有发而中节之和。今人发不中节，可知其未发之中未全也。"或问"已发未发"。曰："譬之钟声，未扣不可谓无，既扣不可谓有。未扣时，原足惊天动地；既扣时，亦止是寂天寞地。"澄问："出入无时，莫知其乡。"曰："心之本体原是如此，盖论本体，原无出入。若谓思虑运用是出，其主宰常昭昭，在此何出之有？既无所出，何人之有？出入只是动静，动静无端，何乡之有？"又曰："心不可以动静分，体用动静，时也。即体而言用在体，即用而言体在用。谓静可见体，动可见用，则得精神言动，大率以收敛为主，发散是不得已，天地人物皆然。圣人到，位天地，育万物，从喜怒哀乐未发之中养来。后儒不明格物之说，见圣人无不知，无不能，乃于初学入门时，欲讲求得尽，岂有此理。"谓薛尚谦曰："学专涵养者，日见其不足；骛识见者，日见其有余。日不足者，日有余；日有余者，日不足矣。"又曰："不致良知而溺闻见，是不务力，出而惟衾以给朝夕者，愚矣哉。"乙亥，临川陈惟浚九川见先生于龙江，述问答四条，后再见于虔州，述先生十五条，具《传习录》中。

丙子，年四十五，升金都御史，巡抚南、赣、汀、漳等处。南赣当四省之交。漳南象湖、长富诸巢交于闽，贼魁詹师富等据之；其西横水、左溪、桶冈诸巢交于楚，贼魁谢志珊、蓝廷凤等据之；其东南三浰、九连诸巢交于粤，贼魁池仲容等据之。不时四出劫掠，为患累年，三省抚臣往相观望，急则议请夹剿。每逾时，兵始集，集则贼已窜匿，徒糜饷费，为居民苦。而时宸濠等业已潜蓄不轨，阴与贼通，为之曲护，以此积至数十万众。前抚臣畏难引疾被论去。先生丁丑春莅任，始至，置二匦行台前，曰："求通民情，原闻己过，念漳患孔棘，甫旬日即出师。"初以粤兵违节制失利，众议济师俟秋举，先生不可，躬率诸道进兵，趣上杭，出其不意，直捣象湖，乘胜破长富及水竹等四十余巢，漳南以平。其年九月，疏上本兵，复请改授提督兼巡抚，得便宜行事，意盖微也。十月，成军而出，一鼓而破横水、左溪，再鼓而灭桶冈。三浰贼尤为悍黠，拟官僭号，为恶称矣。时闻各巢破，惧而佯款，阴增机阴窜毒，以虞王师。先生故休士归农，明年正月，计擒其渠魁，遂振旅复举，击其懈，又一鼓而破三浰，再鼓而下九连，其分合先后，算无遗策矣。捷奏，升副都御史，荫子锦衣卫，世袭千户。

先生莅赣，甫逾年，凡三捷皆役，不再籍，兵无挫刃，数十年负固不逞之凶，一旦殄荡，功何伟也。且念其初至，兵乏矣，第选民兵，立兵符，明赏罚以棘之，而不征调狼达。土兵食匮矣，第疏通盐法，处商税以足之，而未始加赋编民。申保甲，谕告格于其始；立社学，举乡约，以和厥中；已开县治，置巡司，移邮驿，以图厥终。经略周而垂裕到今矣。先生在事，燕居则挽强习劳，出兵则跃马先驱。即倥偬中，时时朋来问学，挥尘谈道。其任事何勤，而神情又何暇裕耶。志珊就擒，先生讯之曰："汝何策得众若此？"珊曰："平生见世魁杰夫，多方招结，不轻放过也。"先生退谓九川曰："吾侪求友，当如此矣。"其年刻《古本大学》《朱子晚年定论》《报太和少宰罗整菴钦顺书》，论格致甚辨。后《报顾华玉璘书》，尤辨。而拔本塞源论，发千古万物同体旨，订砭习相沿锢弊，可俟百世者。二书具《传习录》中。薛侃等刻《传习录》。修濂溪书院，以待四方来学。欧阳崇一德受学。崇一年最少，已举乡试，先生深器之。己卯，邹谦之守益来学，详具《本传》。

其年六月，奉勒勘处福建叛军，至丰城，闻宸濠反，急走小舸返吉安。飞章上变，与知府伍文定等定谋，徵兵各郡，并传檄邻省，扶义勤王。先生于时以兵难卒集，且虞两都之无备也，乃为先声张疑，以逗遛贼兵，而又多方行间，以离其党。宸濠果迁延至七月初，发南昌，攻陷南康、九江，进围安庆。我师既集，金请急救安庆。先生策曰："南昌既已从逆，南康、九江又失守，我师深入与贼交持，如南昌绝我粮道，南康、九江之兵从中夹击，安庆必不能援，是腹背受敌，非策也。不如先举南昌，法所谓'攻所必救'是已。"乃誓师樟树，授伍文定等方略，如期俱至汛地。先生亲鼓之，三军竞奋登城，城遂拔，擒诸从逆居守者。先生入城，籍封府库，抚集居民，时贼攻安庆方急，闻南昌破，大恐。李士实等谋弃南昌，径趋南京，或从蕲黄直犯北阙。濠入前间，不听，悉众还。金谓贼众，盛欲坚壁待援。先生度贼，进不得逞，还无所归，气已消沮，出奇击惰，便遂迎战于椎舍，三战，大破之，执濠并其宫嫔、遗孽、伪相李士实等，捷奏不宣。诸奸佞江彬等导上南巡，下制亲征，遣先锋谕先生纵濠鄱湖，俟驾至，临战执之，为悦，谋叵测矣。先生亟从越道献俘行在，而彬等率兵至南昌，飞语四出。先生道遇近侍张永，谂为珰中之有良者，为语江西隐祸可虞，即以俘属献，止上亲征，而卧病杭城寺中，取进止。久之，勒兼巡抚，还江西。明年，上在留都，诸奸佞百方谗构，屡伪旨召先生，意图之。先生知，不赴。因谮先生有将心，试召之，必逆命。先生因永知其谋，时闻召，即乘小舫，取渔艇数十为卫，星夜破浪趣行在，至上新河，诸奸佞阻之，不得见。退次芜湖，已待命九华山。逾月，上使校觇之，谂先生晏坐草菴中，上始释曰："王守仁学道人也，前言者诬矣。"乃复命还江西。先生过开先寺，刻石纪事，曰："于赫皇成。神武不杀，如霆之震，靡击而折。神器有归，孰敢窥窃。天鉴于宸濠，式昭皇灵，嘉靖我邦国。"

其年夏，复如赣。至则阅兵，简武如常。门人危疑其间，请释兵还省，先生处之泰然，第曰："二三子，何不讲学。"盖是时逆濠未死，诸奸佞素通濠得金钱者，多在上左右，已谮逆志，第以先生在赣，不敢动也。世第知先生擒濠之功之伟，不知先生惟时沉几曲算，内戢凶倖，外防贼党，抚定疮痍，激励将士，盖凛凛乎如持劲敌，如履春冰矣。濠伏诛，咨部院，雪冀元亨宛状。元亨楚人，濠以讲学为名，礼招之。元亨因以学规濠，濠不怿而返。先生卫之归后，构先生者波及之，故先生为雪云。其年秋，还南昌。泰州王银服冠古服，执木简书诗为贽，以宾礼见。先生降阶迎，延上座，问："何冠？"曰："有虞氏冠。""何服？"曰："老莱子服。"曰："学老莱乎？"曰："然。"曰："将止学其服，抑学其上堂诈跌掩面啼哭也。"银色动，坐渐侧，与反覆论格致旨。有省，乃反服执弟子礼。先生为易名艮，汝止。

辛巳，先生年五十，遗谦之书曰："近从百死千难中信得致良知三字，真圣门正法眼藏，无不俱足。譬之操舟得舵，平澜浅濑，无不如意，虽遇颠风逆浪，亦可免于没溺。但恐学者易之，将作光景玩弄，不切实用功，负此知耳。"伦彦式以训来学，问："学无静根，感物易动，处事多悔，奈何？"先生谓："学无间于动静。其静也常觉，而未尝无，故常应；其动也常定，而未尝有，故常寂。动静皆有事焉，是为集义。集义自无祗悔云。"嗣谓聂文蔚曰："集义惟是致良知，实致良知，自勿忘，自无意必固我，自勿助，所谓必有事而勿忘勿助，以此有事非虚也。"尝谓王纯甫曰："心外无善，心外无义，吾心之处，事事物物纯乎理，而无人为之杂，谓之善，非在事物，有定所之可求也。处物为义，是吾心得其宜义，非可袭而取也。格者格此，致者致此。若曰事事物物求至善，是离而二矣。"先生五疏乞省葬，其年始得允，归越。钱洪甫德洪率其同里孙应奎等七十余人受学。时辅臣恶本兵王琼甚，而先生奏捷疏，每归功本兵，盖谓："平贼擒濠，以改提督得便宜，琼本谋也。"辅臣亦忌先生，以此滋不悦，捷奏，久不赏。嘉靖改元，始诏录先生功，封新建伯兼南京兵部尚书，参赞机务，三代赠封，如其爵。遗使迎晏，劳使至门，而海日公卒，先生宅忧，忌者又以锡晏劳费为辞，嗾言官论沮，服阕，竟不召。谗谤益起，虽封爵锡号，竟未与铁券岁米，一时勤王有功诸臣，中伤废斥几尽。先生不自安，累疏辞封，乞录诸勤王者功，竟格不行。

先生忧居在里，四方来学者踵至，署其门曰："孔孟之训昭如日月，诸支离似是而非者，异说也。有志圣学者，归求诸孔、孟之训可矣。"逾年，四方来学者弥众。郡守南元善大吉为先生辛未所录士也，守绍时闻良知旨，尝于先生前自省临政多过，谓先生何无言。先生曰："吾已言之。吾尝言良知，良知固白知也。"自省加密。先生曰："往镜未明，可得藏垢；今镜明矣，一尘难住，此入圣机也，勉之。"元善创稽山书院，以待来学。是年序礼记纂言，谓"礼原于天命之性，老庄外礼言性，故谓礼为道德之衰、仁义之失。世儒外性求礼，纷纭于器数仪文之末，而忘秩序之原云"。进贤舒国裳、国芬来学，先生与论律吕，谓："求元声不在葭灰黍粒中，在此心能致中和。"先生于礼乐，盖深达本原如此。国裳疑敬畏累洒落。曰："洒落生于天理常存，天理常存由戒惧之无间，敬畏固所以为洒落也。"答周道通问学，章凡七，皆发明良知旨。答陆原静问学，章凡十六，读者喜。澄善问，因见先生答问之教云。先生谓："原静止在知解上转，不得已与之分疏耳。若信得良知，在良知上用功，千经万典，无不吻合，异端曲学，一勘尽破矣。"徐昌国谈长生术，尝谓："居有不可超无，滞器非以融道。"先生曰："去有超无，无将奚超？外器融道，道器为偶矣。子固未超未融乎。夫消息盈虚皆命也，纤巨内外皆性也，隐显寂感皆心也，存心尽性，顺命而已。"问："冲举有诸？"曰："尽鸢性者，可冲于天；尽鱼性者，可泳于渊；尽人之性者，可知化育也。"昌国怃然。曰："命愚矣。"萧惠问死生。先生曰："知昼夜，即知死生。"问昼夜。曰："知昼则知夜。"曰："昼有不知乎？"曰："畴知昼哉？懵懵而生，蠢蠢而食，不著不察，终生梦昼也。惟息有养，瞬有存，惺惺不昧，通昼夜之道，而知更何生死。"谓陆澄曰："仙家说虚，圣人岂能于虚上加得一毫实；佛家说无，圣人岂能于无上加得一毫有。但二氏不免义有虚无见在也。惟此良知之虚，便是天之太虚；良知之无，便是太虚之无形。圣人惟顺此良知发用，天地万物皆我良知发用流行中，更无物作障碍也。"语张元冲曰："圣人尽性至命，何物不具？即吾尽性至命，能完养此身谓之仙，能不染世累谓之佛，二氏之用皆我之用，世儒不见圣学之全，故成二见分别耳。"先生于二氏，盖已洞悉其机要而范围之，顾其学自有宗也。尝曰："世儒支离外索，求明物理，而不知吾心即物理。佛老空虚遗伦物，求明心而不知物理即吾心。析心与理，二之蔽也久矣。宋至周、程，始追寻孔、颜之宗，其无极太极，大公顺应之论，庶几精一之旨。象山之纯粹，和平虽若未逮，而直截简易，真有以接孟子之传，要其学之必求诸心，则一也。"尝别湛文简曰："某溺于邪僻者二十年，后赖天启，沿周、程之说求之，始稍有觉。"谓储文懿曰："世有周、程，吾得就弟子列，诚大幸。此不可得，诚得高弟而私淑焉，亦幸也。"其尊信如此。世窥二氏一斑者，辄掊击周、程，即孔、孟亦辩毫之，何其不作哉？

南元善疑博约先后训，先生著说解之，具《文录》中。

甲申，海宁董萝石云，年六十八，以诗闻江湖。间来见先生，与语有省，强纳贽受学。先生以师友之间礼遇之，为著《从吾道人记》，具《文录》中。士人有疑为学妨举业者。先生曰："实志圣贤学者，犹治家，力产作业，致富厚宾，至出所有享之，乃自享尤无尽也。今世业举者，如治家不务居积，而惟日假贷以延宾，宾退而终为婪人矣。是求在外者也。"是岁从先生游者，遇比多中式，而钱梗、魏良政发解江、浙两省焉。士绅官司理者，憾为职业所萦，无暇为学，先生曰："凡学官先事，离事为学，非吾格致旨也。即以听讼言，如因其应对无状而作恶，因其言语圆融而生喜，因其请托而加憎，因其籍援而曲徇，或以冗剧而息，或以浸潜而淆，皆私蔽也。惟良知自知之细，日省克不少偏枉，方是致知格物也。"一日王汝止出游归，先生问何见。对曰："见市人皆圣人。"先生曰："市人但见子是圣人也。"他日董萝石出游归，先生问如前。董对如汝止。先生曰："此常事，何异也。"汝止时圭角未融，萝石初机乍解，见同答异，一裁之，一实之也。钱洪甫尝谓："人品易知高者，如泰山在前，孰不知仰？"先生曰："泰山不如平地也。"黄冈郭善甫挈其徒吴良吉走越受学，途中相与辨论未合，既至，郭属吴质之先生。先生方寓楼馔，不答所问，第目摄良吉者再，指所馔盂，语曰："此盂中下乃能盛此馔，此案下乃能载此盂，此楼下乃能载此案，地下乃能载此楼，惟下乃大也。"良吉退就舍。善甫问："先生何语？"良吉涕泗横下，呜咽不能对。已，良吉归而安贫乐道，至老不负师门云。谓黄宗贤曰："凡人躁浮忿欲，皆缘良知蔽塞，而后有大勇不能制而克也。《中庸》曰：'知耻近乎勇。'耻已良知蔽塞耳。今人以语言不能屈服人为耻，以意气不能凌轹人为耻，以愤怒嗜欲不得直意任情为耻。耻非可耻，而不知耻所当耻，舛矣。"宗贤时贰秩宗，常与朝议，有戆直风，故进之如此。一日寓寺中，有郡守见过，张燕行酒，在侍诸友弗肃酒，酒罢，先生喟曰："诸友不用功，麻木可惧也。"友不达，请过。先生曰："可问王汝止。"友就汝止问。汝止曰："适太守行酒时，诸君良知安在？"众皆惕然。尝游阳明洞，随行者途中偶歌，先生回顾，歌者觉而止。至洞坐定，徐曰："吾辈举止少有骇人处，便非曲成万物之心矣。"一友侍，眉间有忧思，先生顾谓他友曰："良知固彻天彻地，近彻一身。一身不爽，不须许大事。第头上一发下乘，浑身即为不快，此中那容得一物耶？"友因自省。一日，市人阋而诟，甲曰："尔无天理。"乙曰："尔无天理。"甲曰："尔欺心。"先生闻之，呼弟子曰："听之，夫夫谆谆，讲学也。"弟子曰："诟也焉云学？"曰："汝不闻乎，曰天理，曰欺心，非讲学而何？"曰："既为学，又焉诟？"曰："夫夫也，唯知责诸人，不知反诸己。故也致良知者，惟反之自心，不欺此理耳。"先生察迩言，谨细节一语，点缀人锻炼人，类如此。

丙戌，大吉南元善被黜，书来问学，惟以得闻学为幸，无一语及升沉得丧间。先生壮之，还书相勖，毕志此学，具《文录》中。欧阳崇一守六安，奏记问学，凡四条，答之，一言"良知非断思虑，良知发用之思，自是明白简易，无憧憧纷扰之患"。三言"致知非绝事，应实致良知，则行止生死，惟求自慊而不为困"。四言"致知非谓逆忆，致良知则知险知阻，自然明觉而人不能罔"。先生居里，谤议日炽，一日谓门弟子曰："吾道非世俗所知"。时在侍者或谓先生功盛位崇，娼嫉者谤；或谓学驳宋儒，混同者谤；或谓有教无类，末保其往，或以身谤。先生曰："莫有之，顾吾自知尤切也。盖吾往名根，未能尽脱，尚有乡愿掩护，意在念一任吾良知，真是真非，罔所覆藏，进于狂矣。"唐虞佐龙劝先生撤讲择交，先生报书，喻为金淘沙，不能舍沙求金云。聂文蔚豹奏记谓："斯学直信于一人，虽不尽信于天下，道固自在，盖明己之能笃信也。"先生报书谓："孔氏欲以其学通之人人者，实其一体之心不容自已，非祈人之信己知己也。"文蔚初见先生，未纳拜，后按闽闻讣，始为位哭称门生云。

先是岑猛叛两广，集兵讨猛，死。田州其党卢苏、王受相结复叛，提督姚镆发四省兵讨之，二年不克，岭南大困。言官石金、大臣席书等荐先生代镆。夏，命兼都察院左都御史，征思、田。濒行，王汝止以所契格物旨陈说志远矣。先生曰："俟子他日自明之，引而不发，有以也。"先生又尝语薛尚谦曰："有善无恶者理之静，有善有恶者气之殊。不作好作恶，惟循乎理，不动于气，此圣人之所以能裁成辅相也。佛氏则倚于无善无恶之见，一切不理，不可以治天下矣。"语黄宗贤曰："圣人心如明镜，纤翳自无，不须磨刮。常人心如驳蚀镜，须痛加磨刮，方渐识本体。顾少有所见而任其习气昏蔽，不免流入禅释去也。"其年秋，先生发越，中道吉安，语诸士友曰："尧、舜生知安行，犹兢兢业业用困勉工夫。吾侪以困勉资，而欲坐享性安成功，大误也。"又曰："良知之妙，真是周流太虚，变动不居，顾借以文过饰非，为害大矣。"先生若预知承学之弊，而叮咛若此，抑先生非徒以言语告戒也，盖身之矣。初第，上《安边八策》，世绝称为訏谟者。晚自省曰："语中多抗励气，此气未除，而欲任天下事，其何能济？"筮仕刑曹，首禁狱吏取饭囚之余豢豕，世亦传为美谈。晚亦自省曰："善归己矣，于人何？此不学之过也。"寓京，以书尽规门弟，至相牴有违言，自省曰："不能积诚反躬，而徒腾口说，吾罪也。"在留都，人传谤书，心动，自讼曰："终是名根消煞未尽，愧矣。"平赣贼后，语门弟曰："吾每登堂行事，心体未能如朋友相对时，则不安。"或问宁藩事，曰："富时只合如此，觉来尚有挥霍微动于气所在，使今日处之，更别也。"其反己之深切，而用功之密，类如此。比入粤，沿途咨询，悉猛反叛之因由，往当事者处之未当。念二酋既已授首，其遗孽亿万生灵，可格而抚者。惟是断藤峡及八寨诸贼，盘据反侧，久毒岭表，岭表为患苦耳。既至梧，乃开示恩信，苏受等遂自缚来归，降七万一千人。先生薄示惩，遣归农。逾年春，遂班师，改田州为田宁府，立土官，散土目，设流镇制，为交趾蔽。刻石云："爰告思、田，毋忘帝德。爰勒山石，昭此赫赫。文武神圣，率土之滨。凡有血气，莫不尊亲。"田州府勒石云："田石平，田州宁；田水萦，田山迎；府治新，千万世，巩皇明。嘉靖岁，戊子春，新建伯王守仁，勒此石。勒此石，告后人。"遣苏受时，先生谕之曰："朝廷育尔，宜有以报。"众皆顿首，愿效死。盖欲借其力，翦除断藤峡及八寨也。乃姑令归农，以候征发，约期日。至七月，先是召讨思、田。永顺、保靖土兵，还道出八寨，密与领兵官约束，乘其不备袭之，而檄苏受等兵相犄角，或遏其前，或截其后，或张左右翼夹击，诛斩剧贼以万计，悉定其地。《亲行相度夷险疏》，诸经略甚悉。霍文敏，广人也，言于上谓："思州之乱，往兵连四省，糜费百万，止得五十日小宁。而守仁此举，不杀一卒，不费斗粟，遂使顽叛稽颡来服，虽舜格有苗不过也。至于八寨、断藤之举，尤有八善云。"捷奏，勒使赍奖至，而先生病矣，恳疏乞归，遂班师至南安，薨，时年五十七，嘉靖戊子十一月丁卯也。夙忌先生者，从中谮于上，抑其赏请，削夺官爵，赖肃皇明圣，怜先生功，以封爵本先朝信命，不允，但停卹典，子不得嗣封。

隆庆改元，上谕言官请赠新建侯，谥文成，制曰："竭忠尽瘁，固人臣职分之常；崇德报功，实国家激劝之典。矧通侯班爵，崇亚上公，而节惠易名，荣逾华、衮。事必待乎论定，恩岂容以久虚。尔故原任新建伯、南京兵部尚书兼都察院左都御史王守仁，维狱降灵，自天佑命。爰从弱冠，屹为宇宙人豪；甫拜省郎，独奋乾坤正论。身濒危而志愈壮，道处困而造弥深。绍尧、孔之心传，微言式阐；倡周、程之道术，来学攸宗。蕴畜既宏，猷为丕著；遗艰投大，随试皆宜；戡乱解纷，无施勿效。闽、粤之箐巢尽扫，而擒纵如神；东南之黎庶举安，而文武足宪。爰及逆藩称乱，尤资仗钺渊谋。旋凯奏功，速于吴、楚之三月；出奇决胜，迈彼淮、蔡之中宵。是嘉社稷之伟勋，申盟带砺之异数。暨复抚夷两广，旋至格苗七旬。谤起功高，赏移罚重。爰遵遗诏，兼采公评。续相国之生对，时庸旌伐；追曲江之殊卹，庶以酬劳。兹特赠为新建侯，谥文成，锡之诰命。于戏。锺鼎勒铭，嗣美东征之烈；券纶昭锡，世登南国之功。永为一代之宗臣，实耀千年之史册。冥灵不昧，宠命其承。”明年，子正億嗣封伯，某年卒。億子承勋嗣。越万历十二年，今上俞廷臣议，从祀孔广朝。

楚黄天台耿生曰：先生少禀殊质，受才卓荦，于学无所不窥，尝泛览于词章，驰聘于孙吴，英迈不羁，虽其志有在，亦才所纵也。筮仕立朝，则以风节著；炳文，则以文章显；展采错事，则以政治称。平赣贼，讨藩逆，戡粤乱，树鸿猷，建茂勋，昭然烈矣。先生金不以自多，而惟以明此绝学为己任。先生之学，故以致良知为宗也。罗文恭谓其学凡三变，其教亦三变，繄岂于此旨外别为转换加增哉？盖知之量，原无止极。先生之志宏且远，故于此学，惟一日精，惟精日一，其精进亦自无已，而教亦因之也。缅怀先生习静阳明洞中时，若已有见矣。俾世浅薄者，觑斯光景，其不玩弄狂恣者几希，乃先生顾不自慊也，而精进焉。逮龙场，处困之极，豁然大悟，所谓有无、内外、动静、寂感，已能一之，不为二见矣，而犹不自已，所为求友资切者，何殷殷也。于时教人，尝提知行合一指，而学者局于习闻，难入间，教之默坐澄心，体认此理，而高明者，或乐简便而忘积累。先生虑之，故自涤留垢，时以存理去欲，省克立诚为教，盖即所体认者，而实体之非二见也。比当宸濠、张、许之难，军旅危疑中，自分呼吸俄顷，社稷安危，百万生灵，生死攸系，非直一身之休戚已者，于时第恃此知照察运用，倚著散，缓一毫不得，乃益信此知神感神应，圆机妙用，本来具足如是。以是自信，亦以此公之人人，自是为教，峕提致良知三字，盖默不假坐，而成心不待澄而定矣。尝迹先生生平，无论其辨析疑义，极深入微，发所未发，即谐俗谑谈，皆精义妙道也；无论其立言敷训，金为世则，即发教公移，其睿智仁让，贯彻于孺孩奸宄矣；无论其宣猷策敌，机智若神，即陶铸英贤，所以裁成诱掖者，其盼睐指顾，一洪冶钳锤也。唯先生浑身彻体，亶一囊良知，朗炳焜爃，照耀千古哉。彼侈彼向上一机者，吾不知之矣。聆其谈，若空花海蜃；视其履，若燕适粤驰；厝之用，若涂饭尘羹；輓近以此学为诟病，无惑也。噫。人之所以寓形而生者，实惟此知；人之所以异于禽兽者，惟致此知。先生揭此旨示人，岂直为学者增媺标声哉。实起死而还之生，挈人伦而俾勿沦于异类也。吾侪诚不甘枉死，而求无忝所生；不安于异类，而思所以为人，奈何过惩乎。世之诟病者，而不反躬一默识乎哉。

新建伯文成王先生守仁

耿定向

今制刑部有提牢厅，置狱吏若干员，典守狱囚，月更一主政总其事。

凡囚自大辟以下系狱中者，日给粮饭之。往狱吏相沿，取囚饭余豢豕，豕肥则屠之分食。先是堂卿或未之知，故亦无禁也。先生筮仕刑曹，适轮提牢，睹诸吏豢豕，恻然恚曰："夫囚以罪系者，犹然饭之，此朝廷好生浩荡恩也。若曹乃取以豢豕，是率兽食人食矣。如朝廷德意，何欲督遇之？"群吏跪伏请宽，且诿曰："相沿例之，亦堂卿所知。"先生曰："岂有是哉？汝曹援堂卿以自文耳。"即日白堂卿，堂卿是其议。先生遂令屠豕，割以分给诸囚。狱吏到今不复豢豕云。

先生晚年在告家居，同里有官刑部主政管姓者，习其事。一日侍先生，喟然咨欷曰："先生平生经世事功，亡论掀揭之大，即筮仕刑部地屠豕一事，至今脍炙人口云。"先生闻已颦蹙曰："此余少年不学，作此欺天罔人事也，兹闻之尚有余惭，子乃以为美谈，谀我耶。"管不达曰："上宣朝廷之德惠，下轸囹圄之罪人，本至德事也。先生顾深悔之，以为罪过，何也？"先生复蹙然曰："比时凭一时意见揭揭然，为此置堂卿于何地耶？只此便不仁矣。"嗣余贰刑曹时，举以语同志。友符卿孟秋氏问曰："然则豕当终不屠耶？"余曰："藉令先生知学后处此，必微婉默运，令发逢堂卿，不使善归己，过归人矣。"先生家居时，里人有求鬻其产者，先生辞却已。一日先生偕董从吾、王汝止诸门弟游山，偶经其处，睹其风景佳胜，衷默悔前之未收也。忽惕然内讼曰："是何心哉？有贪心，便无恕心矣。"且悔且讼，两念交战膺中，行里许始化。徐告从行诸弟曰："克己之难如此云。"

仆同陋，平生笃信文成良知之学者，类此粗浅事耳。窃谓：由前创悔屠豕一事推之，实自致其知，则进之立朝，必不忍为钓奇买名事矣。由后省讼鬻产一事推之，实自致其知，则退之居乡，必不忍为侵人自殖事矣。只此修持，虽不能为出世佛、住世仙，庶亦不为世蠹也，自分如而已。

附论：尝闻先生教指，有曰"无善无恶者心之体，有善有恶者意之勤，知善知恶是良知，为善去恶是格物"云。由是以观，先生初与诸弟偕游也，载歌载咏，熙然陶然，维时心体，何善何恶也。见景而意动，曰"贪"曰"恕"，善恶分矣。省而克，克而化，先生之致知格物如此。此即颜子之有不有善，未尝不知，知之未尝复行也。彼意动不知省，竟成其贪者，此下流冥顽，无论已。即贤而砥修者，或亦知讼而改，顾意未动之前，既化之后，此间光景不知能体取否？于此错过，终无归根处，止在名义上检察耳，非不远之复也。乃今有勤传先生宗旨者，曰"心无善恶，意亦无善恶，知亦无善恶，物亦无善恶"云云，是上乘法，至谓见景即动，既动即为者为见性，而以讼悔为轮回，以迁改为拙钝。此则淫诐之极，伤风败教尤甚，有世道之责者，谓何？

余里中郭孝廉庆，字善甫者，敦朴笃行人也，从先生游最久，既归，则以其闻诸先生者，接引里中后生。里有茂才吴良吉，字仲修，性资视孝廉颇高明，因发志鬻产为资，附孝廉舟，偕往越中谒先生。行将抵越，孝廉一夕大愤悱，中夜呼吴生，语曰："吾夜来自省，胞中尚有俗念如许。如此夹杂心，安能领受先生教耶？"拊心痛自刻责不已。徐质吴生曰："子时自省如何？"吴对曰："此来一志，惟求教益，更何俗念？"孝廉呵曰："汝胞中犹螫贼窝巢，多少藏匿在，未能细自省察，便漫谓无耳。"吴生曰："但此志一真，便杂念自消，何须防检至此？"孝廉曰："不然，必搜涤诸杂念尽净廓清后，此志乃有树也。"昕夕争论如是。既至越，谒先生，已各就馆。先生故深居

明代黄花梨云纹翘头案

简出，出应四方来学者，就质有常期。一日值先生出应来学期，孝廉趣吴以前论辩语往质正。先生时燕居楼上餐馔，聆吴生语已，不答，第目摄而指示之曰："子视此盂中下便能载此馔，此楼下便能载此盂，地下又便能载此楼。人贵能下，下乃大语。"已更目摄吴生者，再竟无他语。吴生退就舍。孝廉问曰："先生时何言？"吴生咽哽不能应，第潸然涕数行下也。孝廉后仕为邑令，以循廉著。吴生年八十，力学不倦，屡空，终身晏如也。皆无愧师门云。

愚按：先生之铲绳人也，不在言论辩析，而在神情衡宇间，即于吴生，可类知己。虽然，迹郭、吴二君之舟中，省愤若此，即来初已得师矣。岂若世之漫然系籍者哉？有一属官，因久听讲先生之学，曰："此学甚好，只是簿书讼狱繁难，不得为学。"先生闻之曰："我何尝教尔离了簿书讼狱，悬空去讲学？尔既有官司之事，便从官司的事上为学，才是真格物。如问一词讼，不可因其应对无状，起个怒心；不可因他言语圆转，生个喜心；不可恶其嘱话，加意治之；不可因其请求，屈意从之；不可因自己事务繁冗，随意苟且断之；不可因旁人潜毁罗织，任人意思处之。这许多意思皆私，只尔自己须精细省察克治，惟恐此心有一毫偏倚，枉人是非，这便是格物致知。簿书讼狱之间，无非实学；若离了事物为学，却是着空。凡人言语正到快意时，便截然能忍默得；意气正到发扬时，便翕然能收敛得；忿怒嗜欲正到沸腾时，便廓然能消化得。此非天下之大勇者不能也。然见得良知亲切时，其工夫又自不难。缘此数病，良知之所本无，只因良知昏昧蔽塞而后有。若良知一提醒时，即如白日一出，而魑魅自消矣。""变化气质，居常无所见。惟当利害，经变故，遭屈辱，平时忿怒者，到此能不忿怒；忧惶失措者，到此能不忧惶失措，始是能有得力处，亦便是用力处。"

先生养疴阳明微时，与一布衣许璋者相朝夕，取其资益云。璋，上虞人，淳质苦行，潜心性命之学，其于世味泊如也。尝蹑屩走岭南，访白沙陈先生，其友王司舆以诗送之，曰"去岁逢黄石，今年访白沙"云。璋故精于天文、地理、兵法、奇门九遁之学。先生后擒逆濠，多得其力。成功归，赠以金帛，不受。先生每乘筍舆访之山中，菜羹多饭，信宿不厌。没后，先生题其墓曰"处士许璋之墓"，属知县杨绍芳立石焉。往谓先生学无师承。据璋曾经事白沙，而先生与之深交，谅亦私淑之者。夫先生天授之资，犹然取于人者如此，吾侪顾独学而不藉师友，望其有成也难哉。

嘉靖初，绍兴有三尚书，韩公邦问、王公鉴之及先生也。韩公与先生父海日翁同辈，先生事之甚谨。一日冬至节，皆赴公所称贺，先生自谓勋臣，貂蝉朝服，乘马而趋。俄从人报韩尚书在后，先生亟下马，执笏立道左。韩公至，不下舆，第拱手曰："伯安行矣，予先往。"遂行。先生俟其过，乃上马。当是时，韩公偃然以前辈自居，先生欿然不以伯爵自重，古道两足徵云。

新建伯文成王公守仁传

王世贞

王守仁字伯安，绍兴之余姚人。父华，举进士第一，侍日讲修国史会典，累官南京吏部尚书，有良者称。母曰郑夫人，当娠，而王母岑媪梦神人衮冕乘五色云下，抱一儿授之，惊寤，闻啼声，则已生守仁。岑媪以语上父天叙，名之曰云。五岁尚不能言。一日出，从群儿戏，有僧见而抚之曰："是非凡儿，奈何名泄之耶？"王父悟，因为更今名，即能言，而读书复即过目诵。十一岁尝从父华北上，过金山，试之时，得二绝句，皆奕奕神令，华以是奇之，然为儿戏犹故。一日之市所，与鬻雀者争，游客熟视之，出箧钱市雀而送守仁归塾。曰"少年贵当极人爵，立非常功名，且偏阅它弟子"，语其寿夭贫贱，后皆验。而守仁自是稍受经术。工属文，一日谓其师曰："读书欲何焉？"师曰："取甲第耳。"守仁曰："读书乃仅取甲第耶，如圣贤何？"父华闻而叹曰："异哉。乃欲令我愧见之。"然已负其材气。十五访客于居庸山海关，时阑，出塞与诸属国夷角射，因纵观山川形胜，慨然有勒碑燕然志。逾冠，举乡试，其经术艺文益大进，而益好为兵。凡三举而为会试第二人，遂登甲榜。使治前威宁伯王越葬。守仁少则梦威宁伯贻之宝剑，既葬，而其子出威宁伯所佩剑为谢，则宛然若亲矣，益沾沾自喜。还，而朝议方急西北边，守仁为夹得八事上之，其言皆警剀，报闻，寻授刑部云南司主事，当直狱。岁行尽，而故尚书侍郎家畜猪，饲以囚食，甚腯。守仁悉杀以享狱卒及囚，莫能诘也。出决江北，囚事竣，游九华诸山，有所遇，遂好神仙之术，明年引疾请告。前是，守仁与诸所善太原乔宇、广信汪俊、泰州储巏、河南李梦阳、何景明、山东边贡相切劘，为古文辞，名籍籍，已而厌之曰："滑我精，耗我神，我且为之役耶。"因筑室于阳明洞中，颇习导引，习之久而有若先知者，众哗且以为仙，而守仁遂游南屏、虎跑诸刹，与诸禅衲偕，往往有所发明。久之，乃北上道山东，而巡按御史陆俪聘之主试，程式文皆出其手，遂为诸省冠，而所得亦多显名士。补兵部武选司主事。

明年，中贵人齐瑾等导上为狎游，南省台臣戴铣等争之力，瑾矫旨捕置诏狱，守仁上疏谓："君仁则臣直，铣等以言为责，如其善，自宜嘉纳，即不善，亦宜包容，以开忠说之路。乃今赫然下令，缇骑旁午，拘挛载道，即陛下非有意怒绝之，而下民无知，妄生猜惧，自今而后，虽有上关宗社危疑不制之事，孰从而闻之？幸寝前言，俾各供职如故，适足以广大公无我之仁，明改过不吝之勇。"瑾衔其言切，下之诏狱，廷杖四十，死而复苏，谪贵州龙场驿丞。守仁至钱塘，欲缓行，而瑾使人尾之急。守仁惧不免，乃诡投江，而轻舟自海至闽，入武夷山中，归又逾年，始之驿。诸苗夷相率伐木为室以居守仁。守仁乃益讲学，所治经，往往取心得，不必与前训诂比矣。提学副使席书与守仁谈而伏，创书院，命诸生师事之。又明年，瑾伏诛，擢知庐陵县。至则选里正、三老，委之词讼，而总其凡。囹圄空虚。他若立保甲，清驿供，杜巫赛，定水次，兑绝缤守横敛，至今守之为甲令云。

入觐，迁南京刑部主事，觐事成，留为吏部验封司主事。已同考会试，始讲知行合一之学，与增城湛原明友，而朝贤有师事之者矣。遂超为文选员外郎。明年，进考功司郎中。是时杨一清为吏部，器守仁而骤用之。其年进南京太仆寺少卿，分署滁州，从游者日众。始教人静坐，以存天理、去人欲为实功。缙绅之士，非笃信其说，则怪之以为迂僻不堪用。而是时王琼为兵部尚书用事，独奇守仁才，以为不世出。会南赣汀漳等处俱有山寇凭险阻为乱，郡邑苦之，乃擢守仁都察院右佥都御史，巡抚其地。守仁至，则先行十家甲法，务使奸无所容，又以高皇帝训敕其父老子弟。贼闻而易之，弗焉虑也。而守仁左右及麾下将校至郡邑奥僻之类又多为之耳目。守仁微得老隶最黠者，致密室而协之曰："尔自知当死不？肯为极言贼情实，吾贳汝。"隶迫，则尽吐贼情实。守仁笑而贳之。乃故为不可测，意在此则示以彼，或更在彼则示以此。每令形家者择吉日出师，则复止之。或将发，复不果。以多方误贼，而阴勒诸兵备道募选郡邑材官力士，以三之一赴军门，使与旧兵参，而身教之击射，明赏罚以励之。时初战破贼于长富村，追之至象湖山。会闽广兵至且合，贼迫，溃围而出，指挥覃桓、县丞纪镛战死。诸将惧，请俟狼兵至而后大举。守仁怒责之曰："战小挫何损？且兵岂不足耶，而需狼兵？"乃亲率所选士进屯上杭，佯谕诸道，姑以牛酒犒师，使小息，俟秋而再举。谍贼懈，即分兵为三路，约以同夕衔枚进。中军夺象湖之隘，方大战，而奇兵乘间发，遂大破之。闽广兵亦尽破其巢四十三所，斩获大酋詹师富等七千有奇，贼属牛马辎重无算。捷上，因请立崇义县治，尽得贼之要害地而耕之，报可。加岁俸一秩，赐银币。而前是守仁谓巡抚权轻，不足以控厌诸道，因上奏云："古者赏不逾时，罚不后事。过时而赏，与无赏同；后事而罚，与不罚同。况过时而不赏，后事而不罚，其何以整齐众心，鼓舞士气？诚得以大军诛赏之法，责而行之于平时，假臣等令旗令牌，便宜行事，如是而兵不精，贼不平，臣无所逃死。"王琼读而叹曰："不与此人权，将谁与也？"覆奉改提督军务，兵马粮饷，悉听便宜区划，用兵进止，不必奏闻。文武官逗遛不用命者，听以军法从事。于是守仁益得展材用。立兵符，申约事，且为文抚诸贼，词旨悱恻恳至，而贼酋黄金巢、卢珂、郑志高等，相率帆命矣。已遂运兵破横水贼，擒其大酋谢志珊等五十六卤，斩从贼二千一百余级，俘贼属二千三百余人。因使使谕桶贼，方狐疑未决，乘其懈袭击，复破之。擒大酋蓝大凤等三十四卤，斩从贼千一百级，俘贼属数如横水时。浰头贼尚强，而其酋池大鬓等尤黠桀，故与降贼卢珂等雠。守仁使使以牛酒谕降之。乃报曰："大鬓等欲归死，而卢珂等将乘隙而掩我家室，今者不解甲，以自保耳。"守仁乃阳移文责珂、志高等，而珂、志高等急上变，谓大鬓等实挟祚以老我王师，且列其寇乱状。守仁复阳怒，杖责卢珂等，下之狱，而谕之情。复以新历给大鬂等，且谕使来见。大鬂乃语其腹心曰："欲得伸，必先屈。赣州伎俩，我亦欲先勘之。"遂以其骁勇九十二人里甲来见。守仁为慰谕宴犒之，馆于祥符宫，使更新衣，习礼供张，储饩甚设。大鬂等喜过望。至正元之次日，守仁张乐大宴，伏士以待，引大鬂等鱼贯入，即僇之庭，无一脱者。遂出卢珂等于狱，使之归，发兵为乡导。夜半，守仁出师与之会，遂破浰头、石门，覆其巢三十余，擒大贼五十八卤，斩从贼二千余，余奔九连山。守仁以九连深险不易攻，乃使精卒七百，衣贼衣，佯若奔溃者。贼从崖上招呼，与相应，久而贼觉之，则师已度险，贼狼狈失据，大军麾之，皆就缚。守仁既己尽得贼地，相险要，增设和平县，治如初。捷上，进右副都御史，予世官锦衣卫百户，再进副千户。守仁念非王琼精心任之，毋与成功名者，每疏捷，辄归本琼不容口。而内阁首臣与琼交恶，因而訾及守仁矣。守仁虽旦夕军旅，而不废与诸儒生讲学。最后乃为致良知之说，直指本心自然，最简易痛切。其始颇推鹅湖，谓其能绍孟子。所重周、程，而所诋在朱氏。自致良知之说行天下，高明之士乐于顿，而恶检束者喜其便，直推以上接孔子；而拘方者不能无呿訾矣。

　　时宁王宸濠谋不轨，素浮慕守仁，而畏其拥强兵上游，使腹心刘养正往探之。养正故善守仁，好讲学吊诡，而守仁亦使其门人冀元亨应宸濠聘，欲窥其为人，语两不合而罢。时福建军人进贵杀官吏以叛，闻诏遣守仁往勘处，寻事已平，于是守仁取道南昌，图归省。抵丰城而宸濠反，杀都御史孙燧、按察副使许逵，劫府库署，置将相刘养正、李士实等。守仁闻变，即返，而宸濠已遣兵千人逆之。守仁入于渔舟得免。是夕抵临江，又三日抵吉安。吉安知府伍文定邀守仁举兵讨宸濠，守仁然之。乃与文定计，上疏告变，而移檄列郡，暴宸濠罪，俾各率吏士勤王。时巡按御史谢源、伍希儒自岭外复命，道吉安，守仁留之纪功。守仁兵未集而宸濠之兵速出。曰："南京空城耳，而实无备，宸濠至则下矣。南京下，事未可知也。"乃为檄檄诸郡邑，使备饷，云准兵部咨题请都督许泰、却未以边兵四万由陆取凤阳道。都督刘晖、桂勇以京边兵四万由水取淮扬道。督臣王守仁以兵二万自南赣发，杨旦以兵八万自广西发，秦金以兵六万自湖广发，皆会趣南昌，所经由阙供者，以军兴法从事。又为蜡书贻李士实、刘养正，云得密示，具为国至意，第徒衷，使早出，足一离省，大事济矣。而故系宸濠之谍，示将斩，而令黠校监者，伪若与宸濠款泄而纵之。宸濠微得书檄，傍徨未决，而与士实、养正谋，则皆劝之疾趣南京即大位，宸濠益内疑。十余日而探知中外兵不至，乃悟守仁绐之。留少兵守城，而劫其众六万人，号十万，袭九江、南康，皆下之。进围安庆，不下。守仁兵已集，又谍知宸濠离南昌，乃大喜。整众至樟树镇，使精卒四百袭破其伏兵之在新旧厂者，蹑之至暮，士蚁附而上，遂破，擒其宜春王拱樤、中涓万锐等千余人，宫人多焚死。守仁犹在后军，质明而始知之。建大将旗鼓入城，申约束，拊循其协从吏士，然已不能无所伤杀矣。守仁留二日，即发兵蹑宸濠。宸濠时为安庆所抗，气稍沮，而骤闻南昌失守，解围自救。守仁使伍文定等以四郡精卒三千分道逆击之。都指挥余恩以游兵四百往来为疑兵，而陈槐等复以兵二千分为十余军，张疑设伏，与文定等密相应，与其前锋遇于黄家渡。文定等佯北以致之，贼争利兢进而乱。邢珣以所部衡击，断其中坚，文定、恩等乘之，伏群起，贼遂大败，退保八字脑。宸濠惧，尽南康、九江之城守者以自益。守仁乃分兵袭取之。明日，复大战。我兵小卻，守仁急命取先卻者头，益争奋，贼大败，擒斩二千余，溺水死者以万计。宸濠益大惧，乃联舟为方阵，尽出其金银以赏士，而诘责败者，将斩之，未决，而我兵四面至，炮火碎其副舟，遂奔溃，妃嫔皆与宸濠泣别沉水死。遂擒宸濠与其世子眷属、李士实、刘养正等数十人，斩首三千级，溺水死者二万余，浮尸衣甲器物亘十余里。寻分道搜捕其余党殆尽。捷闻，寝不下。前是，守仁上宸濠伪檄，末谓："陛下在位一十四年，屡经变难，民情驿骚，尚尔巡幸不已，以致宗室黠者谋动干戈，冀窃大宝。且今天下之觊觎，何特一宁王？天下之奸雄，岂直在宗室？兴言及此，悚骨寒心。昔汉武帝有输台之悔，而晚节奠安；唐德宗下奉天之诏，而士民感泣。皇上宜痛自克责，易辙改弦。罢绌奸谀，以回天下豪杰之心；绝迹巡游，以杜天下奸雄之望。则太平尚有可图，臣民不胜幸甚。"左右多弗悦，以守仁方起义师，不能难也。而上则自称威武大将军镇国公，总督军务，率京边骁卒数万南下。使太监张忠、安边伯许泰、都督刘晖为提督，以数千人由江而上抵南昌。守仁乃俘宸濠，取内道以献。忠、泰等使人要之于广信，守仁弗听。抵钱塘而遇太监张永，永时称提督，赞书机密军务，在忠、泰辈上，而故与杨一清善，除刘瑾，天下称之。守仁夜见永，颂其贤，永悦。守仁乃极言江西遭祸乱，民困已极，不堪六师之扰。永深然之，乃曰："吾出为群小在君侧，欲左右调护圣躬耳，非为功来也。第事不可直致耳。先生功吾自知之。"守仁乃悉以宸濠等付永，而身至京口，欲谒驾，不果。会有巡抚江西命，乃还南昌。而忠、泰等前已驻师南昌，卫守仁不待，故纵其卒傲守仁，欲以为争端。守仁厚加恩礼抚慰，卒皆悦，乃不能有所加于守仁。而归复谮之上，谓守仁且反，独张永保持之。于是守仁请赈卹其士民，且以大水自劾。语极恳切，皆报闻。

世宗初召守仁入受封，而中有沮者，请国甫大丧，不宜举宴赏，中道止之。特拜南京兵部尚书参赞机务。遂归省父华于越。寻谕封奉天翊卫推诚宣力守正文臣，特进光禄大夫柱国新建伯。父华亦得封如之，时人以为荣。华寻卒，守仁忧居，而从游者益众，相与推隆之。又以功高文臣，预五等爵，忌者蜂起。有目为伪学者，有以下南昌纵士卤掠，及得宁邸之金宝子女者，至有谓初通宸濠谋，策其不胜而背之者，言绝丑不可闻。而所封独守仁与吉安守文定，至大官当上赏，其它皆名示迁而阴抑绌之。守仁不胜愤，乃上疏再辞爵，且极论白诸有功者。温旨慰谕，不听。会守仁之所善席书与门人方献夫、黄绾皆以议礼得幸上，力称守仁贤，而复为言之。张聪、霍韬等，皆有所推毂。然江西辅臣故衔守仁不能特荐，犹持前论。而其乡人之忌者，至诬之史。以故推兵部若三边若团营，皆弗果用。而最后田州土守岑猛骄不用命，纵兵躏其鄰郡，右都御史姚谟讨而诛之，其二子跳、别将卢苏、王受各拥众以叛。兵骤进，不利，时谋易帅，乃召守仁起家，以故官兼都察院左都御史，总督二广及江西、湖广四镇军务讨之。守仁且至，而徵兵已大集，卢苏等亦素慴守仁威名，窘甚。守仁意不欲多杀，既抵南宁，即上疏请一切抚绥，而以便宜悉散其众，而仅留楚兵数十自卫。使使招谕，卢苏、王受皆大悦，率众扫境叩南宁为四营，而各挟其心膂数百人入见。守仁为谕谕，杖之一百，然听其人为伍伯，取完事而已。因改田州为田宁，赦岑猛之后与卢苏、王受皆弗诛。因苏、受兵以攻断藤峡。断藤峡者，即大藤峡，其中诸徭上连八寨，下通仙台、花相诸峒，通络数十余巢，盘桓三百里，数出流劫郡邑。自韩雍大征之后，无能平者。守仁使卢、苏等为乡导，挟永顺、保靖二宣慰土兵分道深入，大破之，斩敌者三千余级，卤其男女牛马资械以万计。守仁方欲移府治，建卫所，增兵设官，次第上疏，而病矣。始报平卢、苏等，诏赐金币，遣行人奉玺书奖谕。而及是平断藤捷上，则上以手诏问内阁臣杨一清等，谓守仁自诩大，且及其生平学术。一清等不知何所对。

守仁之起，由张聪、桂萼荐。萼故不能善守仁，以聪强之，而后萼长吏部，聪入内阁，积不相下。萼暴贵，喜功名，风守仁以取安南。守仁辞不应。杨一清者，雅知守仁，而会黄绾尝上疏称守仁贤，谓当入辅，而又有他疏阴指一清，辞甚厉，一清亦不能无移憾也。守仁既病益甚，上疏乞骸骨，因北归。度大庾而革，卒于南安舟中，年五十八。桂萼觇上意不悦守仁，因奏参其擅离职，并处置田州事宜失当。下公卿议，仅不夺其爵而已。停世袭，且尽停其他卹典。守仁有一子曰正亿，久之，上怒解，使得袭锦衣卫副千户。隆庆初，用谏官言，赠守仁、新建侯，谥文成，赐葬与祭，及赠告词，推明为元勋圣学。正亿得嗣爵。正亿卒，子承勋嗣。守仁天资颖敏绝世，少而好古文辞，爽朗多奇，晚取词达，不能工也。既以气节名世，又建不世勋。迨有志圣学，一切尽扫去之，而识者不谓尽然。又其慕好之者，亦挟以两相重。其御乌合，笼豪俊，待宵人，蹈险出危，俶傥权谲，种种变幻。孔子有云："作《易》者，其有忧患乎？"抑中古以后，不能不尔。守仁之语门人云："无善无恶者心之体，有善有恶者心之用，知善知恶者良知，为善去恶者格物。"以此为一切宗旨云。

弇州外史曰："见长者言与守仁辨，不能不心折也，即不心折，亦不能有胜。退而读其书，则平平耳。今天下之好称守仁，十七八也，间有疑之者，以其学故。若乃起义旅，擒叛王，不使九重之尊，轻与匹夫角，而大事定其功，孰能难之？"

祭文

湛若水

维嘉靖八年，岁在己丑，三月某日朔，越某日甲子，友人南京吏部右侍郎湛若水，谨以牲醴束帛之奠，寓告于故新建伯兵部尚书、左都御史阳明王先生之灵曰：

于乎。哀乎。戚乎。而遽至于是乎。而止于是乎。前有南来，报兄病痿，及传二诗，题敝止予，曰"小恙未足为异"。开岁以来，凶问叠至。予心警怛，疑信未已。黄中绍兴，讣来的矣。于乎。戚乎。哀乎。而止于是乎。而遽至于是乎。

嗟惟往昔，岁在丙寅。与兄邂逅，会意交神。同驱大道，期以终身。浑然一体，程称"识仁"。我则是崇，兄亦谓然。既以言去，龙场之滨。我赠《九章》，致我殷勤。聚首长安，辛壬之春。兄复吏曹，于我卜邻。自公退食，坐膳相以。存养心神，剖析疑义。我云圣学，"体认天理"。"天理"问何，曰廓然尔。兄时心领，不曰非是。言圣枝叶，老聃、释氏。予曰同枝，必一根柢。同根得枝，伊尹、夷、惠；佛于我孔，根株咸二。

奉使安南，我行兄止。兄迁太仆，我南兄北。一晤滁阳，斯理究极。兄言迦、聃，道德高博，焉与圣异，子言莫错。我谓高广，在圣范围；佛无我有，《中庸》精微；同体异根，大小公私；致叙彝伦，一夏一夷。夜分就寝，晨兴兄嘻。夜谈子是，吾亦一疑。分呼南北，我还京圻。遭母大故，扶柩南归。迅吊金陵，我戚兄悲。及逾岭南，兄抚赣师，我病墓庐。方子来同，谓兄有言：学竟是空；求同讲异，责在今公。予曰：岂敢不尽愚衷。莫空匪实，天理流行。兄不谓然，校勘仙佛。天理二字，岂由此出？予谓学者，莫先择术，孰生孰杀，须辨食物。我居西樵，格致辨析。兄不我答，遂尔成默。

壬午暮春，予吊兄戚。云致良知，奚必故籍？如我之言，可行斯役。乙丙南雍，遗我书尺，谓我训规，实为圣则。兄抚两广，我书三役；兄则杳然，不还一墨。及得病状，我疑乃释。遥闻风旨，开讲穗石；但致良知，可造圣域；体认天理，乃谓义袭；勿忘勿助，言非学的。离合异同，抚怀今昔。切嗟长已，幽明永隔。于乎。凌高厉空之勇，疆立力胜之雄，武定文戢之才，与大化者同寂矣。使吾怅怅而无侣，欲语而默默，俯仰大道，畴与共适，安得不动？予数千里嗟恻而望，方恸哭以哀以戚哉。既返其真，万有皆息，卧而不忘，岂谢人力？兄其有知，可以默识。尚飨。

黄绾

于乎斯道，原于民彝，本诸物则，无人不全，无物不得，亘古长存，无时或息。惟人有情，情有公私，故心有邪正，而道有通塞。斯道既塞，此政教所已多讹，生人所已不蒙至治之泽也。

惟我先生，负绝人之识，挺豪杰之资，哀斯道之溺，忧斯道之疵；指良知以阐人心之要，揭亲民以启大道之方；笃躬允蹈，信知行之合一；人十己千，并诚明而两至；续往圣不传之宗，救末代已迷之失；孝弟可通神明，忠诚每贯日月；试之武备，既足以戡乱；用之文字，必将以匡时。幸文明之协运，式浚哲之遭逢，何勤劳仅死于瘴岭，勋勋徒存于社稷？慨风云之难际，悼膏泽之未施。言之伤心，竟莫之究。悠悠苍天，卒知无哉。尚赖斯道之明，如日中天，勉之惟在于人，责之敢辞后死。冀竭吾才，庶几先生千古而如在也。呜呼哀哉。尚飨。

邹守益

某自己卯受学虔台，受再造之德，四十有二年矣。自辛卯卧病浙水，展拜兰亭，三十年矣。自辛丑南雍归田，骏奔于天真，又二十年矣。光阴迅速，旧学无成。上之不能修德凝道，以身发良知之教，协于帝则；次之不能述功勒伐，以阐诛乱讨贼之迹，彰于国典。而学术异同，意见犹淆；勋烈掩黮，抔土尚荒。此皆后死之责，其何以逭？兹幸当道表章祠宇，辑定地方，某与同志始得瞻依明德，以温旧学。敬采蘋藻，祗荐松楸，惟公于昭之灵，尚无鄙弃，俾克有成，无贻师门羞。谨告。

谢迁

呜呼。阳明而止于斯乎？天生异才非偶然也。固将以为桢于国，胡为啬其年而不使之究厥乎？夫名高毁来自古已然，阳明不理于多口亦甚矣，岂平素之所自立毋乃大，奇矣乎。然戡定乱逆之勋，表表在人耳目者，九重固深知之矣，又安得泯遗于鼎彝乎？吾之所以悼阳明者，为国惜才故尔，岂直区区交亲之私乎？呜呼阳明。九原茫茫，其亦知予之悲乎。

董沄

昔日歌耶水，今晨哭浙江。死生知不异，忧乐竟无常。远道惊归梓，衰迟临驿航。尚思求指示，哪意服心丧。犬马季何久，龙蛇数卻富。哲人成萎逝，斯道堕微茫。夷服初疆理，皇风始振扬。大星悲子夜，铜柱折南荒。览胜心犹在，从游兴未央。云门摩石刻，禹庙访梅梁。梦月朱华麓，松泉道士庄。东山同酽集，南镇几徜徉。惜我攀云树，多时候石泷。鉴湖看戴笠，曲水命浮觞。除夕口口伴，中秋玉尘傍。欣然威风在，震矣巨钟口。口口时瞻狱，吁嗟每望洋。仁希三阅月，馆授五经霜。未去迷疑病，空传博约方。诲人真不倦，言志哂余狂。实愧山林质，虚叨弟子行。教言深口口，口泪下残阳。

薛侃

呜呼。世有一长一善，皆足以自章明，而吾夫子学继往圣，功在生民，顾不能安于有位，以大其与人为善之心，岂非浅近易知，精微难悟，劣己者容，而胜己者难为让耶。且自精一之传，歧而为二，学者沦无滞，有见小遗大，茫无所入。吾夫子发明良知之说，真切简易，广大悉备。漫汗者，疑其约而不知随遇，功成无施不可，非枯寂也。拘曲者，疑其泛而不知方圆，无滞动出规矩，非率略也。袭古者，疑其背经，考之孔孟，质之周程，盖无一字一意之弗合。尚同者，疑其立异，然即乎人情，通乎物理，未尝有一事一言或迂，是大有功于世教圣门之宗旨也。盖其求之也，备尝艰难，故其得之也，资之深若渊泉之莫测，应之妙若鬼神之不可知。教之有序，若时雨之施，弗先弗后。而言之易入，若春凰煦物，一沾一长，其平居收敛若山林之叟，了无闻识。其发大论，临大难，断大事，则沛然若河海之倾，确然若蓍龟之信，而莫知其以也。世之议夫子者，非晏婴之知，则彭更之疑；非互乡之惑，则子路之不悦；非沮溺荷蒉之讥，则武叔、淳于髡之诋。用是纷纭，非夫子之不幸，世之不幸也已。侃也不肖，久立门墙而无闻。顷年以来，知切淬励。夫子逝矣，慨依归之。无从虑身，世之弗立。郁郁如癡，奄奄在告。盖一年于兹矣，方将矢证。同志期奉遗训，尚赖在天之灵。昭鉴牖，使斯道大明于天下，传之来世，以永芘于无穷，是固夫子未尽之志也。灵輀将驾，薄奠一觞，衷怀耿耿，启天高地长，于乎哀哉。

王畿

呜呼。道之在天下也，如脉理之在人身，脉调而身泰，脉病而身屯，兹关系诚匪鲜矣，胡察脉而真见者之难其人？三五之代，政穆风淳，上有轩农之主，下皆仓扁之臣，宜其颐摄参于玄化，蒸蒸乎翊斯世而咸春。太和既降，札厉相循，异端众岐，蛙噪簧鼓，使愚者懵懵其莫之知者，又沉醉没溺于怪陷之妄，斯道之不绝也岌乎。若千钧之系于一纶。于是，孔氏则诛乱贼矣，孟氏则诅杨墨矣，韩退之氏则辟佛老矣，二程、晦翁尤峻闲崇伟，而悉力以芟刈乎荆榛。彼数圣贤之于道，孰不谓其瘵良心于既死，续正脉于将湮，而诅知先觉不作，淫邪渐煽，大中至正之矩，日以圮塞而渊沦。卓哉。先生英颖绝伦，解脱株局，顿悟本真，指良知以立教，揭日月于苍旻。嗟嗟。良知谁不具之？孟氏已先陈之，胡先生再发其旨而举世嚣嚣，咸訾以为异闻？盖以功利之害深入于吾人，沦肌浃髓，良知蔽昏。譬之病脉者，容色体肤、起居饮食，虽无变常度，而岐黄仓扁独远望而忧呻，彼不惟讳之不吐也，反忌良医之忧之过，至于诋訾而相嗔。嗟嗟。先生蒿目而视，洞照厥因，吃紧反复，宁拂众议而不忍斯世之粃尘。故畿尝以为，孔氏诛乱贼，孟氏诋杨墨，韩与程朱相继辟佛老，而先生之教，则毅然以遏绝功利，砭剂乎斯民。今读其书、味其言，大旨昭昭可睹。而议者乃以先生为异端玄寂，既不觉其所见之天壤，至徒以文章事业观先生者，又何异乎井鲋而望此海之津？呜呼。先生往矣。功利之障日盛月新，安得解良知之旨者，揭之以医斯世之沉痼，庶几三五复作，直与之寿域而同臻？畿幼虽向学，长而无闻，间有论说，祇取笑于效颦。惟倾仰止以斯文，肃庀院宇，敬妥灵神，闻风而起，实赖我多士之彬彬。

欧阳德

呜呼。夫子何为而来？何遽而不作也？良知（阙文）反身自成，闻者皆获，如彼中宵，照之皎月。彼迷其蒙，指之归辙，天下后世，卓矣先觉。谓天以夫子为木铎也，非耶？然而风教未尽被，愤悱未尽发，群疑未尽亡，纷纷者未尽协于一。道大莫容，哲人早萎，天耶？其不可度也耶？呜呼哀哉。呜呼哀哉。某早岁及门，晦惑忽荒。夫子诱掖开导，前却抑扬，或巽而启，或直而匡。譬之父母，病子倡狂，治不余力，而药不留良。若夫四海一体，万物一腔，盖学贵深造，道本自得，而困穷拂郁，追琢其章。其大者，蛮荒播迁，十死一生，而奸凶谗妒，利害劻勷，莫非磨砻锻炼，笃实辉光。故其建功业，作俊乂化奸顽，洽黎氓者，真诚恻怛，不显而彰。

而阴惨阳舒，风散雷动，渐被沦浃，心醉而难忘。顾真疾未瘳，夺之桂姜；巨川弗济，臭厥舟航。呜呼。天乎。胡不以佺佺者代夫子身，旁烛无疆？胡智周万物，道利天下，曾不得试其百一千一万一，忍不尽伤也哉。先皇南征，献俘军门。群奸蔽之，咫尺不瞻。嘉靖更化，遵养丘园。每慨然曰：

天子圣哲，谁与同理？可为流涕，知无益耳。又曰粉身莫报，圣恩高厚，瞻望阙廷，夙夜自疚。呜呼。夫子无已之志，人或未之究也。起定南蛮，薏苡在车。病伏奄奄，虑不及家。惟曰圣学绝响，赖天之灵，不能自效。深负圣明，乃草遗表，潸潸涕上。其遗文付二三子，曾未浃日，而属纩俟矣。呜呼哀哉。呜呼哀哉。志士闻之，当为抚膺，而况亲炙厥风，窃窥其心者哉。遗训炳炳，子欲无说，哀此瘅人，其何能默？我二三子曷敢自逸？庶几夙夜，率履无越。呜呼。夫子有灵，其启其翼，其觉我后，以俟百世而不惑。

陈九川

呜呼。夫子如斯而已耶。夫子道觉万世之迷，统传千圣之秘，文洗六经之诬，武定四海之沸，业广周程而势益难，德贯思孟而功则异，精神气魄，盖孔子之后一人而已。其始志斯道也，错综诸儒，出入二氏，未获所安，而反求诸己，精之于患难，而妙悟默契，始沛然若决江河，而确然建诸天地。于是解学术之积毒，救人心于将死，发良知之秘诀，出方圆于规矩。海内之士，始骇而譬，中疑以俟，卒乃靡然向风，心服而师事，虽高明辨博，或私门第未能会归于有极要，皆闻风而兴起者也。而况先生恻怛岂弟，其视斯人之陷蔽若焦溺之子弟急于救援，虽至于匍匐颠踬，亦惟致其一体之良知，而又何暇恤夫俗议也。而况及门之士谆谆循循，又乌有不用其至者哉？顾夫子之道，高广密邃，固宫墙之限亢，亦江河之饮赐，炙之虽盉兮其若春，探之则渊乎其无际也。应万变而无为，出百虑于一致，定犹豫如蓍龟，知险阻以简易；旁行而不流，中立而不倚。将略兵机，莫非仁义，行权剪凶，神功盖世，而嫉于群奸，奚啻虎尾？夫子方劳谦不居，赤舄凡凡，卒使谗邪冰消，渊衷天启，以施于今，德泽四被，非夫子之至诚，其孰能与于此？乃征西粤，格此狼子，全万民之命，而建万世之利，非大德好生，神武不杀，其孰能与于此？乃卒劳于军旅，毒于瘴疠，不得归死于二三子之手，而野死驿邸。呜呼痛哉。天何降此背戾也。岂所以章夫子中国一家、万物一体之学耶？岂以舜崩苍梧、禹终会稽之迹示之耶？

方献夫

呜呼。惟先生英姿颖质，高出一世，精诣自得，独契千古。其先辈之所谓不由师传，所谓天挺人豪者耶。是以卓然而有立。然而蚤岁博学六籍皆通，尝历仙释，而后沛然一归于正，自谓得于龙场之谪。某二十年前幸忝同官，得于先生之启发者为多。今犹跃然而在目。先生之心，洞洞然应物无滞；先生之诚，恳恳然与人惟一。异己者或忌嫉，而达识者每屈服。呜呼。先生江西之功在社稷，田宁之功在吾广，可谓鞠躬尽瘁，死而后已者，而犹不免于訾议。人心谓何，而亦岂足为先生之损益？先生以道德为富贵，以仁义为窟宅；节气文章皆其绪余，而何有乎事功之烜赫。呜呼。先生之学，刊落陈言，直造本原，其读书悟道，多由中出，不逐逐于章句之末。如以《中庸》"戒慎恐惧"为修道事，"中和"自"慎独"来，以

《孟子》"尽心、知性、知天"为圣人，而"存心养性"以至之，皆轶后儒而直追乎先觉。惟"格物""博文"之说似为贤智者之过。某尝屡有辩论，先生亦不以为非，而其意惟急于今之学者救病之药。先生之志，终始在道，讲学一念，至死不懈。呜呼。先生之苦心，谁则知之而谁信之？使天假之以年，其当底于纯粹安成之地，而士论终翕然而弗惑。虽然，自古贤人君子皆不免于当时而论定于身后，先生之灵吾亦知其泰然于冥漠。呜呼。先生已矣，吾道落落，临风挥泪，寄此衷悃。

钟芳

嗟乎。道之不易明也，濯旧致新则本源莹焉，由中制外则节文详焉，故学有定本，教有成法，自孔氏以来莫之能易也。先生资禀超绝，名重一时，才猷事业，夐出流匹。又悯俗学支离，驰骛乎外，欲使学者，求言自近，实践精思，力排多闻，专务守约。遂于程朱之说，每多龃龉，群言沸兴，挺然弗顾，可谓果于自信，瞠视千古者矣。昔子贡方人而夫子警之，欲其反求诸己也。先生之教，警策学者反己之功为多，要自宋儒理学大明之后，此等议论在天下决不可无，校之辞章绮靡之习，奚啻径庭。空谷足音，良足自慰。说者徒以其贰于程朱少之，而不知"存诚涵养"正惟孔氏家法，要其指归固不出程朱范围内也。某岭海末学，忝在交游，宦辙所经，每亲绪论，退而取其大旨，略其异同，循其所可循，而不辨其所不必辨，盖其过激处于圣教未尝损，而鞭辟近里处于学者则有益也。呜呼。先生已矣，是是非非，久将自定。九原有觉，鉴此哀恫。

季本

先生之学，将以继往开来；先生之志，将以尊主善俗。乾乾自强，益大所畜。有本之学，无施不足。勋业文章，既昭众目。辅佐太平，人望所属。然而道未大遇于时，天也，夺之太速，斯文无依，苍生愨福。岂惟一时知己者之所悲哀，诚亦万世有志者之所痛哭。呜呼。道之行废，在先生固已豫识其机缄，而忧世乐天，虽君子或未尽知其衷曲。夫良知之训，惟在谨独，由此推之，可致位育。若得闻不失其本真，则论说何有于烦渎？开明人心，辨别理欲。统承孔、孟之宗，治踵唐、虞之躅。吾知先生之在九泉，如是而后可以瞑目也。某立门墙，沾教惟沃，义则师生，恩同骨肉。兹者官职所羁，趋时匍匐奔走未申，中心思服。寄哀于觞，鉴此诚朴。

罗钦顺

惟公才周万务，学本一心，气盖古今，量包湖海。绍斯文之坠绪，跻斯世于平康，岂惟众所同期，诚亦公之自任。遭逢昌运，服在大僚，属时望之方隆，胡仙游之遽尔，固有光于建立，曾未究夫经纶。伟矣。希文天章辽邈；劳哉。诸葛渭曲凄凉。愚也弟兄，夙钦风义，交游以世，气味攸同。宦邸论文，不在盈尊之酒；归途讲学，犹存隔岁之书。约信顿乖，尽伤何已。素帏伊迩，薄奠斯陈。有炯精灵，鉴此诚意。呜呼哀哉。

周汝登

万历己亥九月丁未朔十一日丁巳，后学周汝登等敢昭告于阳明夫子之灵：越有夫子，即鲁有仲尼，徐、王、钱先生及门于前，如回如伋，请事足发，以启后人。登等居幸同里，世未百年，私淑有资，愿学良切，敬联同志，凡数十人，月会夫子之堂，用体夫子之教。呜呼。夫子之教，首揭良知。良知非口耳，敢蹈支离；良知无始终，永无作辍。共期心领，务以身明，夫子在上，其默相之。尚飨。

陈效古

维嘉靖叁拾肆年岁在乙卯，叁月丙申朔，越贰拾日乙卯，巡按贵州监察御史陈效古，谨以牲帛庶馐之仪，致奠于明兵部尚书阳明王夫子老先生之祠曰：

天地有正气，斯文有统宗，惟秉此气以维持三纲，续此统以开发群蒙，斯固不囿于类，而慨然以斯世斯道为己任者也。于唯夫子挺生越服，海毓山钟，筮仕清朝，言听谏行。嗟余生晚，未卉躬逢，飘闻先达，殊切式矜，故夫标炳显著，孰非经术之要？苟数其事，亦浅乎其论公。宸濠酿乱，南国汹汹，夫子一来，论议从容，元恶裭魄，振落发蒙。呜呼。是气也，在地为河洛，在天为日星，在夫子为不朽之忠。造化夫子，同体而异形，驱邪翊正，孰非明道之实？惟即其大，乃所以知公，未学争尚，各筑墙宫，夫子惧焉。极力排攻，良知之致，启聩提声。呜呼。是道也，惟尧舜为能发，惟孔孟为能明，惟夫子为能独得其宗。夫子圣贤，时异而心同。噫。正气苟存矣，其没也宁，道统苟续矣，虽死犹生。顾彼无益于世教，无补于败成者，又恶得为重轻？效古叨承上命，观风贵境。升夫子堂，凛乎如瞻夫子之德容；入夫子室，依然如袭夫子之德馨。精神意气，实相感通，式陈薄奠，聊慰生平，伏惟英灵鉴之。尚飨。

魏良弼

呜呼先生，英肤天挺，高视千古，精一正传，心领神悟，亲民之谊，格致之训，扩先儒之未发，指后人之迷路，真所谓俟后圣而不惑，考前王而不谬者也。然而，世之人徒见先生文与道俱，音协风雅，驾出汉唐，争趋而慕，不知先生矢口皆格言，而自为律为度，非若有所袭于外而假以为助者也。人徒见先生三征不庭，仓卒注措，声色不大，功业焰富，非学者所能企及而究其故，不知先生日与二三子相讲习者，莫非此理之著，其所谓不战而屈人之兵，不杀以神其武者，寔先生经世宰物之素有，非若所谓权谋术数。呜呼先生，道高毁积，功成谗妬，在孔孟计所不免，而于先生复何怨何恶。呜呼先生，某兄弟良政、良器，少不知师，学不知务，幸赖先生发蒙聋瞽切切焉，明善为诚身之工夫，格物乃致知之实下手处，呜呼先生，父母全而生之，欲报罔极，苟得全而归之，先生与生我者，又复何如何如？呜呼。先生往矣，二弟俱逝，某也孱弱，焉所依附。呜呼先生，道有废兴，命也奈何，山颓木坏，哲人者磨，斯道不彰，负罪寔多，临风披奠，血泪滂沱，呜呼痛哉。

王宗沐

惟道学之敷阐，实立人之大纪。方极隆如三代，并绅绎于斯旨。自微言之既绝，乃杂兴于群氏。老者虚而佛者空，权家数而俗学支。纷苗莠之同�，咸角立而倡辞。当斯时而叩扁，靡一钥而奚持。譬樨童之适市，襟百戏而具宜。方眩观以漫顾，何妍媸之与知。惟时天佑斯文，人依先觉，指迷途以启径，救育瞽而剔瘼。非挺生之信灵，孰遲睹而如廓。伊宋鼎之既易，明绍统以继天，惟文明之遘会，学几绝而复传。然植以大而或蠹，糯以久而间牙。谅至精之尚在，哀门径之或迁。功利为途以襟沓，章句阛靡而兢先。惟持循之靡要，迄探讨以穷年。卒心身之奚补，亦沉痼而未瘥。先生学究鲁余，秀钟越服。少徵特起，长益拔俗。自遭摈于龙场，益艰贞而精熟。揭良知以为柄，秉慎独以为轴。原切当于当人，胡有闻而弗兴。如痛痒之独觉，岂外益以强绳。顾习俗之方旧，忽疑起而转惊。尚力任而独引，羌受嗤以靡更。忆鹅湖之立辨，分朱陆而肇争。陆岂禅兮朱岂俗，顾方相攻而加之名。夫言求有当于吾心，又何必问所从来而为晦明。且功有渐而源本径，惟在辨其志而察之。精虽疑似，偶同于外，道固不得，故避其说以讳其情。矧儒昙之断断乎，其不相涉，云胡啜其醨而猎其英？盖先生之神悟，曾不掛乎一缕。既兰径以直捷，亦空洞而无滓。故或介胄而树勋，辄勒券而震主。以缀藻而敷文，抑滔滔而千里。出余绪于素缣，锥处囊而雷在耳。世番持此而见推，譬之指波以为水施，未竟于枢轴。痛梁木之遽萎，念兹土之遐燠。郁人文于未昌，顷文旌之既届，南吾道而破荒。惟后生之忝窃，亦藉赖以播扬。监肖像之如见，俨俎豆于空堂。闵予生之不偶，曾不得望先生于门墙，幸闻风而私淑，亦未能继踵而躅芳。抱此衷之耿耿，踞陈词而荐觞。惟明神之未厌，尚分照于末光。

林希元

维公英资盖世，雄智出群，涉猎三教，迄自成家，文武通才，功成乃武。若公者，可谓一世非常之士矣。公之功业，固当世不敢望而及焉者。然西藩既挫之锋，思田已穷之弩，皆不足尽公之妙用，必遇汉七国，宋元昊，公之功始可见耳。孳孳谋国，老目飞鸢，万里捐躯，天寒归鹤，公之劳诚可录而志诚可哀也。曰予小子，承事此方，军国民谋，叨从末议，念幽明之永隔，悲再晤之无期。瓣香杯酒，聊荐心知。公神如在，尚其鉴之。

其他

为请复新建伯封爵疏

徐渭

为请复功臣封爵，以崇厚道作人心事。

臣本菲薄，赖陛下圣仁，令臣提督浙江学校，臣愚不敏，以为学校首务在敦实行，敦实行在先士风。于是作为条约，首令提调官以四孟月采士民之行，而臣岁一按临，以观其风。凡忠臣义士，孝子顺孙，烈女节妇，臣悉咨访，以备旌举。时臣至绍兴府，则见乡大夫士及故老庶民争来言：

"故新建伯兵部尚书兼都察院左都御史王守仁，始以倡义擒逆濠，受封前爵，迨后奉命平思、田，讨八寨、断藤诸贼，其抚剿处置，功烈尤著。既以勤事病困，乃就巡历属地，冀得便道待乞休之报，遂死南安。当时廷臣过从吏议，谓守仁倒施恩威，擅离职役。身死未寒，而削夺旋及，使功臣之骸，蒿葬原野，子孙微贱，下同编民，非所以广圣意劝忠良也。"臣既得闻斯言，复检按诸呈递，前御史臣裴绅所行绍兴府山阴、余姚等县学生员秦倪等呈词，及先后诸臣大学士方献夫、詹事霍韬、御史闻人诠等论列之稿，守仁生时历年章疏文移处置施行之实，参之臣畴昔所闻缙绅道路传诵之言，则知守仁平定逆藩之大功，与陛下之所以嘉守仁之懋赏，举的然后定议矣。至其往处思、田，不血一刃，不费斗粟，遂定两府之地，活四省之生灵，呼吸之间，降椎结者以七万。至其往征八寨、断藤诸巢，则以数千散归之卒，不两月而荡平二千里根连之窟，破百年以来不拔之坚，为两广除腹心之蠹。卒以蒙犯瘴疠，客死南安，实亦在其所制境上。夫功烈之高如彼，死事之情如此，而当时廷臣抑使不扬，后来诸臣复请之奏屡上，陛下亦竟留不下何也？

臣虽至愚，亦窃有以知其故矣。盖其故或在于言事者之尚未悉其情也。夫思、田二酋向化，而当抚剿，断藤峡诸贼稔恶而当剿，惟守仁则亲见其事而熟筹之，其他在廷之臣未必知也。兼总四省，则江西本其属地，毕事而巡历，病困而乞休，驻便道以待报，私不害公，此亦人情之常。至于终不获命以死，尤可痛悼，此在守仁宜自谅其无他，其他在廷之臣未必知也。故守仁求随宜剿抚之实，以副明旨，而廷臣据专意二酋之名，谓宜必剿；守仁以巡历地方，幸冀其返还之便，而廷臣因谓其一意返还，徒假借于巡历之公。则守仁之所谓抚剿尽是矣，而廷臣之所谓倒置似未尽非也；守仁之所谓待命尽忠矣，而廷臣之所谓擅离似亦未尽伪也。以未尽非、未尽伪之言，而陈于陛下之前，陛下安得不信之乎？故臣愚不敏，妄意陛下果终夺守仁之爵于始者，此也。夫陛下既已信廷臣矣，后之进言者又徒彼此求胜，既不白廷臣未尽非、尽伪之意，以缓其责，遂亦不能指守仁尽忠尽是之故，以互形其短长而破其两可之疑，则陛下亦安所取信而遂改易其前议乎？

故臣愚不敏，又妄意陛下不欲复守仁之爵于终者，此也。如其不然，以陛下圣明，往年尝复刘基之后矣，复王骥之后矣，此又复郭子兴之后矣，岂其独忘情于守仁哉？录其功而封之，人告其罪而夺之，审其无罪而复收之，惟是之求而循环不已，此陛下之所为至公也。不能深明其故，以启陛下之聪明，此臣之所以有憾于言事者之未悉其情也。不然，陛下何惮一改议之烦，争千古之粟，使功臣之绩，骨未朽而名实尽泯哉？臣有以知陛下决不为也。且守仁经略两广，功烈无比，天下所共闻知，谓宜有加爵之赏，姑无论也。遂使其倒恩威，离职役，诚如群臣言，犹不足以掩其擒逆濠、卫社稷之功，况乎以所谓廷臣未必知之说，而遂欲尽弃其平生，譬如以铢称镒，其低印亦甚枉矣。臣闻式鼓气之蛙，则士卒尚勇，买死马之首，则骏骨旋至。方今海上告警，士气不振，思效知能之徒，每以前事为鉴。守仁实生其乡，闻乡人每一聚谈，知与不知，皆为扼腕太息。夫泯没劳苦，使闾巷得以藉口，甚非所以作豪杰使奋起也。

说者又以为守仁聚生徒盈海内，名为道德而实伪学，为可遗弃。臣窃意不然，学术之与事功无有殊二，此自学士自修之说也。若朝廷赏罚当功罪，非以学术也，椎埋屠贩，恣睢不逞，亡人伦、鲜行谊之徒犹得裂土而封，世世勿失，此岂以学真伪哉？守仁之于学，其真与伪，臣姑勿论，纵其伪也，尽其死力于艰难，索其罪谴于讲说，朝以劳而封之。暮以其学而夺之，无乃大相缪乎？且人各有心难可洞视，徒以猜量之虚，而遂亡其舍生倡义、定一大难之实，使不得托于椎埋屠贩之流，其亦去人情远矣。

臣职专学校，首教化，遂以采民风，得知守仁之事，至熟且悉。又且兵革之役，方兴未已，而掩抑戎勋，非所以观视远迩。臣闻之古语曰："宠女不避席，宠臣不敝轩。"盖悲恩爱之难终也。周公曰："故旧无大故，则不弃也。"盖恐恩礼之易夺也。臣诚愚昧，谓宜念守仁之劳苦，察先臣之过举以深味夫古语周公之意，复守仁旧所封新建伯爵，俾子孙世世承袭，以彰国家报施之厚，作臣下之心，诸所宜葬祭赠谥之礼，悉从故事。

新建伯从祀疏

邹德涵

工部办事进士臣邹德涵谨奏：为崇祀大儒以章正学以正人心事。臣比者伏睹言官建白，要将先臣新建伯王守仁从祀孔朝，蒙皇上特下廷臣集议。臣末学新进，安敢出位妄言。窃闻野老食芹而甘，曝背而适，且欲自献于君，念臣祖原任南京国子监祭酒臣守益受学守仁。臣三世守其学，窃闻绪余，而不一摅其愚，上禆圣聪，以事主则不忠，以承家则不孝，臣罪滋大。臣是以冒昧披沥出位一言。臣观皇上践祚之初，首谕群工曰：理道之要，在正人心。夫不曰正纪纲、正法度，独曰正人心，大哉。王言盖已握尧舜正天下之要，而大乎可儿睹矣。臣愚以为：欲正人心，非可家喻，宜有以风之。欲有以风之，则莫若表章大儒，以示之的。我明号称大儒可承孔予之统者，盖莫有过于守仁。孔子有云：众人之命儒也。妄常以儒相诟病，则自春秋以来，儒品不白矣。臣请陈儒品。夫儒品有三，有大儒，有曲儒，有世儒。明明德于天下，长育人材，辅翼皇化，为国家当大任，树大勋，措天下于泰山而众庶不见其迹，其遗言流布，犹足以醒瘄后觉，使天下回心而向道，是谓大儒。左规矩，右准绳，言信而行，果畏先圣贤之法，不敢踰尺寸，然而可以镇俗，不可以作人，是谓曲儒。鑽研名义，考较异同，仿先圣学之遗言，撰述篇章，傲然持以继往开来，然而反之身心无当，是谓世儒。夫世儒易知也，曲儒尤易知也，惟大儒为难知。故非大儒，不足以知之。孔子万世所谓大儒也，晨门荷蒉微生晏婴之徒，尽春秋之贤智，乃相与诮而沮之，大儒果不易知也。孟轲氏崛起战国，独推尊焉，侪之尧、舜、禹、汤、文、武之列，信惟大儒能知大儒矣。臣尝粗睹守仁之迹，盖亦可疑，其直契本心似禅，其辩驳先儒之言似讪，其汲汲觉世真若天下之饥溺似激，其惜爱同类似党，其惓惓接引漫无拣择似愚，其在军旅中聚徒讲学似迂。夫此数者，信可疑矣。然原其心，则欲明明德于天下，冀以正天下之人心也。盖其心在天下，视天下之人心未正，若疾痛在身，不愈不已，故不得不以兴起斯文为任。欲兴起斯文，而不自人心之本明者觉之，则或从事于见闻形迹之间以为是，而人心终不可正也，故不得不挈良知以示之趋。况当其时，又不获掌握钧轴，日以其意默转朝宇，故又不得不哓哓然费于辞说，是岂守仁之得已哉？其欲正人心以承往圣者，则固可谅耳。方今正学彰明，大儒辈出，君臣合德，千载一时。臣愚以为知守仁者，宜莫逾于今日。然而，议论纷然，徐徐未决，岂亦谓从祀重典非众允不可？臣窃谓之不然。夫事有千百人是之而不为多，一人是之而不为少者，特究其是何如耳。当弘正间，欲祀薛瑄，议者少其著述，至以瑄饬励不愧屋漏者，反品之汉儒之下。赖先皇帝灼知其贤，排群议而祀之，而瑄之品始定。

天下以此颂先皇帝之明。今日守仁之祀，非赖皇上英明独断，恐亦如弘正间之议瑄无定时矣。若必欲求天下无一诋訾之人而后议祀，则众心之同悦者，莫甚于乡愿；春秋之最诋訾者，莫甚于孔子，祀当首乡愿而次孔子矣。臣恐天下人心，日以不正，是以汲汲请祀，非阿其人，为天下计耳。夫祀一守仁，可以转移天下，皇上又何所爱而不为也。臣狂野不知忌讳，干冒天严，不胜战傈悚惧之至。

新建伯从祀议

邹德涵

皇上身作君师，隆重儒臣，特允言官建白，欲以先臣王守仁从祀孔庙。岂繁彰显潜德，实欲鼓舞来学。臣承乏造士，敢以自默。夫守仁之为人，先穆宗皇帝品之当矣。曰绍尧、孔之心传，曰倡周、程之道术。守仁之当祀，两言而决。今者议论纷纭，致疑祀典，岂谓先皇帝之报守仁者既厚，可且缓其祀与？然观先皇帝所品守仁者，岂徒以其勋伐已哉？勋伐不足以尽守仁，则铭鼎锡券不足以尽先皇帝褒德之心。然先皇帝未即登祀，留待今日耳。臣谓皇上欲继先志，祀守仁最急。今之议守仁者，谓异于朱熹氏，臣不知其异也。夫熹与守仁之志，其欲继往圣则同，其欲开来学则同，其欲立心立命则同，此人人信之也。熹与守仁之学，其忠君则同，真孝亲则同，其仁民爱物则同，此人人信之也。熹之格物可以致知，守仁之格物亦可以致知；熹之言新民可以明明德，守仁之言亲民亦可明明德。譬吴越人赴阙下者，或经河洛，或经齐鲁，车辙马迹，隔越千里，然皆可以赴阙下。今不谅其言之皆可以入圣，漫是熹而非守仁，是经河洛者笑齐鲁也，岂不异哉？且自古圣贤立言，何可尽同？孔子言仁，孟子兼言义；孔子言志，孟子兼言气；达者不以此异孔孟。周敦颐言太极，程颢言天理，程颐又专言敬，此其口相授受者，犹矛盾若是，达者亦不以此异周程。以守仁之言与熹异，遂以此短守仁，此臣愚所未解也。且今世所以高守仁者，徒谓其勋伐足称云耳。审如所云，则古今斩将搴旗、谋王断国者，何可胜数？诚不必进之从祀之烈。然臣观守仁之勋伐，皆自其道德所成，区区立功之臣，未可同日语也。守仁之硕树昭昭耳目者，臣不暇论，试举一二轶事，为皇上陈之。臣闻守仁总督南赣时，武宗皇帝南巡，奸贼在君侧交计谤之，祸且不测。属吏请勿处用兵之地，以坚奸人之疑，守仁谢不听，处之泰然，竟能出危去险，坐收成功。庶几哉赤舄几几之度，非涵养深厚何以致此？又闻守仁督抚江西时，勤勤教民为善，如父母之于子弟，虽军旅仓皇，歌诗习礼，不辍于时，弦诵成俗，盗亦格心，迄今颂之，尚有泫然涕者，此岂声音笑貌所能为哉？又闻守仁勘事福建时，行次丰城，适宸濠反，亟还吉安，檄兵征讨。方出师时，置妻子官舍中，环以薪蒯，令守者曰：万一事不测，即举火，勿为宸濠所污。此其身与妻子一不系念，古所称致身者非与？又闻守仁承命征思田。先是，议征议勒，负固愈急。守仁一闻召，即于辞疏中极陈思田激变之由，情非得已，请上广好生德意。思田人闻之，无不欲得守仁来抚者，故守仁一至其境，不遗半矢，即缚首受罪。夫守仁伏山陬中，即能为国家筹万全

青花热水瓶

策，上成当宁舞干之绩，下全数百万生灵之命，固非朴遬儒者所能办也。凡此数事，皆古先哲人所难，本之蕴蓄不凡，故猷为丕懋，此臣益信守仁之当祀为无疑也。臣伏考周礼大司乐有曰：凡有德者有道者使教焉，没则以为乐祖，祭于瞽宗。守仁之道德，足为师表，又合于乐祖瞽宗之义。臣谓宜进守仁从祀，庶足以兴起斯文，培植风教，且可慰先皇帝褒德之心。谨具议以闻伏候敕旨。

九华山阳明书院记

邹守益

青阳九华山之胜，与匡庐、武夷竞爽，至李太白始发其奇，嗣是诗人、隐士、仙、释之流，相与经营其间，而未有以圣贤之学倡而振之者。弘治壬戌，阳明王先生以恤刑至池，爱其胜而游焉。至正德庚辰，以献俘江上，复携邑之诸生江学曾、施宗道、柯乔以游，尽蒐山川之秘，凡越月而去。尝宴坐东严，作诗曰："淳气日凋薄各，邹鲁亡真承。各勉希圣志，毋为尘所萦。"慨然欲建书屋于化成寺之西，以资诸生藏修，而未果也。嘉靖戊子，金台祝君增令兹邑，诹俗稽典，始克成其志。中建正堂，大书曰"勉志"，东西有廊室，而亭其后，曰"仰止"；合而门之，曰"阳明书院"。池守韩君楷、二守张君邦教，视而嘉之，更议置田以膳学者。而九华之名，将与白鹿、云谷焕然昭方策矣。诸生乐其绩之成也，不远南都，以来徵言。守益窃闻绪言之教矣。先生之教，以希圣为志，而希圣之功，以致良知为则。良知也者，非自外至也。天命之性，灵昭不昧，自涂之人至于圣人同也，特在不为尘所萦而已矣。二三子亦知尘之害乎？目之本体，至精至明，妍媸皂白，卑高大小，无能遯形者也，一尘蒙之，则泰山秋毫，莫之别矣。良知之精明也，奚啻于目？而物欲之杂然前陈，投间而抵隙，皆尘也。故戒慎恐惧之功，如临深渊，如履薄冰，所以保其精明，不使纤尘之或蒙之也。纤尘不蒙，则无所好乐忿懥，而精明之凝，定廓然大公矣。亲爱贱恶无所辟，而精明之运用，物来顺应矣。大公之谓中，顺应之谓和；中以立天下之大本，而天德纯矣；和以行天下之达道，而王道备矣。此邹鲁之真承也。古先圣王兢兢业业，克勤克俭，不迩不殖，亦临亦保，率是道也。故尧、舜、禹、汤以是道君天下，而孔、颜、曾、孟以是道为天下师。后之学者，见圣贤之君师天下，其成功文章，巍巍若登天然，而遂以为不可阶。譬诸入明堂清朝之中，见其重门层阁，千方万员，前瞻后盼，眩然以骇矣，而不知所以创造图回，规矩之外，无他术也。二三子其将求之规矩乎？将求之方圆乎？良知之教，操规矩以出方圆也。而摹方效圆者，复闽然以禅疑之。呜呼。爱敬亲长，吾良知也；亲亲长长以达天下，将非致吾之良知乎？恻隐羞恶，吾良知也；扩而充之，以保四海，将非致吾之良知乎？孰为礼，孰为非礼，吾良知也；非礼勿视听言动，而天下归仁，将非致吾之良知乎？是邹鲁之真承也，而何禅之疑？禅之学，外人伦，弃事物，遗肝胆耳目，而要之不可以治天下国家，其可以同年而语乎？书院之建，群多士而育之，固将使之脱末学之支离，辟异端之空寂，而进之以圣贤之归也。二三子之朝夕于斯也，其务各致其良知，勿使蒙于尘而已矣。处则以是求其志，达则以是行其义，毁誉不能摇，利害不能屈，妖寿不能二，使尚论道术者，按名责实，炳炳有征焉，则良有司鼓舞之典，其于圣代作人之助，规模宏集远矣。岂繄山水严壑之遇而已乎？

阳明先生书院记

邹守益

阳明先生官滁阳，学者自远而至。时孟友源伯生，偕弟津伯通，预切磋焉。逾四十年，而伯通令黄州之黄冈，以所闻师友者，与两庠来学及诸缙绅宣畅之。良知之同，远迩翕然，每月三会，每会率数百人，默坐澄心，共明学脉。或质疑问业，期以改过迁善为实际。少间，则考钟击鼓，歌咏情性。少长咸秩，怡怡充适而归。两庠来学议建书院，以永藏修，而中丞方近沙任，旧学于予也，谋于诸缙绅曰：“阳明公归自贵阳，诸生郭庆、吴良吉辈及门受学，请尸祝公为矜式。”孟尹以闻于当道，抚按监司咸韪之。而督学刘初泉亟允以垂永久。乃市安国寺左隙地及僧房二重，廓而新之，于听讼中酌助其役。曰讲堂，曰祠堂，曰书屋，曰大门；缭以周垣。而先师图像之刻，祀典之备，门役之守，以次而具。孟君入觐于京，属予兄善以征言，且曰：“愿阐师门同然之蕴，以波于江汉。”某拜手复曰：夫同然之蕴，子孟子发之矣。二三子亦知其有时而异乎？口之悦刍豢也，而恶寒发热，则异矣；心之悦理义也，而遗亲后君，则异矣。故同者，本体也；异者，病症也。良师胜友，冠弁一堂，法语必说，异言必从，是上帝降衷，灵明弗昧，无知愚，一也。能绎能改，则如灵明杲日，为美为大，以达诸圣神；弗绎弗改，则灵明如闪电，为暴为弃，以淆诸禽鸟。嘻，其几微矣。昔者孔圣之南游于楚也，歌衰凤则避之矣，封书社则沮之矣，问津则耰而弗告矣。彼皆一时高流名卿，而意见一滞，灵明遂壅障。今黄之耆旧俊髦，超于齐民，欣聆正学，如茹橡采蕨，获饫膏粱，意见可谓融脱矣；其亦有鼓舞于意气、點检于格套、担当于闻见者乎？悦子之道，中心诚服矣而诿诸力，则终于自画；克伐不行，笃于践履矣，而观所由，犹不得谓之仁。见礼闻乐，智足以知圣矣，而博学而识，终与一以贯之殊科。在圣门犹患之，而况吾侪乎？圣学之得其宗者，曰弘以任重，毅以道远，战战兢兢，临渊履冰，以研皜皜一脉。平日见称为鲁，而超然文学威仪之上，二三子其亦念之乎？以江汉，地相迩也；以秋阳，时相遇也。自濯自暴，而不为三蠹所障，即其同以辨异，则纤翳除；反其异，趋其同，则明命莹矣。由是而智及之，曰入门；由是而仁守之，曰升堂；由是而勇终之，曰入室；将质鬼神，俟后圣，举幽明古今，更无二矩，足谓致良知之蕴。顾与二三子交儆之。

虔州报功祠配享记

邹守益

报功祠者，报先师阳明王公功也；配享者，举三湖邢侯珣以配公而与享之也。先师之功在宗社，教在士类，泽在黎庶，尝生祠于濂溪祠，后政者谓弗虔也，徙于郡邑学宫之右。益偕同门俞尹大本，祇谒遗像，议隆报祀。会晴江喻中丞莅虔台，慨然图缵公之绪，修厥废坠，以秩祀典。复念赞襄成功，邢侯预有劳，而祀弗及，以询于士民，士民协其议，而林郡守功懋赞其决，方宪副任核其实，遂列祀名宦，而设像以配于公之侧。伻来征言山房，曰："维公之学，与邢侯之政，皆司成氏所素濡染也。其昭明觊，以信于后。"益也有慨于中，逾三十年矣。往岁受学于虔，时方剿横水、破桶冈、平浰头，郊野乐业，商贾四集，而成人小子，横经讲学，歌诗习礼，雍雍文物之盛。暇日以通家谒三湖于郡斋，历询亲冒矢石，规画章程，众誉归重焉。逆濠之变，益复在军门，樟树誓师，西山捣伏，豫章复城，黄石俘馘，公扶疾冒暑，鞠躬尽瘁，以靖巨憨。而邢侯与松月伍侯，赤然为称首，吉兵将北，侯廑义勇陷阵以往，岁斩贼帅，以裖逆魄，其绩尤伟焉。功高谤兴，群憎反构，权奸势阉，朵颐封拜，将陷公于不测，而嗾以焚掠大多，为同事诸君罪。圣明御极，爵赏始及公，而侯竟参藩，陟左辖，致其事。公辞爵力争之，至有"虚受升职，实畀退闲，阻忠义而快谗嫉，反不若观望引避可以安享富贵，无众口之诽。诚不忍叨天功，掠众美，独受殊赏，以靦颜面"，听者为之汗背，而竟无所济。未几，而公之爵亦弗世矣及矣。益尝告执政曰："死忠死孝，自是臣子降衷，岂以赏不赏为加损？而国家砺世磨钝，亦使乘风云，附竹帛，赏延于世，以为鼓舞之具。试评江西功次，何啻安化？而赏罚黯暗，豪杰疑沮，具时南征北伐，奚以为军旅法程？此事自关国体，非一家恩浑计。"执政善其言而未改，岂待时而发耶？肆兹中丞，阐幽振郁，顺物情以劝有功，而监司至于郡守、县令，敦古举义，应若桴响。充是操也，秉钧轴，斡化机，别淑愚，树风声，罔俾黯暗疑沮以蔽懿德，将式克休前政，钦成烈以闻于无穷，其兆足权舆矣。益不敏，尚执笔以竢。

天真书院改建仰止祠记

邹守益

嘉靖丙辰，钱子德洪聚青原、连山之间，议修阳明先师年谱，且曰："仰止之祠，规摹耸旧观矣。宜早至，一记之。"益未果趋也，乃具颠末以告。天真书院，本天真、天龙、净明三方地。岁庚寅，同门王子臣、薛子侃、王子畿暨德洪，改建书院，以祀先师新建伯。中为祠堂，后焉文明阁、藏书室、望海亭，左为嘉会堂、游艺所、传经楼，右为明德堂、日新馆，傍为翼室。置田，以供春秋祭祀。甲寅，今总制司马梅林胡公宗宪按浙，今中丞阮公鹗视学，谋于同门黄子弘纲，改祠于天真上院，距书院半里许，以薛子侃、欧阳子德、王子臣祔。左为叙勋堂，右为斋室，后崖为云泉楼，前为祠门；门之左通慈云岭，磴道横空若虹。立石牌于岭上，曰"仰止"；下接书院，百步一亭，曰"见畴"，曰"泻云"，曰"环海"；右拓基为净香庵，以居守僧；外为大门：合而题之曰"阳明先生祠"。门外泮璧池，跨池而桥，曰"登云桥"。外印龟田，亭其上，曰"大极"云。岁丁巳春，总制胡公平海夷而归，思敷文教，以戢武事，命同门杭贰守唐尧臣重刻先师文录、传习录于书院，以嘉惠诸生。增修祠宇，加丹垩，搜泉石之胜，辟"凝霞""玄明"二洞，梯上真，穴蟾窟，径三峡，采十真，以临四睡；湘烟越峤，纵足万状，穹岛怒涛，坐收樽俎之间。四方游者，愕然以为造物千年所秘也。文明有象，先师尝咏之，而一旦尽发于郡公，鬼神其听之矣。

益拜手而复之曰：真之动以天也，微矣。果畴而仰之？又畴而止之？先师之训曰："有而未尝有，是真有也；无而未尝无，是真无也；见而未尝见，是真见也。"而反复慨欷于颜氏知几之传。故其诗，曰"无声无臭"而"乾坤万有基"焉，是无而未尝无也；又曰"不离日用"而"直造先天未画"焉，是有而未尝有也。无而未尝无，故视听言动一于天，欲罢而不能；有而未尝有，故天则穆然无方体，欲从而末由。兹颜氏之所以为真见也。吾侪之说，服师门众矣，饬励事为而未达行著习察之蕴，则倚于象；研精性命而不屑人伦庶物之实，则倚于凌虚。是自迩而远，自卑以高，犹未免于歧也。而入门升堂，奚所仰而止乎？独知一脉，天德所由立而王道所由四达也。慎之为义，从心从真，不可以人力加损。稍涉加损，便入人为而伪矣。古之人受命如舜，无忧如文，继志述事如武王、周公，格帝享庙，运天下于掌，举由孝弟以达神明，无二涂辙。故曰：无微之显，诚不可掩，指真之动以天也。先师历艰履险，磨瑕去垢，从直谏远谪，九死一生，沛然有悟于千圣相传之诀，折支离于众淆，融阙漏于二氏，独揭良知以醒群梦，故惠流于穷，威詟于剧，功昭于宗社，而教思垂于善类。虽罹谗迤娼，欲掩而弥章，身殁三十年矣，干戈倥偬中，表扬日力。此岂声音笑貌可袭取哉？维梅林子尝受学于金台，取师门学术勋烈相与研之，暨令余姚，谞谏淬砺，荐拜简命，神谋鬼谋，出入下古，旁观骇汗，而竟以成功，若于先师有默解者。继自今，督我同游，暨于来学，骏奔咏歌，务合斋明盛服之实，将三千三百，盎然仁体，罔俾支离阙漏杂之。其望也若跂，其至也若休，以古所称忠信笃敬，参前倚衡，蛮貊无异于州里；省刑薄敛，亲上死长，持挺可挞于秦楚。于以发先师未展之秘。圣代中和位育之休，达为赤舄，隐为陋巷，俾熙熙光天化日中，是为仰止之真。

龙冈书院祭田记

邹守益

龙场驿距贵阳州西七十里，水西安宣慰地，在古夷蔡之外。正德间，先师阳明王公以直言忤逆瑾，谪丞于驿，尝作何陋轩、君子亭、玩易窝及宾阳堂，咸自记于石。瑾怒未解，濒于死屡矣。动心忍性，磨瑕去垢，沛然有悟于洙、泗、濂、洛之脉，融释众淆，折衷二氏，揭良知以醒群醒。

嗣是历卿寺，开督阃，翦剧寇，靖逆藩，炳然膺封爵矣。复焉娼者所出，而有志于学者翕然宗之。嘉靖某甲子，宪副焦君维章，即其地，甓一池如泮，而奉主以祠。壬子，侍御麟阳赵君锦，增堂饰像，缭以周垣，守以驿卒，焕然新矣。中丞须野张君某率藩臬拜跽奠爵帛，颁胙群寮，而祀仪未有常典。丙辰，侍御白压王君绍元，受学南野宗伯，思崇遗教，以风士民，乃谋于中丞玉华高君翀，曰："祭而无田，弗可以永也。敛于夷则或扰，派于官则或惰，莫若以罚缓之羡，置田，以簿正之，庶明德以飨乎。"藩臬之长杨君守约、陈君尧，咸尚德乐善，协力而成之。计岁入可供二祀，而积余以备修理。复惧其久而湮也，遣怦千里，以纪于石，俾嗣政者稽而勿废。且曰："顾宣畅师门之蕴，俾任学退荒者，因有兴起焉。"某也不类，尝侍教于先觉矣。谨述所传以就正。

往者尝疑大学、中庸一派授受，而判知行，析动静，几若分门以立。及接温听厉，反覆诘难，始信好恶之真，戒惧之严，不外慎独一脉。独也者，独知也。独知之良，无声无臭，而乾坤万有基焉。知微之显，其神矣乎。于穆不已，而四时行，万物育，故大始之知，独归乾；自强不息，而三德义，五典敦，故通乎画夜之知，独归诸乾乾。七十子之在圣门，中心悦而诚服也。莫我知之歎，举而诿诸天，盖慨夫能行能习而弗著察也。治任失声，何等爱慕，非江汉秋阳侃侃数语，几不免疑有若于夫子。故莫不饮食而鲜知味，岂独愚不肖当之？吾侪之悦服师门，众矣。检点事为而未达不睹不闻之蕴，是忽恂栗也；研精性命而不屑人伦庶物之实，是略威仪也；知二者之偏矣，而以自然为极则，以戒惧为加一物，是废切磋琢磨也。于嚆嚆肫肫之教，得无犹有所倚而有可尚乎？在易之乾，以龙取象，刚健中正，纯粹以精，始为聪明睿智达天德之智。卧龙之冈，弦诵言游，奏咸英以破乘间，遗韵未泯焉。凡百君子，骏奔咏歌于斯也，诚诸身，徵诸民，对越诸神明，将为潜、为见、为跃，以觐天子之耿光。进退得丧而不失其正，于龙冈其永有休闻。百世之下，尚有斐勿谖，又何忧于祠？何患于祠田？祠田在龙场之东公雞巇，去祠二里许。计租米一百四十四秤，民人路大贵所售也。经理之劳，则贵前二卫指挥刘镗、胡恩、杨凤鸣，千户胡杰。法得附书。其田段界至，具勒诸碑阴。

九华山阳明书院记

欧阳德

九华山东去池阳且百里，殿青阳南境，峦嶂廻复，奇秀盘郁，称江南名胜。先师阳明王公每蹑履兹山，幽探避览，动弥旬月，欲结精舍化城寺西，偏与诸生讲业其中。前御史柯君乔始从乡赋，告诸县令祝君，即其处成讲堂三间，堂后辟荆榛莽，夷阜为原，构亭曰"仰止"。公薨，巡按御史虞君守愚督学，御史闻人君诠奉木主于亭，痹隘弗称，处恭弗展，乃檄同知池州府任君柱改作为祠，其间架视讲堂，而闳丽有加，庑序门垣，罔不完美；唐陈阶阤，罔不廉饬；赡祭有田，奠献有仪，以为公所卜地神或眷。兹且使受学于公若感而兴者藏焉修焉，庶几严奉遗矩，罔有失坠，甚盛厚也。公倡道南服，本良知为教，所谓是非之心不由外铄者，盖自善继而性成，诚立而神发。知也者，神之所焉，性命之灵，德性之则也。虽淫邪无忌之尤者，其掩恶饰善，若或见其肺肝而无所容。神明内融，潜伏孔昭。若此，精一执中，造端于兹矣。而五性感动，牿之反复，迷真丧本，沦胥以溺，匪知弗良，弗能致其知者也。在昔孔门传心之要，必慎其独。迨夫孟子示乍见之怵惕，嚱蹴之惭忿，孩提之爱敬，平旦之好恶，达之足以保四海，亡之不远于禽兽。周子称"静虚动直，明通公溥"，程子论"明觉自然，大公顺应"，其揆一也。公之教，原人心天命之真，足以质往圣俟来学，然予犹惧其暗郁弗章，而无以消天下之疑沮者。夫良农之子，卤莽灭裂，田卒污莱，而父受其訾。大贾有宝，贫傆楼而沽诸市，则日号而不售。凡吾党道扬师训，罔有深造自得之实，则有异于是者乎？故讲学以崇德，或谓立异；尊师以广道，或谓树私。孔、孟、周、程相传之学，因拒而弗信，无怪也。故某以为修公堂宇，贵修其道；依公宫墙，贵依其教。阐之以言，贵先之以身，慎自欺自慊之几，默而成之，遁世不见知而不悔，然后德孚于人，而师训益尊，瞻堂起敬，闻风知慕，学者益笃，兴者益众，岂曰小补之哉。嗟夫。由前之说，诚可惧；由后之说，吾党其可为也。讲堂成于嘉靖戊子秋，改亭为祠，成于甲午夏，先后相协者池州守侯君缄、陆君冈、通守徐君子宜、闻人君、柯君、任君，皆公门人。明年乙未冬十月，门人南京尚宝司卿、泰和欧阳某记祭田祭器，识诸碑阴。

龙场阳明祠记

罗洪先

　　阳明王先生揭良知之学倡于天下，天下之人师其说而鼓舞不怠者，所在祠之，无问曾至其地与否。龙场，故谪宦处，当时所居，皆手自筑树，其棲迟咏歌之迹，至今宛然，能无思乎？葺何陋轩、君子亭之腐挠，复亭其北，龛主以奉之者，始于宪副雪山某公。某撤亭北壁，夷坎剔秽，中堂三楹，旁翼两序，前为门，题曰"龙冈书院"。周垣缭之，守以传人者，侍御麟阳赵公绵。赵为先生乡人，有气节而又嗜学，故其勤若此。祠成，致侍御之命索余记者，为宪使仰斋胡公尧。时增餼未备，亲视其役，复自为文以祀，且遣使速记者，今巡撫都御史须野张公鹗翼与意使龙山张公尧年、参政枫潭万公虞恺、学宪高泉谢公东山也。

余尝考龙场之事，于先生之学有大辨焉。夫所谓良知云者，本之孩童固有而不假于学虑，虽匹夫匹妇之愚，固与圣人无异也。乃先生自叙，则谓困于龙场三年而后得之，固有甚不易者，则又何哉？今夫发育之功，天地之所固有也。然天地不常有其功。一气之敛闭而成冬，风露之撼薄，霜霰之严凝，陨获摧败，生意萧然，其可谓寂寞而枯槁矣。郁极而轧，雷霆奋焉，百蛰启，群卉苗，氤氲动荡于宇宙之间者，则向之风霰为之也。是故藏不深则化不速，蓄不固则致不远，屈伸剥复之际，天地且不能违，而况人乎？先生以豪杰之才，迈往之志，振迅雄伟，脱屣于故常，于是一变而为文章，再变而为气节。当其倡言于逆瑾蛊政之时，挞之朝而不悔，其忧思恳歉，意气激烈，议论铿訇，真足以凌驾一时而讬名后世，岂不快哉。及其摈斥流离于万里绝域，荒烟深箐，狸鼯豺虎之区，形影孑立，朝夕惴惴，既无一可骋者，而且疾病之与居，瘴疠之与亲。情迫于中，忘之有不能；势限于外，去之有不可。辗转烦瞀，以成动忍之益。盖吾之一身已非吾有，而又何有于吾身之外？至于是而后如大梦之醒，强者柔，浮者实，凡平日所挟以自快者，不惟不可以常恃，而实足以增吾之机械，盗吾之聪明，其块然而生，块然而死，与吾独存而未始加损者，则固有之良知也。然则先生之学，出之而愈长，晦之而愈光，鼓舞天下之人，至于今日不怠者，非雷霆之震？前日之龙场，其风霰也哉。嗟乎。今之言良知者，莫不曰"固有固有"，问其致知之功，亦莫不曰"任其固有"焉耳。亦尝于枯槁寂寞而求之矣乎？所谓盗聪明、增机械者，亦尝有辨于中否乎？夫良知虚寂无体，其速发而善应，不啻雷霆之鼓其机，而人之忧愉恐喜、咈顺拘肆之态，磊礧出没于胸中，日不知其凡几，又不啻一龙场也。然未有知之而动忍者，彼其根株蔓引之潜滋，而勉强格禁于既发，此虽困顿扼抑之极，将亦何益于进退？生于忧患，死于安乐，岂亦有待其人乎？盖忧悔吝，而后可以言补过；齐夭寿，而后可以言修身。大受而不惧者，内无所系者也；苦难而不入者，近有所安者也。龙场固传合也，先生遇之，一以为风霁，一以为雷霆。非先生其人，荒烟深箐，狸鼯豺虎故区而已矣，谁为过之？谁为祠之？世之势位，加于龙场何限？考其所至，犹传舍然，而人之遇之者，亦如逆旅之过目。吾又未尝不有感于贤愚相远，而歎先生厚自贻也。先生去龙场四十有三年，而后有祠。又三年，而余始为记。须野公持节来镇，夷獠底定，群公当藩维之寄，庶政修和，顾乃出榛莽，履幽巇，徘徊其地，信宿不能舍去。复走一介索鄙言于数千里外，果何所慕也哉？后之观风者试思之。

移置阳明先生石刻记

罗洪先

昔阳明王先生督兵于赣也，与学士大夫切劘于圣贤之学，自缙绅至于间阎，以及四方之过宾，皆得受业问道。盖濂、洛之传，至是再明。而先生治兵料敌，卒有以平奸宄者，皆原于切劘之力。于是深信人心本善，无不可复，其不然者，由倡之不力，辅之不周，而为学之志未立故也。既以责志为教，肄习其子弟，复取大学、中庸古本，序其大端，与濂溪太极图说联书石于郁孤山之上，使登览而游息于此者，出埃壒之表，动高明旷远之思，庶几见所书而兴起其志，不使至于懈惰，盖所以为倡而辅之之虑至切也。先生去赣二十余年，石为风雨之所摧剥者，日就缺坏，而是山复为公廨所拘，观者出入不便。嘉靖壬寅，宪副江阴薛君应登，备兵之暇访先生故迹，睹斯石，悲嘅焉。既移置于先生祠中，复求搨本之善者，补刻其缺坏，而讬记于予。予尝观先生所书，恨其学之不俱传也，自孔孟以后，明其学者濂溪耳。故图说原天所以生人者，本于无极，而求复其原，则以无欲为主，舍无欲而言中正仁义，皆不可以合德而反终。故大学言致知，中庸言慎独。独知之地，欲所由辨，求其寡而无焉，此至易而难者也。先生生数百年之下，处困而后自得，恍然悔既往之非，真若脱溷淖而御冷风。故既自以切劘而尤不敢隐于天下。于是择其辞书之石，冀来者之自得，犹夫已也。今先生之言遍天下，天下之人多易其言而不知其处困之功与责志之教。故深于解悟者，每不屑于持守，而意见所至，即皆自是而不疑，哓哓然方且以门户相持兢譬，则石已缺坏，而犹不蔽风雨，顾以为崇护之严，贸焉莫知，其所出入，岂不失哉。夫欲之易炽，速于风雨，而志之难立，有甚于石其积习之久，非一日可移置也。然使精神凝聚，即独知之地以从事焉，则又不易地不由人，而足以自反，譬则石之摧剥于风雨者，复庇之以厦屋，虽失于昔，亦犹可以保其终乎。今石存，则升先生之堂者，宜有待矣。薛君有志于学，其完此石，盖亦辅世之意，而余之困而不学，则有愧于切劘之助也。书之石阴，亦以为久。要云。

题阳明先生祠

钱士完

先生由铨曹来佐闼，论学最著。荆溪吴安节视闼修谒，新其祠宇，谓先生门墙士多遗议者，今其余风日波，夫亦有以致之乎？余未能对，深加考订。当时与滁士谭，见其躁动，且教其静坐，谓将补小学收放心一段工夫。比入江右，又恐喜静厌动，流入枯槁，单提致良知。其说曰："良知本体昭明洞彻，莫非天则，不论有事无事，精察克治，俱归一路，方是格致实功。"盖先生既惧滞口耳者之粗而言良，又恐骛枯寂者之幻而言致，要使精察克治，悉合天则。汝中序先生之录，亦曰："有触发之义，有栽培之义，二者合而致良知教旨始全揭矣。"此其用意未始不精密也。读《传习录》，一友问："欲于静坐时将好名、好色、好货等根逐一搜寻，扫除廓请，恐是剜肉做疮否？"先生正色曰："这是我医人的方子，真是去得人病根，更有大本事人。过了十数年，还用得着你，如不用，且放起，不要坏了我的方子。"其严毅如此。读与舒国用书曰："才谓敬畏之增，不能不为洒落之累。又谓敬畏为有心，如何可以无心而出于自然？凡此皆欲速助长之病也。动容周旋而中礼，从心所欲而不逾，所谓真洒落，是洒落生于天理之常存，天理常存生于戒慎恐惧之无闻，孰谓为洒落之累？尧舜之兢业，文王之小心，皆出于心体之自然。出乎心体，非有所为而为之，自然之谓也。"其透切如此。与黄宗贤："凡人言语正到快意时，便截然能忍默得；意气正到发扬时，便翕然能收敛得；愤怒嗜欲正到腾沸时便廓然能消化得。"非天下之大勇者，不能其近里如此，成言具在，脉路最真，然孔孟之

中华传世藏书

王阳明全集

《王阳明全集》原典

一八六七

教，引而不发，以待深思自得。先生"致良知"三字，一句道破，学者往往以口语承之。彼玩弄天机，享用见成良知者，渐流入于虚圆而鲜真诣，甚则检押大逾，以身为谤，犹然藉口良知，视先生前数条训言何如也？可猛省矣。余因茸先生祠宇，特拈出之，以复吴先生九原可作，或亦首肯否？祠由先生弟子闻人诠允诸生请，建于丰乐、紫微间，余椒戚贤为之记，今始再茸云。

王文成公祠碑

吴桂芳

　　阳明先生王文成公，以正德己卯来平我南昌逆濠之变。南昌之民赖先生义师得脱水火，即祍席，思所以俎豆先生以报祀功德于无斁者，亿万人一心也。顾先生道大望尊，功成疏爵，身没之后，忌者稍起，郡民盖贸贸焉。嘉靖己亥，前少师华亭存斋徐公视学江右，始狗士民之请，即射圃旧址，肖先生像祠之。丙辰，前司徒晋江可泉蔡公来抚我邦，议捐赎金茸之。乙丑，徐公复捐赐金再茸之。自是南昌父老始得岁时伏腊拜瞻祠下，歆戏低回，久之而后去。二公复即祠之左右，建号舍若干楹，集郡诸生俊者，读书讲学其中，祠彬彬称盛矣。隆庆改元，穆宗皇帝修举先庙佚政，时华亭徐公方柄国，天子允诸廷臣之议，诏复先生新建伯，世其爵，遣官谕祭造年，赐谥文成。盖先生应得彝典，兹焉始备。时南昌之民相与举手加额，称明圣云。今葬春，侍御巡察云门任公澄清之暇，睹先生庙宇恢宏，而祠额未称，爰谋于抚台风竹徐公，檄太守云皋周公竖坊其前，扁以今谥。更檄太守议所未备者，属邦人记之。太守议曰：先生之祠，记之者既再矣，顾皆陈述先生学术大端，而未及先生戡定之伟绩。夫江汉告成，吉甫作诵；淮蔡既乂，昌黎述碑。先生平逆濠之难，社稷之功也，祀之宜也，其功在南昌，则南昌之专祀之，又宜也。祠先生以崇德，抑以报功记先生之祠者，可独废哉。请以属司马氏。司马氏曰：余韶龀时，闻郡长老言正德己卯六月之变甚详，盖是时豫章之民每饭不忘王公也。大烈哉。仁人哉。其功其德无兢已。顾讵今垂六十年，未有记其事者，岂非郡中之阙典欤？风竹、云门二公之政举其大，太守周公之议协于中，其贤夫。其贤夫。余以所闻于郡父老者著于篇，俾郡子弟暨祠中诸生于俎豆先生时声歌之。其辞曰：

昔在中叶，武皇震业。内螫外讧，根盘株结。釁兗攸乘，以芽以蘖。蠢兹宁濠，王我大邦。德否志修，睥睨匪常。招通纳叛，逆谋用张。帝念亲藩，削其护卫。爰遣近臣，往诘其罪。逆濠闻之，反形斯炽。戕我抚使，及于宪臣。天地以黯，日星为昏。贼旗纷指，虐焰如焚。遂破南康，以迄九江。舳舻绵绎，其锋莫当。远近大耸，望风迎降。桓桓王公，开府于赣。有诏赴闽，抚处军叛。既次剑江，仓卒闻变。扁舟宵遡，驻辔吉安。虎符遄发，四徵材官。洒涕临戎，不共戴天。义师之兴，有严有翼。亦有吉守，同心戮力。暨于列郡，奉期成集。公有劲卒，日维新民。感公神武，赴义如奔。曾不逾旬，亦集辕门。兵既萃止，我武维扬。元戎万艘，以先启行。公曰咨汝，文武将吏。贼帆既远，予追曷企。维是南昌，贼巢在焉。我往克之，贼必内牵。归而擒之，易若燎原。将吏曰都，兹维胜算。先人夺人，贼将焉审。旌帜蔽江，士志兢劝。豫章之野，其塿言言。贼之宗盟，城守甚坚。公亲誓师，一鼓应弦。公亟下令，叛者独夫。若军若氓，皆我发肤。有妄杀者，立抵厥辜。城下之日，市不改肆。老稚胥庆，壶浆箪食。于时逆濠，盛兵在皖。攻其外郭，面夜靡缓。我捷既闻，贼丧厥魄。廼解皖围，星言返国。归次黄溪，我师逆之。贼锋甚锐，我气小摧。公再誓师，戮彼北者。凡厥效尤，必杀无赦。时维盛秋，西风方飏。公曰时哉，火攻为上。乃集轻舟，乃苇乃膏。揭帆顺流，直捣贼艚。濠急挥金，躬擐督战。火燎其舟，贼是溃乱。大兵乘之，遂执渠魁。或俘或馘，余孽尽夷。凯声雷动，欢徽九衢。父老有言，我为贼穴，匪公来疾，贼且反械。虎而负嵎，厥未易驱。将协吾众，以抗王师。哀此无罪，匪屠则诛。公之德矣，何日忘之。父老再言，濠逆始传，武皇赫怒，亲征而南。匪公擒濠，万乘来狩。我室我家，孰保相守。公之德矣，如山如阜。父老义言，公既平逆，巨珰贪天，拒公奏绩。矫诏提兵，来入公壁。公也御之，不吐不茹。经权竝运，彼珰诚翰。莫敢我噬，亦莫敢我渔。公心独若，公民晏如，公之德矣，曷其斁诸。维公德懋，维公功巍。肃皇锡爵，恭皇世之。金章铁券，与国咸熙。爵以酬功，祠以寄思。成我思者，华亭少师。葺之廓之，少师司徒。且葺且坊，两台之烈。伐石记功，守议之协。司马作碑，以告来哲。

阳明先生祠堂记

焦竑

孔孟之学，至近世而大明，如日之中天，非无目者未尝不知而仰之，则阳明先生力也。先生自谓"其学凡数变，盖从万死一生中得之"，是岂可以易易言哉。今先生之说盛行于世，而尸祝之者几扁宇内。独金陵师首善之地，先生为太仆、鸿胪卿于此者且六年，都人士沐浴膏泽，沾丐芬香者不少矣，而顾无专祠以祀之，非缺事欤？顷岁绍兴周海门公以符卿摄兆，士大夫抠衣问学者无虚目，其所推明阐绎，率先生意也。爰念居游无所，而瞻响靡从，非所以兴学。乃择高敞燕闲之处，畚壤测杲而大葺之，经体面势，言言諯諯，不大变徙而祠适成。当是时，京兆黄公继至，尤嘉公意，而相其所营。于是斲削，丹臒之饰，焕然完富，而士以得学其中为乐，相约而诣余请记。

《易》曰："形而上者谓之道，形而下者谓之器。"余观先生之始也，其为虑深。尝示人以器，而略于道，俾守其矩矱而不为深微之所眩。然使终于此而已，学者将苦其无所从入，而道隐矣。乃遴二一俊人，时以其上者开之，如所谓"无善无恶"者是已。至今昧者未隐于心，而大以为先生病。孔子不云乎："我则异于是，无可无不可。""可不可"者，即善与恶之云也。究且举"意、必、固、我"而绝之，则空洞之中，纤微不立，而何善之可言乎？无美者，天下之真美也；无善者，天下之至善也。是非都捐，泯绝无寄，而变化兆焉。此道之系繇系而名曰"大本"者也。不此之求，而呶呶然枝业之辨，譬于执糟粕而弃醇醪，恶足以与于道哉？夫为学而致道，犹掘井而及泉。泉之弗及，郎九仞何为也。先生起于学绝道废之余，处困居夷，矢志必得，以彼磨礲锻錬，如木生嵌严奇寨之隈，欲透复缩，而非干霄摩云则弗止，宜乎明既晦而续不传，其所成之伟如此也。学者有志于先生之为人，不可不求诸学。有志于先生之学，不可不求诸道。苟其以语上为讳，而安于日用不知之民，甚非先生之意，而亦非符卿所望于诸君子者矣。余故备论共事，令学者究先生之微言，而不为咻者，辍庶斯道之明，日伸月引，而载符卿之美于后世，其亦将亡穷也哉。

王文成公祠记

葛寅亮

　　昔阳明先生之谪龙场也，由间道浮海入闽，因游武夷，有"险夷原不滞胸中，何异浮云过太空"之句。故兹山有先生故迹焉。夫武夷为神仙之居，遗蜕犹在，儒者以为怪诞不道，而讵知通天地人曰儒，造化鬼神，应无不了彻，而岂得隅见自封，骇所不经见以为怪。若先生入室禅宗，开坛儒学，世出世法，几于一之，而《浮海》一咏，聊以露同得丧齐死生之概焉耳。予每读先生书，徘徊向往，愿为执鞭而无从兹。武夷诸生以予天游之生祠改祀纯阳也，后另建祠于接笋峰下，予仍为撤去，改建文成祠。嗟乎。丹山碧水，多为俗士驾所点，惟先生险夷一视，有若仙踪之蝉蜕焉者，以先生居此，诸十三仙侣必翩翩携手入林，而不为北山之移矣。

重建王文成公祠记

王梓

　　自古寇乱之作，天必生一奇伟特达之士，平定而安辑之。上以利社稷，下以福苍黎。事虽于一时，功实敷于奕世。固未尝薪人之感而感之者，千百载如一日，亿万人有同心，此天理民彝之不容已也。崇安武夷山之一曲，旧有王文成公祠。嘉靖戊午，本郡董司马白之、刘使君创建。游山仰止者咸谓：公初斥权阉，谪龙场，间道过此。后人表其经历，或又曰：公尝次壁间韵，有"肩舆飞度万峰云，回首沧波月下闻"之作，故因诗祀之，而不知皆非也。此崇德报功之举耳。公提督南、赣、汀、漳，尝剿漳寇，破长富村等巢三十余所、水竹大重坑等巢一十三所。选丁壮，立兵符，通商贾，足军需，不调狼达，不加赋敛，居民安堵，而数十年逋寇悉平，又奏设县治，移巡司，以为久长计。至于今，地称易治，此功德在汀、漳者，今两郡皆有特祠是矣。后又奉敕勘处福建叛军，虽中道平宸濠还，然为闽上游经画者甚悉，其与王晋溪司马书云：闽中之变，皆由积渐所致。始于延平，继于邵武，又发于建宁及沿海诸卫所。论者以为，寇盗要领，公诚得之，后人奉其指授，卒以成功。然则八闽之中，被泽者五。其于本郡，功德何似而可勿祠以祀之乎。旧祠圮废六十余年矣，梓承乏兹土，怒焉心伤，每过其地，辄思重构。戊子夏，公六世裔草堂名复礼者，以制抚两台聘请至闽，白之督学观察，欲复是祠。而巡宪泽州陈公，又以阐扬先哲为己任，捐俸首倡。梓因得敬承趋事，数年积愿，一旦获伸，宁非快欤。颐旧基在观西溪口，蔓绝荒凉，不堪经久，今更择望仙桥右建之。山空鸟怨，忽而晕飞；迹晦烟消，倏然云构。是会也，窃有五善焉：崇德报功，勿忘遗爱，一也；地以人传，名山增重，二也；刘公创于前，梓幸踵其后，天运一周而复，三也；梓复以余力，选公文集刊之，四也；武夷为文公讲学地，历五百余年阒其无人，祠成而草堂不忍弃去，结茅隐此，以继往躅，五也。工既竣，谨祥次其事而记之。

化城寺奠阳明先师祠

邹守益

昔授学师门，纵言及于山水，曰："平生之游，九华为胜。"每歌诗章，览国籍，慨然欲一造焉。光阴迅速，晚景侵寻，始决策泛鄱湖，蹑齐云，谒紫阳书院，聚讲于斗山、水西之间，以趋祠下。天柱凌霄，双华耸秀，千峰璀璨，如群仙披羽裳、骖霞軿以朝太清，恍然非人间境，然后知向者浅之为游也。积雪峻增，同云弥漫，冲泥途，历峻阪，如泛瀛海中，咫尺莫辨。瞻正祠宇，杲日当空宿雾尽扫，万象罗列，是夫子于昭之灵，斡旋化枢，示诸生以良知赫赫真体，而俾之去昏复明之机也。忆书院初成，执笔以纪成绩，脱俗学之支离，辟异端之空寂，亦自以为勉志希圣，不蒙于尘，可以抚愧师门矣，而切己内省，不免摹拟于见闻，倚靠于思索，包漫于世情，与不睹不闻真体，判然弗能凝也。方与同志猛自怨艾，取善四方，不遑宁处，期以洗刷旧习，深造天真，而道之云远，欲从末由，中夜耿耿，无以报罔极之德。肆兹同游，不期而集，骏奔门墙，胥出矢言，各立真志，各修实行，从日用常行之际，以直造先天未画之前。不忍以卑迩自安，不敢以虚玄自骛，务以自别于禽鸟，而全归于天地。惟夫子之神，洋洋格思。胥诱其衷，俾克有成，无为兹山羞。谨告。

重修阳明先生祠记

邹元标

庆寅秋，予赴铨曹，舟过池阳，望群峰昂霄耸壑，郁郁青青，问之则九华峰。予乃蹑屩而登，僧来亨指山隈为阳明先生祠，导予游。予至祠前，荆棘莽薉，堂户倾圮，不可为礼。予赋诗寄慨，属秦令君新之。令君唯唯，会以迁去，留金竢后来者。而继秦者为蔡君，君履其地，慨然曰："毋论先生勋贤弥宇宙，即吾里先哲流风，讵可令澌灭草莽间为。"遂捐俸大加修茸，堂额门庑仍旧，而祭有田，田有志，备矣。复遣僧来亨者问记邹子，以邹子故窃闻先生绪余。

予执笔茫然者累日。忆余幼从乡先生游，言必曰先生，心窃疑之，而实嗜文清所为《读书录》也者，故曰必有录，然于先生学未尝置念也。及戍贵竹，留心格物之学，语人人殊，独于先生"致良知""事事物物之间，格其不正以归于正"之语有入，因叹曰："往儒博物理于外，先生约物理于内。夫博约不同趋，内外不相谋已久，约而反求诸身者，端本之学也。"然盘桓日久，知与事相持，正与不正相敌。因读先生"戒慎恐惧"语曰："戒慎恐惧是功夫，不睹不闻是本体。"又曰："不睹不闻是功夫，戒慎恐惧是本体。"曰："合得本体是功夫，做得功夫是本体。"恍然曰："功夫即本体，本体即功夫，离本体而言功夫者，是妄凿垣墙而殖蓬蒿。"然心虽自信，而于所谓本体者，若犹有端倪可即，于心未有当也。年华浸盛，至道无闻，每一念及，潸然泪落，遂时时反观自讼，一旦有契于先生所谓"无善无恶心之体"者，遂跃如曰："先生盖已上达天德，非腐儒所能窥测。"然元标从事先生之学盖三变矣。

盖尝论先生之倡道当时，如清风披拂。诸君之齐心服刑，如群鼠饮河，各得其性之所近而已。有谓"知必锻炼而后良"者，则"不虑而知"之说非乎？有谓"必揭良能始足该括"者，则"孩提知爱知敬"之说非乎？夫知爱知敬者，知也；能爱能敬者，即良能也。有谓"必归寂而之感"者，不知良知之体无寂感、无内外，而分内外寂感者，是二见也。有窥生机盎然，日以畅愉为得力者，不知"战战兢兢，小心翼翼"，未必非生机也。夫此于先生之学者皆具一体，然于世亦各有补。予独怪夫"万物一体""圆融无碍"之说倡，而学浸以伪也。夫良知，理一也，而分则殊；体圆也，而用则方。先儒之一体也，合天下以成其身；后儒之一体也，借天下以济其私。先儒之圆，神也，本之方以知；后儒之圆，神也，流于诡与随。藉口"交道接礼"之说，无论宋薛齐七十、五十、百镒皆可受矣；藉口"委曲行道"之说，辙环列国，栖栖依依，为是不脱冕而行非矣；藉

黄花梨卷草纹方桌

口"猎较犹可"之说，和光同尘，为是先簿正祭器非矣；藉口《中庸》之说，乡愿、德贼，味道模棱皆所不计矣；藉口"泛爱众"之说，孔子不必瞰亡于阳货，孟子不必示默于王欢矣。神出鬼没，朝更夕易，夫岂先生之教端使之然哉？

说者曰："良知醒而荡，非良知荡也。赝儒荡也。荡非良知也。"或曰："圣贤立教，各因其时，当时注疏训诂，牿我性灵。学者昧反身之学，孳孳矻矻，老而无成。先生一破俗学，如洪钟之醒群寐，其群而趋之也，如百川之赴壑。今流弊若兹，司世道者，宜易其涂辙，以新学者心志。"予曰："此非予所能测也。孔、孟不尝言仁义哉？流弊至于'为我'、'兼爱'，则仁义亦可废耶？圣贤言语，无非欲人识其本心耳。本心既明，即良知亦虚谭也，而何必复为更端。"

曰："然则先生之教卒不明耶。"予曰："先生所谓良知者，通天地，亘古今，彻昼夜，一死生，贤愚同共，非推测影响之知也。先生以全体为知，而世儒以推测影响为知，其去先生之教益远矣。良知本庸，勿厌常而喜新；良知本淡，勿吊诡以博名；良知本实，勿慕虚而谭高。子臣弟友慥慥隩隩嗝嗝，即圣人复起，能易先生教哉。《大学》曰'先致其知'，宋儒曰'进学

在致知'，是知非自先生倡之，圣贤已先诏之矣。先生之祠所至增修，而先生之旨不明，则谁之忧乎？子等与有责矣。"

祠始议于予师大中丞鉴塘朱公、同年操江元冲张公，二公皆当时名臣。赞成于下，则予同年兵宪玉峰候君，都谏文台吴君、太守沧南何君。蔡君下车未几，首先兹典，可谓知所重矣。是为记。

重修阳明先生祠碑记 陶望龄

物必有职，得职而后物举。农职耕，工职器，胥职簿领，商职贸迁。耕、器、簿领、贸迁者，所以为农、工、胥、商者也。性者，人之所以为人，故人之职在乎知性。农不知耕，工不知器，胥不知簿领，商不知贸迁，是谓失职，失职则无以为农工胥商。魁然命为人，而不知性何状，此亦失人职矣。群职坠一则一事旷，人职失则人旷，古先贤哲，皆毕世以研之，群居以辨之，黾黾矻矻，若甚饥祁寒之不可解，几以修人职而忧其旷耳。吾无远引，维我阳明先生，天授超颖，平生所建立，尺节寸膏，分丐数辈，皆足凭睨而介立，荣名而润身，而先生视若秋云绚空，不足有也。自登朝莅官，至穷愁窜逐之乡，锋驰刃接之地，岩口口口之时，靡不俦侣，正衣冠，征诘讲明于此学。虽处群姗，涉至险，而不变不疑，盖明此之谓人悖则禽、迷则鬼矣。人旷而入于鬼与禽，此至痛也，至哀也，先生忧之，故拳拳思与天下共举其人职，无使旷佚，而标指二字，以立判乎人禽鬼之关，所谓良知者是也。

夫自私用智，生民之通蔽也。自私者，存乎形累；用智者，纷乎心害：

此未达于良知之妙也。混同万有，昭察天地，灵然而独运之谓知；离闻泯睹，超绝思虑，寂然而万应之谓良；明乎知而形累捐矣，明乎良而心害遣矣，良知者所以为人而远禽与鬼之路也。诚举人职，则先生之学不可一日而不明，其功亦不容一日而泯。道衰教湮，良知为铃说，末俗侮圣耳；敩心訾友，指为浮浪之谈，迂缓不切之务，词章声利，汩汩滔滔，终身于氛雾醉眠之境，而犹自居为实修庸履。嘻。其亦惑矣。

先生祠堂肇建于嘉靖十六年，时御史周公汝员实成之，有司以岁时庀俎豆，门人自汝中先生以降，尝率其乡人讲会于中。岁既久，像设榱桷，丹青弗严，阶城陵夷，垣圮庭秽。御史皖鲁岳方公以醝使者省方会稽，祗谒祠下，爰檄山阴令余君以赎金若干两，鸠工饬新之。再阅旬，夷者圭，败者坚，黯者焕，登先生堂，为之改观易虑，若懦起什植而暗破也。方公尊人谈道江、淮之间，蔚为儒宗，人称本庵先生。公绍明庭闻，超然自得于良知之传，独契微奥，嘉与越人士修举绝学，作新之旨；寓诸庙貌。工甫竣，会巡抚都御史赣紫亭甘公视师海上，道越，乃用牲于祠，大鸠其郡缙绅文学之士，登坛讲道，为言良知在日用，非阔迂虚远之谓，闻者洒然。盖祠之兴七十余祺，而二公始以宪节之重式临之，褒崇阐绎，相贲于一时，甚盛事也。山阴令过予，请镂文牲石，以纪其盛。

予维古者仕而归，则教于其里，没以配社，谓之瞽宗，是学校之始也。孔子、孟氏之道足以师天下万世，故秩祀遍于郡国，然邹鲁之乡，彬彬如也，学士大夫咸宗之。先生于越所称乡先生，其祠盖古者瞽宗之义，而越于天下，所谓邹鲁也。地近势亲，守其道为甚易，其士之贤不肖，学之明晦，足以系四方。观视其责，甚重且艰。夫不图其所艰，而屑越于所易，诞嫚无信，浮谈不重，以负其上之人，所以章教厉俗之意，此《易》所谓

"匪人溺其职，而弗举"者也。意者，予亦未免欤。嘻。可惧也哉。可惧也哉。

王文成公碑

黄道周

予观于礼乐，盖积百年未备也。夫亦待人迟久，乃起其经制功德，相为近远也。我太祖定天下，既百五十年，吾漳郡邑，始有定制。而平和一县，为文成建置之始，去文成数十年，始为特祠丽学宫。义且百年，而黎献思之，参政施公、大令王公始议于东郊别崇庙貌。所议别庙者，以祖功德，且正复祠礼也。呜呼。夫岂其经始隐括不遽迫此乎。亦各待人，智不必身出，力不必自已。方文成初破贼，从上杭分道衔枚趋象湖时，我漳西鄙，实为发轫之阿；既再用师，破横水，划九连山东至河头，从民情设兹治，则公声名已烂然照于穷壑。故公之殊猷伟绩，盛于虔、吉，收于南昌，迎刃破竹，则皆于是始也。公既治虔中，不数至岭左，然以漳西不治，则岭左右皆不得治，故其精魄所注，在岭左不下虔中。今自平和设县以来，百二十年，弦诵文物，著于郡治，在崇义、和平，邈不敢望者，岂独其山川雄骏苞郁使然？亦以为名贤巨掌高躅之所专导灵宰实护之。呜呼。士君子谆谆讲道德理义命，无大显贵，人为之屏扆前后，则峨冠侧岸者翻卷姗笑之：及际风云、逢特达，大者跨素臣享所未有，小者顺民情别地利，为苍赤数万，食报无穷，虽大君子名贤亦皆不能自知也。文成之初涉江，从武夷出龙场，樵苏自给，蛇豕与居，召仆自誓，此时即得山城斗大，南面鸣琴，其中岂下于中都之宰？然文成廓然不以此贰念，独于文字散落之余，豁然神悟，以为声华刊落，灵晃自出。今其学被于天下，高者嗣鹅湖，卑者溷鹿苑，天下争辨又四五十年，要于文成原本所以得此未之或知也。

吾漳自紫阳莅治以来，垂五百年，人为诗书，家成邹鲁，然已久浸淫佛、老之径。平和独以偏处敦朴，无诚邪相靡，其士夫笃于经论，尊师取友，坊肆贸书，不过举业传注而已，是岂《庚桑》所谓"建德之国"，抑若昌黎所云"民醇易于道占"者乎？忆余舞象时尝游邑中，时时出黉西过瞻旧祠，疑其庭径湫侧，意世有达人溯源嶓岷，必有起而更事者，距今五十余年，而当道伟识，果为更卜奕起。呜呼。人学与治，亦何常各致所应致、治所应治者，皆治矣。即使山川效灵，以其雄骏苞郁者畅其清淑，令誉耄来彦溯文成之业，以上正鹅湖，下鉏鹿苑，使天下之小慧闻说者无以自托。是则文成之发轫，藉为收实也，于紫阳祖祢又何间焉？

于时主县治者，为天台王公，讳立准，莅任甫数月，举百废，以保甲治诸盗有声。而四明施公莅吾漳八九年矣，漳郡之于四明，犹虔、吉之于姚江也。王公既选胜东郊，负郭临流，为堂宇甚壮。施公从姚江得文成像，遂貌之并为祠，费具备，属余纪事。余以文成祀枉两庑，可奏诸雅其别庙者，宜自为风，冈为迎送神之曲，其辞曰：

折瑶枝兮捣琼糜，思君兮中阻饥；扬灵罍兮播灵旗，矫欲来兮何期？大江横兮大岭绝，射朝曦兮马当发。招余弓兮云中，遗予佩兮木末；虽无德兮心所知，昔曾来兮安足辞。露所生兮雨膏之，菊有芳兮兰与吹。追邹车兮抗峄马，上天兮下土；不同时兮安得游？登君堂兮不得语，耿徘徊兮中夜。

令诸生歌之，得毋以为楚声乎。

和平县重修王文成公祠碑记

邵廷采

明儒从祀孔子者有四，而新建伯文成王公实集孔、孟以后诸儒之成。公之以兵底定南土也，曰抚赣，曰擒濠，曰征思、田，曰讨断藤。而抚赣之功则平浰头为最。其赣时新设之县有三，曰漳之平和，韶之崇义，惠之和平。而和平处四邑之中，当三省之会，其规模措置为尤大。文庙之祀公以道，而和邑之祀公以功以恩，道与功与思同，宜百世祀矣。

自池仲容据和峒、三浰，僭王号，假官属，江、广、闽为不宁者二十余年。公一旦设方略，羁仲容于帐下，而督兵四面齐进，兽角而草薙之。乃疆乃亩，乃城乃濠，乃集流亡，乃立室家，乃兴学校，矜其劳费，舍征弛禁，使狼奔豕突之俗，一变为敦诗讲艺之乡。后之守者感公斯意，爱吾民如赤子，保护斯士如护元气。更百数十年，风俗日以益登，虽由循吏之勤、民性之易与为善，要皆公之遗教有以及之也。

叔祖恕庵先生为和平宰，初至，即构新文成祠堂而使属采曰："此和人所欲。君三世守阳明书，知其政迹，其为我勒兹碑。"采惟祀典，法施于民，以劳定同，有其举之，俱莫敢废。公始设和平，仿古者殊并授廛、移郊兴学诸法，为万世虑，非秦、汉以下苟简小利苴补之谋。昔箕子封朝鲜，能以文明开绝徼；近世沐氏嗣守滇南，六诏荒陋，浸淫齐于中夏。和平之事，比之昔贤又何多让？而经生者流不求论公持身经世本末，猥沿挂蔂诐说，訾其学术不已，至并议其事功。夫公之事功，如日月之丽天，容光皆照。和平经岁久远，野老童竖罔不讴吟思慕文成，岁时奔走祠下，嗒然瞻拜，非得旭气之先者欤？夫庶民之心淳古，经生之见雕薄。庶民兴，斯邪慝息。处士横议，致有坑儒焚书之祸。吾乌知今同之所流？而以和人士之庙公碑公，正举世之为经生者，虽未获造公斯祠，窃喜为之记述先人所闻，敢自谓知公之学耶？

先生姓邵，名大成，号恕庵，余姚人。尝粤属旱，听民盐米贸迁，须全活。已饬公祠，别为堂，祀前令有功泽者。和人慕今令君，并请建贤侯书院于祠之右，意以风劝后来，广公之道于天下。吾知兹地教化蒸蒸日进，将有起而发阳明之学者于是焉。在先生特修斯祠以待其人，非徒为闾阎申春秋祷祀报赛之义已也。

高则之曰：是论祀典，不是论学术，是和平庙碑，不是他处庙碑。

黄主一曰：南宋以后，学术苦支离。文成倡明易简，然后人人知有作圣之路，盖振古重开日月手也。彼訾议之者如蚍蜉撼大树，岂足与辩乎。允兄深深原本，反覆证议，而词旨无失和平。使人竞心冰释，粹然儒者之文。

附：阳明先生门生及历代评鉴者名录

湛若水（1466—1560）字元明，号甘泉，增城（今广东省增城市）人，明代著名的哲学家。历南京礼、吏、兵三部尚书。与王阳明同时讲学，各立门户，著有《湛甘泉集》。

黄绾（1477—1551）字宗贤、叔贤，号久庵、石龙。浙江省黄岩县洞黄（令温岭市㟃环镇照谷村）人。王阳明最得意的门生之一。

薛侃（1486—1545）字尚谦，号中离，人称中离先生，明代揭阳县龙溪都人。明武宗正德二年进士。师从王阳明，晚年在岭南办学，专习并传播阳明学说。著有《中离集》。

谢迁（1449—1531）明代大臣。字于乔，号木斋，浙江余姚人。成化十一年进士第一（状元）。弘治八年入内阁参与机务，累官太子太保、兵部尚书兼东阁大学士。历经成化、弘治、正德、嘉靖四朝，政绩卓著，为当时世称的"天下三贤相"之一。

方献夫（1485—1544）字叔贤，南海人，于明弘治、正德、嘉靖三代为臣，曾任光禄大夫、柱国少保、太子太保、吏部尚书、武英殿大学士，因此被尊称为"方阁老"。

罗钦顺（1465—1547）字允升，号整庵，泰和县上模乡上模村人。明朝教育家。官至礼部尚书，后辞官，潜心格物致知之学，专力于穷理、存心、知性，对王阳明的心学持批判态度，尝与阳明往返探究致知与格物的关系。他的思想对日本德川时代的哲人有深远影响。

王时槐（1522—1605）字子直（一作子植），号塘南，安福（今属江西）人，明代教育家。

张元忭（1538—1588）字子盖（子荩），别号阳和，山阴人。明隆庆五年（公元1571年）状元，授翰林院修撰。万历中为左谕德兼侍读。

季本（1485—1563）字明德，号彭山，会稽（今浙江绍兴）人。从王守仁学。武宗正德十二年（公元1517年）登进士第。授建宁府推官，征为御史，以言事谪揭阳主簿，官至长沙知府。

费宏（1468—1535）字子充，号健斋，又号鹅湖，晚年自号湖东野老。明朝宰相。20岁中殿试状元，深受宪宗皇帝朱见深的赏识。

蒋冕（1462—1532）字敬之，一字敬所，号湘皋。县城北隅（今广西全州镇北门一带）人。明朝弘治、正德两朝及嘉靖前期重要政治人物，官至首辅内阁大学士。

罗洪先（1504—1564）字达夫，号念庵，江西吉水人，明代学者，阳明学派的重要继承者和开拓者，杰出的地理制图学家。

宋仪望生卒年不祥，字望之，吉安永丰人。约明世宗嘉靖四十年前后在世，嘉靖二十六年（公元1547年）进士。明史记载："仪望少师聂豹，私淑王守仁，又从邹守益、欧阳德、罗洪先游。守仁从祀，仪望有力焉。"

魏良弼（1492—1575）字师说，一作师悦，号水洲，新建（今属江西南昌）人。明理学家、教育家，受学于王守仁，与钱德洪、陈九川、刘邦采、罗洪先、邹守益等往复论学，联集讲会，阐扬王学。

林希元（1482—1567）字茂贞，号次崖，福建同安县人山头村人，大理寺丞。明代理学家。

朱衡（1512—1584）字士南，又字惟平，号镇山，江西万安县人。嘉靖十一年进士，官至工部尚书兼右副都御史，总理河道。著有《道南源委录》等。

耿定向（约1524—1597）字在伦，黄安（今湖北红安）人。嘉靖三十五年进士。隆庆初，为大理右寺丞。万历年间任福建巡抚。官至户部尚书。辞官后居天台山，设书院，学者称之为天台先生。

王世贞（1526—1590）字元美，号凤洲，又号弇州山人，太仓（今江苏太仓）人，明代文学家、史学家。"后七子"领袖之一。官至刑部主事。

欧阳德（1496—1554）字崇一，号南野，泰和人。明代理学家，官至礼部尚书。受业于王守仁。与邹守益在江右王门中以信守师说著称。

周汝登（1547—1629）字继元，别号海门，嵊县（今属浙江）人。万历五年（公元1577年）丁丑进士。官至南京尚宝司卿。师事罗汝芳，继承王阳明《朱子晚年定论》的思想，以王阳明的"本心"之学为宗。

徐渭（1521—1593）初字文清，后改字文长，号天池山人、田水月、青藤道人等，山阴（今浙江绍兴）人。明代著名的文学家、书画家、军事家。

徐阶（1503—1583）字子升，号少湖，明松江府华亭县（今上海奉贤区齐贤镇）人。阳明心学的完美继承者。击溃严嵩后成为内阁首辅，并在辞退前提拔了张居正。

邹元标（1551—1624）字尔瞻，号南皋。江西吉水县县城小东门邹家人，明代东林党首领之一，与赵南星、顾宪成号为"三君"。官至刑部右侍郎。

黄道周（1585—1646）字幼玄（或幼平），又字螭苦、螭平，号石斋，明代福建漳浦铜山（现东山县）人，明朱著名的学者、书画家、民族英雄。官至礼部尚书，明亡后抗清，被俘殉国，谥忠烈。

邵廷采（1648—1711）字念鲁，又字允斯，浙江余姚县城人。师承黄宗羲，得授史学而传其文献之学。后读刘宗周《人谱》，崇奉王阳明心学，又通兵法。

张廷玉（1672—1755）字衡臣，号研斋，安徽桐城人，清朝保和殿大学士、吏部尚书、军机大臣、太保，封三等伯，历三朝元老，居官五十年。

黄宗羲（1610-1695）字太冲，一字德冰，号南雷，别号梨洲老人、鱼澄洞主等，浙江余姚人，明末清初著名的经学家、史学家、思想家，与顾炎武、王夫之并称明末清初三大思想家，亦有"中国思想启蒙之父"之誉。

查继佐（1600—1667）本名继佑，因应县试时误写，遂沿用。初字三秀，更字支三，又字伊璜、敬修，号与斋、方舟等。海宁袁花人。幼时家贫多病，好学不倦。

徐爱（1488—1518）字曰仁，号横山，浙江余杭人。王阳明的妹夫和第一位学生，同时也是王阳明最得意的学生，有"王门颜回"之称，曾任南京工部郎中。

邹守益（1491—1562）字谦子，号东廓。江西安福县北乡激源（今江西省安福县连村乡新背老屋里村）人。明代著名的理学家、教育家。王阳明的弟子。

钱德洪（1496—1574）初名宽，字洪甫，号绪山，时称绪山先生，浙江余姚人。官至刑部郎中，王阳明的大弟子。王阳明去世后，他收集了王阳明的遗稿，编成传世本《传习录》和《阳明文录》等多种书籍，对王阳明学说的发扬光大起了重要的作用。

王畿（1498—1583）字汝中，号龙溪，学者称龙溪先生。浙江山阴（今绍兴）人。明代著名的思想家。师从王阳明，为王门七派中浙中派创始人，著有《龙溪全集》。

聂豹（1486—1563）字文蔚，号双江，江西永丰县人。官至兵部尚书，加太子少保，明代有名的清官之一。聂豹以王阳明为师，而且十分推崇阳明先生的"致良知"学说。

孙应奎生卒年不详，字文卿，号蒙泉，浙江余姚人。嘉靖八年（公元1525年）进士。官至右副都御史，总理河道。师从王阳明，尝从之讲学。

蔡汝楠（1514—1565）字子木，号白石，明湖州德清（今属浙江省）人。8岁侍父听讲于湛若水门下，每每有所解悟。18岁时考中进士，官至兵部侍郎。

董沄（1457-1533）字复宗，号萝石，晚号从吾道人，浙江海盐人。明代著名的学者。68 岁时拜王阳明为师。

王宗沐（1524—1592）字新甫，号敬所，临海城关人。嘉靖二十三年（公元 1544 年）进士，官至山西右布政使。曾于 1556 年任江西提学副使时修王阳明祠，建正学、怀玉书院，于白鹿洞聚集诸生，亲自答疑、讲学。

钟惺（1574—1624）字伯敬，一作景伯，号退谷、止公居士，湖广竟陵（今湖北天门市）人。明代著名的文学家。出身于书香门第，万历三十八年（公元 1610 年）中进士。

谈恺（1503—1569）字守教，明朝无锡人，号十山，无锡人。官至都御史。

程文德（1497—1559）明浙江永康独松人，字舜敷，号松溪。明嘉靖八年以一甲二名榜眼进士及第，授翰林编修。师事王守仁，得"良知良能"学说要旨。

陈九川（1494—1562）字惟浚，号竹亭，后号明水。江西临川人。明中期理学家、诗人。正德九年进士，授太常博士。崇尚理学，曾拜王守仁为师，是江右王门的代表人物。著有《明水先生集》《传习续录》等。

赵贞吉（1507—1576）号大洲，内江桐梓坝人。嘉靖十四年（公元 1535 年）中进士。官至礼部尚书、文渊阁大学士。

李贽（1527—1602）字宏甫，号卓吾，别号温陵居士、龙湖叟等，晋江（今福建泉州）人。明代杰出的进步思想家、文学家、史学家。

焦竑（1540—1620）字弱侯，号漪园、澹园，山东日照（今日照市东港区西湖镇大花崖村）人。明万历进士第一，官翰林院修撰。明代著名的学者，著作甚丰，有《澹园集》《老子翼》《庄子翼》等。

刘宗周（1578—1645）字起东，别号念台，浙江山阴（今绍兴）人。明万历二十九年（1601 年）中进士。刘宗周是明代最后一位儒学大师。也是心学的殿军。由他开创的蕺山学派，在中国思想史上产生了十分巨大的影响。

施邦曜（1585—1644）字尔韬，号四明，浙江余姚人。万历四十一年进士。官至左都御史。时奸臣魏忠贤当道，施邦曜不与附和，被削籍归家。晚年潜心向学，与姚江书院学人共同研习阳明学说，并参与编纂《王阳明全集》。

钱谦益（1582—1664）字受之，号牧斋，晚号蒙叟、东涧老人。东林党的领袖之一，清初诗坛的盟主之一。官至礼部侍郎，因与温体仁争权失败而被革职。

李腾芳生卒年不详，字子实，湘潭人。约明神宗万历三十五年前后在世。万历二十年进士。官至礼尚书协理詹府事。学宗王守仁。

林钎（1578—1636）字实甫，号鹤胎，明末泉州同安金门人。万历四十四年殿试探花进士，官至东阁大学士。

查铎生卒年不详，字子警。嘉靖进士。万历初官广西副使，因疾归田。后修缮水西书院，讲授王畿、钱德洪之学。

魏禧（1624—1680）字冰叔，一字叔子，号裕斋。江西宁都人。明末清初散文家。

王春复生卒年不详，字与乐，嘉靖戊戌年进士，历官所至，皆有惠政，官至三省总宪。

宋仪望生卒年不详，字望之，吉安永丰人。嘉靖二十六年进士，官至御史。其学以王守仁为宗。

叶绍颙生卒年不详，字庆绳，号妙高。吴江人。明进士，历官御史。明亡之后，隐居避世，皈依佛门，法名行承。

潘之彪生卒年不详，字文山，号退庵，江苏丹阳人。清顺治十八年二甲第 74 名进士。康熙七年（公元 1668 年）任蓬溪知县，在蓬为官十二载，政绩卓著。

纪昀（1724—1805）字晓岚，一字春帆，晚号石云，道号观弈道人。历雍正、乾隆、嘉庆三朝，《四库全书》的总纂官。

叶方蔼（？-1682）清初官吏、学者。字子吉，号纫庵，江苏昆山人。顺治十六年进士，官至刑部侍郎。

王贻乐生卒年不详，王阳明后人，清康熙年间在世，曾参与编纂《王阳明全集》。

徐元文（1634-1691）字公肃，号立斋，江苏昆山人。徐乾学之弟。顺治十六年（公元 1659 年）进士第一，被顺治帝誉为"佳状元"，并赐冠带、蟒服、乘御马等。

俞嶙生卒年不详，约康熙年间在世，浙江余姚人，曾任知县。参与编纂《阳明先生全集》。

朱彝尊（1629—1709）字锡鬯，号竹垞，晚号小长芦钓鱼师，又号金风亭长。今浙江嘉兴人。清代诗人、词人、学者。学识渊博，通经史，能诗词古文，曾参加纂修《明史》。

严复（1854—1921）乳名体乾，初名传初，改名宗光，字又陵，后名复，字几道。清末著名的启蒙思想家、教育家、翻译家。

章炳麟（1869—1936）字枚叔，初名学乘。后改名绛，号太炎，早年又号"膏兰室主人""刘子骏私淑弟子"等。浙江余杭人，清末民初著名的民主革命家、思想家，著述甚丰。

梁启超（1873—1929）字卓如，另字任甫，号任公，又号饮冰室主人，中国近代著名的启蒙思想家、政治活动家和学术大师，著述颇丰。

第三章　王阳明名言鉴赏

一、立志

人必须要有目标、信仰和理想。一旦没有航行的目标，航船便会迷失方向，

其实人也是这样。俗话说："志之所趋，无远勿届，穷山复海不能限也；志之所向，无坚不摧。"一个人如果胸无大志。就找不到人生努力的方向，终其一生碌碌无为。因而，古往今来的圣贤，皆十分重视立志。人们只有确定人生的方向，并坚持走下去，才可以到达成功的彼岸。

立志，为人生找到方向

志不立，天下无可成之事，虽百工技艺，未有不本于志者。

——《传习录》

【鉴赏】

王阳明作为一代大儒，对立志与人生的关系有着独到的见解，他说：

"一个人若是想做出一番事业，首先要立志，否则就会一事无成。即便是各种工匠技艺，也都是靠着坚定的意志才能学成的。"

一个人的理想往往决定了他的高度。燕雀安知鸿鹄之志，鸿鹄要像大鹏那样展翅翱翔于九天之高，尽收天下于眼中；而燕雀没有那么远大的理想，自然对能够触及榆树就已经心满意足了。

有了高远的志向，成就事业才有了可能，立志是十分重要的。王阳明能成为一位洞悉心灵奥秘的心学大师，正是在其志向的引领下一步一步达成的。即便后来受到种种磨难，他也没有放弃。不只是王阳明，古往今来，每个有所成就的人物都为自己树下远大的志向，告诉自己要去哪里，然后向着目标不懈奋斗，直至成功。

班超是我国西汉时期杰出的军事家和外交家，他从小胸怀大志，不拘小节。汉明帝永平五年（公元62年），班超因哥哥被聘为校书郎而随同母亲一起来到洛阳。因为他写得一手好字，便受官府的雇用，抄写文书，以此谋生。为了将这份工作做好，班超每天天不亮就起床，晚上很晚才睡。

当时，北方的匈奴时常侵犯汉朝边境，班超特别愤慨；同时，他又看到西域各国与汉朝的交往已断绝了50多年，心中非常忧虑。有一天，他正在抄写文件，写着写着，觉得这份工作实在无聊，想到自己远大的志向，忍不住站起来，将笔狠狠地掷在地上说："大丈夫即便不能实现自己的理想，也应该像傅介子、张骞那样，为国家做贡献，怎么可以在这种抄抄写写的小事中浪费生命呢！"周围的人听了这话都笑他，班超回应说："凡夫俗子怎能理解志士仁人的襟怀呢？"于是，他决定"投笔从戎"，去干一番大事业。

后来，他成为一名将领，在对匈奴的战争中取得胜利。接着，朝廷采取他的建议，派他带着数十人出使西域，重新打通了丝绸之路。他也因此成为我国历史上杰出的外交家，名垂青史，万古流芳。

班超投笔从戎，建立了千秋功业，正因他没有满足于抄抄写写，安稳度日。他把自己的境界和志向提升到一定的高度，才做出名垂青史的成就。可见，有明确的人生志向对一个人是何等重要。

王阳明认为："志不立，如无舵之舟，无衔之马，飘荡奔逸，亦何所底乎？"明代思想家程颢说："治天下者必先立其志。"明代文学家冯梦龙有言曰："男人不展风云志，空负天生八尺身躯。"由此可见，成大事者都十分推崇志向对人生的引导作用。人生短暂，如果你不想虚度光阴，而希望自己的人生富有意义，就必须立志，而且还要早立志、立大志。

相信自己是最优秀的

在虔，与于中，谦之同侍。先生曰："人胸中各有个圣人，只自信不及，都自埋倒了。"因顾于中曰："尔胸中原是圣人。"

于中起不敢当。

先生曰："此是尔自家有的，如何要推？"

于中又曰："不敢。"先生曰："众人皆有之，况在于中，却何故谦起来？谦亦不得。"于中乃笑受。

——《传习录》

【鉴赏】

在虔州的时候，陈九川和于中、邹守益一起陪伴着王阳明老师坐着讨论学问。

王阳明说:"每个人的胸中都自有一个圣人,只因信心不足,自己把圣人给埋没了。"王阳明接着对于中说:"你的胸中原本是圣人。"于中连忙站起来说:"不敢当,不敢当。"

王阳明说:"这是你自己所有的,为何要推辞?"

于中又说:"不敢当,学生实在不敢当。"

王阳明说:"每个人都有,更何况你呢?你为什么却要谦让?谦让也不行。"

于中无可奈何,于是笑着接受了。

有句话说:"自信的人,才是最美的人。"人因为有了自信,才能够勇敢地面对眼前的各种挑战。王阳明在自己 18 岁的时候,在江西成亲,顺路拜访了娄谅先生。娄谅先生十分欣赏王阳明,于是告诫他:圣人必须通过学习才能达到。这句话让王阳明牢牢地记在了心里,并一直恪守,通过自身的努力,读书、实践,最后终于达到了自己成圣的愿望。王阳明通过自己的亲身实践,告诉了我们一个事实,那就是每个人都是神圣而伟大的,每个人通过自己的努力,都能够成为了不起的人。每个人都是人才,都是天地间的奇迹,都可能是千古流传的传奇人物,只不过因为不自信,不相信自己的潜力,所以真正的自我就被自卑所埋没。

美国著名女演员索尼亚的童年是在渥太华郊外的一个奶牛场里度过的。当时她在农场附近的一所小学里读书。有一天她满脸泪痕地回到家里,父亲问其原因。她断断续续地说:"班里的同学说我长得丑,还说我跑步的姿势难看。"父亲听后并不说话,只是微笑。忽然父亲说:"我能摸得着我们家的天花板。"索尼亚听后觉得很惊奇,不知父亲想说什么,停止了哭泣问道："你说什么？"

父亲又重复了一遍："我能摸得着我们家的天花板。"索尼亚仰头看看天花板。父亲能摸得到将近四米高的天花板？她怎么也不相信。父亲笑笑，得意地说："不信吧？那你也别信你同学的话，因为有些人说的并不符合事实！"索尼亚明白了，任何事都不能太在意别人说什么，要按自己的想法去做。

她在二十四五岁的时候，已小有名气。有一次，她要去参加一个集会，但经纪人告诉她，因为天气不好，只有很少的人参加这个集会，会场的气氛有些冷淡。经纪人的意思是，作为新人的索尼亚应该把时间花在一些大型的活动上，以增加自身的名气。索尼亚坚持要参加这个集会，因为她在报刊上承诺过要去参加。结果，那次在雨中的集会因为有了索尼亚的参加，渐渐地，广场上的人越来越多。她的名气和人气因此骤升。

坚持真理需要自信，爱因斯坦的"相对论"发表以后，有人曾创作了一本《百人驳相对论》，网罗了一批所谓名流对这一理论进行声势浩大的反驳。可是爱因斯坦相信自己的理论必然会取得胜利，对反驳不屑一顾，他说："如果我的理论是错的，一个反驳就够了，一百个零加起来还是零。"他坚定了必胜的信念，坚持研究，终于使"相对论"成为 20 世纪的伟大理论，举世瞩目。

王阳明告诉我们，每个人真正的自我都比我们现实中的自我要优秀得多，要有智慧、要有能力得多。但是我们自出生起就受到了很多外界的干扰，一些小小的挫折，一点鸡毛蒜皮的小事，抑或是别人的冒犯和冷漠，于是这个真正的自我就被自己的消极心态、暴跳如雷、自暴自弃埋没了。我们有的时候需要静下心来，去除自己内心的自卑感，找出自己性格和能力欠佳的地方，不断地扩充自己，让自己优秀起来。

英国文学家培尔辛说过，除了人格以外，人生最大的损失，莫过于失掉自信心了。大多数人都会觉得自己与成功或者优秀无缘，其实优秀与不优秀仅在于你自己的内心。当你坚信自己一定没问题，然后努力地去做事情的时候，你会发现，很多事情没有你想象的那样难。

一个农民的孩子，从小就跟着父亲下地种田。每次休息时，他都望着远方出神。父亲问他想什么，他说，将来长大了，不要种田，也不要上班，天天待在家里，有人往家里邮钱。父亲笑着说，别做梦了。后来他上了学，从课本上知道有个金字塔，他就对父亲说，长大了想去看金字塔。父亲又笑着说，别做梦了。十几年以后，这个孩子当上了作家，写文章，出书，每天坐在家里写作，出版社、报社就往他家里邮钱。有了钱，他就去看了金字塔。站在金字塔下，他说："爸爸，人生没有什么不可能。"这个孩子就是后来台湾最受欢迎的作家林清玄。

人生最大的学问就是如何主宰自己的命运、做自己的主人。能掌握自己命运的人，也就是独立的人，才能称得上是自己的主人。他们有自己的思考，更有自己的辨别能力，在一些事物面前，分得清轻重缓急。这种人往往有一种奋起自强的精神，无所顾忌地走自己的路。把握不住自己的命运的人，骨子里总有一种软弱成分，他们经常会受着旧思想的影响。古诗云："不受尘埃半点浸，竹篱茅舍自甘心。"这种与世隔绝的隐居生活，曾为许多人所向往。一些人歌颂和赞美这种生活，把这样的日子看成是生活的最高境界。

命中注定你是独一无二的奇迹

卜筮者，不过求决狐疑，神明吾心而已。《易》是问诸天。人有疑，自信不及，故以《易》问天。

——《传习录》

【鉴赏】

王阳明认为，古人所惯用的卜筮，不过是为了决断疑惑，使自己的心变得神明而已。研究《周易》是向天请教。人有了疑惑，犹疑不决，又信不过自己，所以通过《周易》来向天询问。

我们知道，对自己有自信心的人更容易获得事业上的成功。只有拥有信心的人才更容易挖出自己看不到的潜能，才能让自己拥有更宽广的人生路，那么这种自信从何而来。从王阳明说的话中，我们可以知道，很多人求神问卜无非是给自己打一支镇静剂，求一个肯定而已。人本身的才能不是神给予，并赋予成功的权利，而是自己努力挖掘，不断努力地奋斗，一步步走向成功的。

有些人处于一种险恶的环境之中，心中不免有些仓皇、落魄。这个时候我们就需要来自外界的一些肯定和鼓励，这样才能渡过难关，创造奇迹。在现在很多人的口中流行着一句话："我相信奇迹，但是我不相信奇迹会发生在我身上。"人们往往更愿意相信自己从不是奇迹的诞生地，而自己往往没有那么幸运，这又是为何呢？心里面的不自信造成了这种现象。如果你敢大声地向周围的朋友"吹牛",告诉他们你一定会怎样怎样,也未尝不可,说不定哪天你就是不可预见的奇迹之一。

明正德年间,王阳明被贬到贵州龙场,在他赴任的途中,不断有刘瑾派来的人追杀和加害。虽然经过重重的逃脱与抗争,王阳明没有丧命,但是内心却真的受到了很大的打击,希望自己能够遁世,不问世事。

在寺院中的一位老道士听了他要远遁的想法时苦笑着问他:"你的亲人、父母、妻儿要怎么办?你一去了无牵挂,他们他日遭到奸人迫害,你如何能苟且于世?"真是一语点醒梦中人啊。这个爱算命的老道长为王阳明算了一卦,卦意说:"此去龙场祸难皆去,暂时的艰难困苦都会过去,光明的时刻即将到来。"老道士的卦给王阳明阴雨已久的内心带来了光明,让他相信如果能不断地磨砺自己,就一定能迎来美好的未来。

其实这一卦起到的作用,无非就是坚定了王阳明自认不是平凡人,一定会成圣的"定心丸"。所谓的卜筮算命和王阳明所领悟到的东西其实是一样的,只不过解除了他内心的犹豫不决和疑惑,使自己的目标更加坚定,让自己变得更加自信起来而已。经过了"龙场悟道",王阳明进一步地蜕变,也

紫檀藤心矮圈椅

使他进一步地朝着成圣的梦想迈进了一步,也为自己在中国哲学史上留下了最灿烂的一页。

在任何的情况下,都要相信自己内心的力量,这样才能不被外界影响而迷惑,丢失机会。说到这里,历史上有名的姜太公姜子牙也不信占卜,虽然不信占卜,但是也能成功。

公元前 1046 年，商纣王昏庸无道，周武王推行德政，民心所向，得知纣王的主力军到东南去远征，朝歌空虚，便和姜子牙率军来到了今天的河南温县一带，准备与纣王在牧野进行决战。大军准备向牧野进发时，一连三天大雨不止。据考证，时间是公元前 1046 年的 1 月 20 日，此时应是冬天的季节，为何有三日大雨不止？这可让雄才大略的周武王犯了嘀咕，以为天不绝商，上天在阻止他们。可是姜太公却不以为然，他鼓励周武王说："这是上天对我们的考验。"决战的时候就要到了，又出了一点意外，占卜师一连三次的占卜结果都是"大凶"，姜太公就让多占卜了两次，但仍然还是"大凶"。武王又开始动摇了，主张退兵以求自保。此时的姜太公充分显示了自己的胆略，一方面他对家乡的地理非常熟悉，另一方面对打败纣王有十分的把握，他毅然折断了占卜的蓍草，踩碎了占卜用的龟甲，慷慨激昂地说："纣王剖比干、囚箕子，依靠飞谦这个昏官执政，天意人心尽失，讨伐他有什么不可呢？一把枯草一块朽骨怎么会知道这些，又岂能判断吉凶祸福？"于是亲自擂响战鼓，率军渡过黄河，杀向了牧野战场。牧野一战，纣王兵败自焚，殷商灭亡，确立了周朝数百年的基业。

可见姜子牙不信占卜，而是根据自己对家乡地理环境的了解，所以面对讨伐纣王有十足的把握。这种自信没有被占卜的"大凶"所阻挠，依然决战，促使殷商灭亡，确立了周朝的数百年基业。我们一生中会遇到很多次的抉择，关键在于你的决定。很多时候，我们把成功寄托给"神"，希望他们能够帮助自己完成自己要完成的大业。其实这个世界本没有神，拜的人多了，也便成了神。成功也是如此，你要在内心一直坚持着，自己就是创造奇迹的人，就不会失败。我们在白天努力工作，晚上就清除杂念，什么也不想，放松身心，寻找那个隐藏在内心深处的"真正自我"，与自己做一个交流，告诉自己："我就是一个奇迹，我能够创造奇迹。"

我命由我不由天

何不以尔等为贼之勤苦精力，而用之于耕农、运之于商贾，可以坐致饶富而安享逸乐。

——王阳明《告谕浰头巢贼》

【鉴赏】

王阳明在担任南赣汀巡抚期间，进剿所谓的"山贼"时，发了一篇叫《告谕浰头巢贼》的文章，其中这一段颇具人生智慧。意思是说，你们这些人冒着被官兵剿灭的危险做贼，落下一个"贼"的千古骂名，这又何必呢？为什么不把你们这种甘愿冒生命危险，又胆气十足的精力，用到农事生产和做生意经商上面，那样一定能够坐致富裕而安享逸然、快乐的生活。

王阳明并不像其他一些历史文化名人或者文化大儒一样，鄙视农工商，认为他们身份地位低下，也不是一味倡导"万般皆下品，唯有读书高"，他能够明确提出"以勤苦精力，而用之于耕农、运之于商贾"，也"可以坐致饶富而安享逸乐"。可以看出，富裕的生活并不是王阳明所排斥的，他摒弃的只是那些不切实际、过于奢侈的欲望和没有穷尽的物质追求。

孔子认为，"我欲仁，斯仁至矣"，即"我需要仁德，那仁德就来了"。仁德离我们并不远，不要任自己胡作非为，不要迷失人生的方向，做自己应该做的事。强调一个人要能把握自己的选择，才能够把时间和精力都投入到正确的方向上。

在人生的道路上，我们应该正确地把握自己，不要让自己陷入迷宫而难以自拔。在任何选择和举措前，我们都要做出一个正确的选择，不要因为命运的嘲弄和阻碍就走错路。

一个人的命运掌握在自己的手中，而不是由天决定的。鲁迅先生曾说过："伟大的胸怀，应该表现出这样的气概，用笑脸来迎接悲惨的命运，用百倍的勇气来应付自己的不幸。"当你面临着关键的选择时，一定要三思而后行。很多事情不值得我们去恼怒，很多人的错事也不值得我们用生命去做赌注。如果你是一个连死亡都不怕的人，还需要害怕别人的诋毁和辱骂吗？如果你有那么大的勇气，不妨拿它来提高自身的修养和情操，让自己成为一个优秀的人。

清代小说家蒲松龄被称为短篇小说之王，一生热衷于科举，却一生不得志，四次名落孙山。几十年的挫折，怎能用单调贫乏的语言一语叹尽。面对科举的挫折，蒲松龄的座右铭是"有志者，事竟成，破釜沉舟，百二秦关终属楚。苦心人，天不负，卧薪尝胆，三千越甲可吞吴"。他另找了出路，一部《聊斋志异》流芳百世。郭沫若对其评价："写鬼写妖高人一等，刺贪刺虐入骨三分。"

如果蒲松龄自甘堕落，想必就没有我们今天看到的《聊斋》了。他自我调侃说，李白是他母亲梦到太白金星入怀，所以成了"诗仙"；而自己的妈妈梦到了穷和尚入怀，所以自己是"苦行僧"转世，一辈子穷困潦倒。

可能有不少人都认为，心性修养是衣食无忧后，才有心思搞的一种活动，否则还在为温饱问题而四处奔波，怎么有时间去修身养性！相信持这种观点的人不在少数。其实，修身养性并不像大家理解的那样，是无所事事的人才有资格做的，也不是只有什么事都不理了，整天静坐修心、参禅悟道，才算是修身养性。可以说，修养心性的范围是很广的。调整情绪、自我控制都是修身养性的具体内容。我们知道，要做成一件事，就要有自我控制能力，自己要管得了自己，把全部精力集中到这件事上，这样才有成功的可能。而要有自控能力，就要锻炼自己的心，因为平常我们的心散漫惯了，突然叫它集中起来，它就像猴子那样好动，古人称之为"心猿"。如果心静不下来，做事的效率和效果绝不会好到哪里去。所以大家都有一个误解，就是以为要事业成功了，自己才能获得快乐和心境的清净。殊不知，这是把因果颠倒了，我们只有把心情调整到快乐和清净的状态，才有可能有更高的工作效率，才能更快地在事业上获得成功。

1928 年，广东潮州出生了一名小男孩，他的父亲是小学校长。1940 年为躲避日本侵略者的压迫，全家逃难到香港。过了两年父亲病逝。为了养活母亲和三个弟妹，小男孩被迫辍学。开始他为一家玩具制造公司当推销员。工作虽然繁忙，失学的他仍在工余之暇到夜校进修，补习文化。由于勤奋好学，精明能干，不到 20 岁，他便升任塑料玩具厂总经理。

两年后，他把握时机，用平时省吃俭用积蓄的 7000 美元创办了自己的塑胶厂，他将它命名为"长江塑胶厂"。1958 年，他开始投资地产市场。他独到的眼光和精明的开发策略使"长江"很快成为香港的一大地产发展和投资实业公司。当"长江实业"于 1972 年上市时，其股票被超额认购 65 倍。到 20 世纪 70 年代末期，他在同辈大亨中已排众而出。他就是华人首富李嘉诚。

命运是靠自己改造的，李嘉诚生下来就要面对那么多的事情，也许换做别人，这一辈子都会处于劳累奔波之中，但是李嘉诚不信命，他的命由自己说了算，所以他懂得抓住时机改变自己的命运，终于获得了成功。

勇于担当，敢于正视

问："上智、下智如何不可移？"

先生曰："不是不可移，只是不肯移。"

——《传习录》

【鉴赏】

薛侃问："聪明和愚笨为什么不能改变呢？"

王阳明说："不是不能改变，只是不愿改变。"

很多时候，不是事情不能改变，只是自己固执而不愿意改变，有的时候明明知道事情就是那个样子却不愿意接受。鲁迅先生说过："必须敢于正视，这才可望敢想、敢说、敢作、敢当。倘使并正视而不敢，此外还能成什么气候。然而，不幸这一种勇气，是我们中国人最所缺乏的。"大千世界，芸芸众生，我们的人生总面临着成千上万的选择。当困难来临时，有些人会挺身而出，勇于担当责任，还有些人为了自己个人的利益，却一味逃避。

敢于正视自己是一种美德。因为只有敢于正视自己，才能发现自身的不足，在工作和生活中加以改正。一个不敢正视自的人，其实是在自欺欺人，永远都不可能获得进步和提升。诚如孙中山先生所言："既以担当中国改革发展为己任，既不可以失败而灰心，亦不能以困难而缩步。精神贯注，猛力向前，则终有最后成功之一日。"孙中山先生的话告诉我们，做一件事情，首先要勇于担当，敢于正视，并且要不畏艰难，按道理做事，终会有一奋骥足的成功之日。

美国一个年仅11岁的男孩和大家一起玩踢足球，在踢足球时踢碎了邻居的玻璃，人家索赔12.5美元。当时12.5美元可以买125只下蛋的母鸡。闯了祸的男孩向父亲承认错误后，父亲让他对过失负责。可他没钱，父亲说："钱我可以先借给你，但一年后还我。"从此，这个男孩就开始了艰苦的打工生活。半年后，他终于还给了父亲12.5美元。这个男孩就是后来成为美国总统的里根。

如果没有经历这件事，里根就不会懂得犯了错就该勇于承担后果，不逃避，也不推卸责任。中国有句古话："天下兴亡，匹夫有责。"一个只会逃避，不会担当责任的人是弱者，只有勇于担当者才是强者！担当起我们应该的责任，给别人帮助的同时正是在完善自己的人格，提高个人的修养。

勇于担当，不推卸责任，这样我们才能够弥补不足，才能够有更大的进步和提升。刘易斯说过："尽管责任有时使人厌烦，但不履行责任、不认真工作的人什么也不是，只能是懦夫、不折不扣的废物。"在这个社会上，每个人都有自己的责任和使命，都要勇敢地承担起来。康德说："既然我已经站在了这条路上，那么任何事情都不能阻止我走下去。"人生之路"路漫漫其修远兮"，如果我们已经选择了前进的方向，那么，就要勇敢地担当起重任，不因失败和困难畏葸不前。集中精力，成功之日总会到来。敢于担当则明，心死放弃则暗，这是被无数事实证明的真理。畅游历史之中，徜徉伟人之间，你会被他们在困难中敢于担当的身影所感动。

春秋时，晏婴和穰苴是齐国的两位名臣，分别担任相国和大司马要职，主持政务和军务。一天，齐景公在宫中喝酒时忽感无聊，吩咐侍从拿着酒具，要到晏婴家去接着喝酒。晏婴接到通报，马上穿着朝服，手拿笏牌站在门外，等候齐景公的到来。齐景公还未下车，晏婴就迎上去问道："诸侯得无有故乎？国家得无有故乎？"当齐景公说明来意后，晏婴说："安国家定诸侯的事，臣请谋之。至于陪您喝酒的事，您左右有的是人，臣不敢与闻。"齐景公讨了个没趣，只好吩咐改到穰苴家去。不料到门口一看，这位大司马穿盔戴甲，手执长矛，见面就问："诸侯得无有兵乎？大臣得无有叛者乎？"当齐景公说只是想喝几杯时，被穰苴以与晏婴同样的理由拒绝了。各国诸侯听说这件事后，各自警觉，绝不敢轻易与齐国为敌，因为他们知道齐国有两个擎天大柱。

晏婴和穰苴就是勇于担当、坚守自己的责任的人。中国自古就有"在其位，谋其政"的说法，王阳明的一生，就是在竭尽全力地实践着"在其位，谋其政"的思想，他勤勤恳恳地为百姓做事，又鞠躬尽瘁地为朝廷排忧解难。他除暴乱，救济灾民，平定叛乱，讲学。王阳明非常清楚自己的责任，既是一个敢于正视的人，同时也是一个勇于担当的人。

他敢于正视格竹的失败，于是从中悟出了道理；敢于正视思念老父亲和祖母，从中了解了放心不下祖母和父亲是人的良知本性；又是一个勇于担当的人，面对刘瑾的重重追杀，他虽然躲得过杀手跳入河中，本想逃走离开官场，但是想到家人有可能因为自己而遇害，于是仍然去复命上任。他的学生都崇拜他，爱戴他，他也受到了后代人的很多追捧，古今中外崇拜王阳明的名人数不胜数，这就是王阳明的人格魅力。失败者在困难面前看到的是"黑云压城城欲摧"，而成大事者看到的是"甲光向日金鳞开"。只有勇于担当，不惧挫折，敢于正视，人生才会见到彩虹。

真正认识到自己的人生价值

有一学者病目，戚戚甚忧，先生曰："尔乃贵目贱心。"

——《传习录》

【鉴赏】

有一位学生患了眼疾，整天担心忧虑。王阳明说："你这是重视眼睛，而轻视自己的心灵。"

当然，王阳明的意思并不是说眼睛有病不要去治，而是借这个例子批评某些人，一个人眼睛有病就这么忧心忡忡，而那些更有价值的事物我们却注意不到，呼吁大家要珍惜自己最有价值的东西。因此，我们应该懂得珍惜真正有价值的东西，看清大局，不要为了一些琐事和小烦恼而影响了积极的人生态度。

然而，在今天的现实生活中，有许多人会犯这种毛病，他们往往看重那些次要的东西，反而将那些最有价值的东西放弃了。由于社会竞争空前激烈，人们所承受的压力很大，我们在各种媒体上，经常可以看到有人自杀身亡的消息。

人贵为万物之灵，就在于人具有思想，而生命就是上天赋予人的最宝贵、最稀有的资源，一个人只有一次生命，而且逝去就永不复返，所以一定要珍惜生命。

那些对生活感到绝望的人，他们意识不到自己的人生价值在哪里，换句话说，也就是看不到人生的希望，如果还有一点希望，他们就不太可能采取自杀这种极端的手段来对待自己的生命。

当然，从另一个角度来看，那些对生活感到绝望的人，也是因为他们的正确价值观一时被物欲所蒙蔽的缘故。

一位年轻人失恋了，一心想要自杀，周围的亲戚朋友都劝他不要干傻事，但谁的话他也听不进去。

实在没办法了，他的父亲只好向一位哲人求助。

这位哲人见到年轻人后，笑着说："不错，年轻人，你的痴情很令我感动。虽然我认为自杀并不能解决问题，但是我还是会帮助你自杀，谁叫我是你的朋友呢？不过，如果换作是我，我是不会做这种蠢事的，仅仅因为一个女孩拒绝了自己，就放弃宝贵的生命，太不值得了！俗话说，天涯何处无芳草。只要你把自己的事做好了，大丈夫又何患无妻呢？但是话说回来，如果你还是想自杀的话，我看也是个不错的选择，因为生命是你自己的，你有权决定你的选择！"

然后哲人把年轻人带到自己家里，说要庆祝一番，然后看他怎么死。这时年轻人开始怀疑起来，因为哲人不像其他人那样去劝他不要自杀。然而哲人却故意催促他，叫他第二天早上四点钟准时起床，然后到一个美丽的地方去履行他的诺言。

年轻人终于反感了，他说："你到底是我的敌人还是朋友？我不想自杀！"

哲人面带微笑看着他，说："不遵守自己的诺言，这样不好吧？你真的自杀的话，那是很棒的！"

年轻人说："但是我并不打算自杀，你为什么要逼我？"

哲人说："我没有逼你！"

于是年轻人就不自杀了。

再后来他有了妻子和孩子，他感慨地说："实际上现在我对那个女人拒绝我感到很开心，她并不适合我！我找到了一个更好的女人。"

其实这位哲人只是用一种巧妙的方法，唤醒了年轻人被蒙蔽的心灵，让他发现自己的人生中还有许多更有意义的事物。

在滚滚红尘中，我们很容易迷失自己，忘记自己的人生使命是什么。

俗话说："人生不如意之事十有八九。"在现实生活中，不顺心、不如意的事是无法避免的。但是，又有什么事比我们活着更重要的呢？生命不应该浪费在无所事事或无关紧要的小事上面，我们应该去追求真正有价值的东西。

为内心注入信心的力量

先生曰："人胸中各有个圣人，只自信不及，都自埋倒了。"因顾于中曰："尔胸中原是圣人。"于中起不敢当。先生曰："此是尔自家有的，如何要推？"于中又曰："不敢。"先生曰："众人皆有之，况在于中，却何故谦起来？谦亦不得。"于中乃笑受。

——《传习录》

【鉴赏】

在虔州时，王阳明曾和弟子于中、陈九川、谦之一起探讨学问。他对弟子们说道:"每个人心中都有个圣人,但许多人因为自信心不够,自己把圣人湮没了。"然后,王阳明指着弟子于中说道:"你心中本来有圣人。"于中慌忙站起来表示不敢当。王阳明却说:"这是你本来就有的东西,你为什么要推辞呢?"于中口说:"不敢。"仍旧推辞。王阳明又说:"这是大家都有的东西,又不只是你于中一人才有,为什么谦让呢?这可是不能谦让的啊。"听完这番话,于中才笑着接受了。于中不敢接受"胸中本来有圣人"的事实,根源在于他不自信。

在王阳明看来,每个人都是神圣而伟大的,内心中都有一个圣人般完美的自我;每个人都是天地间的一个奇迹,只是由于我们不能相信自己,致使这个"真正自我"的智慧和能力(即王阳明所说的"圣人")被埋没了。

虽然"真正自我"远比现实中的自我更优秀、更有智慧、更有能力,但我们自出生以来,受各种负面因素影响太深,使得真正的自我被遮蔽了,我们看到的通常是不完善的自我,有很多的缺点。诸如心胸太狭窄,受到别人一点冒犯,便会暴跳如雷;遇到些许挫折,就会自暴自弃;生性懒惰,做事拖拉;意志不坚定,易受外界环境干扰……绝大多数人都有一种天生的自卑感,认为自己能力欠缺、智商不高、不够优秀、不如别人。

即便我们从小到大听过长辈无数次的教诲:"要对自己有信心,要自信。"可在关键时刻,我们还是会不由自主地怀疑自己:"我可以吗?我真的行吗?"在这些自我怀疑中,机遇一闪而过,于是我们又懊恼地抱怨:"如果当初坚持自己的看法就好了,自己明明是对的。"

由此可见,我们是多么需要信心这种力量。信心是内心强大的力量,是来自生命力的不屈不挠的韧性,是内心的淡定和坦然。圣人孔子曾说

王阳明名言鉴赏

"仁者不忧，智者不惑，勇者不惧"，能做到不忧、不惑、不惧的人，内心必然拥有强大的力量。因此他们才能不看重外在世界的纷繁变化，不在意个人利益的得与失，保持内心的强大与坦然，独立傲然于世间。

世界著名的交响乐指挥家小泽征尔就是因为强大的信心一举成名的。

在一次世界级优秀指挥家大赛的决赛中，小泽征尔按照评委会给出的乐谱指挥演奏。在演奏过程中他敏锐地发现了不和谐的声音，起初，他以为是乐队演奏出了问题，就停下来重新指挥，但还是不对。再三考虑后，他觉得是乐谱有问题，于是向评委会提出自己的看法。这时，在场的作曲家和评委会的权威人士无一例外地坚持说乐谱绝对没有问题，是他错了。面对众多音乐大师和权威人士，小泽征尔思考再三，最后斩钉截铁地大声说："不！一定是乐谱错了！"话音刚落，评委席上的评委们立即站起来，对他报以热烈的掌声并不住地赞叹，祝贺他赢得了整场比赛。

原来，这是评委们精心设计的"圈套"，以此来检验指挥家在发现乐谱错误并遭到权威人士集体否定的情况下，能否坚持自己的正确主张，而不被权威言论干扰。前两位参加决赛的指挥家虽然也发现了错误，但终因不相信自己的想法而附和权威们的意见被淘汰。小泽征尔正因充满自信而摘取了世界指挥家大赛的桂冠。

许多人之所以做不到最优秀的自己，是因为他们对自己没有信心，缺少敢于担当的勇气，他们漫无目的地四处寻找别人的优点，而忽略了发掘自己最优秀的一面，一再地否定自己，也就失去了成为最优秀的自己的机会。正如萧伯纳所说："有信心的人，可以化渺小为伟大，化平庸为神奇。"

我们要相信自己的人生有着无限的可能，要相信内心有一种神圣力量的存在，尽力挖掘内在的潜力，才有可能达到应有的人生高度。内心拥有强大的力量，是走向成功、快乐、幸福的保证。

当然，在拥有信心的同时，我们要认清自己，不能盲目自信。每个人都有优点，信心就是在内心提醒自己看到自己的优点，从而把优点变成行动力，而不是明知做不到却仍旧去做。

坚持自己的心之所想

只念念要存天理，即是立志。能不忘乎此，久则自然心中凝聚，犹道家所谓"结圣胎"也。此天理之念常存，驯至于美大圣神，亦只从此一念存养扩充去耳。

——《传习录》

【鉴赏】

王阳明作为"心学"的创始者，强调个人的主体意识和自主精神。他认为，只要心中不忘存天理，就是立志。不忘记这一点，久而久之心自然会凝聚在天理上，就像道家所说的"把凡胎修炼成圣胎"。如此将天理时刻铭记于心，逐渐达到宏大神圣的境界，也是从心中最初的意念不断坚持并发展下去。

"心之所想"虽然只是停留在脑海中的意识，看似虚无缥缈，却有着不可小觑的力量。王阳明所言的"念念存天理"，就是用我们的意念影响我们的思维。当心存念想时，就能做到心无旁骛、专心致志；倘若心无所思，则难以排除杂念，陷入胡思乱想之中。

"心之所想"的力量远不止于此。在奋力追求成功的人生道路上，"想成功"是必不可少的前提条件。缺少这份"心之所想"的动力，抑或受外界干扰而无法将之坚持到底，则难以发挥自身潜在的能力，难以超越自我，挑战极限。

明朝后期是中国古代科学技术史上最灿烂辉煌的一段时间，此时出现了一位伟大的地理学家、探险家——徐霞客。

徐霞客自幼聪明好学，喜欢读历史、地理、游记之类的书籍，立志长大之后遍游国家的大好山川。

但是父亲去世后，老母无人照顾，徐霞客的游历计划被打断，终日闷闷不乐。母亲看出他的心思，对他说："男儿志在四方，哪能为我留在家里。"母亲的支持，坚定了徐霞客远游的决心。

徐霞客有了勇气和力量，便辞别母亲开始游历。他先后游历太湖、洞庭湖、天台山、雁荡山、泰山、武夷山和北方的五台山、恒山等名胜，并且记录下各地的奇风异俗和游历中的惊险经历。

几年后，徐母去世，徐霞客便把全部精力放在游历考察事业上。他跋山涉水，到过许多人迹罕至的地方，攀登悬崖峭壁，考察奇峰异洞。

在湖南茶陵，徐霞客听说这里有个深不可测的麻叶洞，便决心探访。可当地人说洞里有神龙和妖精，没有法术的人不能进去。刚走到洞口，向导得知徐霞客不会法术，就吓得逃跑了。徐霞客毫不动摇，手持火把独自进洞探险。当他游完岩洞出来的时候，等候在洞外的当地群众纷纷向他鞠躬跪拜，把他看成是有大法术的神人。

徐霞客白天考察，晚上就借着篝火记录当天的见闻。30多年里，他走遍祖国南北，对曾走过的地方的地理、地质、地貌、水文、气候、植被做了深入细致的调查研究，并用日记形式进行了详细、科学的记录。徐霞客死后，这份记录由他人整理而成闻名世界的《徐霞客游记》。

很多人心有所想，却难以为了愿望而坚持不懈地努力下去，难以为了那个目标而坚定地执行下去，因为总是会被来自外界的各种各样的俗务所干扰。每个人都向往成功，但是心有所想的同时还要排除外界的干扰，要在心里不断提醒自己，不断朝着目标前进。虽然当我们想着"下次考试提高二十分""一个月减肥十公斤""毕业后就要买房"的时候，自己都不太相信，因为这些都是身边无数人没能实现的目标，然而，倘若就这样气馁了、放弃了，那我们距离成功将越来越遥远。我们要相信自己的心之所想，清楚地告诉自己想要的是什么，并为之而努力奋斗。想都不敢想的事情，未必就是我们无法做到的事情。大胆地坚持心之所想，方知自己的潜力有多大。

不要在"心想事成"之前放弃最初的梦想。成功不仅需要奋力拼搏，更需要一份坚持不懈的动力支持。

确立远大志向，成就大事业

先生曰："诸公在此，务要立个必为圣人之心，时时刻刻，须是一棒一条痕，一掴一掌血，方能听吾说话句句得力。若茫茫荡荡度日，譬如一块死肉，打也不知得痛痒，恐终不济事，回家只寻得旧时伎俩而已，岂不惜哉！"

——《传习录》

【鉴赏】

王阳明曾经对弟子说："你们在这里学习一定要立下做圣人的决心，每时每刻都要有一种'一棒打出一条伤痕，一掌打出一道血印'的精神，才能在听我讲学时，感到句句有力，印象深刻。如果整天糊糊涂涂地混日子，好似一块死肉一般，打也不知道痛，恐怕最终也学不到学问的精髓。回家后，还是只能把以前的老方法拿出来用，这样浪费时间，你们不觉得可惜吗？"

古语说得好："志不强者智不达。"法国军事家拿破仑也曾说："不想当将军的士兵不是好士兵。"确立远大志向是成就人生至关重要的一环，有了目标才能奋斗，有了好的目标才能有好的收获。而只有把自己的志向和国家、民族连在一起，才称得上是大志；只有自己的国家独立了、富强了，个人才能实现自己的大志。王阳明从小便胸怀大志，即读书做圣贤之人。

一次，年仅十二岁的王阳明在书馆里问他的老师："何为第一等事？"老师回答说："唯读书登第耳。"王阳明持着怀疑的态度反驳道："登第恐未为第一等事。"老师反问他什么才是人生的头等大事，王阳明说："读书学圣贤耳。"王阳明在十二岁便认为登第当状元只是外在的成功，而读书做圣贤是追求内在的修养，才是第一等事。在大人们看来，年幼的王阳明这样的口气未免有些张狂，甚至还带着点滑稽可笑的味道，但是这崇高的志向对王阳明以后的人生产生了深远的影响，在思考和实践的过程中，他常常以此为标准来回答和解决遇到的问题，并最终开创了心学。

纵观历史，凡成功者均会立长志，即立大志。岳飞，从小立下"精忠报国"的志向，纵使英年早逝，也已成就尽忠国家的夙愿。周恩来总理从小立志"为中华之崛起而读书"，并经过不懈的努力，成为一位卓越的领导人，为振兴中华献出自己全部的精力。因此，每个人都应努力向上，树立远大的理想，成为一个优秀的人。

一百多年前，在广东香山翠亨村的一棵大树下，一位老人正在给一群孩子讲太平军的故事。故事刚讲完，就有一个孩子站起来，攥紧拳头，称赞太平军首领洪秀全是反清大英雄，并发誓要做"洪秀全第二"。这个从小立志的孩子，就是后来推翻清王朝统治的同盟会的首领孙中山。

为了救国民于水火，孙中山联合反清志士，在檀香山组织了革命团体兴中会，建立了中国第一个资产阶级革命团体，大大推动了中国的资产阶级民主革命运动。

少年孙中山提出做"洪秀全第二"的梦想，并为之奋斗终生。他实现了这个理想，并大大超越了这个理想：洪秀全实现了皇权之梦却没有改变社会，而孙中山，开创了一个崭新的时代。如果你想拥有一个充实的人生，就要像王阳明、孙中山一样早立志、立大志。正如中科院吴传钧院士所说："人生短暂，工作为志，乐观为勤，不仅要早立志，而且要立大志，发愤图强，贯彻其中，必有收成。"

不要做思想上的"巨人"

知是行的主意，行是知的功夫。知是行之始，行是知之成。若会得时，只说一个知，已自有行在。只说一个行，已自有知在。

——《传习录》

【鉴赏】

王阳明认为认识来自内心，知与行都是由内心的道德实体发出来的，知是行的主导，行是知的体现，知是行的开端，行是知的完成，知中含行，行中含知，知与行密不可分。一个人心里有了想法，就要切实地行动，就要有一种不达目的誓不罢休的念头，就可以实现你的理想了。

生活中有很多这种思想上的巨人、行动上的侏儒。有想法固然是好事，但是只是想而不去付诸实践，想最终也只是想，永远都不可能成为现实。正所谓"读万卷书，不如行万里路"，思考与行动对于一个人来说，是人生中重要的一件事。清代大词人纳兰性德曾经说过，人生中最无奈的字就是"若"，同时这个字也是他的名字中的一个字。若字代表着悔悟，如果当初怎么样，现在就怎么样，若这个字充满了无奈。对于大多数人来说，他们最欠缺的就是行动的能力。我们经常会有这样的懊悔："当时我要是去做那件事就好了。"也许当时你的想法真的会令你有所成就，只不过由于你的瞻前顾后、做事不果断而导致你最终也成了思想上的巨人。你要知道凡是想和做都是不能分开的，只是想不能成就什么事情，只是做而不思考，碌碌无为定不会有所成绩。

巴菲特的女儿小时候骄傲自大，在一次宴会上，女儿向父亲吹嘘自己以后必将成为伟大作家，为自己的父亲增光添彩。父亲巴菲特并没有高兴地赞赏女儿怀有大志，而是转而反问她："你能不能说出你看的几部作品并对它加以赏析呢？"女儿支吾地说不出来，巴菲特顿时大怒吼道："离开餐桌，回到你卧室去反思一下自己，记住当你什么都没做的时候，不要梦想着成为什么。"豪言壮语谁都会说，可如果不去做，一番空话又有何用。巴菲特之所以成功，是因为他把时间用于做而不是说。

王阳明年轻的时候就立志要成圣，经历了阳明格竹、龙场悟道等一些事，最终让他成了历史上罕见的全能大儒，这与他自身的努力是分不开的。所以，每当你要去做一件事，外在的环境并不是主要的条件，前提是我们是否马上采取了行动。只有设定了目标，脚踏实地地努力奋斗，才会有成功的可能。

俗话说："只想不做不如不想，想一百遍不如做一遍，只想不做等于零。"没有行动的梦想是空想，只想不做只能让你的梦想显得苍白无力。所以要杜绝空想，一旦有什么计划，不要坐等"万事俱备"，一定要坚决地去执行。

从前有一个充满智慧的教授和一个文盲，他们是老邻居。虽然地位和知识水平悬殊，但是两个人却都有一个共同的梦想，那就是尽快富起来。

那位教授每天都会跷着二郎腿大谈特谈他的致富经，他有满脑子的智慧，整天吹嘘如果按照自己说的和规划的那样做，他就会怎样怎样。文盲非常钦佩教授的智慧，对于他所说的东西都非常虔诚地仔细听着，并开始依照教授所憧憬的未来和致富的办法去慢慢地行动。

若干年后，当年的文盲已经如愿成了百万富翁，而满嘴致富经充满智慧的教授还在那里空想，继续他的憧憬。

我们现实中的很多人都和文章中的教授非常的相像，每个人都会把自己的未来规划得很好，想象得很美，但是真正实践和行动起来的人却非常少，你要知道上天不会因为你有一个美妙的梦想就从天上掉下一个大馅饼。不去付诸行动的想象永远都没有任何的价值，即使再怎么美好也会胎死腹中。所以我们不要做思想上的巨人、行动上的侏儒。成功离不开行动，只想不做的人只会产生思想的垃圾。

有句话说："我们现在的努力奋斗，就是为了实现小时候吹过的牛。"言简意赅的话语布满了童年的记忆。有些人小的时候还怀有梦想，想要成为一名教师、科学家、文学家，等等。当你看到这段话的时候是不是也回忆起你小时候的愿望了？很多时候，我们常有这样的体会，觉得要做的什么事情，往往因为自己的惰性和自卑的情绪阻碍了。当我们要去做一件事情的时候，往往想着"凭我的能力，是无法完成这件事的"。一旦这种自卑的念头主宰了我们，我们便只能放弃初衷。

孟子云："所不虑而知者，其良知也。"所说的直觉是一种良知的妙用，它是不需要考虑而被知晓的，也就是不需要苦思冥想，而直接洞悉事物的发展规律而知晓答案。我们有的时候太低估自己的能力了，按照孟子的说法，每个人都有上天赋予的"良知"，关键在于后天的生活中，感知事物规律的能力是否被私心杂念遮蔽了而已。当我们的第一个念头出来了，我们就要保持自己的这份想法，然后行动，分析事物的发展规律，排除各种私心杂念，我们就一定能够获得成功。言必信，行必果。用你的行动来证明自己，而不能成为空谈家。不播种的土地，永远都长不出庄稼来。只有肯于吃苦，才可能收获成功的果实。

心怀信念，梦想不死

只念念要存天理，即是立志。能不忘乎此，久则自然心中凝聚，犹道家所谓"结圣胎"也。此天理之念常存，驯至于美大圣神，亦只从此一念存养扩充去耳。

——《传习录》

【鉴赏】

陆澄问怎样立志，王阳明回答说："所谓的立志，就是念念不忘存天理。若时刻不忘存天理，日子一久，心自然会在天理上凝聚，这就像道家所说的'结圣胎'天理意念常存，能慢慢达到孟子讲的美、大、圣、神的境界，并且也只能从这一意念存养扩充延伸。"

心中怀有信念也就是心中所想，这种看似虚无缥缈的意识却有着不可小觑的力量。其实王阳明口中所说的"念念存天理"就是我们的意识影响着我们的思维。当心存念想的时候，我们才能够有目标地前行，不迷茫，倘若无所思，智慧进入乱想之中，没有明确的目标。

不仅仅要有心之所想，还要力之所及。心之所想的"想"不过是成功必不可少的前提，是成功的动力，是我们要排除外界的干扰，发挥自己的潜能，挑战自我的必须具备的条件，指导着我们成就不凡的人生。

老子说："合抱之木，生于毫末；九层之台，起于累土；千里之行，始于足下。"荀子说："不积跬步，无以至千里；不积小流，无以成江海。"凡事要想成功，就必须从小处做起，从眼前最基本的事务做起。如果一个人心里有远大的理想，却不愿意一步一步去努力，那他永远也不会有成功的时刻。

多年以前，美国有一位穷苦的牧羊人带领着他的两个年幼的儿子以给别人放羊来维持生计。一天他们赶着羊来到一个山坡，这时，一群大雁鸣叫着从他们头顶飞过，并很快消失在远处。牧羊人的小儿子问他的父亲："爸爸，爸爸，大雁要往哪里飞？""它们要去一个温暖的地方，在那里安家，度过寒冷的冬天。"牧羊人说。他的大儿子眨着眼睛羡慕地说："要是我们也能像大雁那样飞起来就好了，那我就要飞得比大雁还要高，去天堂，看妈妈是不是在那里。"小儿子也对父亲说："做个会飞的大雁多好啊，那样就不用放羊了，可以飞到自己想去的地方。"牧羊人沉默了一下，然后对两个儿子说："只要你们想，你们也能飞起来。"两个儿子试了试，并没有飞起来。他们用怀疑的眼神看着父亲。牧羊人说："让我飞给你们看。"于是他飞了两下，也没飞起来。但是牧羊人肯定地对两个儿子说："我是因为年纪大了才飞不起来，你们还小，只要不断地努力，就一定能飞起来，去想去的地方。"儿子们牢牢地记住了父亲的话，并一直不断地努力，等到他们长大以后果然飞起来了。他们发明了飞机，他们就是美国的莱特兄弟。

一个人的内心中如果蕴涵着一个信念，并坚持不懈地为之努力，那么，他一定会是一位成功的人。做一个心怀信念的人，有梦想的人是不会死的。只要心怀信念，并且付出行动，又怎么能不获得成功呢？

行动的重要性对于成功仍然很重要，如果你只是做一个空想家，不付诸行动的话，你仍然不能够获得成功。人们常说："心动不如行动。"只会想而不会做和做白日梦是没有什么差别的。假使一个人活得很无趣，没有梦想，活得又很痛苦，那么这个人的人生也是失败的。我们都知道"人生目标确定容易实现难"，但如果不去行动。那么连实现的可能也不会有。一个每天想着发财或者丰收的农民，如果春天不在地里种上种子，那么秋天来临的时候，土地也只能长满荒草，不会丰收。你要知道，行动了，你成功的机会就会提高；而光想不做，你将永远没有实现计划的可能。人生就有许多这样的奇迹，看似比登天还难的事，有时轻而易举就可以做到，其中的差别就在于非凡的信念。

唐朝的时候，四川的偏远地区有一个穷和尚和一个富和尚，他们都住在一个偏远的地方，有一天，穷和尚问富和尚："我要去南海（浙江普陀山）云游，你觉得怎么样？"富和尚很惊讶："你依靠什么去呢？"穷和尚说："我只要带一个盛水的瓶子和一个盛饭的钵就足够了。"富和尚不以为然："普陀山那么远，我已经计划了好几年，要雇船沿着长江往下游走，可是始终也没找到好舵手。再说，这么远还得贮备些食物吧，你一无所有，别做白日梦了。"穷和尚没有多说，背起空空的口袋就踏上了旅程……

到了第二年，富和尚依然没有动身，穷和尚却已经从普陀山回来了，他把遇到的奇闻趣事告诉了富和尚，富和尚惭愧得羞红了脸。

我们常听人说"只有想不到，没有做不到"就是这个道理。穷和尚的确没有富和尚有条件，他的想法听起来简直就是难以置信，不可思议。但是他真的完成了自己的梦想，不是因为他受到了富和尚的资助，而是因为他怀有必胜的信念。

很多人虽然都有心之所想，但是却很少有人能够坚持自己的心中所想，很少人会为了自己的目标坚定自己的信念，要坚定自己的信念，就要排除干扰，要在心里面不断地提醒自己："我一定要坚持下去，并最终心想事成。"

持志如心痛

持志如心痛。一心在痛上，岂有工夫说闲话、管闲事？

——《传习录》

【鉴赏】

王阳明的学生薛侃认为，一个人守持志向，要像对待自己的心痛一样，全部的注意力都集中在志向上，什么无聊的东西都不顾了，这样才能最大限度地让自身的智慧发挥作用。很多人一生碌碌无为，就是因为做不到"持志如心痛"。很多人在做事情的时候，通常会受到外界的影响，因为身边人的看法、意见、评论等因素，不停地改变自己的初衷，结果什么都没有做好。很多人在没有步入社会的时候，心中还激情满怀地充满理想和抱负，憧憬着自己能够做成什么人生中的大事。可是一旦到了社会上，就会发现自己平庸地度过了那些岁月，理想早已经抛之脑后，毫无成就，曾经的豪言壮志只不过成为一种说说的快感。

之所以有这样的变化，是因为在步入社会的过程中，我们的思想被蒙蔽了，被大千世界的很多东西干扰，逐渐丢失了我们的初衷。所以在人生的道路上，只有守住了自己的志向，才能够摒除世间的种种诱惑，撇开人生路前方的重重困难，达到人生中的顶峰。

有这样一个故事，有人曾问三个做衣服的女工："你们在干什么？"第一个和第二个的回答分别是"做衣服"和"赚工资"，而第三个工人的回答是"做世界上最美丽的衣服"。数年以后，第三个女工成了有名的服装设计师，设计了不少惊人的杰作。细细体味三人的回答，不难发现她们对于所从事的劳动有着极为不同的态度。第一个女工只把做衣服当作一种任务，缺乏目标及将来；第二个工人只把做衣服当作是赚钱的一种手段，缺乏敬业精神。显然，这两个女工对工作没有兴趣，那就更不用说投入了。而第三个女工，在她劳动时就已经把衣服的形象设想出来了，这是由于她不仅有一种敬业精神，而且具有远大的抱负。正因为如此，她工作时能乐在其中，最后成为有名的服装设计师。

《后汉书》中有句话说："有志者事竟成。"意思就是说，有志向的人，迟早要成功的。只要我们心怀志向，不抛弃，不放弃，就一定会成功的。古人曾有这样一段精辟论述："期乎其上，方能及其中；期乎其中，方能及其下；期乎其下，则不及矣。"意思是说，对自己要求越严，所能达到的程度就越高。立志与成才的关系也是这个道理，只有立下远大目标的人，才有可能成为对社会有用的人才。有志向、有想法很容易，但是要一直保持住就很困难。所以王阳明说，持志如心痛。只有按照自己的志向去努力奋斗，才不会偏离轨道。

法国著名的科学家和博物学家拉马克是家庭中最小的成员，为此父母对他很是偏爱。拉马克的父亲希望他长大以后能够成为一名牧师，所以就送他到神学院去读书。后来德法战争爆发，拉马克就去当了兵，后又因病退伍，爱上了气象学，想要通过自学气象，当一个气象学家，每天仰望星空，研究气象。但是他必须面对金钱开销问题，所以

黄花梨圆背交椅

他又到了银行工作，这个时候他又想当一个金融家。没过多久，他和朋友去听音乐会，又爱上了音乐，又想要当一名音乐家。经历了这么多之后，拉马克依旧一事无成。

他的哥哥看到他思想活跃，志向太多又难以坚持，所以就劝他干脆去

做医生。做医生很赚钱，又能解决生活的开销问题。拉马克于是去学医，学医四年却发现自己根本就不喜欢做医生，对于医学没有多大的兴趣，此时他已经 24 岁了。

一天他在植物园中散步，遇到了法国著名的思想家、哲学家、文学家卢梭，卢梭很喜欢拉马克，就把他带到自己的实验室中。这个时候拉马克终于被吸引住了，他决心要像卢梭一样，成为一名了不起的人物，于是他刻苦钻研，用了 11 年的时间，系统地研究了植物学，写出了著名的《法国植物志》。拉马克 35 岁时，当上了法国植物标本馆的管理员，又花了 15 年的时间研究植物学、35 年时间研究动物学，终于成了著名的植物学家和生物学家。

军事奇才拿破仑说："不想当将军的士兵不是好兵。"这句话固然有些绝对，但也充分说明，有理想的人能够在各方面对自己提出严格的要求，并努力去做，以强于自己的人为榜样，不断进步，最后达到较高目标，实现自己的理想，反之，则一事无成。山鹰从生下来就向往蓝天，于是苦练本领，直至飞上蓝天。同样有翅膀的鸡却满足于躲在屋檐下过安逸的生活，没有对天空的向往，它再也飞不起来，只有在被恶狗追赶时，才能勉强拍起翅膀跳上低墙。可见，不同的目标造就不同的结果。"千里之行，始于足下"。所有的成功都来源于不懈的努力。有志者立长志，唯有树立远大的理想，才能成为有用的人才。所谓"不怕事难干，就怕心不专"，很多志向不是因为难以实现，而是因为没能坚持到最后，如果你不能专心致"志"，那么任何志向都不可能实现。

想要成功，就需身体力行

未有知而不行者，知而不行只是未知。

——《传习录》

【鉴赏】

王阳明说，没有知而不行的事。知而不行，就是没有真正地明白。很多事情大家都说自己知道，但是却不去按照自己知道的去做，那么就不是真正地知道。王阳明提出"知行合一"这一观点就是强调行动的重要性。在现实的生活中，很多人都说自己懂得那些大道理，但是能有几个人做到呢？

其实古今中外那些获得成功的人，都是靠自己的身体力行去获得成功，而不是整天坐在那里空想。思想的力量再怎么大，如果不去行动，又怎么能够发挥它的作用呢？每个人都有丰富的想象力，可是又有几个人能把自己的想法付诸行动呢？有的想着自己能够攀登珠穆朗玛峰，想法已经足够攀上几座高峰，行动却未动一足。有的人想法也许仅仅是攀登泰山，但是有了想法就去身体力行，泰山就这样征服于他的脚下了。不是后者的攀登功夫有多厉害，也不是前者身体上有什么不足的地方，区别在于一个想法足够强大，却不愿意付诸行动，而另一个想法没有那么宏伟，却做出了不平凡的举动。

李时珍祖辈世代行医，祖父是"铃医"，父亲李言闻是当地名医。在明朝时，医生的地位都很低，常受官绅的欺侮。因此，父亲决定让李时珍读书应考，以便一朝功成，出人头地。李时珍自小体弱多病，然而性格刚直纯真，对空洞乏味的八股文不屑于学，自14岁中了秀才后的九年中，其三次到武昌考举人均名落孙山。于是，他放弃了科举做官的打算，专心学医。

李言闻在残酷的现实面前终于悔悟了，他答应了李时珍的要求，并细心地教导他，李时珍果然成了当地很有名望的医生。在父亲的启迪下，李时珍认识到"读万卷书"固然需要，但"行万里路"更不可少。于是，他既"搜罗百氏"，又"采访四方"，深入实际进行调查。李时珍穿上草鞋，背起药筐，在徒弟庞宪、儿子建元的伴随下，远涉深山旷野，遍访名医宿儒，搜求民间验方，观察和收集药物标本。"远穷僻壤之产，险探麓之华"，李时珍每到一地，就虚心地向当地人请教。其中有采药的，有种田的、捕鱼的、砍柴的、打猎的，热情地帮助他了解各种各样的地方药物。最终，他终于完成了《本草纲目》。

李时珍的故事说明了只有行动才能走向成功，行动永远胜于高谈阔论。要想真正地了解到你所不知道的东西，你就必须身体力行，果断地开始行动，否则你根本到不了任何地方。万丈的高山需要靠你一步步地去攀登才能征服它，机会永远是在行动中被创造出来的。如果你想要比别人取得更大的成就，就必须比别人付出更多的行动。

有句话说："心动不如行动。"不错，再好的想法都抵不过你的行动，只是空有想法而不去身体力行的家伙都是纸老虎。"想一尺不如行一寸"，计划得再多，不落实到行动上也就没有任何的意义。心动是做一件事情的前提，但是仅仅停留在心动上，只会计划，只会感动羡慕，不去付诸行动，不流汗，成功就永远不会到来。行动是通往成功之路的必经阶梯。只有行动起来，才能够把握成功的契机。只有行动才能缩短自己与目标之间的距离，只有行动才能把计划和理想变成现实。

王阳明想要成为圣人，不是空想就能成为圣人的，为了成为圣人，他身体力行，苦读圣贤之书，去实践格竹，龙场悟道，熟读兵书，御马而行，奔向居庸关。王阳明不仅仅是思想上的大家，同时也是行动上的巨人。三思而后行是真正的智者，三思而不行，才是真正的傻瓜。有了好的想法而不去做，想得再多也只是空想，不去做就永远不会知道结果。哲人说："想得好是聪明，计划得好更聪明，做得好是最聪明。"所以在这个世界上真正缺乏的不是机遇，而是缺少真正能够按照时机抓住机遇的手。德谟斯吞斯说："行动是万事之首。"假如你内心早就有一个很美妙的计划，你还在等什么呢？赶快行动起来吧！

确立人生方向时不要好高骛远

后儒不明圣学，不知就自己心地良知良能上体认扩充，却去求知其所不知，求能其所不能，一味只是希高慕大，不知自己是桀、纣心地，动辄要做尧、舜事业，如何做得？终年碌碌，至于老死，竟不知成就了个甚么。可哀也已！

——《传习录》

【鉴赏】

在王阳明看来，后世儒生大多不明白圣人的学说，不知道在自己的良知良能上去体察扩充，反而去追求自己不了解的事物，去做自己不能做、做不好的事情，一味地好高骛远、爱慕虚荣。这就好像一个人不知道自己有桀、纣的心地，却动不动要做尧、舜的事业，这怎么可能呢？这样的结果只能是一年到头忙忙碌碌直到老死，却不知道干了什么，这样的人真是可怜啊！

这其实是告诫人们要有自知之明，在确立人生方向时不好高骛远，而是要量力而行，才不至于招致失败。

许多人在确定人生志向时好高骛远，给自己定了异常远大、不切实际的目标，这违反自然规律，行动起来将寸步难行，最后只会使自己失望，加深挫折感而已。要知道每个人都有自己的极限，超过极限的事，是难以做成的。

在深山中有一座千年古刹，一位高僧隐居于此。有些人千里迢迢来寻找他，有的人想求大师指点迷津，有的人想向大师学一些武功。他们到达深山的时候，发现大师正从山谷里挑水回来。大师挑得不多，两只木桶里的水都没有装满。

按他们的想象，大师应该能够挑很大的桶，而且挑得满满的。他们不解地问："大师，这是什么道理？"

大师说："挑水之道并不在于多，而在于够用。一味贪多，适得其反。"众人越发不解。大师从他们中拉了一个人，让他重新从山谷里打了满满两桶水。那人挑得非常吃力，摇摇晃晃，没走几步，就跌倒在地，水全都洒了，那人的膝盖也摔破了。

"水洒了，岂不是还得回头重新打水吗？膝盖破了，走路艰难，岂不是比刚才挑得更少吗？"大师说。

"那么大师，请问具体挑多少，怎么估计呢？"

大师笑道："你们看这个桶。"

众人望去，桶里画了一条线。

大师说"这条线是底线，水绝对不能高于这条线，高于这条线就超过自己的能力和需要。起初还需要画一条线，挑的次数多了，就不用看那条线而凭感觉即知是多是少。这条线可以提醒我们，凡事要尽力而为，量力而行。"

众人又问："那么底线应该定多低呢？"

大师说："一般来说，越低越好，因为低的目标容易实现，人不容易受到挫伤，相反会培养起更大的兴趣和更高的热情，循序渐进，自然会挑得更多、挑得更稳。"

生活中，有许多人都像上文中那个打了两满桶水的人一样好高骛远、急功近利，结果往往事与愿违，很难达到目的。道理固然简单明了，但很少有人能够真正地理解和贯彻到自己的行动中。只因大多数人都希望成为不平凡的人，梦想成功，才华获得赏识，能力获得肯定，拥有名誉、地位、财富，遗憾的是，真正能做到的人，总是少数。大多数人不能量力而行，总是在经意或不经意之间陷进好高骛远的泥潭里。

人生如秤，对自己的评价轻了容易自卑，重了则容易自大；只有把握准确，才能实事求是、恰如其分地感知自我，完善自我。因此，我们在确定人生方向的时候，要时刻掂量自己，时刻知道自己是谁、自己几斤几两、有几分力量，不要过高估计自己的德行和力量，不可好高骛远。量力而行，才能选对方向，获得成功。

确立志向之时心须正

譬之树木，这诚孝之心便是根，许多条件便是枝叶。须先有根，然后有枝叶。不是先寻了枝叶，然后去种根。

——《传习录》

【鉴赏】

王阳明认为：确立志向之时，倘若其心不正，则容易失之偏颇，惨淡收场；其志不高，则容易碌碌无为，一事无成。

王阳明和同辈人不一样，他从小立志要做圣人，也就是去探究宇宙人生的奥秘。为此，他习读百家书，曾遵从朱熹的"格物致知"去格万物，最后从陆九渊那里找到了圣人之道，还领悟出了"知行合一"的道理。

他的哲学，不仅可以用于政治，比如扳倒严嵩的徐阶就是受其影响；也可以用于军事，比如他自己平定了很多次的叛乱。一介文人，作战百无一失，在中国历史上是绝无仅有的，而他所做的，只是一直在修养自己。只要火候到了，就如同鱼跃龙门，化身为龙，自由地游走在天地之间，无往而不利。

志向对于人来说，其实是未来行为举止的驱动力，没有志向的人如同旋转的陀螺，不知道停下的位置在哪里。正如先贤孔子所说的一般："志于道，据于德，依于仁，游于艺。"意思是说，将天地道义的实现作为自己终生奋斗的目标，然后用道德的标尺来约束自己，以仁义作为自己处世的原则，同时还要学习六艺来丰富生活的内容。道德之性、仁爱之心、六艺之才，是实现人生目标必不可少的重要条件。而其中最重要的前提便是树立高远的志向，以志向来引导前进的方向。

秦朝丞相李斯年少时跟随荀子念书。由于家境贫寒，经常食不果腹。一日，李斯在厕所里看到粪坑中的老鼠，又小又瘦，一见到人就惊慌逃窜。过了几日，李斯去米仓盛米，看到一只在米仓中偷米吃的老鼠。这只老鼠又肥又大，见着李斯不但不逃跑，反而瞪着眼很神气地看着他。李斯觉得很奇怪：为什么厕所中的老鼠见着我就拼命地逃跑，而这只老鼠见着我不但不逃跑，反而还敢瞪我呢？

李斯陷入沉思，反复琢磨两只老鼠间的差异，终于悟出了一个道理：又小又瘦、见人就逃的老鼠，是没本事没靠山、被欺负惯了的老鼠；而又肥又大、见人不避的米仓老鼠，认为自己很有本事，很有靠山，所以敢见人不避，目空一切。李斯突然觉得，现在的自己就像厕所里的那只小老鼠，非常可怜。于是，李斯暗暗发誓：做人也要如此，要做就做米仓中的大老鼠，绝不做那可怜的粪坑老鼠，不但吃不饱，还备受欺负！

悟出这个道理之后，李斯便告诉荀子自己不读书了。荀子问他不读书要去做什么，李斯说要去游说诸侯，求得功名富贵。就这样，李斯半途荒废了学业，开始追求富贵功名的人生。后来，李斯得到秦始皇的信任，当上了秦朝丞相。他在为人处世中处处奉行"老鼠哲学"——仰仗秦始皇的信任和自己的地位，打击陷害异己忠良，贪赃枉法，肆无忌惮。秦始皇死后，李斯便落了个遭人诬陷、满门抄斩的悲惨结局。

米仓中的老鼠激励着李斯立下了人生的大志，但是"老鼠哲学"却又让李斯一败涂地。"据于德，依于仁，游于艺"固然重要，但人生全部的努力及其方向，更多地源于我们确立的志向。

然而，高远的志向只是心之所向的念想，如何将之付诸实践呢？对于这个问题，不同的人会做出不同的选择。而最典型的莫过于"依于仁""游于艺"，抑或徘徊于二者之间。

苏轼与佛印出游，看到一个木匠在做墨盒，于是即兴对诗。佛印曰："吾有两间房，一间凭与转轮王，有时放出一线路，天下邪魔不敢当。"苏轼淡然一笑，对曰："吾有一张琴，五条丝弦藏在腹，有时将来马上弹，尽出天下无声曲。"

同样一根线，苏轼与佛印看出了不同的人生哲理。佛印说的是眼前所见的墨盒里的线，用的时候要拉出来，非常直，就像为人处世所坚持的原则和底线，天下邪魔看到他的正直都不敢靠近。他强调了端直的人品和操守对实现人生目标的重要性。再看苏轼所言：我也有丝弦，不过不像墨盒的线那样要拉出来，而是藏在我心中。苏轼用弹奏只有自己能够明白的天籁之音来比喻他的人生——追求自由自在的欢愉。

上述二人不同的人生态度分别代表了中国人格理想上的两个支点："仁"是嘈杂世界中生命自我选择与坚持的力量；而"艺"是令我们心神荡漾、触目生春的欢愉。这两点之于生活，就如阳光雨露之于草木，缺一不可。然而最为重要的，还在于"志于道"。王阳明高度强调道德的自我完成，在他看来，凡墙都可以是门，只有树立远大的抱负，循着高尚而伟大的理想之路从心头做起，才不至于鼠目寸光，荒废一生。

二、修德

在儒家文化中传统的道德理想是，修身、齐家、治国、平天下。儒家思想将"修身"放在人生事业的第一位，而"欲修其身者，先正其心"。可见，自古以来，人品修养都是极为重要的。而对于想要有一番作为的人而言，无论是奋斗的过程还是成功之后，良好的道德修养都是不可或缺的。

仁者视天地万物为一体

"仁者以天地万物为一体"，使有一物失所，便是吾仁有未尽处。

——《传习录》

【鉴赏】

在王阳明看来，仁爱的人把天地万物看作一个整体，如果有一物失常，就是自己的仁爱还有不完善的地方。

为了进一步阐述天地万物共为一体的道理，王阳明又说："禽兽与草木同是爱的，把草木去养禽兽，又忍得？人与禽兽同是爱的，宰禽兽以养亲与供祭祀、宴宾客，心又忍得？至亲与路人同是爱的，如箪食豆羹，得则生，不得则死，不能两全，宁救至亲，不救路人，心又忍得？"意思是说，人们既然同样喜爱动物与草木，怎么忍心拿草木去饲养禽兽呢？同样热爱人与禽兽，为什么忍心宰杀禽兽去供养父母、祭祀和招待宾客呢？对至亲的人与路人同样充满仁爱，但是如果只有一箪食、一豆羹，无法保全两方的性命，怎么能忍心只让至亲的人吃了活命，让路人饿死呢？

《论语》中记载樊迟问什么叫仁。孔子说，能够爱一切人就是仁。孔子所说的"一切人"，并不单指人类这一种生命，而泛指世界上的一切生命，这才是圣人的"仁"。由此可见，孔子的仁是建立在众生平等的基础上的，是没有半点私心的。

《庄子·内篇·大宗师第六》中写道："有亲，非仁也。"就是说，只要带有一点私情，就已经够不上仁了。佛家讲慈悲平等，则是爱一切众生。仁慈是爱天下，没有私心。有所亲，有所偏爱，就不是仁的最高目的了。

有一个农夫的妻子去世了，农夫请无相禅师到家里来为他的亡妻诵经超度。佛事完毕以后，农夫问道："禅师，您认为我的妻子能从这次佛事中得到多少收益呢？"无相禅师如实回答道："佛法好像慈航，普度众生；好像日光，遍照大地。不只是你的妻子可以得到利益，一切有情众生无不从中得益。"农夫听了有些不满意："我就知道是这样的。可是我的妻子很娇弱，其他众生也许会占她便宜，把她的功德夺去。请您这次只单单为她诵经超度，不要回向给其他众生，可以吗？"

无相禅师慨叹农夫的自私，但仍慈悲地开导道："回向是好事情啊！你看，天上只有一个太阳，但万物皆蒙照耀。一粒种子可以生长万千果实。你应该用你的善心点燃这一支蜡烛，去引燃千千万万支的蜡烛，这样世间的光亮就会增加百千万倍，而且本身的这支蜡烛并不会因此而减少亮光。如果人人都能抱有这样的观念，那我们每一个人就会因千千万万人的回向而蒙受很多的功德，何乐而不为呢？故我们佛教徒应该平等地看待一切众生！"

农夫想了想，知道无法说服禅师，只好让步："好吧，这个教义很好。但是，但是……"农夫吞吞吐吐地说道："还是要请法师破个例，我有一位邻居，平日里总是欺侮我，如果能把他除去在一切有情众生之外就好了。"无相禅师忍不住以严厉的口吻说道："既然是一切众生，哪里来的除外。"

佛法的功德在于普度众生，岂有为一人超度之理？

在王阳明看来，圣人的心与天地万物为一体，他们看待天下的人，没有远近内外之别，凡是有生命的，都是兄弟儿女，都要教养他们，使他们安全，以实现自己与天地万物一体的信念。普通凡人的心原本同圣人的心并无差别，只是后来夹杂了私心，内心的良知渐渐被物欲所蒙蔽，以万物为一体的仁爱之心就变成了狭隘的私心；有了私心，就生出了爱与憎的情绪，就将万物分化开来。

可见，如果人们能够消除内心爱与憎的区分，把天地万物看作一个整体，爱一切人和事，就能恢复通透的良知，获得人生的成功与幸福。

德为导向，才是基础

世之君子，惟务致其良知，则自能公是非，同好恶，视人犹己，视国犹家，而以天地万物为一体，求天下无治不可得矣。

——《传习录》

【鉴赏】

高尚的品德与出众的才能，是获得成功的两个必备条件。儒家圣贤们十分看重人的品德，认为品德比才能更重要。孔子在《论语·述而》中说道："如有周公之才之美，使骄且吝，其余不足观也。"孔子认为，即使有周公那样的才能和那样美好的资质，一旦骄傲吝啬，其余的一切也就都不值一提了。如果一个人才高八斗而品德不好，那么圣人连看也不会看他一眼。只有德才兼备，以德育才，才是真正的人才。当德与才不可兼得时，当舍才而取德，正如孟子"舍生而取义者也"。

王阳明有关"致良知"的观点，就能够看出他教育的目标。心学推崇"心即理"的思想，"致良知"在这一基础上是可能的，也是必要的。王阳明认为，世上的君子，只要专心于修养自身品德，那么自然能够公正地辨别是非好恶，像对待自己那样对待他人，将国事等同家事一样关心，把天地万物看作一个整体，从而求得天下的大治。因此，"致良知"不仅是为学之道，更是育人之道，重在育人之德，"道德"或"良知"等精神品质蕴涵于经典之中，对人的自身修养有着与之相应的陶冶价值。

唐朝汝州有个叫夏子胜的人，十年寒窗苦读，一朝高中，被皇帝授予南县县令。这日，夏子胜携一家仆赴任，来到县衙，大小县吏已在门口等候多时，见新县令到来，一个个急忙迎上去。夏县令问他们去年南县老百姓生活如何，粮食是否丰收，商贾是否安分行商，官粮是否收齐，赋税是否完成，然后叫来师爷将县吏们所说记录在册，逐一核对账簿。几天后，师爷对夏县令说，一切都如县吏所言，去年南县一切安好。听完汇报，夏子胜点点头。

在南县县吏们的眼里，这个新来的县令与以往的县官老爷大有不同，除了处理诉讼官司时会开口说话外，平时听不到他说一句话。不过话虽然很少，但是做的事情却极为合乎规范，往来公文，刑罚办差，无论是上司还是下面的老百姓，都称赞夏县令做事稳当，是个好官。

这些官吏们十分不解，这个不爱说话的老爷到底是怎么一个人。一天，有个胆大的县吏将这一疑问向夏子胜提了出来，夏子胜听后，呵呵一笑，说道："圣人行道，心正而行端，做官做民都是一个道理，为官之道在于教民养民，为人之道贵在德行，明白了这其中的道理，做起事情来就不会有偏颇，如此，又何必说那么多的话呢？"

我们可以将这位南县县令的话理解为对"执事敬"的最好注解，事实上，一如这位县令说的那样，行圣人之道又何必多言，"行"首在"知"，这是心灵净化、涵养提升的必然结果，由此，对人忠信而不诡诈，与人交往而不奸猾，堂堂正正做人，端端正正做事，与此相对，再多的话都不过是水中倒影，没有实际意义。

在现实生活中，我们会遇到这样两种品质不好的人：一种是品质不好、能力也不强的人，这种人因其能力有限，对他人和社会造成的危害不会太大；另一种则是品质败坏但才思敏捷、能力出众的人，这种人更容易寻捷径上位，一旦得势，将会对反对他的人或社会集团造成巨大的危害，甚至达到一发不可收拾的程度。不可否认，没有灵魂的头脑，没有德行的知识，没有仁善的聪明，固然是一种强大的力量，但它们只能起负面的破坏作用。也许偶尔会给人们一些启发，或者带来一些乐趣，但却很难赢得人们的尊敬与发自内心的赞叹。

反之，品德高尚的人，即便能力有所不及，也会虚心好学，不断提高自己，通过脚踏实地的努力奋斗来获得成功。当然，不能因此而走向另一个极端：忽略人的才能，一味强调道德修养。不懂得尊重知识、尊重人才的人，何谈培养自己的道德品质！历史的经验告诉我们，无论做人还是做事，都要以德为先，就好像王阳明告诉弟子的话：良知在人心，随你如何，也不能泯灭。德行是我们行走人生的前提，而才能是我们创造人生的手段。做到德才兼备，才能使我们的人生绚烂多姿！

大爱无私，至善无痕

性之本体原是无善无恶的，发用上也原是可以为善、可以不为善的，其流弊也原是一定善一定恶的。

——王阳明

【鉴赏】

王阳明认为，人性本来就是无善无恶的，所以其出发点可以为善，可以不为善，一切都是心为主宰，所谓的善恶都是人心造成的区别。如果怀有一颗善心，那么做出的事情多为善事；倘若心中布满邪恶，那么做出的事情也多为恶事。王阳明不可否认是一个善良之人，做了很多的善事，他报效国家、解救危难之中的百姓，被贬至偏远地区，即使环境条件极差，壮志难酬，他也不会放弃自己心中的理想，立志成圣。他开设学堂办学，宣传心学，讲道理。他提倡良知，倡导天下万物没有远近之分，都要施予仁爱之心。

王阳明还提出，常人之心和圣人之心是相同的，因为常人的内心蒙受私欲，才不及圣人之心的心如明镜。仁爱不仅仅是修养要达到的境界，同时也是人心之本体。正所谓"大爱无私，至善无痕"，我们人人都应该有一颗慈善之心，用自己的力量去帮助他人，做到至善至美，这样才能达到人生的境界。老子的《道德经》中有这样一句："上善若水，水善利万物而不争。"意思是最善者的品行，就如同水一样，可以滋养与造福万物，却不与万物争任何的东西。

唐朝时，大诗人白居易喜欢学习佛法。那时白居易是杭州太守，因仰慕鸟巢禅师之名，入山拜访鸟巢禅师。鸟巢禅师住在树上。白居易在树下说："师父，您住得这么高，太危险了。"禅师在树上说："太守大人，您的危险更甚于我啊！"白居易问："弟子位镇江山，怎么会有危险呢？"禅师说："官场中的荣辱得失、利害是非太多，加上这个充满危机的社会，如同熊熊大火，积薪相交。你在其中，或得意于青云，或失意于穷途。得意则忘形，失意则生怨，难免党同伐异，怨恨憎恚，喜怒哀乐，机心算计。种种烦恼，无息之时。又苦又累，怎么会不危险呢？"白居易肃然起敬，问："请师父指点，什么是佛法大意？"禅师说："诸恶莫作，众善奉行。"白居易不觉笑道："这是三岁小孩也知道的道理。"禅师说："三岁小孩虽然能知道，可是80岁老翁却做不到。"白居易一想："是啊，知道的未必能行，学佛多年，不能身体力行，有什么用处呢？"白居易心悦诚服，便施礼退下了。

做人要善良是人人都懂得的道理，可是有多少人能够做到呢？"诸恶莫作，众善奉行"说起来很简单，可是做起来是非常的不容易。大爱无私，真正地做善事不是为了引起旁人的欣赏和注意，而是真心地为他人着想，去宽慰失意之人，抚慰伤心之人。

评价一个人看的不是他有多成功，也不是他有多大的财富，而是看一个人有多大的爱心，有多少至真至善的心。

庄子提倡的是人生行为要做到至善，至善无痕。庄子不但强调为善，同时也强调为恶的方法。一个人有心地去做好事，表现给别人看，或表现给鬼神看，虽然是好事，也没有什么值得奖励的；一个人在抬着重物，导致手抽筋，不小心将重物砸到了周围的人，不幸使得周围的人受伤了，他并没有存心要伤害对方，虽然是一件坏事，也不该处罚。

古代的乐师，多半是盲人，一位名叫冕的大乐师来看孔子。孔子出来接他，扶着他，快要上台阶时，告诉他："这里是台阶了。"到了席位时，孔子又说："这里是席位了，请坐吧。"等大家坐下来，孔子就说某先生在你左边，某先生在你对面，一一详细地告诉他。

等乐师冕走了，子张就问："先生，你待他的规矩这样多，处处都要讲一声，待乐师之道，就要这样吗？"孔子说："当然要这样，我们不但是对盲乐师要如此，对这样眼睛看不见的人，在我们做人做事的态度上，都应该这样接待他。"

小小的善意行为，不用言表，信手做来，善良是一件非常快乐的事情。莎士比亚曾说："慈悲不是出于勉强，它是像甘露一样从天降下尘世，它不但给幸福于受施的人，也同样给幸福于给予的人。"所以，行善无迹的人通常才是最幸福的。

孔子的善是以"仁"为中心的，主张行善无迹。《论语》中有载："子张问善人之道。子曰：不践迹，亦不入于室。"其中"不践迹"就是说，做一件好事不必要让人看出来是善行。为善要不求人知，如果为善而好名，希望成为别人崇敬的榜样，这就有问题了。"亦不入于室"，意思是不要为了做好人、做好事，而用这种"善"的观念把自己束缚起来。真正的善是无声的，默默不让人知，善意埋藏于心底，行善不着痕迹，润人于无形当中。

善若黄金，掷地有声

善念发而知之，而充之。恶念发而知之，而遏之。

——王阳明

【鉴赏】

王阳明认为，善念萌生，要知道加以扩充；恶念萌生，要知道加以遏制。王阳明反复强调心的本体是至善，恶是不存在的。一旦受到外物的干扰动了恶的念头，就要及时地制止，也就是他所说的为善去恶的功夫。所以一个人倘若有了善良的念头，那么就要加以鼓励，善良是出自自己的真心，而不是出于勉强。

王阳明在平定了江西的叛乱之后，权奸江彬等人却依然怂恿贪玩的皇帝朱厚照南下江西去平定叛乱。历史上的战争无论大小，哪个不是要付出百姓的生命。王阳明深知一旦江彬等人到了江西，一定如强盗一般，进行一番烧杀掳掠，所以王阳明做了一个大胆的决定，就是抗旨将叛乱的宁王押解到南京，让朱厚照在南京止步。王阳明此举是为了江西的百姓造福。

与人为善，为他人着想，这些都是能够提升我们灵魂的举动，同时也能让我们的心灵接受火的洗礼。行善积德的人往往会得到他人致谢的报酬，得到从未有过的尊重。

一个蓬头垢面、衣衫褴褛的小男孩在街上拾破烂，恰巧看到几个男人拦住了一个女孩，并索要钱财。那几个男人是城里面有名的混混，所有的人看到了之后，都不敢上去阻拦，离得远远的。小男孩看到那个女孩子哭得很可怜，于是上去制止那几个男人。

"先生，请您买一包火柴吧。"小男孩说道。"滚开，叫花子。"其中的一个男人向小男孩吼道。另一个男人一脚把小男孩踢到了一边，小男孩的嘴角开始流血了。但是他又立即爬起来说："大哥哥，我妈妈说你是一个大英雄，还曾经帮过我打过强盗。"小男孩拉着刚刚踢他的男人说道。那个男人很是震惊地盯着他看。小男孩又继续说道："所以我一直都很想向你学习，帮助那些受欺负的人。可是我现在饿了，没有钱买吃的，你就买一盒我的火柴吧。"小男孩伸出手拿着一盒火柴停在半空。

几个男人都停下了看着小男孩，忽然那个刚刚踢了小男孩的男人从兜里面掏出了100元，递给小男孩说："我买了你所有的火柴，够吗？"小男孩激动地点头。然后几个男人转身离开了。躲在墙角里的小女孩看着小男孩，他们相视一笑。

第二天，有个身材高大的人来了，说要见小男孩。原来是小女孩的爸爸被男孩的善良和机智深深地打动了。当他了解到小男孩的亲生父母双亡时，毅然决定把他生活所需要的一切都承担起来。

文中的小男孩因为自己的善良和机智，赢得了女孩以及女孩爸爸的尊敬和肯定。有句话说"勿以善小而不为"，人要养成一种随时随地行善的习惯，在自己不断行善的道路上，也会越走越顺畅，越走越宽。

善良是一种无色无形的东西，看不见触摸不着，但它却可以使一个人走向光明的大道。不曾拥有这种东西的人将会走向黑暗的旋涡。善良，本来就是一种极普通的品质，人人本性中都具备。善良，它埋藏在每个人的心底，一旦被挖掘出来，将发挥很大的作用。中国人自古讲究"善有善报，恶有恶报"，有人因为善良而改变命运，幸福不期而至。

只要我们付出善良，总能获得有形的或无形的、物质的或精神上的回报，善良的回报往往是意想不到的。心地善良的人，总是在播种阳光和雨露，医治人们心灵和肉体的创伤。同善良的人接触，智慧得到启迪，灵魂变得高尚，胸怀变得更加宽广。离开了善良，只能让人生搁浅和褪色。因此确切地说，改变人们命运的，不是一个人、一件事，而是一种精神、一种品质，那就是"善良"。善良，终有回报。

古语有云："人生一善念，善虽未为，而吉神已随之。"意思是说，一个人只要心存爱心和善念，即使还没有付诸行动，吉祥之神就已经陪伴他了。王阳明说，人能够将天地万物视为一体，并不是他们特意这样去想，而是因为他们本有善性和仁心。爱人者，人恒爱之；敬人者，人恒敬之。莎士比亚说："善良就是黄金。"所以善若黄金，掷地有声。

居功自傲，后果如高台跳水

君子求退勿迟，智者位尊难安。

——王阳明

【鉴赏】

在王阳明的《官诫经》中也明确指出了在中国古代历史上，经常会出现的文臣武将"鸟尽弓藏，兔死狗烹"的命运，充分说明了那种由于居功自傲最终招来杀身之祸的将领不在少数，他们并未战死在拼杀的疆场，而是断魂于自己人的刀下，说来令人惋惜也让人深思。

王阳明将自身功名利禄看得就很轻，虽然是文人大儒，却也深知官场的尔虞我诈，无论是平定江西还是生擒宁王，赢得了战争他都不会与别人争功，反而还主动让出功劳给别人。他的一生中有七次升宫职，五次都是征战有功，但是王阳明先是辞官，后因皇帝不批准，才勉强做官。在王阳明的心中，只有做到不争，才能心中无忧。

三国时期的大将邓艾以奇兵灭西蜀后，就不知不觉地有些自大起来。司马昭本来就对他有防范之心，此时看他逐渐目空一切，就怕所担心之事会发生，于是发诏书调他回京当太尉，明升暗降，以此削夺了他的兵权。可以这样说，邓艾虽有杀伐征战的谋略，却少了点知人、自知的智慧，他既不清楚自己处境的危险，也不明白自己何以招来麻烦。他只想到自己对魏国承担的使命尚未完成，还有东吴尚待去剿灭，因而上书司马昭说："我军新灭西蜀，以此胜势进攻东吴，东吴人人震恐，所到之处必如秋风扫落叶。为了休养兵力，一举灭吴，我想领几万兵马做好准备。"而且，他还喋喋不休地阐述自己灭吴的计划，全然不知这将引起什么后果。

司马昭看其上书心更存疑，他命人前去晓谕邓艾说："临事应该上报，不该独断专行封赐蜀主刘禅。"邓艾争辩说："我奉命出征，一切都听从朝廷指挥。我封赐刘禅，是因此举可以感化东吴，为灭吴做准备。如果等朝廷命令来，往返路远，迁延时日，于国家的安定不利。《春秋》中说，士大夫出使边地，只要可以安社稷、利国家，凡事皆可自己做主。邓艾虽说不上比古人，却还不至于干出有损国家的事。"

邓艾强硬不驯的言辞更加使司马昭疑惧之心大增，而那些忌妒邓艾之功的人纷纷上书诬蔑邓艾心存叛逆之意。司马昭最后决定除掉邓艾，他派遣人马监禁押送邓艾前往京师，在路途中将其杀害。

一世聪明的邓艾由于一时虑事不周，招人疑惧而遭杀身之祸，就是由于其居功自傲的性情。邓艾一片苦心，却由于自己不善内省、不明真相，糊里糊涂地被杀死，的确让人痛惜。那么，历史给予我们的思考与启迪又是什么呢？是否远离权力之争就没危险了呢？可以肯定的是，即使是在日常生活里、在企业群体中，居功自傲也并非是一件好事。

换个角度来看，自傲对自己确实无益，除了导致人际关系紧张外，还会使自己丧失许多理性的东西。在现实生活中可以看到，凡是"居功自傲"的人，一般都难以汲取失败的教训，包括他人或自己过去失败的教训，总是看到成功的经验和荣耀，对他人的意见或建议易持抵触态度，很难像过去一样，站在相应对等的位置上进行资讯交流与沟通，从而导致与他人关系紧张。

黄花梨无束腰小方凳

另外，居功自傲者身边，由于其"功成名就"，容易出现一些"抬轿子"的人，他们当中有些人是出自对成功者的佩服尊敬，但不排除有那种别有用心之人。所谓上房抽梯，让你爬得高摔得重正在于此。

因此，如何正确对待已经取得的"功"，不仅仅是一个性格修养问题，而且是一个事关生存发展的大问题。在特定的条件、情况下，它甚至是一个有关生死选择的重大问题。常言道"该夹着尾巴做人，就夹着尾巴做人"，在许多时候是不无道理的。

金无足赤，人无完人

人有过，多于过上用功，就是补甑，其流必归于文过。

——《传习录》

【鉴赏】

王阳明说："人有了过错，如果仅仅在过错上下功夫，就如同修补瓦罐一样，其弊病必然是文过饰非。"在这个世界上没有十全十美的人，人非圣贤，孰能无过？对于那些在历史上有过功绩而千古流芳的人来说，过错都不可避免，那么作为我们普通人就更是如此了。

很多人耻于认错，总觉得认错是一件丢脸的事情，然后就会固执己见，听不进别人的劝谏和建议，这样往往对于自己的事业乃至人生没有任何的好处。很多人都有一种捍卫自己观点的顽固心理，这种心理就会导致犯了错误而不去改正，反而找很多的理由和借口来掩饰自己的缺点和错误，这就是我们平常所说的文过饰非。这样就会不正确地对待自己的缺点和错误，反而找借口来掩饰自己的缺点，以此给对方造成一种自己是"完人"的错觉。

不肯认错其实都是人的"自尊心"在作怪，自尊心越强的人往往越听不进去别人的见解，有的时候为了不承认自己犯下的小错误而不惜大动干戈，终生为了自己的那点小错误而迷糊地奋斗着，而自始至终都不能认识这一点的人就更加的可悲可怜。西楚霸王项羽，刚愎自用，认为自己神勇无敌，无与伦比，气走亚父范增，听不进去身边忠贞之士的谏言，最后兵败刘邦，自刎乌江岸，还口中念念有词道："天亡我，非战之罪也。"都已经兵败身亡了，还执迷不悟，听不进去别人的意见，可悲可叹。

有些人总是认为自己的观点是对的，别人的观点都是错的，有着这种错误认识的人，就是让自己的心理处于了一种非常封闭的状态，一个被自己束缚的人是不可能学习到新鲜的事物的，如果一个人想要进步，必须接受人无完人这一点，承认自己的缺点和不足。

大家都知道商纣王性情暴虐，过着酒池肉林的糜烂生活，但是商纣王同时也是一个骁勇善战、能言善辩的人。史书上记载他："帝纣资辩捷疾，闻见甚敏；材力过人，手格猛兽。知足以拒谏，言足以饰非。衿人臣以能，高天下以声，以为皆出于己下。"这段话的意思是说，商纣王天资聪颖，能言善辩，才思敏捷，奔跑快速，学习和接受东西的能力超级强，而且还胆识过人，他可以徒手与野兽格斗。他的智慧足以拒绝臣下的劝谏，他的话语足以掩饰自己的过错，他凭借着自己的才能在大臣面前夸耀，凭借着声威到处抬高自己，认为天下的人谁也比不过自己。

我们不难想象，商纣王在当时真的可以算是一个文武全才，像他这样优秀的男人，在当时成为九五之尊的帝王，也理所应当。可是就是这样一个"完美"的男人，他也有不足的地方，因为他不可一世地把自己的聪明用错了地方，发明了炮烙，发明了酒池肉林，发明了鹿台，于是使得当时的人民陷入了水深火热之中，在错误的方向中，完全迷失了自己，最后众叛亲离、国破家亡，更加可悲可叹。

闻名古代的四大美女中，西施大脚。素有"沉鱼"之誉的西施虽然美丽，但是脚却比一般人大，于是她想方设法地掩盖这个缺点，因为她喜欢跳舞，所以她经常穿长裙，又为自己特制了一双木屐，结果因为鞋子高了一块，不但看不出来脚大，还因为走路时左右摇摆，加之长裙飘飘，反而格外地突出了娉婷身材，翩翩风姿。

王昭君削肩。让"落雁"为之惊叹的昭君容貌出众，但是肩膀有点窄小，正好安排她出塞，于是她就经常披着毛皮制的斗篷，由于皮毛的蓬松，不但使她的削肩得到了隐藏，还因为雪白的围领和鲜红的斗篷衬托，反而更映得她五官秀美，眉目如画。

貂蝉耳小。传闻能够"闭月"的貂蝉顺利地实行了美人计，是因为她天生丽质，但是她耳朵极小，特别是耳垂，几乎无肉，不免难看。于是她就从耳环上弥补，经常戴那些镶有独粒大宝石的圆形耳环，不但看不出耳朵的缺陷，反而是细耳碧环，愈显俏丽。

杨贵妃狐臭。号称有"羞花"之美的杨玉环其实体味浓重，所以她特别喜欢沐浴。"春寒赐浴华清池"，传下了千古美名。不过她经常洗澡是因为狐臭的缘故，常洗自然会减轻很多味道。而且她还喜欢鲜花，更经常佩戴香囊，因此不但不会令人闻到刺鼻的气味，反而行动处香风飘拂，嗅之欲醉。

历史上这样的例子不胜枚举。其实很多人的失败要归结于没有足够宽广的胸怀，无法做到海纳百川，无法接受一个不完美的自己。我们要知道断臂的维纳斯到底美在什么地方，不是因为她完美，而是因为她的断臂可以给人们无限的遐想。

要察觉自己的缺点或者错误，就必须得先改变自己的观念，要打开心门，让心里面那个恐惧面世的缺点都出来，才能有地方让优点都进去，生活就是这样简单而平常。

妙语过盛会 "物极必反"

言不可尽善，善不可尽言。

——王阳明

【鉴赏】

王阳明认为，讲话不可以只讲好话和亲近的话，赞扬的话也不能全部都说出。

王阳明所处的是一个十分狡诈和危险的封建官场，人心叵测。因言招祸的事情时有发生。而王阳明本身就是一个很好的例子，因为不满宦官刘瑾的为非作歹，王阳明上书朝廷，为自己的同僚讲话，最后导致自己深受迫害，被贬谪，还要始终活在刘瑾的追杀之中。

王阳明所强调的就是讲话要慎重，即使是好话也不可以讲得太多，以免弄巧成拙，难有回旋的余地。在现实生活中的确是这样的，面对一个一直称赞你的人，你的第一感觉一定是在想，此人这样奉承你，一定有事想要请你帮忙，或者感觉这个人太虚伪、虚情假意、逢场作戏。因而，这样的人得不到大家的信任。其实就是"好话说多了，不如不说"。闪光的东西，并不都是金子；动听的语言，并不都是好话。

一位年轻人非常崇拜恩格斯，于是就给恩格斯写了一封激情洋溢的信，信里称赞恩格斯是一位伟大的思想家和无与伦比的革命导师，甚至称他为"马克思的再现"。然而恩格斯看完了这封信后，却一点也高兴不起来，也没有因为这位年轻人的夸奖而受到任何的感动，反而很生气地回信说："我不是什么导师和思想家，我的名字叫作恩格斯。"恩格斯身为一个思想家并不喜欢别人在赞美他的时候，用那些夸张的词汇。最重要的是他和马克思有着几十年的深厚友谊，他自身非常尊重马克思，非常忌讳别人称他为"马克思的再现"。

恭维的话不可多说，而且要讲究分寸，夸奖与赞美也要有个度，如果不切合实际地夸奖只会让人心中产生厌烦，根本不会心情愉悦和感激。当代著名的学者季羡林曾说过："假话全不说，真话说一半。"这句话是季老先生用他人生的丰富阅历总结出来的。

一个青年因为见义勇为而英勇牺牲了。当地的领导去英雄家里慰问，见到英雄的父母说："这个孩子见义勇为，是我们应该学习的楷模啊！"年轻人的父母听了心里很是安慰，但是没有说什么。领导继续说了这么一句话："祝贺你们养了一个好儿子！"年轻人的父母立即显现出不高兴来，结果这件事在网络上被热炒痛骂了好一阵。也许是这位领导参加祝贺的场面太多了，习惯了，就随口这么一说。可是这"祝贺"二字放在这里，显然不合适。天下哪一个父母希望得到这样的祝贺呢？其实，这位领导并不一定有什么恶意，只是文化修养少一点。

语言本身就是一把利剑，要看你怎样用他。诸葛亮能够"舌战群儒"，胜于百万雄师啊！语言有它的超然价值，很多语言的威力都不是我们所能驾驭的，况且中国的语言博大精深，每个字、每句话语气不同，所要表达的含义也大相径庭，所以，妙语过盛会导致事情向相反的方向发展，一定要注意任何事情都要有个度，过犹不及。

古时候，有个皇帝，他的儿子夭折了，皇帝非常悲伤，便对身旁的一位大臣问道："世间何事最苦？"这个大臣如实答道："世间丧子最苦。"皇帝一听十分恼怒，拍案怒斥，大臣深感性命难保。皇帝接着又问："世上何事最难？"大臣心想，此番答得不行，免不了有杀身之祸。他灵机一动，说道："世上说话最难。"皇帝听了，便饶恕了他。

在这个社会中，每个人都希望得到他人的认可和赞赏，但是即使是赞赏也要恰如其分，很多话都是点到为止。王阳明所说的"言不可尽善，善不可尽言"就是让人们警惕，不妄语，不妄自尊大，讲话要谨慎。孔子也曾告诫我们："可与言而不与之言，失人；不可与言而与之言，失言。知者不失人亦不失言。"交谈也是艺术。不与人交流或与人喋喋不休，智者不犯此类错误。

做官即做学问、修德业

居官无修业之益，若以俗学言之，诚是如此；若论圣门所谓德业者，却初不在日用之外。

——《五阳明全集知行录》

【鉴赏】

孔子说："学也，禄在其中矣。"孔子的弟子子夏还说："学而优则仕。"对这句话，宋真宗赵恒写过一首《劝读诗》，进一步形象地予以阐释："富家不用买良田，书中自有千钟粟。安居不用架高楼，书中自有黄金屋。娶妻莫恨无良媒，书中自有颜如玉。出门莫恨无人随，书中车马多如簇。男儿欲遂平生志，五经勤向窗前读。"正是"学"让官场成了读书人的康庄大道。

古人读书做学问多是为了做官，这在中国历史的发展过程中是显而易见的。"囊萤映雪""凿壁借光""头悬梁锥刺股"，都是为了"一朝成名天下闻"。做官显然成为读书人衡量一个人成就价值的主要标志。当然也有读书人，只专心做学问，对于做官嗤之以鼻。如东汉末年的经学大师郑玄，皇帝勉强用轿子把他抬去，封他一个高官，他还要想方设法逃跑。

正如古语所言，"万般皆下品，唯有读书高"。唯有读书、做学问才是最高雅的，做官是一件低俗之事。然而，王阳明却认为，做官就是做学问、修德业，他当了官并不觉得自己俗，没有当官时也并不故作高雅。

在权奸刘瑾倒台后，王阳明得以平反，调离龙场驿，升为庐陵（今江西吉安）县令。

庐陵是一个小县，因世风不正，苛捐杂税太多，民风大坏，盗匪横行。而且该地是有名的"健讼"之地，百姓喜欢打官司。因此，王阳明定下了施政主题：移风易俗，平息讼风。

王阳明发布了上任后的第一道告示——《告谕庐陵父老子弟书》，他首先谦虚地说：因为我这个县令不太聪明，判断力不强，而且体弱多病，不能太忙，因此跟大家约定：如果不是万不得已的事，不要随便打官司。诉讼时只能谈一件事，不要拉扯上很多事。写状约不能超过两行，每行不能超过三十个字，超过了就不予受理。故意违反约定者予以惩罚。

他还建议懂礼知法的父老们告诫自家的子弟，务必"息争兴让"，因为"一朝之忿，忘其身以及其亲，破败其家，遗祸于其子孙"。

他还借鉴了汉朝刘邦发明的"三老"政治，起用德高望重的"三老"，即老吏、老幕、老青。由于老人的反叛精神不强，比较保守，他们的地位提升后，可以有效约束那些轻率好斗的年轻人。但庐陵"健讼"的风气久矣，不是那么容易改变的，虽然王阳明苦口婆心地劝告，当地人打官司的热情还是很高。

于是，王阳明干脆使了个"绝户计"，并起衙门不"放告"，同时写了一个文告说明不受理官司的理由：我之所以不放告，是因为现在正是播种季节，放告之后，你们总是打官司，如果误了农时，终岁无望。必将借贷度日，而且一打官司，四处请托送礼，助长刁风，为害更大。你们当中若果真有冤枉者，我自能访出，我不能尽知者，也会有乡老据实呈报给我。他们若呈报不实，我会治他们的罪。我为政日浅，还没有取得你们的信任，未有德治先行法治，我不忍心。如果你们不听劝告，偏要打官司，我就没办法了，请你们不要自找后悔。

他的真诚，感动了很多人，有的人负气告状，最终被感动得涕泣而归；那些好打官司的人也开始被人们瞧不起。王阳明又对诬告者实施反坐法，使那些奸猾之徒不敢无事生事。于是，庐陵的讼风大减，监狱日见清静。

身为庐陵县令的王阳明，官虽不大，但却被他用来实践"致良知"学说，实施善政。虽只任七个月便获升迁，在这期间，他慎选里正、三老，立保甲，清驿道，严禁镇守横征暴敛，杜绝神会，发展生产，搞得有声有色，政绩斐然。尤其是他诚心爱民、勇于负责、智慧通达的风格，在当地人心里留下了美好的印象，如同一篇妙文，让人读之不厌。

做官做到这等境界和水准，也不枉为官一方了！

设身处地地为他人着想

"亲民"犹《孟子》"亲亲仁民"之谓,"亲之"即"仁之"也。"百姓不亲",舜使契为司徒,"敬敷五教",所以亲之也。

——《传习录》

【鉴赏】

王阳明认为,"亲民"就像《孟子》中所说的"亲亲仁民","亲之"就是仁爱的意思。百姓不仁爱,舜就让契担任司徒,"敬敷五教",让他们互相亲近。而要和他人互相亲近,人们要能够将心比心,推己及人。在这点上,王阳明可谓最佳典范。王阳明的一生中无论是被贬龙场还是官居高位,始终和百姓保持亲密的联系,做到了将心比心,仁爱百姓。

"仁"是儒家学说中最重要的一个概念。在孔子眼里,无论是"好仁者"还是"恶不仁者"都有一颗仁爱的心,人性本善的另一层意思就是人性本仁。而"己所不欲,勿施于人"也是一种仁爱的表现,如果我们给别人东西,最好想想对方或自己到底想不想要,如果连自己都不想要,那么最好还是把这个东西拿回去。

每个人在社会上都不是孤立的,周围有许多与自己共同学习、工作和生活的人,为使学习顺利、事业成功、生活幸福,人们都愿意建立良好的人际关系,而推己及人则是实现人际关系和睦、融洽的重要途径。要做到推己及人,首先要做到"己所不欲,勿施于人",然后再进一步做到"己欲立而立人，已欲达而达人"。就是说，一个有仁德的人，自己想要站得住，同时也要帮助别人站得住，自己想要事事行得通，同时也要帮助别人事事行得通，真正做到己立、立人，己达、达人。

南宋诗人杨万里的妻子在古稀之年依然每到天寒时天不亮就起来，然后径直走进厨房，熟练地生火、烧水、煮粥。满满的一大锅粥要熬上很长时间，杨夫人每次都耐心地等着。清甜的粥香随着热气渐渐充满厨房，飘到了院子里。院子的另一边，仆人们伴着这熟悉的香气陆陆续续地起床，洗漱完毕后来到厨房，接过杨夫人盛好的满满一大碗热粥喝了起来。杨夫人的儿子杨东山看到母亲忙碌的身影，甚是心疼。一次，他劝母亲说："天气这么冷，您又何苦这么操劳呢？"杨夫人语重心长地说："他们虽是仆人，但也是各自父母所牵挂的子女。现在天气这么冷，他们还要给我们家做活，让他们喝些热粥，心中有些热气，这样干起活来才不会伤身体。"一席话说得儿子点头称赞。

杨夫人之所以能做到慈悲为怀，就是因为她是一个心地善良、懂得体贴与关怀的人。她会设身处地地体会别人的切身感受，能够为别人着想。她的一席话既教育了儿子，也温暖了仆人们的心。

随着社会的不断进步和发展，人们的交往越来越密切，人际关系也越来越复杂。培养推己及人的美德，对搞好人际关系就显得尤为重要。我们要以爱己之心来对待周围的人，无论做什么事，都要以自己的感受去体会别人的感受，以自己的处境去想象别人的处境，站在对方的立场上，将心比心，设身处地地为他人着想。

当然，并不是所有的事都要"己所欲"才施于人，推己及人也要有自己的"道"，即原则。要知道，不是所有于己有益的东西都适用于他人，当

王阳明名言鉴赏

然也不是所有对某一个人有益的东西，别人都能接受。在他们不想接受时，绝不能以"这是为他们好"为由，强迫其接受，因为每个人对好的定义不同，都有自由选择的权利，我们如果侵犯这一权利，岂不是也掉进"己所不欲，勿施于人"的陷阱了吗？

克制怒火，不迁怒他人

怒所不当怒，是怒鬼迷。

——《传习录》

【鉴赏】

在王阳明看来，一个人不该发怒时发怒，就是被怒鬼迷住了心窍。这种怒，其实就是人们常说的迁怒他人的行为。"不迁怒"出自《论语·雍也》，意在劝诫人们有什么不顺心的事，有什么烦恼和愤怒，不要将其发泄到别人身上，不要拿不相干的人当出气筒。

迁怒他人是许多人都会犯的过错，被迁怒的对象往往是人们身边最亲近的人——家人和朋友，主要原因在于人们认为家人和朋友会给予自己足够的包容和忍耐，而且即使他们出言反驳，也不会用恶毒的语言攻击，因而也就不容易破坏彼此的情感。

心理学上有一个著名"踢猫效应"，说的是迁怒带来的连锁反应。

A 是一家公司的市场部主管，一日，A 在上班时遇到堵车，还被警察罚款，心情很差，来到公司后他一脸阴沉。这时，A 的下属 B 因为工作来找 A

汇报，B莫名其妙地被上司批评了一顿，本来很好的心情一下子也变坏了，而且一整天都闷闷不乐。晚上下班回家，B的儿子小C看到爸爸回来，很得意地将自己在幼儿园画的画拿给爸爸看，希望得到爸爸的表扬。B很烦躁，不仅没有表扬儿子，反而骂了儿子一顿，说他瞎胡闹。小C莫名其妙地被爸爸骂了一顿，心里十分委屈，却又不知道说什么。这时，家里的小猫经过他面前，小C狠狠地踢了它一脚……

故事中的每一个人都犯了"迁怒"的错误，让这种坏情绪不断地延续下去，为生活带来了苦恼。

迁怒往往会带来一系列的不良后果，如果我们能修炼自己不迁怒于人的品德，久而久之自己的性格也会发生转变，个人修养也会得到提高。

不迁怒也符合孔子的"己所不欲，勿施于人"的"忠恕"之道。孔子说人不应当把对自己的要求套用在别人的身上，自己能做得到，不必非要求别人做到。迁怒也是这个道理，自己心中有愤恨，不要拿别人当出气筒，自己消化不仅不会使人际关系恶化，还能提高自己的涵养。

王阳明追求内心的平和中正，因此他一再告诫人们不要动怒，更不要在不该发怒的时候发怒，尤其是不要迁怒别人，以免给他人和自己带来伤害。

以真诚之心待人待己

盖良知只是一个天理自然明觉发现处，只是一个真诚恻怛，便是他本体。故致此良知之真诚恻怛以事亲便是孝，致此真知之真诚恻怛以从兄便是弟，致此真知之真诚恻怛以事君便是忠，只是一个真知，一个真诚恻怛。

——《传习录》

【鉴赏】

王阳明曾对弟子聂文蔚说："良知只是一个天理，良知的自然明白呈现就是真诚恻隐，这是它的本体。用致良知的真诚恻隐去侍奉父母便是孝，敬从兄长就是悌，辅佐君主就是忠。这一切都只是一个良知，一个真诚恻隐。"这段话的核心意思是：真诚地面对自己，面对他人。

著名翻译家傅雷说过："一个人只要真诚，总能打动人，即使人家一时不了解，日后也会了解的。我一生做事，总是第一坦白，第二坦白，第三还是坦白，绕圈子，躲躲闪闪，反易叫人疑心。你要手段，倒不如光明正大，实话实说。只要态度诚恳、谦卑恭敬，人家是不会对你怎么样的。"

所谓"精诚所至，金石为开"，假如我们没有诚意，就会什么事情也做不好，做不成。王阳明认为"惟天下之至诚，然后能立天下之大本"，在他看来，"诚"是一个非常重要的字。在谈到格物致知和诚意时，王阳明说："若以诚意为主，去用格物致知的工夫，即工夫始有下落，即为善去恶无非是诚意的事。"即必须要先有诚意，然后才能在事物上格致，否则就会无从下手。所以，在做任何事情时，都要讲究"诚"，而这个"诚"应是发自内心的真诚、坦白。

《论语·公冶长》中孔子说，一个人讲一些虚妄的、好听的话，脸上表现出好看的、讨人喜欢的面孔，看起来对人很恭敬的样子，但不是真心的。用我们老百姓的话说更直白：嘴上一套，背地里是另一套，这样的人就叫

"两面三刀"；还有明明对人有仇怨，可是不把仇怨表示出来，暗暗放在心里，还和有怨恨的人故意套近乎，这种人用心是险恶的。

唐贞观初年，有人上书请求清除邪佞的臣子。唐太宗问他说："我所任用的都是贤臣，你知道哪个是邪佞的臣子吗？"那人回答说："臣住在民间，不能确知哪个人是佞臣。请陛下假装发怒，以用来试验群臣，如果能不惧怕陛下的雷霆大怒，仍然直言进谏的，就是忠诚正直的人；如果顺随旨意，阿谀奉承的，就是奸邪谄佞的人。"

这个人的办法看来非常聪明，但是太宗对上书的人说："流水的清浊，在于水源。国君是政令的发出者，就好比是水源，臣子百姓就好比是水。国君自身伪诈而要求臣子行为忠直，就好比水源混浊而希望流水清澈一样，这是不合道理的。我常常因魏武帝曹操为人诡诈而特别鄙视他，如果我也这样，怎么能教化百姓？我想在天下伸张信义，不想用伪诈的方法破坏社会风气。你的方法虽然很好，但我不能采用。"

不管对谁，我们都需诚心诚意地对待，这样才能够赢得别人的信任；而不是用一些看似聪明的手段来试探对方。因为一方面这样做有被识破的危险，如果被别人利用，趁机表现，只会让自己陷入被动、是非颠倒的境地；另一方面，当自己失去了诚意的时候，就不可能再要求别人真心实意。

真诚，乃为人的根本。如果你是一个真诚的人，人们就会了解你、相信你，不论在什么情况下，人们都知道你不会掩饰、不会推托，都知道你说的是实话，都乐于同你接近，你因此也就容易获得好人缘。

以诚待人处事，能够架起信任的桥梁，消除猜疑、戒备的心理，能够成大事，立大本。

生命不是用来自私的

圣人一生实事，俱播在乐中，所以有德者闻之，便知他尽善尽美，与尽美未尽善处。

——王阳明

【鉴赏】

王阳明说，圣人一生要做的事情就是在人世间播种欢乐，所以有贤德的人听到了，就知道他尽善尽美和他尽美没有尽善的地方。

王阳明认为，生命因为有了爱才更加富有，善良是我们灵魂中固有的一种情感。善行可以帮助很多人，同时也能让自己的修养得到提升。古语有云"赠人玫瑰，手有余香"就是这个道理。如果我们对待别人都是自私自利的，无论做什么都想着自己，那么我们也不会得到别人的善行。

有一个叫瓦拉尔的年轻人，经过一片大沙漠，在他非常疲倦的时候，躺在了大沙漠上，忽然间听到了水流的声音。他立即爬起来，仔细寻找水源流动的声音。他看到不远处有绿洲，就急忙跑过去，用手捧着水急匆匆地喝起来。喝饱后，他就想起那天和他发生冲突的人和一些他不喜欢的人马上也要来沙漠了，不想给他们喝，于是就跪在地上，朝着天边朝拜，口中念念有词地说道："我已经喝完水了，请让这绿洲和水流赶快变没吧。"水果然变没了。就这样，他继续前行，可是却碰巧迷了路。他饥渴难耐，立马又再一次跪在地上说道："我好渴啊！请让水变出来吧！"但是水源却没有再变出来，于是他最后渴死在荒漠之中。

瓦拉尔的自私与邪恶害了自己，因为与人之间有一点点小矛盾，就睚眦必报，以自己的小人之心去对付别人，最后也得到了应有的下场。所以活在这个世界上，每个人既是给予者，又是受施者，如果我们不能以善良的心去对待他人，那么也不会得到善良的回报。

这个瓦拉尔让水变没就是一种自私的心理，他只想到自己喝饱了，却不管不顾其他人，人类的这种私心其实是一种缺陷。但是这种缺陷不是无可救药，如果我们自己播种的是快乐，那么收获的自然也是快乐。王阳明说："然则善恶全不在物，只在汝心，循理便是善，动气便是恶。毕竟物无善恶，在心如此，在物亦然。"意思是说，善恶全然与物无关，善恶自在你心中，遵循天理即为善，为气所动即为恶。物的本身毕竟没有善恶，在心如此，在物也如此。

有三个兄弟都喜欢求佛问道，为了求得更高的悟境，一起相约出外行脚云游。他们打算在求佛的时候再相约一起出家，就这样开始上路了。有一天，在日落时他们借宿于一个村庄，恰巧这户人家的妇人刚死去丈夫，带着七个子女生活。第二天，三兄弟正要上路的时候，最小的弟弟就对两位哥哥道："你们两位前往求佛吧！我决定留在这里不走了。"两位哥哥对于弟弟的变节非常不满，认为他太没有志气，气愤地拂袖而去。

老三对寡妇说："你丈夫刚死不久，我们马上就结婚实在不好。你应该为丈夫守节三年，再谈婚事。"三年以后，女方提出结婚的要求，老三再拒绝道："如果我和你结婚实在对不起你的丈夫，让我也为他守孝三年吧！"三年后，女方又提出要结婚，老三再度婉拒道："为了彼此将来的幸福美满，无愧于心，我们共同为你的丈夫守孝三年再结婚吧！"三年、三年再三年，经过九年，这户人家的儿女们都长大了，老三看到他助人的心意已完成，就和妇人道别，独自步上求道的路。

善良的慈悲不但是成佛的根本，也是做人的根本，一个身怀无私之心的人，总是把他人的悲苦装在心里，把自己的私利放在一边，这种人才是真正的佛者。相反，现实中也有一些人，他们总想保全自己，自私自利，结果生出许多无端的烦恼。生命不是拿来自私的，自私的人时刻都想着自己，忽略其他人的感受，要知道万物不是以你自己为中心，这样自私自利的人，同样也不会得到大家的喜欢和帮助。一个只顾自己的人，满眼的世界只有自己，又如何看得到其他人的爱，只有拥有一颗善良的心才会被大家所喜爱。

"爱人者，人爱之"。心中有情有爱，世界才会风光无限。与人为善，而不是为自己谋私利，一个人只要在生活中施以善行，给了别人莫大的帮助，那么自己也会快乐。我们播种的是善良，收获的也会是善良，播种的是恶性，收获的也将是恶果。善待他人，善待社会，其实并不是一件特别困难的事情，只要我们心存善念，世界将变成美好的人间。

养浩然正气

澄问："有人夜怕鬼者，奈何？"

先生曰："只是平日不能集义，而心所慊，故怕。若素行合乎神明，何怕之有！"

——《传习录》

【鉴赏】

弟子问王阳明："有些人夜里怕鬼，是怎么回事呢？"

王阳明回答说："那是因为他平时的行为不合于义，内心有所愧疚，所以会怕。若他平日的行为合乎道义，是不会害怕的。"

王阳明奉旨前往广西平乱，到了之后，他了解到汉族官兵与少数民族之间的矛盾是引起当地少数民族起义的原因。王阳明认为如果以武力进行压迫，可能会使双方的矛盾越积越深，这样冤冤相报何时才能了。于是，王阳明开始寻找机会，想要缓解双方的矛盾。

这个时候，王阳明获知反抗首领哈吉的母亲卧病在床，就赶紧派跟随自己的医生去给哈吉的母亲看病。不出几日，在医生的治疗下，哈吉的母亲能够下床走路了。但是出于双方是敌对关系，哈吉并没有过多的表示。之后，哈吉从医生的口中听说了王阳明为人，而且得知用来医治母亲病的药都是王阳明自己本人所必需的。王阳明在哈吉心中的好印象大为加深。

随后，王阳明写了一封信给哈吉，实事求是而又诚恳谦虚地劝哈吉要从大局出发，和睦相处为妙。哈吉早已被王阳明高尚的人格所折服，这封信正好说到了他的心坎里。就这样，王阳明未用一兵一足，只是晓之以理，动之以情，便解决了叛乱问题。

孟子说养气修心之道，虽爱好其事，但一曝十寒，不能专一修养，只能算是知道有此一善而已；必须在自己的身心上有了效验，才算有了证验的信息；进而由"充实之谓美"直到"圣而不可知之谓神"，才算是"吾善养吾浩然之气"的成功。

何为浩然正气？一谓至大至刚的昂扬正气，二谓以天下为己任、担当道义、无所畏惧的勇气，三谓君子挺立于天地之间无所偏私的光明磊落之气。浩然正气便是由这昂扬正气、大无畏的勇气以及光明磊落之气所构成。有些人表面上很魁伟，但与之相处久了就觉得他猥琐不堪；有些人毫不起眼，默默无闻，却能让人在他的平淡中领略到山高海深的浩然正气。正是因为后者具有正直如山的品质，才能让人感受到他的一身正气。

古今之成大事者，心中都有大气象。正是"笑览风云动，睥睨大国轻"，"俯仰天地之气概"，"力拔山兮气盖世"，乃浩然正气也。

诸葛亮等文人志士则体现为"名士风流"。三国时期的诸葛亮，羽扇纶巾，貌似轻松淡定、潇洒自如，实则神机妙算、运筹帷幄。西晋开国元勋羊祜，平日一副潇洒打扮，飘逸十足，甚至在打仗的时候，仍不失其雍雅的风度。魏晋名士大多旷达风流，放任自流，毫不矫揉造作，痛快淋漓。

不管是英雄本色，还是名士风流，都具备是孟子所说的"浩然正气"。"其为气也，至大至刚，以直养而无害，则塞于天地之间。其为气也，配义与道；无是，馁也。是集义所生者，非义袭而取之也。"有志之士当养浩然正气，大者壮我涣涣中华之神威，小者在为人处世中光明磊落、至情至性。

养浩然正气并非易事。《孟子》中有言："是集义所生者，非义袭而取之也。"在孟子看来，浩然正气是正义的念头日积月累所产生的，不是一时的正义行为就能得到的。关于"集义"，王阳明认为做每一件事都应符合良知的要求，这样才能使心中的浩然之气壮大起来，再遇到其他事情就更能以良知为指导，从而达到"从心所欲不逾矩"的中庸境界。由此看来，要养浩然正气，就要做正直之人，诚实地对待生活中的每一件小事，日积月累，不断壮大。

浩然正气是人的精神"脊梁",是抵御歪风邪气的"屏障"。正气长存,则邪气却步,歪风止歇;正气长存,则清风浩荡,乾坤朗朗。要保持浩然正气,就必须"一日三省吾身",做到自重、自省、自警、自励,时时处处以激浊扬清、弘扬正气为己任,使正气日盛,邪气渐消,引领整个社会不断走向正义和文明,此乃君子之道也。

好德如好色

公且先去理会自己性情,须能尽人性,然后能尽物之性。

——《传习录》

【鉴赏】

子曰:"吾未见好德如好色者也。"好德如好色是王阳明最爱举的例子,孔子说从来没有见过好德如好色之人,王阳明则期望人们能像喜欢漂亮的姑娘那样追求美德,将美德作为人类一种本性的东西自然而然地表现出来。

很多人一听到"色"就会联想到一些不好的方面。其实,"好色"是人的本性,不必视之为万恶之源。从文献记载可知,"好色"一词并非贬义词,只是到了近代,随着社会文化现象的转变而发生了语义上的偏离。孟子曾说:"人少则慕父母,知好色则慕少艾,有妻子则慕妻子,仕则慕君,不得于君则热衷。"意思是人在年幼时爱慕父母,成年之后爱慕少女,有了妻子则爱慕妻子,走上仕途为官则忠于君主。孔子言"好德如好色",也就是肯定了"好色"是人们应该有的行为倾向。

既然"好色"是人之本性，其所固有的不以外界条件为转移的特性，正是好德之人应该努力做到的。要做到"好德如好色"，就必须将美好的品德根植于心，才能使之如人之本性那样自然地流露出来。否则，仅仅囿于思想中的品德，就算再美好，也无法影响我们的行为，无法使我们成为真正具备美好品德的人。

明朝的时候，有个农人一年四季辛苦耕作，每年都能获得丰收，因为这个，在这个农人生活的村子里，很多人一天只能吃两顿饭，而他家却能顿顿饱餐，这让村里人很是羡慕。因为家有余粮，农人用一部分粮食当作学费，让自己的儿子上了私塾。这以后，老农见到谁都显得非常开心，经常对村里人说："人活一世，不就是吃饭养家识字，做个好人嘛。现在这几样我家都做得差不多了，以后你们有什么要我做的，尽管开口，乡里乡亲的，我一定帮忙。"

半年后，这个农人的兄弟家遭了灾，离家来投奔这个农人，农人让他的兄弟先住在年久失修的祖居，说过一阵了给他修个新房，然后再搬过去。他的兄弟听后很高兴，逢人便夸自己的兄长如何如何对自己好。为了表达感谢，农人的兄弟抢着干农活，无论做什么都很勤快，渐渐地，农人自己不动手了，家里有什么事都让他的兄弟去做。

就这样三个月过去了，这个农人说的新屋迟迟不见动静，他的兄弟有些等不及了，思来想去，他硬着头皮跟农人提起了屋子的事情。听完自己兄弟的话，农人沉默了一会，对他说："这个事情啊，我还真给忘了，你放心，自家兄弟的事，我一定会说到做到的。"

第二天，农人的兄弟走在田埂上，有人问他房子造得怎么样了？他红着脸说不出话来，仿佛是自己做错了什么。当冬天来临之际，他还住在四处透风的祖居里，而他的兄长正在温暖的家中喝着自酿的米酒。次日一早，他没有跟农人打招呼，就离开了村子。

没多久，村里人便知道了这件事，他们在农人背后议论纷纷，有的人说："还说什么有事尽管向他开口，你看看，这种人，对自己兄弟都这样，我们还有什么好说的，我看呐，还是离他远点吧。"从此以后，再也没有人理睬农人，甚至农人一家都成了全村唾弃的对象。

说好的做不到，实际上是心里根本没有想过要给自己的兄弟盖新房，行由心生，由此可见这个农人到底是怎样一个人。

儒家专注的是"内外皆美"的生命志趣，不念旧恶，君子怀德是美，居处恭，执事敬，与人忠是美，当仁不让更是一种美。这种美在王阳明看来，其实就是根植于内心的道德感使然，行动起于心智，倘若内心缺少道德的约束，只会说漂亮话，而无真行动，那么其行为可以说是"巧言令色，鲜矣仁"。

如果说，"好色"是一种在人内心天然生成的本能反应，那么，"好德"就是一种经过教化之后能够自然流露的理性反应。好德之人对美好品德的追求发自内心，自然能够在其言行举止中表现出来，并且不易受到外界因素的干扰。相反，那些只会将仁义道德挂在嘴边的人，一旦受到金钱权力的诱惑，则会把持不住，做出丧德败行之事。

王阳明的弟子日孚曾问他："程颐说'一草一木皆有理，不可不察'，您觉得这个看法如何？"王阳明说："我就没那闲工夫了。你应当先去涵养自己的性情，修养自己的品德，必须能够完全了解人性道德之后，才能了解世间万物的道理。"也就是说，人应该先在"好德"的本性上而不是其他无关的琐事上下功夫，促进人格的完善，提升自己，最终才能够自然地显示出美好的品德。

真正的智者将道德修养作为人生最可靠的支柱。只要我们从现在开始将美好的品德根植于心，并将之付诸实践，像追求美的人和美好的事物一样去追求它，就能做到孔子所说的"好德如好色"，也就离成功的人生目标不远了。

教化风俗，潜移默化改变人心

教化兴行，风俗可美。后之守今，不知教化为先，徒恃刑驱势迫，由其无爱民之实心。若使果然视民如己子，亦安忍不施教诲劝勉，而辄加捶楚鞭挞？孟子云："善政不如善教之得民也。"况非善政乎？守令之有志于爱民者，其盍思之！

——《申行十家牌法》

【鉴赏】

风俗与教化是中国传统社会建设的基本内容。历代英明的统治者都力图通过教化风俗、行教化来维持国家和社会的安定和发展。老子曰："民不畏死，何以死畏之。"刑罚只能止于表面，而教化是从根本改变人心，改变习俗，可以从根本上制止问题。只有让人发自内心地去伪善去恶，才能真正达到社会的大治。

司马光说："教化，国家之急务也，而俗吏慢之；风俗，天下之大事也，而庸君忽之。夫惟明智君子，深识长虑，然后知其为益之大而收功之远也。"用现代话去说，就是唯有远见卓识的为政者，才明白要长治久安，必须以教育文化为先，培育社会良风善俗、讲究文明为首。所谓重视教化，用现代话来说，就是重视宣传教育工作。

孔子说："不教而杀谓之虐。"不先进行教化就运用刑罚，谓之暴虐，那是有良心的官员不肯做的事。儒家推崇以德治国，认为写在纸上的法律往往得不到遵守，持久之道仍然在于教化人心。王阳明是儒士，熟悉儒家的教化之道，并且心首肯之，所以他每到一地为官，"为政不事威刑，推以开导人心为本"，都从教化开始。

在古时，没有报纸、电视、网络，文告是对百姓的主要宣传工具。王阳明写文告，从不写那些读之令人生厌的陈词滥调，基文风平实，明白易懂，不卖弄辞藻，但功力深厚，读来朗朗上口，且时有真知灼见。他往往摆事实、讲道理，读来令人信服，况且内容确实跟民众切身相关，且对民众生活有益，自然不会引起民众的反感。人们争相传抄，很快就能传遍境内。

例如，为了取消神会、禁止迷信，他发了一篇《告谕》：

告谕百姓，风俗不美，乱所由兴。今民穷苦已甚，而又竟为淫侈，岂不重自困乏。夫民习染既久，亦难一旦尽变，吾姑就其易改者，渐次诲尔。

吾民居丧不得用鼓乐，为佛事，竭赀分帛，费财于无用之地，而俭于其亲之身，投之水火，亦独何心！病者宜求医药，不得听信邪术，专事巫祷。嫁娶之家，丰俭称货，不得计论聘财妆奁，不得大会宾客，酒食连朝。亲戚随时相问，惟贵诚心实礼，不得徒师虚文，为送节等名目，奢靡相尚。街市村坊，不得迎神赛会，百千成群。凡此皆靡费无益……

俗话说："江河成于涓流，习惯成于细故。一件事情，既已形成习惯，对人影响甚大，人多惯于懒散安逸不愿改变。而教化对于人的旧习相冲突，而通过文告的宣传可以使人们明白事理，帮助人们打破坏习惯，养成好习惯。久而久之，风俗白化，礼教自成。

王阳明"恳切开谕"，施教化之功，不仅是他为政治民的方法，也是他"知行合一"而"致良知"的道德实践。他的成功，可以告诉人们一件事：加强道德修养、学问修养确实有用。

诚心爱民、忠心谋国

诚于爱民者不徒虚文之举；忠于谋国者，必有深长之思。

——《批吉安府救荒申》

【鉴赏】

孟子说过："民为贵，社稷次之，君为轻。"意思是说，人民放在第一位，国家其次，君在最后。而历朝历代，官员都号称爱民爱国。但怎样才算是真心爱民爱国呢？真心爱民者，不会专办那不实在的事；忠心为国者，一定会有深远的考虑。王阳明为官时从"致良知"的理念出发，常以诚心爱民、忠心爱国作为对下属官员的要求。

例如，他在《批右江道移置凤化县南丹卫事宜呈》中，从正反两方面谆谆告诫："各官视官事须如家事，刻刻尽心，仰称朝廷之官职，中副上司之委任；内以建自己之功劳，外以垂一方之事业；岂不事立身劳，功成名显，垂誉无穷者哉？若其因循玩愒，绩废事，非独自取败坏，抑且罪现难逃。仰该道备行各官查照施行，期务体勤勤嘱付之意，毋负毋负！"

王阳明的爱国爱民，并不只是流于言表，他勤勤恳恳地为百姓办事，又鞠躬尽瘁地为朝廷排忧解难。他是一个真做实事的人，而且行事不仅着眼于目前，也着眼于长远，从远近两方面追求实效，选择最优方案。

当两广和湖南的瑶族民众暴乱时，朝廷上下都主张以战为主，而作为善战的王阳明，出任两广巡抚。然而，王阳明认为，瑶族的暴乱是民族歧视的后果，一味征剿并非善策，他不想要眼前这个立功机会，因为"良知"告诉他，"欲杀数千无罪之人，以求成一将之功，仁者之所不忍也"！因此向朝廷建议改剿为抚，他说："兵凶战危，圣人不得已而用之者也。"他还认为，"罢兵行抚则有十善"，"穷兵黩武则有十恶"，最后他的建议得到首肯。

黄花梨荷叶式六足香几

此后两年多的时间，王阳明不断跟暴动首领们和谈，做了很多工作，使暴乱者终于决定走上王阳明给他们指出的"更生之路"，他们齐集南宁城下，向官军投降。王阳明发给他们"归顺牌"，一时间"皆罗拜踊跃，欢声雷动"。为了显示王法的威严，王阳明决定象征性地惩治暴动首领卢苏、王受——让他们穿着盔甲接受一百杀威棒。事前，他还不忘了做沟通工作，对卢、王二人说："你们扰害一方，牵动三省，若不惩罚，何以泄军民之愤？"卢、王二人并无怨言，欣然接受了一百杀威棒。

于是，这场震动天下的民族纠纷，在"不折一矢，不戮一卒"的情况下，春风化雨般地解决了，"全活数万生灵"，取得了圆满结果。

王阳明为官，对功劳毫不在乎，依着实际情况，从根本上解决问题。因此，他所办的事，很少留下后遗症。他说到做到，真的践行了"诚于爱民者不徒虚文之举；忠于谋国者，必有深长之思"。

古语说："水可载舟，亦可覆舟。"水即人民。鲁迅说得好："横眉冷对千夫指，俯首甘为孺子牛。"官对民只有实实在在的义务，没有欺压剥削的权力。而一个真心爱国的官员，就会从长治久安的角度考虑问题，追求"可持续发展"，为国为民立远谋。

做人不可丢失气节

士大夫志行无惭，不因毁誉而有荣辱。君子出处有义，岂以人言而为去留？

——《奖留金事顾溱批呈》

【鉴赏】

"气节"，是中国知识分子优良的传统精神，也就是《礼记》上所提出的"临财勿苟得，临难勿苟免"，"见利不亏其义，见死不得其守"的这种择善固执的精神。

许多人在平时，尽管修身修到"非礼勿视，非礼勿听，非礼勿言，非礼勿动"的地步；尽管如何标榜"为圣人立言，为天地立心"的大志；尽管如何养性、敦品、慎行、守信……但是一遇到"富贵"就瘫痪了；只好闭起眼，昧着良心去升官发财了。

许多人在平时都是英雄志士，谈道理口若悬河，爱国爱民，但到了"威武"面前，低头了，屈膝了，不惜出卖朋友，出卖人民以求个人的苟安；再不然做一个缩头乌龟"闭门读书"去了。

孔子作为儒家老祖，为后辈弟子起了带头作用，他虽然周游列国、到处求官，但并不急于功名，一旦发现"吾道不行"，抬腿就走，决不留恋；诸侯送他封地、财物，合于"礼"便收下，不合"礼"便坚拒不受，毫不动心。

王阳明上追孔子，且是悟道之人，一生未失气节。没有官做时，他安心于讲学，沉醉在他的"心学"中，享受学、问、思、辨、行之乐。这并不表示他无意为官，毕竟他心怀救国救民之志，他的"心学"也需要一块更大的"实验田"。但没有机会时，他并不勉强，安心于力所能及之事。

王阳明官任巡抚时，曾在《批江西都司掌管印信》中，告诫下属各官"持身励志"："藏器待时，但恐见用而无才，勿虑有才而未用，若果囊中之锥，无不脱颖而出；毋谓上人不知，辄自颓靡，是乃自弃，非人弃汝矣。"此言与其说是告诫别人，不如说是他的心声。"藏器待时"，为未来准备着，静候脱颖而出的那一天。他相信机会属于有准备的人，而且事实确实如此。他后来无论治政、治军，一上任便得心应手，可见他平时做足了功夫。

古时的士大夫生前都有相当的社会地位与足以安身立命的生活条件，却能置生死于度外，坚持气节操守，为践行自身理想，为正义事业而挺身而出。

生活在南朝的范缜是无神论者。他一生坚持身亡神灭之说，坚决反对统治者的佞佛行为。虽然因此而遭到当权者组织的一次次围攻，但在种种威胁利诱面前，他始终不改初衷。不管是围攻，还是以高官厚禄拉拢，或者被诬为"违经背亲"，他都始终坚持真理，"辩摧众口，日服千人"。

有气节操守之人，在平时能安贫乐道，坚守自己的岗位；在富贵荣华的诱惑之下能不动心志；在狂风暴雨袭击之下能坚定信念，而不惊慌失措，以至于"临难毋苟免"，以身殉真理。他们以志节自守，不迎合、不屈从、不阿附。而这也从一个侧面反映出人才的多样性，正是有志节的人，才足以自守，不轻诺，一旦承担起责任才会有"负山戴岳"的豪情壮志。

做人当作"大丈夫"

岂有邪鬼能迷正人乎！

——《传习录》

【鉴赏】

明朝正德皇帝朱厚照登基之后，整日与刘瑾等宦官混在一块，不理朝政。朝中忠臣不断规劝皇帝将精力放在处理国家大事上来，皇帝并没有理会。随着朝政的逐渐混乱以及刘瑾等人越来越专横跋扈，朝中很多大臣联名上书，要求惩治刘瑾等人的恶行，以此稳定政局，维护大明江山。

联名上书并没有惩治到恶势力，刘瑾安稳住皇帝之后，利用手中大权，抓捕了这些上书要求惩治他的大臣。当时很多正直的官员得知这个消息之后，纷纷上书为这些官员打抱不平。但是，这些上书反而激化了刘瑾的报复行动，更多上书的官员被革职、被抓捕、被杀害。朝廷上下，乌烟瘴气，人心惶惶，很多官员为了保命都选择了缄默。

当时的王阳明身任兵部主事一职，官位并不高。看到越来越多的官员被压倒，敢说话的人也变得胆怯，满朝文武都闭口不言了，王阳明挺身而出，为受冤官员说话。刘瑾等人见一个小小的兵部主事竟敢这样明目张胆地同他们作对，于是，将王阳明逮捕进锦衣卫的大牢，并处以廷杖之罚。

王阳明在危难关头不畏强权、坚持正义的行为，表现了他崇高的品德和高尚的人格。自古大丈夫者，胸怀大志，腹有良谋，包藏宇宙之机，吞吐天地之志，创不世之基业，立不世之奇功。真正的大丈夫，其标准之高，让当今之人望而却步。然而，"大丈夫"贵在其自身的道德修养。堪称"大丈夫"之人，必有一身大无畏的气概，敢于面对生与死的考验，勇于做出一番惊天动地的壮举。

文天祥面对死亡，潇洒题下"人生自古谁无死，留取丹心照汗青"；谭嗣同在押赴刑场之前，壮烈地写下"我自横刀向天笑，去留肝胆两昆仑"。如此情怀，壮烈豪迈，气冲霄汉，令人敬佩不已。

堪称大丈夫之人，必有顶天立地、刚正不阿之品质。王阳明有言："岂有邪鬼能迷正人乎！"刚正不阿之人，即便是邪恶鬼神也不能使其心智迷乱，如此才能直面残酷的现实，即使身心受创，仍能愤然而起，成就一番事业。

正所谓，"玉可碎，而不可改其坚；兰可移，而不可减其馨"！只有具备"玉碎而志不改"的坚毅品质，才能成为顶天立地的大丈夫，才能经受住风霜雨雪的磨炼而成就人生大业。

贵以贱为本，高以下为基

大抵七情所感，多只是过，少不及者。才过，便非心之本体。必须调停适中始得。

——《传习录》

【鉴赏】

王阳明认为，一般来说，七情的表露，过分的多，不够的少。稍有过分，就不是心的本体，必然调停适中才算可以。《道德经》中说："故贵以贱为本，高以下为基。是以侯王自称孤、寡、不谷。此非以贱为本邪？非乎？故至誉无誉。是故不欲琭琭如玉，珞珞如石。"守贱则贵，筑基则高，世间之所以有贵，是因为有贱为之衬托。没有低处之低，怎么凸显高处之高；没有卑者之卑，怎么衬托尊者之尊。万事万物彼此之间的关系都是相对的，辩证的。

王阳明由兵部主事贬至贵州龙场，生活异常艰苦，为求生计，不得不自己耕田种菜。他向当地的百姓询问种田之道，了解当地百姓的风俗，故而非常受百姓的爱戴。在他讲学的时候，从来都不会把自己的观点强加给自己的徒弟，而是把门人当作朋友，没有训诫，没有体罚，寓教于乐，教学相长。他懂得认同学生的智慧，将自己的观点慢慢渗透给门徒，绝不强加，所以他的学生都很尊敬他。

唐人王勃那篇传诵千古的《滕王阁序》写道："人杰地灵，徐孺下陈蕃之榻。"讲的就是汉末重臣陈蕃因犯颜直谏得罪宵小而被挤出京都洛阳，贬放到豫章郡任太守。陈蕃一到地方，连官衙都没进，便急问左右，徐孺子家住何方，必"欲先看之"而后快。主簿禀告他，大家都想请使君到衙门歇息歇息。但他却说："武王式商容之闾，席不暇暖。吾之礼贤，有何不可？"

徐孺子何许人？他既非豪绅，又非巨贾，不过是乡间一介草民而已，要靠"常自耕稼"才能过活。但他绝非普通草民，因为徐孺子早就对天下大势洞若观火。"大树将颠，非一绳所维"。陈蕃心中非常清楚，艰危日甚的社稷，多么需要徐孺子之类的贤才。这样一位高士，深为陈蕃所重就不足为怪了。所以平时不接待宾客的陈蕃居然破例在太守府中为徐孺子特备一榻，徐来则张之，徐去则撤之，是为"徐孺下陈蕃之榻"由来。不管徐本人感觉如何，这也确是一种罕见的礼贤之举了。

在古代，王侯将相自然是高高在上的人，何况陈蕃在汉桓帝时期曾为太尉，灵帝朝又为太傅，但是依然懂得礼贤下士，高以下为基本，贵以贱为根基。众所周知，唐太宗李世民有句非常出名的话："水能载舟，亦能覆舟。"如果把君王比作舟，那么百姓就是水，舟在上面，水在下面。如果船经常想到自己在上面的原因是因为下面的水作为根基，这样就不会忘记根本，居安思危，处尊思贱，就不会发生危险。如果忘记了根本，就会失去根基，就会有危险。

孔子有云："三人行，必有我师焉。""敏而好学，不耻下问"，保持着一种谦虚谨慎的态度，自然会受到民众的爱戴。"高处不胜寒"，爬得越高，摔得也会越惨。所以人不要太招摇，不要自以为是。

王汝中、黄省曾陪王阳明侍坐。王阳明拿扇子给他们说："你们用扇子吧！"黄省曾连忙站起来答道："不敢。"王阳明说："圣人的学问，不是如此束缚痛苦的，不用假装成一副道学的模样。"王汝中说："从《论语》中，'仲尼与曾点言志章'能看出大概。"王阳明说："正是。从这章可看出，圣人具有多么宽广博大的胸怀啊。先生询问弟子们的志向，子路、冉求、公西华都很严肃地做了回答。而曾点飘飘然，根本不把三个人放在眼里，独自弹瑟，这是何等的狂态！当他说志向时，不针对老师的问题直接回答，口出狂言。若是程颐，或许早就是一番痛斥。孔圣人则一直称赞他，这是何等的气魄！圣人教育人，不是死守一个模式，对于狂者就从狂处去成就他。对于洁身自爱者就从洁身自爱处去成就他，人的才能、气质怎么相同？"

人人都是平等的，不可强求他人改变，不可妄自菲薄。在当今这个大环境之下更是如此，人是没有高低贵贱之分的，所谓的差异还是来自人的内心，所以王阳明要我们"致良知"。

三、处世

人性总有弱点，不能正视自己的弱点，就不能纠正自己人性中的弱点，就难免被自己打败。自古以来，很多圣人、哲人往往通过自省纠正自己人性中的弱点，使自己的人格不断趋于完美，走向成熟。王阳明告诉我们，自我省察是成功的基础。

知人者智，自知者明

省察是有事时存养，存养是无事时省察。

——《传习录》

【鉴赏】

老子《道德经》中说："知人者智，自知者明。"只有自知，才能知人。确实，人需要有自知之明。特别是在身处困境、地位低下的时候，一个人更应该反省自身，多思考一下自己的缺陷和不足，才能借由不断的自我调整而进步。

王阳明也很看重自我省察，他说省察是有事的时候存养天理，存养天理是无事的时候省察。通过省察看清自己是成功的基础，不能因为境况的不如意而迷迷糊糊，混了天日。

如果无法认清自己，容易骄傲自满，就像装满了水的容器，稍一晃动，水便会溢出来。一个人若心里装满了骄傲，便很难听取别人的忠告，吸取别人的经验，接受新的知识。长此以往，必定故步自封，或止步不前。

大禹时代，一个背叛的诸侯有扈氏率兵入侵，夏禹派他的儿子伯启抵抗，结果伯启被打败了。他的部下很不服气，要求继续进攻，但是伯启说："不必了，我的兵比他多，地也比他大，却被他打败了，这一定是我的德行不如他、带兵方法不如他的缘故。从今天起，我一定要努力改正过来才是。"从此以后，伯启每天很早便起床工作，粗茶淡饭，照顾百姓，任用有才干的人，尊敬有品德的人。过了一年，有扈氏知道了，不但不敢再来侵犯，反而主动投降了。

像伯启这样，肯虚心地检讨自己，马上改正有缺失的地方，那么最后的成功，舍他其谁呢？伯启的经历，与孔子的一句话很是契合，孔子说："已矣乎！吾未见能见其过而内讼者也。"孔子说："完了啊！我没见过能看到自己过失而深切自责的人。"孔子教育学生们要"修持涵养"，也就是注重修养。而"内讼"正是修养的一个不可缺少的部分。所谓"内讼"，说简单些，就是由内心对自己进行审判。怎么审判呢？就是，内心进行情感与理性、天理与人欲的权衡，找出自己的缺点，时时进行自我反省。

学到一点东西就自满自足，甚至不可一世、盲目骄傲，这都是可笑而且可怜的。只有对自己心存不满才能装下更多的东西，人生也便在日积月累中向上提升。

对自己心存不满的人会随时随地为自己充电，他们从不会为了已有的知识和成绩感到骄傲，因为他们知道容器的容量虽然有限，心胸却可以无限扩展，他们总会把自己摆在最低的位置。

人生如秤，对自己的评价秤轻了，容易自卑；秤重了，又容易自大；只有秤准了，才能实事求是、恰如其分地感知自我，完善自我，对自己了然于心，知道自己有几许价值，才能做到自知之明。《吕氏春秋》中说："物固莫不有长，莫不有短，人亦然。"一个人不仅要了解自己的能力有多少，也要知道自己的长处和短处在哪里，才能借由不断的自我调整而进步。

现实中人们常常看高自己，有些人过于自信，总觉得高人一等，办事忽左忽右、不知轻重，造成不必要的尴尬和悲剧；也有看轻自己的人，其表现往往为自轻自贱，多委靡少进取，总以为自己不如人，而经常处于无限的悲苦之中。

　　自知之明来源于自我修养和自我慎独。因为自省才能自制自律，自律才能自尊自重，自重才能自信自立。自尊为气节，自知为智慧，自制为修养。人具备了自知之明的胸臆和襟怀，其人格顶天立地，其行为不卑不亢，其品德上下称道，其事业左右逢源。

　　自知之明与自知不明一字之差，两种结果。自知不明的人往往昏昏然，飘飘然，忘乎所以，看不到问题，摆不正位置，找不准人生的支点，驾驭不好人生命运之舟；自知之明关键在"明"字，对自己明察秋毫，了如指掌，因而遇事能审时度势，善于趋利避害，其预期值就会更高。所以，王阳明说懵懂的人如果能学会自我省察，那么，愚蠢也会变得聪明，柔弱也会变得刚强。

淡看毁誉得失

　　凡处得有善有未善，及有困顿失次之患者，皆是牵于毁誉得丧，不能实致其良知耳。若能实致其良知，然后见得平日所谓善者未必是善，所谓未善者，却恐正是牵于毁誉得丧，自贼其良知者也。

——《传习录》

【鉴赏】

　　有句话说得好："是非求之于心，毁誉听之于人，得失凭之于天。"是非求之于心，一切良知良能皆存在于人的内心，不假外求。孟子认为仁义礼智的善性人人都有，比如你看到幼子落入井内，就自然会赶去救他，不是因为与他的父母有什么交情，也不是为了要誉于乡党朋友，而是因为你有发自于内心的恻隐之心。而毁誉听之于人，是指事情做了之后被别人赞扬或者否定诋毁随它去吧；得失凭之于天，意思是得失成败都坦然接受命运的安排。如果人人都能做到此境界，就会少了些许烦恼。

然而，人们生活在复杂的社会关系中，在碰到顺利和得意、挫折和沮丧时，总会患得患失，很容易被毁誉得失所左右，为自己的人生增加无尽的烦恼和忧愁。

20世纪60年代早期，有位名叫爱德华兹的人竞选美国中西部某州的议会议员。此人资历深，又精明能干，博学多识，看起来很有希望赢得选举的胜利。

但是，在选举的中期，有一个很小的谣言散布开来：三四年前，该州首府举行的一次教育大会中，爱德华兹和一位年轻女教师有一段暧昧的行为。这实在是一个弥天大谎，爱德华兹对此感到非常愤怒，并尽力想要为自己辩解。

由于按捺不住怒火，在以后的每一次集会中，他都要站出来极力澄清事实，证明自己的清白。其实，大部分的选民根本没听到过这件事，但是，后来人们却越来越相信有那么一回事了，真是越抹越黑。公众中有人反问："如果你真是无辜的，为什么要百般为自己狡辩呢？"

如此火上加油，爱德华兹的情绪变得更坏，也更加气急败坏、声嘶力竭地在各种场合下为自己表白，谴责谣言的传播。然而，此举更使人们对谣言信以为真。最悲哀的是，连他的太太也开始相信谣言了，夫妻之间的亲密关系被破坏殆尽。最后爱德华兹竞选失败了，变得一蹶不振。

俗话说："流言止于智者，蜚语不入贤耳。"爱德华如果能够对谣言置之不理，谣言也就随风而散了。在生活中人们都难免受到不公的礼遇、诽谤的攻击，此时，我们一定要尽量克制自己，非礼勿视，非礼勿听，平心静气面对一切外在的毁誉得失。如果处处在意别人的评价和世间的毁誉，就有可能什么事都做不成。只要自己的那颗心是光明的，只要自己行得端、做得正，即便是毁谤满天，谣诼不断，也大可一笑置之。

古人讲："岂能尽如人意，但求无愧吾心。"无论是对人还是对事，不同的人出于不同的价值取向、判断标准、观测角度、评价手段，可能会得出完全相反的结论，确实可以说是："仁者见仁，智者见智。"因此，当你遭到别人无理的诋毁，未必就低贱，而享受别人的赞誉时，未必就比别人伟大多少。而最好的态度是"不以物喜，不以己悲"，淡然处之。

静坐闲思己过，一日三省吾身

舜常自以为不孝，所以能孝；瞽瞍常自以为大慈，所以不能大

——《传习录》

【鉴赏】

王阳明说："舜常常认为自己还不够孝顺，所以他才能孝顺；而他的父亲瞽瞍常常觉得自己最慈爱，所以他不能够做到慈爱。"

日常生活中，很少有人能够看到自身的缺点，而别人身上的缺点却看得很清晰。有些时候，人们是通过一些特殊的场合，经过别人的描述和间

接的评价才知道自己的过失和不足，才能够对自己的不足有所了解。

王阳明年轻的时候，曾策马去往居庸关，实现自己几万人马讨平鞑靼的志向。当时严父王华狠狠地批评了他，说他年少太狂妄。在那之后，王阳明便时常反省自己，每天"格物穷理"是他立志要成圣的必备任务。他在每一次"格物"的过程中，都经历了无数次的反思，进而推翻以前那些尚不成功的理论。最后经过了那么多的反思他才创造了自己的心学，心学的最后创立和王阳明的躬身反思密不可分。

夏朝夏禹的儿子启要继承父亲的王位称王的时候，本来受到大家推举的伯益不高兴了。他召集东夷部族率军向启杀来。而启早有防备，经过一场大战，打败了伯益的军队。夏启为了庆祝胜利，举行了大规模宴会，公开宣布自己是夏朝第二代国君。从此，父亡子继的家天下制度便取代了任人唯贤的公天下制度。尽管启打败了伯益，但许多部族对他改变禅让传统的做法表示强烈的反对。

有一个部族首领叫作有扈氏，站出来反对夏启的做法，要求他按照部落会议的决定，还位于伯益。于是，夏启就和有扈氏在甘泽发生了战斗。结果启打败了，他的部下很不服气，要求继续进攻，但是启说："不必了，我的兵比他多，地也比他大，却被他打败了，这一定是我的德行不如他，带兵方法不如他的缘故。从今天起，我一定要努力改正过来才是。从此以后，启每天很早便起床工作，粗茶淡饭，衣着朴素，照于百姓，任用有才干的人，尊敬有品德的人。过了一年，有扈氏知道了，不但不敢再来侵犯，反而自动投降了。

遇到失败或挫折并不可怕，假如我们能像启这样，肯虚心地检讨自己，马上改正有缺失的地方，那么最后的成功一定是属于我们的。我们说很多难能可贵的人就是一个能够发现自己的不足，并能够接受自己的不足而改正的人。鲁迅先生小的时候上学经常迟到，后来他就在课桌上刻了一个"早"字，以此来警醒自己不要迟到，要早点到校，同时也指出了要早预见，早看见，以此来作为人生的信条。

一个善于反省的人总会有所成就的。李世民说："以铜为镜，可以正衣冠；以古为镜，可以知兴替；以人为镜，可以明得失。"唐太宗善于听从大臣的批评和见解，魏征直谏两百多次直陈他的过失。唐太宗在晚年也反省自己晚年过度奢侈糜烂的错误。他对太子李治教诲时反省了自己的一生："你应该从历史中找古代的贤明帝王为学习的典范，像我这样的不足以效法。我做了许多错事，比如锦绣珠玉不绝于前，宫室台榭常有兴造，犬马鹰隼没有不去的地方，行游四方又劳民伤财，这都是大错。你不要以为这都是好事，总想学着去做。"唐太宗李世民当政期间，善于反省，开创了唐朝"贞观之治"的盛世。

荀子说："君子博学而日三省乎己，则知明而行无过矣。"这句话就告诉我们通过广泛的学习并随时检讨自己的言行，这样才能达到一种"世事洞明皆学问，人情练达即文章"的境界。善于自省是人人都应该具备的道德品质，自省不等于检讨，也不等于忏悔。忏悔就是自省的表现，却不是自省的全部。自省是理性的表现，自省者的心灵应清静如水、皎洁如月、一片澄明。善于自省、经常自省，于己于人于家于国都是必要的、有益的。我们只有在真正懂得尊重别人、尊重客观规律的时候，才能更清楚地认识自己，自省才会发挥应有的功效。任何妄自尊大、唯我独尊的心态，都与自省的要求背道而驰。

在制镜工匠的店铺里，经常会摆放两种镜子来出售。一种是清晰光亮的镜子，一种是昏暗模糊的镜子，有的人看到了这种现象很奇怪，于是就问制镜的工匠："你为什么要制作昏暗无光的镜子啊？会有人买吗？"制镜的工匠听到疑问后笑了笑说道："恰恰相反，在我的店里昏暗无光的镜子却卖得很好，因为清晰光亮的镜子能照见无论多么细小的瑕疵，使大多数人感到不自在。"听到制镜的工匠说完这个理由，很多人都羞愧地低下了头。

也许故事读到这里，你还没有明白，为什么很多人都羞愧地低下了头吧。其实人对于自己的得失和使用镜子一样，指责他人很容易，剖析自己的缺点却很难。很多人不敢面对自己的缺点，所以用昏暗无光的镜子来假装看不见。这样时间长了，缺点仍然存在或继续增大，又如何会消失殆尽，提高我们自身的素质和能力呢？所以只有善于自省的人，才能找准自己的人生坐标，明明白白地存活于天地之间。因此，我们应该常常自省。

东汉末期，曹操亲率大军征战，下令军队沿途不得践踏老百姓的庄稼，违者格杀勿论。可曹操自己的坐骑在受惊后进了老百姓的庄稼地，他虽经众将苦劝没有取下自己的脑袋，但也割下了自己的头发以示惩罚。曹操割发代首，以正军纪，诚为可贵。能够经常进行自我检讨，发现自己的过错，以身作则，常常自我反省，才能为他人树立榜样。

我们常常说："谦虚使人进步，骄傲使人落后。"而这种谦虚、虚心就是要看到自己的不足，从而产生发愤的动力，让自己取得更大的进步。自省的目的就是找出过失及时纠正。在王阳明看来，自省不是目的，而是一种方法。因为人要自省才能有所悔悟，而悔悟就是治病之药，如果握在手里不吃下去，病是不会好的。所以人要通过自省来悔悟，不断地超越自我，才能走向成功之路。

闲谈莫论人非

是非之悬绝，所争毫厘耳。

——王阳明

【鉴赏】

在王阳明看来，是与非相差并不遥远，"所争毫厘耳"。的确，很多时候只差毫厘就会产生很大的差距。正所谓"失之毫厘，谬以千里"，是与非、好与坏、对与错，往往就存在于一念之间。谈论人的是非并不是明智之举，有什么观点可以当面说的，可是有些人偏偏喜欢背后嚼舌头，口口相传，节外生枝，最后导致由于添枝加叶而背离了自己的本意，产生了不必要的麻烦。

在我国古代，莫论人非是一件为人处世的哲学智慧和聪明的选择。往往有是非之言就有是非之地。人生在世，很多人为是非所累。喜欢背后议论别人的人，往往自己也不怎么样，对别人总是苛刻并且明察秋毫的人，总是对自己认识不够。"是非"本身就是极其无聊的谈资，没有任何的意义。喜欢搬弄是非的人，往往也是非常可恶的人。做事情不能够光明磊落，往往也会被人所不齿。你要想一想，搬弄是非的人，往往不仅是害别人，同时也是害自己。搬弄是非完全是损人不利己的事情，所以，闲谈莫论人非。

森林里有一只专门喜欢挑拨是非，然后看热闹的狐狸。森林里有很多动物都因为它的嘴巴而闹了矛盾，而自作聪明的小狐狸通常会跑去看热闹。

　　森林里的狮子和老虎是很好的朋友，它们经常在一起捕食，互相给对方舔毛。狐狸看到它们经常在一起吃好吃的猎物，于是就灵机一动，希望和它们做朋友，让它们把吃剩下的食物分给自己。于是狐狸每天都给它们干活，到它们身旁去谄媚。最后狮子和老虎终于同意把自己吃剩下的食物分给狐狸。可是狐狸总是担心这两只凶猛的动物会有一天吃了自己，就想挑拨它们的关系。一次，它的机会终于来了。

　　这天狮子与老虎因一点小事闹了别扭，唯恐天下不乱的狐狸闻听，便跑到两家去煽风点火。它先跑到老虎家，添油加醋地说："狮子骂你对朋友两面三刀，面善心毒，说早晚有一天和你绝交。"老虎气得暴跳如雷。

　　然后它又跑到狮子家挑唆说："老虎说你是个为人霸道、四肢发达头脑简单的垃圾！说早晚有一天打败你，然后吃掉你。"狮子恼怒至极，就去老虎家算账。

　　老虎和狮子当面对质，老虎气得不行："狮老弟，你是了解我的，我最耻于背后说人坏话，那种话怎会出自我口！而你说我'面善心毒，也太过分了吧？"狮子听到这里已经明白了几分，于是把狐狸和自己所的话告诉了老虎，两个人大怒，决定去找狐狸对质。最后狐狸的下场可想而知，成了狮子与老虎言归于好时的盘中餐。

　　这世界上总有人不安分守己，就像文中的狐狸一样，总是喜欢以小人之心度君子之腹，为了自己的利益，搬弄是非，巧取豪夺。面对这种是非难辨的情况，你就需要提高警惕心，明辨是非，谨防上当。对那些谣传和诽谤，我们不必予以回击。世间是复杂的，人心也是复杂的，你不要期望每个人都会透明一般地面对你，你也不要期望每个人都是高尚的人。

生活中，我们可能会听到一些闲言碎语、流言蜚语，甚至是诬陷和诽谤。其实这些真的没有什么。没有"谣言千遍成真理"，只有"谣传止于智者"。

一只老鹰飞到一棵大橡树上筑起了巢。一只猫跑到这棵树的树干上找到一个树洞，在那里生下小猫。一只母野猪带着小野猪住在这棵树树根的洞里。猫想独占这个地方，便实行它的诡计。

它先爬到老鹰巢边说："你们真不幸啊！不久将要被毁灭，我们也很危险。你不妨看看，那树下的野猪天天挖土，想把这棵树连根拔掉。树一倒下，它就可以轻而易举地把我们的孩子抓去，喂给它的孩子吃。"这些话吓得老鹰心惊胆战，惊惶失措。然后，猫又爬下来，来到野猪洞里说："你的孩子们非常危险，只要你出去为小猪找食，树上的老鹰就会把它们叼了去。"猫狠狠地吓唬了野猪一番后，假装自己也很害怕，躲进了它的树洞。

到了晚上，它偷偷地跑出去为自己和孩子寻找食物。白天，它仍装出一副恐惧的样子，整天躲在洞口守望着。于是，老鹰害怕野猪，静静地坐在枝头，不敢乱走；野猪也害怕老鹰，不敢走出洞来。这样，老鹰和野猪以及它们的孩子都饿死了。猫和它的孩子便把老鹰和野猪作为自己的食物了。

对待那些流言蜚语，我们必须有一个明确的态度。那就是对待流言蜚语要"充耳不闻"。就像孔子一样，孔子是圣人，不会因为叔孙、武叔的诋毁就不是圣人了。行得端，做得正，又何必去管别人的嘴巴。事实证明，很多谣传都会不攻自破。

正所谓："良言入耳三冬暖，恶语伤人六月寒。"嘴巴是一种无形的利刃，经常有意无意地伤到人，大诗人白居易也难脱窠臼，就曾因为自己的嘴巴过利，而害死了一代名妓关盼盼。纵观历史长河，很多人因为祸从口出而导致身首异处，也有很多人独善其身，闲谈莫论人非，明哲保身。所以在当今的社会背景下，我们更要管好自己的嘴巴，做到不听谣言、不信谣言、不传谣言。

人最大的敌人是自己

一念改过，当时即得本心。人孰无过？改之为贵。

——王阳明

【鉴赏】

王阳明认为，很多错误都是一念之差造成的，"人非圣贤，孰能无过"，但只要是将一念之过改正了，就可以得到"本心"，找回真正纯洁的灵魂。一个人在犯了错误后，能够积极地改正才是最可贵的。

作为人来讲，在这个世界上生存，在社会中生活、工作，就无法避免犯错误。犯了错误并没有什么可怕的，勇于承担错误才会受到人们的尊重和理解。很多人碍于面子而避开自己的错误，有时还将错就错，造成错误越来越大，心中的忧虑越来越多。其实能够改正错误还是在于自己的那一关，也就是说，每个人最大的敌人就是自己。克服自己心灵的那一关，永远比要自己在某事上做决定要更费周折。

王阳明曾说："不贵于无过，而贵于能改过。"一个人可贵之处不是没有过错，而是在于犯了错误之后能够改正自己的错误。

周处年轻时，凶暴强悍，任性使气，被乡亲们认为一大祸害。义兴的河中有条蛟龙，山上有只白额虎，侵犯百姓。义兴的百姓称他们是三害，三害当中周处最为厉害。有人劝说周处去杀死猛虎和蛟龙，实际上是希望三个祸害自相残杀。周处立即杀死了老虎，又下河斩杀蛟龙。蛟龙在水里有时浮起、有时沉没，周处与蛟龙一起浮沉了几十里远。经过了三天三夜，当地的百姓们都认为周处已经死了，互相庆祝。周处最终杀死了蛟龙上了岸。他听说乡里人以为自己已死，而对此庆贺的事情，才知道大家实际上也把自己当作一大祸害，因此，有了悔改的心意。他到吴郡去找陆机和陆云。当时陆机不在，只见到了陆云，他就把全部情况告诉了陆云，并说自己想要改正错误，提高修养，可又担心自己年岁太大，最终不会有什么成就。陆云说："古人珍视道义，认为'哪怕是早晨明白了圣贤之道，晚上就死去也甘心'，况且你的前途还是有希望的。人就害怕立不下志向，只要能立志，又何必担忧好名声不能显露呢？"周处听后就改过自新，最终成为一名忠臣。

王阳明曾经说过："除山中贼易，去心中贼难。"一个人的思想是最难纠正的，一旦有了错误就很难改正，主动承认并能够改正的人是少之又少。我们战胜了自己心中的贼，还有什么是做不到的呢？

赵国，文有蔺相如，武有廉颇。蔺相如和廉颇是赵王的左膀右臂，蔺相如在渑池会上立了功。赵王封蔺相如为上卿，职位比廉颇高。廉颇很不服气，他对别人说："我廉颇攻无不克，战无不胜，立下许多大功。他蔺相如有什么能耐，就靠一张嘴，反而爬到我头上去了。我碰见他，得让他下不了台！"这话传到了蔺相如耳朵里，蔺相如就请病假不上朝，免得跟廉颇见面。

有一天，蔺相如坐车出去，远远看见廉颇骑着高头大马过来了，他赶紧叫车夫把车往回赶。蔺相如手下的人可看不顺眼了。他们说，蔺相如怕廉颇像老鼠见了猫似的，为什么要怕他呢！蔺相如对他们说："诸位请想一想，廉将军和秦王比，谁厉害？"他们说："当然秦王厉害！"蔺相如说："秦王我都不怕，会怕廉将军吗？大家知道，秦王不敢进攻我们赵国，就因为武有廉颇，文有蔺相如。如果我们俩闹不和，就会削弱赵国的力量，秦国必然乘机来打我们。我所以避着廉将军，为的是我们赵国啊！"蔺相如的话传到了廉颇的耳朵里。廉颇静下心来想了想，觉得自己为了争一口气，就不顾国家的利益，真不应该。于是，他脱下战袍，背上荆条，到蔺相如门上请罪。蔺相如见廉颇来负荆请罪，连忙热情地出来迎接。从此以后，他们俩成了好朋友，同心协力保卫赵国。

廉颇不仅仅是赵国的一员猛将，同时也是一位勇士，他面对自己的错误，能够主动承认并且悔改，这种知错能改的行为就值得我们学习。其实有些时候，我们明明知道自己犯了错误，却很少能够主动承认错误，如果把错误比喻成一个小水坑，那么很多人都是跳过小水坑，被溅到了一身泥水后才知道下回注意，跳的时候要怎样跳，要跳怎样的距离才不会被溅到一身水。有的时候我们要为自己的错误埋单，那么以后的路途才会越来越平坦。

其实在这个世界上，没有一个人比你自己更了解你自己，如果说了解了对手才能打败对手的话，那么自己才是自己最大的敌人。人生在世，要战胜别人很简单，但是要战胜自己却很难。很多时候人的善与恶都是自己选择的，并非外界的干扰或者逼迫，所以战胜自己，保持自己的本真，才能赢得人生中最强劲的这个敌人。

反省自身，获得提升

见贤思齐焉，见不贤而内自省，则不至于责人已甚，而自治严矣。

——王阳明

【鉴赏】

"见贤思齐焉，见不贤而内自省。"王阳明非常赞同孔子的这句话。看到比自己好的人就要努力赶上去，与之齐头并进；见到不好的就要反思自己，是不是自己也有这样的错误，然后改正它。其实在生活中的很多人总是这样，每当遇到了一些困难的时候，总是怨天尤人，而不在自己的自身上找原因。很多人身上都有一些自己不能够察觉的小毛病，往往很多人不善于自省，所以导致自己不能够及时纠正，走了很多弯路。

中国古代一位思想家曾告诉我们：做人要"慎独"。意思是说，君子即使在只有自己一个人的时候，也会严格地自我反省，做到心中坦坦荡荡，行动光明正大。有的时候自省就犹如一面镜子，并且是一面清晰无比能够找出很多瑕疵的镜子。当你在照镜子的时候，你就会发现自己不足的地方，然后参照改正，所有的事情都会很容易解决。通常一个严于律己，宽以待人的人，他们能够从躬身反省中不断完善自己，最后成为成功的人。往往善于反思的人也比那种一般人要能够更快地、更准地看清事物的本质和发展规律。

王阳明和学生们讨论"中"，他认为"中"不是物，而是学者们涵养省察时的景象。君子修德，学者求学，圣人得道乃至君主的治国，都要时时刻刻需找自省的景象。而背离了这种景象，就会落入私欲的俗套。一个人只有不断地反省，才会不断地提高。一个人的进步以及学习的能力都体现自他的反省能力上。一个人如果能通过反省找到自己的优势，那么他的进步还会让他找到自己人生的目标，从而达到非凡的成就，成就不平凡的人生。如果通过反省能够找到自己的劣势，就会查漏补缺，更进一步，人生也会有一个不错的前程。

清朝初期的著名学者、史学家万斯同小的时候是一个极其顽皮的孩子，从小就不喜欢读书，由于贪玩使得他在宾客的面前丢了面子，从而遭到了宾客们的批评。他的父亲非常生气，教训了他，结果万斯同恼怒之下，掀翻了宾客们的桌子，被父亲关到了书屋里。

万斯同非常的生气，他厌恶读书，却要因此而闭门思过，但是这一次他的顽劣真的惹怒了父亲，他在书房中无聊翻看了桌上一本名叫《茶经》的书，并从《茶经》中受到启发，开始用心读书。转眼一年多过去了，万斯同在书屋中读了很多书，自己也长进了不少。万斯同的父亲渐渐原谅了儿子，而万斯同也明白了父亲的良苦用心。万斯同经过长期的勤学苦读，终于成为一位通晓历史遍览群书的著名学者，并参与编撰了《二十四史》中《明史》的编修工作。

反省是一种心理活动的思考与回馈。它会把沉浸在失去之中的当局者变成一个旁观者，把自己变成一个审视的对象，让自己跳出局限，站在旁人的立场、角度来观察自己，评判自己。反省是人站在了最高的层次对自己的历程进行分析和对照，进行批判和发现不足的最高级行为。进行反省的时候需要冷静，正确地评估和审视自己。

有一个寓言故事，一个乐于帮助别人的青年遇到了困难，想起自己平时帮助过很多朋友，于是他去找朋友们求助。然而，对于他的困难，朋友们全都视而不见、听而不闻。他怒气冲冲，他的愤怒这样激烈，以至于无法自己排遣。百般无奈，他去找一位智者。智者说："助人是好事，然而你却把好事做成了坏事。"为什么这么说呢？他大惑不解。智者说："你开始就缺乏识人之明，那些没有感恩之心的人是不值得帮助的，你却不分青红皂白地帮助，这是你的眼拙。假如在帮助他们的同时也培养他们的感恩之心，不至于让他们觉得你对他们的帮助是天经地义的，事情也许不会发展到这步田地，可是你没有这样做，这说明你手拙。在帮助他人时候，应该怀着一颗平常的心，不要时时觉得自己在行善，觉得自己在物质和道德上都优越于他人，你应该只想着自己是在做一件力所能及的小事，这是你的心拙。"

　　故事中的这个乐于助人的年轻人就是不善于反思自己的人，总是觉得自己帮助了别人，好事就要归功于自己。在自己遇到危难的时候，没有得到朋友的帮忙，却不反思自己哪里出了错，反而在其他朋友身上找原因，总是一味地抱怨别人。

　　在日常生活中，很多人严以律人，宽以待己，常常斤斤计较于别人的得失，忘了审视自我，永远都不会知道自己到底有什么不足的地方，总是眼睛瞄着周围的人，评论周围人的功过得失，却对自己的德行一无所知，这样的人是很难取得进步的。作为一个人，想要成功就必须不断地反省自身，有错必改，谦虚谨慎。做人，要善于反省自己；做事，要精益求精。

　　总是对别人明察秋毫，对于自己却得过且过的人永远不会有什么大的提升。唐太宗之所以能够开创出贞观之治的盛世局面和他善于反省自己有着直接的关系。一个人如果不能正视自己的不足，主动地作自我批评，又如何能够改正自己的缺点和不足，达到尽善尽美呢？

知错能改，善莫大焉

侃多悔，先生曰："悔悟是去病之药，然以改之为贵。若留滞于中，则又因药发病。"

——《传习录》

【鉴赏】

薛侃是一个容易后悔的人，王阳明说："悔恨是去除心病的药，然而以改正错误为贵。如果总是把悔恨留在心中，则又会因药而生病了。"人非圣贤，孰能无过，而知错能改，则善莫大焉。

王阳明认为一个人有悔过之心是完善自我道德的良药，但一个人不应该有罪恶感。无论做任何事，如果你觉得你做错了，就别再重蹈覆辙，吸取教训，没有必要感到有罪，反复地折磨自己的心绪。

人应该有知耻悔悟之心，但不应该把它变成负担。有意识地自我悔悟、自我反省很有必要，但是把它作为一种经常不断地无休止地解析、回忆，只会让自己带着负担生存，对自己的人格造成伤害。在这个世界上，没有什么人是一个错误都不犯的，但是犯了错误后能改正，并且厚积薄发、力争上游的人是不多见的。

如果某一件事情搞砸了之后，我们心里面经常纠结这件事，那么我们的精神就会被诸多负面情绪所掌控，而处于这种矛盾的状态之中，我们自身的潜能就会受到严重的抑制，从而影响我们人生的目标和成就。有句话说："心魔，则是你人生中最大的敌人。"的确，如果犯了错误以后，还要纠结于自己的过错，难以自拔，过错就会产生新的过错，周而复始，我们永远难逃过错的惩罚。

黄花梨六螭捧寿纹玫瑰椅

在王阳明的传习录中，有这样一句话："古人为治，先养得人心和平，然后作乐。"王阳明指出，古人要治理天下，首先要修身养性，在任何时候都能够保持心平气和的心境，然后才有所担当。心平气和的心境既是一种能够容忍别人的无端冒犯和侮辱的涵养，也是一种能够应对挫折和失败的能力。

有的人心浮气躁，面对一点点小事，一点个人得失，都会在心里面反复地折腾从而折磨自己的内心。其实内心的魔鬼都是自己构成的，当你学会释放出去，心魔便永远不能进入你的生活中。其实在生活中的很多事情都是一样的，我们要就事论事，而不要掺杂个人的感情揪住不放。我们要客观分析事物发生的原因，而不是从自我的主观愿望做出过激的反应。

古人强调"存心养性"的方法，是涵养心性，使世间的万物都呈现本来的面貌，而不是掺杂自己的杂念。我们保持心的本真，才能自然地洞悉事物的规律。王阳明认为，"心纯是天理"是一种境界。也是一种处世的态度。不要让悔悟、自责和抱怨的念头滞留于心中。当你做错事，为自己的行为后悔自责是一定的。人可以犯错误，但是不能犯第二次同样的错误。

你要学会用包容的心看待这个世界，你会发现很多事情都会发生奇妙的改变。当你放下了自责和悔悟过度的包袱，你才能更好地发挥你自己。

树正不怕影子斜

人若着实用功，随人毁谤，随人欺慢，处处得益，处处是进德之资。若不用功，只是魔也，终被累倒。

——《传习录》

【鉴赏】

王阳明认为，一个人若踏踏实实地用功，任别人怎样诋毁、诽谤或侮辱，依然不改初衷，就会处处受益，到处都是培养自己德行的机会；若不用功，那些诽谤和侮辱就只是心魔而已，最后会被它累倒。

每个人都会受到来自外界的诋毁和诽谤的影响，孟子说过："有意料不到的赞扬，也有过于苛刻的诋毁。"那么在面对外界的诋毁的时候，我们要如何面对呢？清者自清是一个不错的想法。一个正直的人不能因为别人的诋毁而变成流氓，一个聪明的人也不可能因为别人的诋毁而变成傻瓜。

武则天掌管天下的时候，狄仁杰任豫州刺史，他办事公平，执法严明，受到当地百姓的交口称赞，于是，武则天把他调回京城，升任宰相。有一天，武则天对狄仁杰说："听说你在豫州任职的时候，名声很好，政绩也很突出，但有人揭你的短，说你的坏话，你想知道此人是谁吗？"狄仁杰回答道："人家说我的不好，如果确实是我的过错，我愿意改正。如果陛下已经弄清楚不是我的过错，这是我的幸运。至于是谁在背后说我的不是，我不想知道，这样大家可以相处得更好些。"武则天听后，觉得狄仁杰气量大，胸襟宽，很有政治家风度，更加赏识他、敬重他，尊称他为"国老"，述赠给他紫袍金带，并亲自在袍子上绣了 12 个金字，以表彰他的功绩。狄仁杰可以算得上是武则天执政时期的一位著名的宰相。后来，狄仁杰因病去世，武则天流着泪说："上天过早地夺去了我的国老，使我朝廷里再没有像他那样的人才了。"问心无愧的人无须为自己洗刷。狄仁杰的处世之道，可资借鉴。

一个人要战胜闲言与毁谤，不必采取针锋相对、寸步不让的办法，不卑不亢、我行我素、问心无愧反倒是个好办法。"毁誉从来不可听，是非终究自分明"。我们不必太在意别人对自己的毁谤，因为清者自清，浊者自浊。真理不怕辩论，更不怕别人诋毁！真理越辩越明！怕辩论的不是真理。有句话说"真金不怕火炼，真了不怕谗言"就是这个道理。一个做事正直的人，无论别人怎样诋毁都不会变成坏人，而一个卖友求荣的人，不用大家议论就会慢慢地露出狐狸的尾巴。

王阳明在平定宁王朱宸濠之乱后，天下议论王阳明的人越来越多。面对这种情况，王阳明让他的学生们说天下诽谤他的原因。有的学生说王阳明的功绩越来越大，权势越来越高，天下忌妒之人自然越来越多；有的人说，王阳明的心学学说被越来越广的普及，所以争辩的人自然也越来越多。面对这些揣测，王阳明是这样回答的："这些原因一定是有的，但是我自己内心体会的你们还没有说。我现在相信自己的良知，是就是，非就非。按照自己良知做的事情，没有遮遮掩掩，也没有畏畏缩缩，按照良知该怎样就怎样，我现在是一个狂者的胸怀，天下人说我也没有关系。"

天圣年间，欧阳修因鼎力相助范仲淹改革，得罪权奸。后因改革失败，他便被贬到滁州。在滁州，欧阳修不以个人进退为意，一心整治地方，政通人和，时常邀众游琅琊山。

当地有个纨绔子弟，吟得几句歪诗，便以诗才自居，人称诗秀才。他闻得欧阳修吟诗作赋有如行云流水，心中妒忌，就想找欧阳修一比高低。当他知欧阳修正往游山，便一路赶上来。在路上时，他看见一棵枇杷树长相古怪，于是诗兴大发吟诵起来："路边一古树，两个大桠杈。"后两句接不上来，正好欧阳修从此经过，于是随口续了两句："未结黄金果，先开白玉花。"秀才听了说道："你这两句也不赖，勉强可以接上。"欧阳修听后只笑了笑。二人同行至河边，见有群白鹅在水中嬉戏。秀才又再吟道："远看一群鹅，一棒打落河。"吟罢又再苦苦思索，也想不出一个字。欧阳修又接口道："白翼分清水，红掌踏绿波。"秀才听后说道："老兄，你还可胡诌几句。我们去找欧阳修比试，你可要为我助威呀！"沿着小河行走，来到渡口摆渡。二人站在船上，秀才看着水中倒影，飘飘欲仙，说道："老兄，这回我们将欧阳修压倒，我俩就成了当今诗坛双星了。"说罢又吟道："诗人同登舟，去访欧阳修。"欧阳修听罢哈哈大笑道："修已知道你，你却不识修（羞）。"秀才听罢，很狼狈。

俗话说："明枪易躲，暗箭难防。"很多生活中的流言蜚语不是我们能够阻挡的。你要知道别人的流言蜚语对于你的影响是什么。如果你做的是对的，别人再怎么说，也不会变成错的；如果你做的就是错的，无论你怎样掩饰，都不会变成对的。而王阳明对待诽谤的态度就是遇谤不辩。现在的很多人都说："解释就是掩饰，掩饰就是讲故事。"当你面对来自外界的诽谤的时候，你的争辩会让对方认为你在掩饰。同样有句话说得更好，那就是"对于了解的你的人，你不需要解释；对于不了解你的人，你更不需要解释"。就是这样，解释有的时候会显得很多余。"君子坦荡荡，小人长戚戚"。

大巧在所不为，大智在所不虑

门人在座，有动止甚矜持者。先生曰："人若矜持太过，终是有弊。"
曰："矜得太过，如何有弊？"

曰："人只有许多精神，若专在容貌上用功，则于中心照管不及者多矣。"

——《传习录》

【鉴赏】

在座的众弟子中，有一个人的言行举止过于矜持。王阳明说："人若过于矜持，最终存在弊端。"

问："怎么说过于矜持存在弊端呢？"

王阳明说："人的精力毕竟是有限的，若一味在容貌上用功，往往就不能照顾到内心的修养了。"

王阳明认为，人的精力是有限的，一心不可二用。人的生命也是有限的，要用到实处上去。生命与精力都是十分可贵的东西，我们要用得有价值，不要一味地注意那些外在的东西，这样会顾此失彼，难以完全实现自己人生的价值。对于一个真正注重内心修养的人来说，时间就是生命，时间是很宝贵的。他们不会把大把的时间浪费在毫无用处的地方，反而会十分珍惜时间，让自己在短的时间内有一个质的飞跃。

东汉时期有个叫孟光的女人，她长得又黑又肥，模样粗俗，力气之大，能把将军、武士操练功夫的石锁轻易举起，被看成是无法管束的蛮婆。加上她又极丑，家里人做了她嫁不出去的准备。有人给她做媒，替孟光与一丑男搭桥，孟光开口道："我只嫁给梁鸿，其他任何人都不嫁！"梁鸿是当时的大名士，文章过人，儒雅倜傥，堂堂的美男子，传说当时不少美女为他得了单相思。当地不少达官贵人、名门望族都想把女儿嫁给他。所以当人们听了孟光的话后，都讥笑她不切实际、癞蛤蟆想吃天鹅肉，取笑她眼界太高。

但梁鸿却看中了孟光的品行，娶孟光为妻。夫妇婚后第二天，孟光就脱去新娘绮罗之服，换上粗布衣衫，操持家务。梁鸿虽然很有学问，却不愿为官，曾作一首《五噫歌》而被当权者追杀。梁鸿夫妇逃至吴地后，在富商门下做雇工，白天梁鸿为人舂米，晚上每当他拖着疲惫的身子回家时，孟光已经为他做好了香喷可口的饭菜。她非常敬重丈夫，不敢抬头直视，就半曲身子将盛着饭菜的托盘举至眉前端给丈夫吃。有一次给主人看见了，惊叹道："能使妻子这样敬重自己的人必非常人！"于是换了间大房子给梁鸿夫妇居住。自此梁鸿方得潜心学问，闭门著书十余篇，夫妻二人过着清贫而和谐的生活。

梁鸿看重的是孟光的人品，而不是徒有其表的其他美貌女子。拥有一颗平常的心面对生活中的一切，你会活得更轻松，就像王阳明所说的"万缘脱去心无事"。王阳明一生的转折点就是"龙场悟道"虽然在那个艰苦的条件下，同伴们都累倒了，但是王阳明却自己担起重任，打柴、烧火做饭给同伴们吃，看到同伴们心情抑郁，又给他们吟诵诗文，还为他们吟唱家乡的曲子。在王阳明看来，一切事物、一切困难都是自己的心在作祟，王阳明最了不起的地方就是自己的心中是没有伟大这个概念的，将万事万物看作一体才符合王阳明的心学观点。

其实每个人的生命都是如此的平凡，一切伟大也孕育于平凡。平平常常才是真。荀子说："大巧在所不为，大智在所不虑。"最能干的人在于不做不能做且不应做的事，最聪明的人在于不考虑不能考虑又不应考虑的事。谓技艺高超的人，随意去做就可以了，形容已达到纯熟程度，不用故意雕琢。

一位叫亨利的法国青年移民，一个傍晚他站在河边发呆。这天是他30岁生日，可他不知道自己是否还有活下去的必要。因为亨利从小在福利院里长大，身材矮小，长相也不漂亮，讲话又带着浓厚的法国乡下口音，所以他一直很瞧不起自己，认为自己是一个既丑又笨的乡巴佬，连最普通的工作都不敢去应聘，没有工作，也没有家。

就在亨利徘徊于生死之间的时候，与他一起在福利院长大的好朋友约翰兴冲冲地跑过来对他说："亨利，告诉你一个好消息！""好消息从来就不属于我。"亨利一脸悲戚。"不，我刚刚从收音机里听到一则消息，拿破仑曾经丢失了一个孙子。播音员描述的相貌特征与你丝毫不差！""真的吗，我竟然是拿破仑的孙子？"亨利一下子精神大振。联想到爷爷曾经以矮小的身材指挥着千军万马，用带着泥土芳香的法语发出威严的命令，他顿感自己矮小的身材同样充满力量，讲话时的法国口音也带着几分高贵和威严。第二天一大早，亨利便满怀自信地来到一家大公司应聘。20年后，已成为这家大公司总裁的亨利查证出自己并非拿破仑的孙子，但这早已不重要了。

用一颗平常的心接纳自己、欣赏自己，将所有的自卑全都抛到九霄云外，这就是成功最重要的前提。一个人太过于注重名利、身份就会丢失自己的自信心，就会导致一事无成。王阳明说："人若矜持太过，终是有弊。"人的精力是有限的，一心不可二用。人的生命也是有限的，要用到实处上去。一个不愿以平常心面对自我、盲目从众的人就像一只失去了舵的船，随波逐流，永远没有人生的方向。人要放开心胸，学会以一种平常心面对自我，才懂得驾驭自己，懂得正确设计自己的人生航向。也只有这样的人，才不会将自己有限的精力和时间过多地空耗在无谓的幻影中。

只易其境，不易其心

曰："去草如何是一循于理，不着意思？"

曰："草有妨碍，理亦宜去，去之而已。偶未即去，亦不累心。若着了一分意思，即心体便有贴累，便有许多动气处。"

——《传习录》

【鉴赏】

薛侃问："除草时，如何全凭天理而别无他意呢？"

王阳明说："草有所妨碍，应该拔除，就要拔除。有时虽没有拔除干净，也不放在心上。如果在意的话，便会成为心体上的累赘，便会为气所动。"

其实这段话就是告诉我们，心中坦坦荡荡，没有任何的牵挂，没有过多的计较，这样才能合于"道"，顺利地实现自己要做到的事情，任何事情及任何困难都能很轻易地解决。很多人在努力的过程中，总是想要用自己的意识来控制外在的世界变化，这样很多私心杂念就会一起来，蒙蔽住我们的内心，导致我们的情绪波动很大，忘记自己最初的目的。

面对不知所措的环境和变故，我们的状态往往就会变得很差，从而使得事情变得更加的糟糕。有的时候面对别人的评论或者诋毁，就无法做任何事情，其实这个时候就需要我们用平常心来对待。任何事情都有它发展的规律，面对事情，要记得无论环境怎样改变，我心岿然不动就好了。

天气非常炎热，骄阳似火。寺院里草地枯黄，小和尚动心道："师父，寺院里太难看，种点东西吧。"老和尚说："不着急，随时。"种子到手后，老和尚对小和尚说："去种吧。"忽然一阵风起，撒下去的种子大都被风带走了。小和尚又动心："师父，好多种子都被风吹飞了。"老和尚说："没关系，吹走的都是中空的，撒下去也发不了芽，随性。"种子正在成长，飞来几只小鸟，在土里一阵刨食。小和尚动了怒心，驱赶小鸟，老和尚说："急什么，种子多着呢，吃不完，随遇。"一天夜里，突然来了一阵狂风暴雨。小和尚动了伤心对师傅说："这下全完了，种子都被雨水冲走了。"老和尚回答："冲就冲吧，冲到哪儿都是发芽，随缘。"一个月后，地上发出新绿，即使没有播种到的地方也有小苗探出头来。小和尚高兴地说："师父，快来看呐，都长出来了。"老和尚平静如昔地说："应该是这样吧，随喜。"

不为尘世所动，心如古井之水，这就是平常心，也是佛家推崇的心灵修行的一种境界。景岑是五代时期的禅师，颇受王阳明推崇。景岑禅师曾被人问到何为平常心，他当时正在静坐，听到这个问题，就站起来，伸了个懒腰，然后反问提问者："懂了吗？"提问者一头雾水。景岑说："傻小子，想睡就睡，想坐就坐，想伸懒腰就伸懒腰，热了吹风，冷了烤火。这就是平常心。"不动心在以修身养性为己任的佛陀那里，被认为是平常心。

战国时期，靠近北部边城有一个名叫塞翁的老人，他养了许多匹马。有一天，他的马群中忽然有一匹马走失了。他的邻居们听说这件事，跑来安慰他，并劝他不必太着急，年龄大了，多注意身体。塞翁见有人劝慰，笑了笑说："丢了一匹马损失不大，没准会带来什么福气呢。"邻居听了塞翁的话，心里觉得很好笑。马丢了，明明是件坏事，他却认为也许是好事，显然是自我安慰而已。

过了几天，丢失的马不仅自动返回家，还带回一匹匈奴的骏马。邻居听说了，对塞翁的预见非常佩服，向塞翁道贺说："还是您有远见，马不仅没有丢，还带回一匹好马，真是福气呀。"塞翁听了邻人的祝贺，反而一点高兴的样子都没有，忧虑地说："白白得了一匹好马，不一定是什么福气，也许惹出什么麻烦来。"邻居们以为他故作姿态，纯属老年人的狡猾，心里分明高兴，有意不说出来。塞翁有个独生子，非常喜欢骑马。他发现带回来的那匹马顾盼生姿，身长蹄大，嘶鸣嘹亮，彪悍神骏，一看就知道是匹好马。他每天都骑马出游，心中扬扬得意。一天，他高兴得有些过火，打马飞奔，一个趔趄，从马背上跌下来，摔断了腿。邻居听说，纷纷来慰问。塞翁说："没什么，腿摔断了却保住性命，或许是福气呢。"邻居们觉得他又在胡言乱语。他们想不出，摔断腿会带来什么福气。不久，匈奴兵大举入侵，青年人被应征入伍，塞翁的儿子因为摔断了腿，不能去当兵。入伍的青年都战死了，唯有塞翁的儿子保全了性命。

在王阳明看来，不动心的最高境界是在处理问题时使用心的力量让别人以为你没有动心，从而对你无可奈何。在日常生活中处理问题，千万不要轻易动心，一旦动心，你的情绪就会发生波动，理性思维就会受影响。只有不动心，才能找出最合适的"心"法来与对手较量。归根结底，不动心的心法就是把自己挪移到事情之外来看待事情，告诉自己这件事其实跟自己无关，用这种心念重新回归理性，用心的力量加以解决。

心之平常，无事复杂

一友指岩中花树问曰："天下无心外之物，如此花树，在深山中自开自落，于我心亦何相关？"

王阳明回答说："你未看此花时，此花与汝心同归于寂。你来看此花时，则此花颜色一时明白起来。便知此花不在你的心外。"

——《传习录》

【鉴赏】

王阳明游览南镇，一位朋友指着山岩中的花树问："先生认为天下没有心外之物，比如这株花树，它在深山中自开自落，于我心又有何干？"

王阳明回答说："你未观赏这树上的花时，此花与你的心同样寂静。你来欣赏这树上的花时，此花的颜色就显现出来。由此可知，此花不在你的心外。"

有句话说："心之平常，无事复杂。"这句话就是告诉我们很多事情都来自我们自己的内心，如果拥有一颗平常心的心态去看待世间的万物，那么所有的事情在你眼中都是再平常不过的风景和轶事。邵雍曾有一首诗说：

"著身静处观人事，放意闲中炼物情。去尽风波存止水，世间何事不能平？"也就是说生活中的很多事情都是包含着我们自己的情绪的，都是由我们自己的心态去决定的。

两个欧洲人皮特和哈里到非洲去推销皮鞋，经过了一路的颠簸，终于来到非洲，却发现由于天气炎热，非洲人向来都打赤脚。皮特看到这种现象后，失望至极，他觉得自己的皮鞋一定推销不出去，一定是老板故意习难他，让他到这个不可能卖出皮鞋的地方来推销，于是放弃努力，失败沮丧而回。

而另一个推销员哈里看到这种现象时，惊喜万分，他觉得这些人都没有皮鞋，市场潜力巨大，于是他细心调查大家都不穿鞋的原因，原来是这里没有人卖鞋，而且这里的人由于常年不穿鞋，脚得了很多病。于是他开始推销他的皮鞋，和大家讲解穿鞋可以预防疾病的好处，最后发财而归。

两个人到同样的一个地方卖鞋，皮特是灰心失望，不战而败；哈里却满怀信心，大获全胜。积极的心态是成功的起点，是生命的阳光和雨露；消极的心态是失败的源泉，是生命的慢性杀手。保持一份平常心，事情也许就不是那么糟糕了。

其实很多时候是我们自己把自己给否定了，有的时候事情很简单，我们心里很复杂，所以就把这件事情有可能发生的后果都想出来，然后把本来简单、平常的事情变成了复杂的事情。

国王费迪南决定从他的十位王子中选一位做继承人。他私下吩咐一位大臣在一条两旁临水的大道上放置了一块"巨石"，任何人想要通过这条路，都得面临这块"巨石"，要么把它推开，要么爬过去，要么绕过去。然后，国王吩咐王子们先后通过那条大路，分别把一封密信尽快送到一位大臣手里。王子们很快完成了任务。费迪南开始询问王子们："你们是怎么把信送到的？"一个说："我是爬过那块巨石的。"一个说："我是划船过去的。"也有的说："我是从水里游过去的。"只有小王子说："我是从大路上跑过去的。""难道巨石没有拦你的路？"费迪南问。"我用手使劲一推，它就滚到河里去了。""这么大的石头，你怎么想用手去推呢？""我不过试了试，"小王子说，"谁知我一推，它就动了。"原来，那块"巨石"是费迪南和大臣用很轻的材料仿造的。自然，这位善于尝试的王子继承了王位。

其实有的时候事情就是这么简单，也许只需要你自己轻轻一推，很多困难就轻易地解决了。心理的固定思维总是在提示自己，看到庞大的东西，就一定是重的，就一定是自己无能为力的，其实很简单，只要拥有一颗平常心，自己动手试一试，看着很难的事情就这样解决了。这个小故事还告诉我们，把自己的命运交给别人，甚至交给某一个人，自己一点儿也不动脑筋，只是相信别人，那太危险了。我们要学会掌握自己的命运。

王阳明说："天地生意，花草一般，何曾有善恶之分？子欲观花，则以花为善，以草为恶，如欲用草时，复以草为善矣。"天地化生万物的本来意义，就如我们看待花草树木一样，何曾有善恶的分别？你想欣赏花的时候，你就认为花是美的，认为草是不好的；假如用到草的时候，又认为草是美好的了。世界上相同的事情有很多，在同一个人看来，他的心境不同，他所看到的结果也不同，这就是"事无两样心有别"。所以想要你的世界里简单而平常，不存在任何的杂念，就要有平常心。

磨难就是上帝赐予的礼物

人须在事上磨炼做功夫，乃有益。若只好静，遇事便乱，终无长进。那静时功夫亦差似收敛，而实放溺也。

——《传习录》

【鉴赏】

王阳明认为，人必须在事上磨炼，在事上用功才会有所帮助。倘若只喜欢宁静安逸的环境，遇事就会慌乱，终究不会有长进。那静时的功夫，表面看是收敛，而实际上却是放纵沉沦。

没有永远风平浪静的大海，也没有永远一帆风顺的人生。俗话说："海蚌未经沙的刺痛，就不能温润出美丽的珍珠。"的确是这样，不经历风雨又怎么能见到彩虹。所以在生活中即使是遇到了磨难，也要宽心地对待，遇到困难的时候，不要老是埋怨上天的不公、命运的作弄，如果你抓住这个磨难的机会，很好地历练自己，你会发现你会变得从未有讨的强大。

孟子说："生于忧患，死于安乐。"你要时刻记着，面对磨难只有顶风而上，才能够站在人人仰视的最高峰。王阳明认为，如果一味追求静坐澄心，容易使人"喜静厌动，流入枯槁之病"，或者使人变成"沉空守寂"的"痴呆汉"。他主张道德修养要紧密同日常生活联系，在事上磨炼，才能落实"知行合一"。一般经历过磨难的重重考验的事情或者人，才能令我们刻骨铭心，所以磨难是上帝赐予我们的礼物。

一天，林肯一个人走在乡间小道上，他看见一个农夫正赶着一匹马犁地。马走得非常卖力气，丝毫没有懈怠感，而旁边的农夫的马却显得精神疲惫不堪。他很好奇这个现象，于是走上前去准备问这个农夫原因，突然看到在那匹马的侧腹上有一只很大的牛蝇。很明显，那只牛蝇正在叮咬那匹马，而且把那匹马叮得很不自在，浑身难受，因此他就想把那只牛蝇赶走。正当他举起手来的时候，农夫制止了他。农夫说："请不要赶走它，朋友。您知道吗？正因为有了这只牛蝇，这匹老马才一直不停地动着。"

很多时候，恰恰是这些带给你烦恼和不幸的人或事情在促使着你不断地前进。有句话说："平静的大海是造就不出成熟的水手的。"一个人没有经历过磨难又如何真真切切地彻悟人生呢？真正的人生需要磨难，诗云："宝剑锋从磨砺出，梅花香自苦寒来。"以一颗开阔之心去迎接人生中的挑战，泰然处之，那么磨难最终也会向你俯首称臣。王阳明幼年丧母，饱受继母的虐待，做官以后又因为得罪了大太监刘瑾而被追杀，不得已跳船才躲得过迫害，他没有因此而沉沦，反而独创心学，成为一代圣人。

曾经有人做过一个令人深思的实验，把一只青蛙冷不防扔进滚烫的油锅里，青蛙能出人意料地一跃而出，逃离险境。然而当你把同一只青蛙放在逐渐加热的水锅里，青蛙却被开水烫死了。这是为什么呢？其实不是青蛙对危险的敏感度低，而是在慢慢加热的水中，它感到舒服惬意，以致意识到危险来临时却欲跃乏力，最终葬身锅底。青蛙对眼前的危险反应敏感，对还没有到来的危险却反应迟钝。

后唐庄宗李存勖自幼喜欢看戏、演戏。常与伶人嬉戏，称帝后，认为父仇已报，中原已定，不再进取，开始享乐。

后唐庄宗喜欢跟演员们一块演戏。他常常面涂粉墨，穿上戏装，登台表演，不理朝政，并取艺名为"李天下"。一次又与众演员在一起演戏，他向四处张望，大声喊："李天下，李天下在哪里?"李天下正是他为自己起的艺名，他这样呼喊，别人都不敢说。只有敬新磨跑到他面前，用手打了庄宗耳光。庄宗脸色大变，侍从和演员们都开始紧张起来，一起把敬新磨捉住，责问他："为什么打皇帝的耳光呢?"敬新磨说："李天下（通理天下，即治理天下者）只有一个人啊，还呼喊谁呢?"大家都笑了，于是庄宗也反怒为笑，不但没有治他的罪，反而给了他很丰厚的赏赐。后来敬新磨可以自由出入宫中和皇帝打打闹闹，侮辱戏弄朝臣，群臣敢怒而不敢言。有的朝官和藩镇为了求伶人们在皇帝面前美言几句，争着送礼巴结。李存勖还用伶人做耳目，去刺探群臣的言行，置身经百战的将士于不顾，而去封身无寸功的伶人当刺史。

此外，李存勖还下令召集在各地的原唐宫太监，把他们作为心腹，担任官中各执事和诸镇的监军。将领们受到宦官的监视、侮辱，读书人也断了进身之路。同时，李存勖又派伶人、宦官抢民女入宫，有一次，竟抢了驻守魏州将士们的妻女一千多人，搞得众叛亲离，怨声四起。最后伶人郭从谦趁军队都调到城外候命之机发动兵变，带着叛乱的士兵乱杀乱砍，火烧兴教门，趁火势杀入宫内，在混乱中射死了带领侍卫前来抵抗的李存勖。李存勖身死国破。

沉溺于酒色、唱戏中的李存勖没有居安思危，安逸优越的环境消磨了他的意志，使他耽于安乐，尽享舒适，沉溺酒色，自我毁灭。与那青蛙在温水中的卧以待毙是何其相似。有句话说："人生如茶，不能苦一辈子，但总要苦一阵子。"磨难亦如此，不怕磨难，磨难只能磨你半辈子，苦你半辈子；害怕磨难，磨难就要磨你一辈子，苦你一辈子。磨难是生活中的严师，只有强者才能成为它最得意的门生，也只有强者才能历经磨难，生存得更加美好。

泰然自若，浑然天成

率性是"诚者"事。所谓"自诚明，谓之性"也。修道是"诚之者"事。所谓"自明诚，谓之教"也。

——王阳明

【鉴赏】

王阳明说，率性是"诚者"之事，正是《中庸》中讲的"自诚明，谓之性"。修道是"诚之者"之事，正是《中庸》中讲的"自明诚，谓之教"。其实《中庸》中所说的"自诚明，谓之明；自明诚，谓之教。诚则明矣，明则诚矣"，意思是说人一生下来就有道德的觉悟，而后又有道德的认识，这是尽心知性；因为有了道德的认识，又产生道德的觉悟，这是存心养性。

人生有的时候就像一杯纯净水，等待我们放进一撮盐、一块糖，或是几片茶叶。对于苦涩，我们将把它冲淡，因为我们不能总是沉溺在苦涩之中，让这种滋味久久萦绕在心头。对于甜蜜，我们也将它冲淡，享受甜蜜之余，慢慢地回味永久。人生也的确如水，高山无语、深水无波，绚烂之极总归平淡。完善的人格魅力，其基本点就是真诚，而真诚待人、恪守信义亦是赢得人心、产生吸引力的必要前提。

待人真诚一点，守信一点，能更多地获得他人的依赖、理解，能得到更多的支持、合作，由此可以获得更多的成功机遇。著名的翻译家傅雷说过："有了真诚，才会有虚心，有了虚心，才肯丢开自己去了解别人，也才能放下虚伪的自尊心去了解自己。建筑在了解自己了解别人上面的爱，才不是盲目的爱。"人与人之间的交往应该少一些猜忌，少一些戒备，多一些真诚，人人都希望得到别人的理解和信任。只有做一个光明正大的人，你才能赢得坦荡无私的回报。

我们说人与人之间的真情通常也来自真诚，要想得到对方的信任，那么就要真正地做一个值得人信任的人，要以平等、博爱的态度来对待他人，这样你也会赢得相应的尊重和真诚的回报。我们常说"知人善任"，就是了解一个人的才华，认识他的品德，才能够合理地起用他。

东汉末年，天下呈三分之势，曹操坐据朝廷，孙权拥兵东吴，汉宗室豫州刘备听著名谋士徐庶和司马徽说诸葛亮很有学识，又有才能，就和关羽、张飞带着礼物到隆中卧龙岗去请诸葛亮出来帮助他替国家做事。恰巧诸葛亮这天出去了，刘备只得失望地转回去。

不久，刘备又和关羽、张飞冒着大风雪第二次去请。不料诸葛亮又出外闲游去了。张飞本不愿意再来，见诸葛亮不在家，就催着要回去。刘备只得留下一封信，表达自己对诸葛亮的敬佩和请他出来帮助自己挽救国家危险局面。

过了一些时候，刘备吃了三天斋，准备再去请诸葛亮。关羽说诸葛亮也许徒有虚名，未必有真才实学，不用去了。张飞却主张由他一个人去叫，如他不来，就用绳子把他捆来。刘备把张飞责备了一顿，又和他俩第三次访诸葛亮。到时，诸葛亮正在睡觉。刘备不敢惊动他，一直站到诸葛亮自己醒来，才坐下谈话。诸葛亮见到刘备有志替国家做事，而且诚恳地请他帮助，就出来全力帮助刘备建立蜀汉王朝。

刘备的三顾茅庐在历史上是非常著名的礼贤下士之举，用真诚感动了诸葛亮。坦率同样也是一个真诚的人所具备的重要品质，它表现在对自己要诚实，要坦诚率真如实地展现你自己，而不是以一种不真实的形象来自欺欺人。这是一种建立在真诚根基上的自尊自重。坦率不仅需要道德的力量，而且也需要意志的力量。尤其在某种公开场合要承认自己在某方面的欠缺与不足，很可能是一种并不轻松的考验。

在这个网络沟通的世界里，更需要我们用真诚去待人。也许少了以往那种古老而特殊的书信交流，少了很多温馨的电话沟通，但是彼此之间的真诚是不能少的。只要真诚永存，无论世界怎样改变，还都是一如既往的美好。所以我们要规规矩矩地做人，泰然自若地接受自然的赐予，活得单纯一些，不做金钱的奴隶。

去伪存真，保持本色

无事时固是独知，有事时亦是独知。

——王阳明

【鉴赏】

王阳明说，无事的时候是独知，有事的时候也是独知。人如果只在人们关注的地方用功，那么就是虚伪作假。世间的万事万物都有它本来的面目，所以才倍显美丽，刻意地去瞒天过海，反而欲盖弥彰。在这个社会上生存，有的时候我们需要还原本身，以真面目示人。

美国前总统肯尼迪在竞选总统时，曾经出现了非常严重的危机。1960年，肯尼迪还是年轻的参议员，尼克松是他的竞争对手。当肯尼迪为竞选奔忙时，《纽约时报》却抛出抨击他在竞选中秘密受贿的文章。新闻飞向美国的56个州，顿时舆论哗然，压力越来越大。最终使肯尼迪化险为夷的奇迹，是他做了一次震撼美国的演说。肯尼迪当着全国群众的面，在电台发表半小时讲话。全国电台将各种镜头、话筒都对准了肯尼迪。当肯尼迪在电视屏幕上出现时，整个美国都安静下来了。这时候，肯尼迪采取了一个罕见的行动，把自己的财务史全部公开，从自己的家产，一直谈到他的欠债。这样，肯尼迪首先得到了听众的同情。紧接着，他详细说明自己的经济收入情况，连如何花掉每一分钱都告诉听众。他还告诉大家："这次竞选提名之后，确实收到一件礼物，那就是得加州有人送给我孩子一只小猫。"当他讲完时，到处都响彻欢呼声。有上百万人打电话、电报或寄出信件，从邮局汇来的小额捐款达五万美元，全国听、看这次演讲的竟达5000万人。演讲使事实得以澄清，还为他得到了大批的同情者。真实，则可以惊心动魄。肯尼迪的演说就是以真实赢得了大众之心。

一个人要想生活得快乐，最重要的就是要保持自我的本色。只有坚持自我，保持本色，按照适合自己的模式去生活，你才会拥有快乐的人生。一个人太像别人就会失去自己。

王阳明说："心即理。没有私心，就是合天理。不合于理，就是存有私心。如果把心和理分开来讲，大概也不妥当。"王阳明主张的就是理，二者本来就是一体的，除去人的私心，就是符合天理，其实对于这一点，人们很难认识到，或者即使认识到了，也很难从心底接受，以至于总是执着于自己的一腔信念，却不知道这个想法已经错了。

丽萨是一个很害羞内向的女孩，她的身体很胖，而她的一张脸使她看起来比实际还胖得多。她从来不和其他的孩子一起做室外活动，甚至不上体育课。她非常害羞而且很敏感，觉得自己和其他人都"不一样"，完全不讨人喜欢。后来妈妈为了让她对事情充满信心，让她参加大家的活动。但她总是开心不起来，她变得紧张不安，尤其看到舞会上那些穿着漂亮衣服的纤纤少女们，她觉得再活下去也没有什么意义了，想自杀。

有一天，一位老婆婆谈到怎么教养她的几个孩子，老婆婆说："不管事情怎么样，我总会要求他们保持本色。""保持本色！"就是这句话！在一刹那之间，丽萨才发现自己之所以那么苦恼，就是因为她一直在试着让自己遵从于一个并不适合自己的模式。丽萨终于改变了，开始保持本色，试着研究自己的个性、自己的优点，尽所能去学色彩和服饰方面的知识，尽量以适合自己的方式去穿衣服。她主动地去交朋友，找到了丢失已久的快乐。

许多时候保持自我本色要比故意做作更能让人信赖，而这种信赖正是我们走向成功的基石。大诗人李白曾有诗云："清水出芙蓉，天然去雕饰。"如果一个人存有自己的本色，不刻意追求什么，就会活得如李白诗中的清水芙蓉，活得轻松自在。

王阳明在回复顾东桥的来信中说："诚是心的本体，恢复心的本体，就是思诚的功夫。心的本体就是最本真，不矫揉造作，不过分修饰。就是永远保持'初心'，不受外界环境影响，光明磊落，坦白纯洁，永远常新。"一个人想要集中他人所有的优点于一身，是最愚蠢、最荒谬的行为。每个人都有自己的优点和缺点，正因为每个人都有自己的特点，万事万物都有自己的本色，这个世界才五彩斑斓，各色各异。不要一味地模仿别人，不要活在别人的影子里，做好自己，做最真实的自己。

四、为学

如果做学问只知死记硬背，装了一脑门子知识，却与身心无所滋养，那好比摆书摊、卖旧书，能有几分进益？因此，王阳明劝诫我们，做学问须在自己心上狠下功夫，但凡是看不明白、想不通的，都要回到自己心中细细地体会。这是做学问的关键。

智慧源于内心，不假外求

为学之要，只在着实操存，密切体认，自己身心上理会。切忌轻自表暴，引惹外人辩论，枉费酬应，分却向里工夫。

——《王阳明全集·知行录》

【鉴赏】

做学问的要点，在于认真学习和实践，切实探求真知，追求切身的学养。切忌轻易炫耀才华，招来外人的争辩，为酬接应付浪费时间，分散增进学养的精力。一个悟道的人能清醒地判断：什么是重要的或不重要的，什么是有价值的和没有价值的，什么是真实的和虚假的，什么是有可能把握的和暂时不可能把握的，那都是客观存在，你或者能看见，或者看不见，用不着争论，如果需要争论，只能说明双方都看不见。

在《盲人摸象》的故事中，那些盲人摸到一只耳朵，就说大象像一把扇子；摸到鼻子，就说大象像一条蛇；摸到一条大腿，就说大象像一根柱子；摸到肚子，就说大象像一堵墙，并坚

雕漆剔红首饰盒

持己见，争论不休。其实他们心里隐隐约约知道，自己所知有限，也许不明真相，只是不敢承认而已。假设他们真的清楚了大象的全貌，又何须争论呢？

在与人的交往中，我们每个人因为各自的立场、身份、家庭背景以及受教育程度等方面的不同，面对同一件事情，各自的想法会不同，为人处世的方法也不同。这个时候，很容易因为观点不一致而发生争辩。无论你是出于好心想要纠正对方的"错误"观点，还是只是受自己的表现欲所驱使，争辩都是一件伤感情的事情。

在19世纪，林肯的一名年轻军官个性好强，无论什么事都爱跟人争论不休，他经常和战士们发生激烈的争吵，影响很不好。

林肯因此处分了他，他告诫这个年轻人说，一个成大事的人，不能处处与别人计较，消耗自己的时间和人家争论；无谓的争论，对自己的性情不但有损害，而且会使自己失去自制力，在尽可能的情形下，不妨对人谦让一点。

在与人意见不合的时候，一定要保持冷静，想想这样的争辩是否有意义。许多知名的成功人士都指出："不论对方聪明才智如何，你也不可能靠

辩论改变任何人的想法。从争论中获胜的唯一秘诀是避免争论。"通常缺乏自信的人，往往喜欢争论，这是因为他们需要得到别人的肯定才敢相信自己很有本事、真有学问，在争论中获胜是他们获得肯定的一种重要方式。而王阳明深知争论的毫无意义，所以他指导学生"切忌轻自表暴，引惹外人辩论"。

一位西方哲学家说："我们不是看到事实。我们只是对看到的东西加以解释并称之为事实。"因为没有人看到事实，所以，"对世界上任何事情，都有两个以上的观点存在"。争论只会浪费自己的时间。一个悟道的人，往往不屑于卷入无聊的争辩中，那不过是徒增气恼，白费力气，根本不可能争出真知，辨出道理。就如王阳明所说："圣人之道，吾性自足，不假外求。"

人生大病，只是一傲字

人生大病，只是一傲字。为子而傲必不孝，为臣而傲必不忠，为父而傲必不慈，为友而傲必不信。故象与丹朱俱不肖，亦只一傲字，便结果了此生。诸君常要体此人心本是天然之理，精精明明，无致介染着，只是一无我而已，胸中切不可有，有即傲也。古先圣人许多好处，也只是无我而已，无我自能谦。谦者众善之基，傲者众恶之魁。

——《传习录》

【鉴赏】

王阳明指出，人生最大的弊病，就是傲慢的思想在作怪。如果做子女的有傲慢的习气，一定不会孝顺；做臣子的傲慢，一定不会忠诚；做父亲的傲慢，一定不会对子女慈爱；做朋友的傲慢，一定不会讲诚信。所以古代圣人舜的弟弟"象"和尧的儿子"丹朱"，他们都没什么出息，就是因为性格太傲慢，庸庸碌碌地就结束了自己的一生。所有人都要领会这一点，人心原本就是天然的，精明纯净，没有丝毫的污染，只是无我罢了。胸中千万不可有"我"，有"我"就是傲慢。古代圣贤的诸多优点，也只是无我罢了。无我自然会谦虚谨慎。谦虚谨慎是一切善的基础，傲慢是一切恶的源泉。

"骄兵必败"，明末农民起义的领袖李自成，推翻明王朝，节节胜利。却被胜利的念头冲昏了头脑，迫害吴三桂的家属，导致逼反吴三桂引清兵入关，迎战失利，退出北京。骄傲使人落后，通常人在骄傲的情况下，就会放松一切警惕，以为自己是天下第一，丢失了自己本能的敏锐，从而让对手有机可乘。莎士比亚曾经说过："一个骄傲的人，结果总是在骄傲里毁灭自己。"

哲学家斯宾诺莎说过："最大的骄傲与最大的自卑都表示心灵的软弱无力。"其实我们从这句话中就可以发现，很多人说自己看不起什么的时候，他往往心里面也最缺失这个。很多人为了避免在一件事上做出真正意义上的努力，总是为自己的不努力找一些心安理得的借口。要做到海纳百川首先要有容人之过、受人之心。一个人如果一味地自高自大，就不会安下心来静静地细心听从别人的正确建议。

在日常生活的社交中也是如此，没有哪些人喜欢自己身边的朋友都是一些骄傲自满的家伙。一个没有谦虚心的人，即使智商再高、再有才华也不见得会受到别人的尊重。有句话说："文无第一，武无第二。"在这个社会上，永远都有一个高过你的人，你既不是天下第一，也不是天下第二，山外青山楼外楼，人上还有人。"水满则溢，月满则缺"，成熟饱满的稻穗都是低着自己的头，而那些空空如也的稻穗才会高高地抬起头。

王阳明平定江西，又生擒宁王。此等大事、此等功绩在明朝当时，可谓功不可没。但是他并没有因此而骄傲自满，而是时刻保持清醒的头脑。让功名于其他势利小人，不追究平时对自己不利的人，他的谦虚谨慎才导致他最终能够成为一代心学大师。作为一个人，你可以有傲骨，但是绝不能有傲气。做任何事情，我们都要客观地去面对，在自我修养上下功夫，对事不骄不躁，对人不卑不亢，以沉着冷静的心态面对人生中突如其来的一切，这样才能让我们不留一丝遗憾地品味人生。

古人云："海纳百川，有容乃大。"大海之所以能够有容纳百川的雅量，就是因为它地势低下。只有拥有虚怀若谷的胸襟和谦虚谨慎的态度，我们才能够提升自己，获得人生中的进步。而人生中要达到这样的境界，就要学习大海，时刻保持谦虚谨慎的姿态，做到心中空无一物，这样才能够不断地汲取知识，丰富自己。

唐伯虎是明朝著名的画家和文学家，小的时候在画画方面显示了超人的才华。唐伯虎拜师，拜在大画家沈周门下，学习自然更加刻苦勤奋，掌握绘画技艺很快，深受沈周的称赞。不料，由于沈周的称赞，使一向谦虚的唐伯虎也渐渐地产生了自满的情绪，沈周看在眼中，记在心里。一次吃饭，沈周让唐伯虎去开窗户。唐伯虎发现推不开的窗户竟是老师沈周的一幅画，唐伯虎非常惭愧，从此潜心学画，终于成了千古流芳的一代名家。

我们心灵的本来状态就是清虚灵明，没有任何的污染和杂质，如同天地宇宙一般，拥有包罗万象的胸襟和智慧，这种奇妙的智慧是一种"无我"

的境界。而"有我"则是骄傲自满，心中自己永远都是第一，这种"有我"是后天自己内心出现的杂质，阻碍了我们纯洁无我的内心，让我们变得傲慢、故作知之。古代的圣贤都有这种无我的状态，而王阳明也真正地做到了这一点。

远离尘嚣，品山水之美

会稽素号山水之区。深林长谷，信步皆是；寒暑晦明、无时不宜；安居饱食，尘嚣无扰；良朋四集，道义日新；优哉游哉，天地之间宁复有乐于是者！

——《传习录》

【鉴赏】

王阳明晚年在会稽（南宋以后会稽名绍兴）讲学时曾经对弟子们说过："会稽处于有山有水的地方，茂密的树林、悠长的山谷，比比皆是；春夏秋冬，气候适宜；安静而远离尘俗，好友们从四方云集于此，对于道义日日都有新的见解。真是逍遥自在，天地间哪还会有这样的快乐！"在王阳明看来，在一个青山碧水、风景如画的环境里，与朋友进行思想上的交流，是多么诗意、快乐的生活。

哲学大师海德格尔认为，人，应该诗意地栖息。诗意地栖息就是葆有一颗洁净的诗心，让心灵冲破现实的束缚，遨游在一个无限的意义世界。而要想诗意地栖息于人间，就要懂得欣赏自然中的山水之美。

一个夏天的下午，桑尼夫人与她的朋友到森林游玩，到达之后，就暂时在优美的墨享客湖山上小房子中休息。这里位于海拔 2500 米的山腰上，是美国最美的自然公园。

在公园的中央还有一个宝石般的翠湖舒展于森林之中。墨享客湖就是"天空中的翠湖"之意，在几万年前地壳大变动时，形成了高高的断崖。

她的眼光穿过森林及雄壮的崖岬，轻移到丘陵之间的山石，刹那间光耀闪烁、千古不移的大峡谷照亮了她的心灵，这些美丽的森林与沟溪就成为滚滚红尘的避难所。

那天下午，夏日混合着骤雨与阳光，乍晴乍雨，她和朋友全身湿淋淋的，衣服贴着身体，心里开始有些不快，但是她和朋友仍彼此交谈着。慢慢地，整个心灵被雨水洗净，冰冰凉凉的雨水轻吻着脸颊，霎时引起从未有过的新鲜快感，而亮丽的阳光也逐渐将衣服晒干，谈着谈着，静默来到她和朋友之间。

她们用心倾听着四方的宁静。当然，森林绝对不是安静的，在那里有千千万万的生物活动着，而大自然张开慈爱的双手孕育生命，但是它的运作声却是如此和谐平静，永远听不到刺耳的喧嚣。

在这个美丽的下午，大自然用慈母般的双手熨平她们心灵上的焦虑、紧张，一切都归于和平。

人的心不安静，就不懂欣赏大自然的美。一颗丧失了美的心灵，哪里还有诗意可言呢？法国著名诗人波德莱尔曾说："只要人们愿意深入自己的内心中心，询问自己的灵魂，再现那些激起热情的回忆，就会知道，诗除了自身之外没有其他目的，它不可能有其他目的，唯有那种单纯是为了写诗的快乐而写出来的诗才会这样伟大，这样高贵，这样真正无愧于诗这名称。"

王阳明正是因为懂得这一点，才能够坦然面对人生的得意与失意，获得自由自在的人生。在王阳明第一次科举考试失利后，他就曾利用诗歌来抚慰内心的失落和痛苦。他在家乡余姚组建了一个龙泉山诗社，诗社成员人数不多，没有名噪一时的文人，大家聚在一起，无非就是下棋饮酒，游山玩水。

在创办诗社的这一段时期，王阳明以诗言志，抒发苦闷，佳句迭出。如："我爱龙泉寺，山僧颇疏野。尽日坐井栏，有时卧松下。"在龙泉山清秀的环境中，王阳明度过了他人生中最为惬意悠闲的一段时光。可以说，在龙泉山诗社两年的生活，王阳明抛开了纷繁复杂的世俗，为自己创造了思考和反省的机会，为他今后的官场生涯积蓄了力量。

在龙场那样艰苦的环境中时，王阳明也能一边种地一边赋诗为乐：

起草不厌频，耘禾不厌密。

物理既可玩，化机还默识。

即是参赞功，毋为轻稼穑。

正是带着诗意的心灵去生活，王阳明才得以在龙场悟道，走出心学的第一步，并最终将心学发扬光大。如果大家能像王阳明一样懂得品味山水之美，也能够在人间诗意地栖息。

有一种智慧叫"心上学"

吾始学书，对模古帖，止得字形。后举笔不轻落纸，凝思静虑，拟形于心，久之始通其法。既后读明道先生书曰："吾作字甚敬，非是要字好，只此是学。"既非要字好，又何学也？乃知古人随时随事只在心上学，此心精明，字好亦在其中矣。

——《传习录》

【鉴赏】

王阳明教导自己的弟子们说："我开始学书法时，只是对着古帖临摹练习，这样练来练去，只学得个字形相像，内在的神意却毫无所得。后来我改变了学习方法，举笔不再轻易落纸，而是凝神静虑，先在心中想象要写之字的形态气势，这样练习久了之后才开始通达书法之道。后来读到明道先生（即程颢）写的：'我写字的时候很恭敬，并不是要字写得好，只是这个恭敬的态度就是学习。'既不是要字好，又为什么要去学呢？通过自己学习书法的例子，于是我知道古人不论什么事情，随时都在心上学习，等到心精明透彻了，字自然也就写得好了。"

人们常评价书法是"穷变态于毫端，合情调于纸上"，现代著名美学家宗白华在《中国书法里的美学思想》一文中，对书法的表现特征作了精要的概括："所以中国人的这支笔，开始于一画，界破了虚空，留下了笔迹，既流出人心之美，也流出万象之美。"可以说，书法是心灵的律动、感情的流淌和释放。书法使人静，更让人思考，确实是修身养性、培养情操、延年益寿的良药。书法之所以能带给人们无尽的美感，根源在于它是一门修身养性的学问，也就是王阳明所说的"致良知"之学。

因此，我们也就不难理解"此心精明，字好亦在其中矣"背后的深意：无论学习什么事情，大家都要让心真正地静下来，让所要学习的事物在心中形成一个明确生动的心理图像，越生动逼真越好，这样自然就能达到令人满意的效果。

许多时候，经验告诉我们：做一件事或学习一样东西，反复地去做、去练习，重复的次数多了，就能获得成功。然而，使我们最后获得成功的，仅仅是重复的次数够多这么简单吗？当然不是，如果你没有用心去练习，重复得再多也不会帮助你获得成功。正如著名心理学家马尔滋所说的那样："学习某种技巧，并不是做的次数越多就越容易获得成功，而关键在于你的大脑神经能否记住那种成功的经验。"

在《C罗挑战极限》纪录片中，曾经有一个黑暗中踢球的测试：先由一位足球运动员示范动作——接过他人传来的足球，在接到足球的那一刹那灯被关闭，球员将依靠自己的直觉将球踢进球门。无论是在接到足球的那一刹那关灯，还是接到足球前的某一刹那关灯，C罗都能利用身体（足、肩）将球顺利送入球门。研究人员对此的解释是：C罗在观看示范球员动作时在心里对动作进行了大量的模拟和练习，对球速、距离等有较为准确地计算，因而才能在实战中找到准确的位置将球踢进球门。如果C罗只是单纯地模仿他人的动作，就不会有这样好的结果。

善于在心里反复练习踢球入门的全过程，想象着可能出现的各种复杂情况，在脑子里有条不紊地及时判断处理种种细节，这或许就是C罗成为世界级足球运动员的根本原因。

就像深谙绘画之道的画家在作画时，心凝气静，万虑皆空，意随心转，笔随意动，在常人看来只是寥寥数笔，这一点，那一画，一幅栩栩如生的翠竹图便出现在眼前。在旁人看来很难的事，在画家看来却极为简单，因为他只是把早已进入他心胸的竹子用笔勾画出来而已，这就是所谓的"胸有成竹"。如果人们做任何事情都能先在心中反复练习，做到"胸有成竹"，就能达到王阳明所推崇的致良知的境界。

抛弃华丽的文饰，注重文章的实质

孔子述《六经》，惧繁文之乱天下，惟简之而不得，使天下务去其文以求其实，非以文教之也。《春秋》以后，繁文益盛，天下益乱……天下所以不治，只因文盛实衰，人出己见，新奇相高，以眩俗取誉，徒以乱天下之聪明，涂天下之耳目；使天下靡然，争务修饰文词以求知于世，而不复知有敦本尚实、返朴还淳之行，是皆著述者有以启之。

——《传习录》

【鉴赏】

王阳明认为，孔子之所以删减《六经》，是要避免当时纷繁浮逸的文辞扰乱天下人心，使天下人从此抛弃华丽的文饰，注重文章的实质，而不是用虚逸的文辞来教化天下。《春秋》以后，各种华而不实的文辞日益兴盛，天下大乱……天下纷乱的原因，正在于盛行浮华的文风，求实之风日渐衰败。人们标新立异，各抒己见，为了取得功名不惜哗众取宠，扰乱天下人的思绪，混淆大家的视听，使得天下人争着崇尚虚文浮词，在社会上争名夺利，忘记敦厚实在、返璞归真的品性。这些都是那些阐述经典的人所开启的。

这是王阳明借孔子之口表达自己的观点，劝诫人们抛弃虚浮的文辞，追求经典的实质，即不要执着于文字。因为不执着于文字、停止语言化的过程，才能感知真理。

同一个字或词，常常包含着许多不同的含义，哪怕是再简单的文字，在不同的场合下都能够做出不同的解释；即使是同一段话，不同的人看了或听了也会有不同的感悟。鲁迅先生评《红楼梦》时这样写道："经学家看到易，道学家看到淫，才子看到缠绵，革命家看到排满，流言家看到宫闱秘事。"这也就是我们常说的"一千个读者眼中有一千个哈姆雷特"。所以，我们应该看到文字本身所存在的局限性，如果我们执着于文字，思想变得局限和僵化，就很难认识到生活的真谛。

文字对交流来说是必要的，但是文字从来不是事物本身，事实也不是文字。当我们想要向他人表达一定的意思或某个事件时，我们不得不借助于某种文字或类似于图画、符号等文字形式。而当我们使用文字时，文字代替了事实，成了首要的，我们所关注的是文字而不是事实本身。文字、语言塑造了我们的反应，它成了巨大的力量，我们的内心被文字塑造并控制。

文字妨碍了我们对事物或对人的真实觉察，妨碍了我们对事物进行自由地观察。因为文字带着很多联想和经验的形象，这些联想实际上就是记忆，它们不仅扭曲了视觉上的观察，也扭曲了心理上的认识。例如"总经理"和"员工"这两个词，它们描述的都是职务，但是"总经理"这个词带有强烈的权力、地位和重要性的含义，而"员工"这个词则会让人产生不重要、地位卑微和没有权力的联想；"总经理"是正襟危坐在某个位置上的形象，而"员工"则是加班加点在某个岗位上的形象。很多时候，文字阻碍我们将二者都作为人来看待。形象就是文字，它们紧随着我们的快感和欲望。因此，我们整个的生活方式都在被文字和与之相关的联想塑造着。

但文字毕竟是一种符号，用来指示已经发生或正在发生的事情，用来表达或唤起什么。我们看到文字通过对我们的思维产生影响，使得我们的生活产生了局限和界限。只有将头脑从文字和语言的意义中解脱出来，抛弃虚浮的文辞而追求经典的实质，不带联想地观察世界，我们才能真正地认识自己，认识世界，也才能真正致良知，学习到心灵成长的智慧。

要有消化知识的能力

凡饮食只是要养我身，食了要消化；若徒蓄积在肚里，便成痞了，如何长得肌肤？后世学者博闻多识，留滞胸中，皆伤食之病也。

——《传习录》

【鉴赏】

一天，于中、国裳等人陪侍王阳明先生一同进餐。王阳明说："凡是饮食就是为了滋养我的身体，吃了要消化；假如仅仅是积在肚里，就成消化不良的痞病了，如何能促进身体的生长？后世的学者博闻强记，只是把知识积存在胸中，这都是食而不化的毛病。"

我们往往以为做学问就是要从外界大量吸收广博的知识，殊不知，如果不能运用，虽然肚子里装了一大堆东西，却毫无益处，反而会因此得病。

在王阳明看来，一味强调要学习广博的知识并不是最重要的，最重要的是要有进行"消化"的能力，也就是能根据具体情况对知识进行灵活运用的能力，否则就会出现消化不良的毛病。

在现实生活中，很多人也有这种困惑，他们学了很多专业，懂得很多知识，但到了实际运用的时候，却屡屡碰壁，做什么事都难逃失败的厄运。不少人都有这样的疑问：不是说知识改变命运吗？为什么自己有这么多知识，还不能改变命运呢？

这是因为，书籍上所记载的知识，并不等于是自己的学问，更不是自己的智慧。陆游的诗说得好："纸上得来终觉浅，绝知此事要躬行。"从书本中得到的知识是很肤浅的，要真正掌握某件事，必须要切切实实地去实践才行。

可以说，能背诵一些知识不是我们的目的。通过阅读和记忆，每个人都能够将许多知识存入自己的头脑中，但要将知识转化为智慧为我所用，必须运用另一种独特而神奇的工具——思考。学习用"心"思考，让知识化为智慧融入自己的心中，这才是真正的目的。

王阳明后来教学，并不要求学生在知识上求解，只要求做切身功夫，求真实体验。有一次，他问学生刀川："于'致知'之说体验如何？"

九川说："自觉不同往时，操持常不得恰好处，此乃是恰好处。"

王阳明说："可知是体来的与听讲不同。我初与讲时，知尔只是忽易，未有滋味。只这个要妙，再体到深处，日见不同，是无穷尽的。"

九川说："此功夫却于心上体验明白，只解书不通。"

王阳明说："只要解心。心明白，书自然融会。若心上不通，只要书上文义通，却自生意见。"

王阳明的"心明白，书自然融会"，并非夸张。一个人若开悟了，往往一理通、百理通，书上原先不懂的，如今一看就明白，心领神会，化为自己的智慧。

不但读书如此，学习其他事情也是一样。在刚开始都要很专注地刻意去学去做。当初步掌握其基本原理后，需要进一步学习，慢慢在心里琢磨其中的内在规律，将这些知识输入到潜意识中去揣摩、体会……

随着揣摩、体会的深入，逐渐进入忘物忘我的境界，这时所学的事似乎已消失了，心中已没有这件事的存在，但却能随心意、恰到好处地去做它。其实，世上的一切事情都是这样在"无心"中做成的。

如果一个人仅满足于用头脑去死记一些知识，以为这样便能灵活运用，那他就错了。因为头脑的特点是善于分别、计较，运用贮存在这里的知识时，就会经常处于散乱、冲突的心理，而当他面临一件具体的事情时，就会一筹莫展，不懂得从哪里下手。

只有当他不是用头脑，而是用心去运用那些知识时，思想才能保持安定。再去做事情就能保持冷静的洞察力，方向就会明确，做什么都能符合客观规律，当然就容易成功了。

当你悟得了某个道理，又能不被这个道理所束缚，保持一种空虚无物、活泼灵动的境界，这时你才能既不拘泥于所学到的知识经验，又能随心所欲地发挥那些知识经验的作用，洞悉一切规律，将知识化为一种本能的智慧，从而从心里自然而然地将它们发挥出来。只有从自己的心里领会到的智慧，才是自己的学问，而不是做一个空有满腹知识的"书呆子"。

使学问融会贯通于内心

只要晓得，如何要记得？要晓得已是落第二义了，只要明得自家本体。

若徒要记得，便不晓得；若徒要晓得，便明不得自家的本体。

——《传习录》

【鉴赏】

有位朋友问道："读书时，记不住内容，如何是好？"

王阳明说："只要能够理解，为何一定要记住？其实要能够理解已是次要的了，重要的是要认识自家的心性本体。假若仅仅要求记住，便不能够理解；而假若仅仅要求理解的话，就认识不到自家的心性本体了。"

我们在平常的求知学习中，往往把记住所谓的"知识"当作最重要的，好像能记住书中的内容就行了。其实，这正是被称作"填鸭式"教育的弊端。

在这种教育模式下，老师只管灌输，而学生则是无条件地接受。这样的结果是造成高分低能的学生，只会照搬符合条件的事例，而一旦实际情况有所变通，则不会应用了。

在王阳明看来，在做学问的过程中，只是一味强调记住知识是没有用的，关键在于理解，做到让知识成为心灵的一部分，这样才能达到融会贯通的境界，才能对所学的知识信手拈来，为我所用。学过五笔打字法的人，可能都有这样的体会。

在刚学五笔字型输入法时，既要背字根，又要记字根的键盘位置，还要学如何拆字什么的，一大堆东西要学，忙得不可开交。但如果你能耐下心来，花个十天半月或更长一点时间，把这一切都记下来并学会了，然后不断在实践中练习，终有一天，你会发现自己不知不觉地精通打字了！

这个时候，面对一个要打的字或词组，你再不必去分析它们的字根是什么，分布在哪个键位，以及如何去拆字，甚至你此时连字根表都忘得一干二净了，但你就是能做到下意识地去敲那几个键，轻松自如地将这个字或词组顺利地打出来。这就是打字的方法已深入到你的潜意识的缘故。

在普通人的治学过程中，也是要经历一番苦读——用心揣摩——内化于心，然后才能将他人的知识化为自己的思想，从而达到灵活运用的目的。

南宋学者陈善说："读书须知出入法。始当求所以入，终求所以出，见得亲切，此是入书法；用得透脱，此是出书法。"这就是说，读书绝不能只求记得住，而要力求深入进去，搞懂其中的规律和最本质的东西，将其融会贯通于内心。

而且，读了以后还要摆脱书本知识的束缚，心灵毫无羁绊，灵活自如地运用所学知识，而不是死抠书本的条条框框，做书本的奴隶。

从某种程度上来看，王阳明独特的治学思想，也正是这种"读书须知出人法"的写照，而且更高一层，直指治学的本质——发现自我。

在王阳明看来，读书即是一个不断去寻找人的本来之心的过程，若脑中还存在各种概念或有形象的东西，就是还有主观偏见，那对事物的客观规律自然不能反映得十分正确。

只有当学到只存一心，各种知识已彻底融化，有的只是心灵的本能活动，在这种情况下，大脑最深层的功能和奥秘才会得以发现，灵感也会源源不断地激发出来，这就是所谓的自身本体显现了，这时才能最正确地反映客观规律。

这个过程是怎样实现的呢？

刚开始也要努力去学，集中注意力去记去想，达到深思熟虑的程度。

但在这个过程中，要注意让情绪处于一种比较放松的状态，将整个心思贯注到行动中，学习哪一件事，就能以那件事为中心，如果能把心全部贯注到这件事中，那么心与事相合，就能在学习和工作或生活中产生极大的兴趣，又能提高效率，还能调理身心。

当到了已把这件事学会，并达到比较熟练的程度后，这时就要慢慢减少外在意识对这件事的关注了，而代之以一种忘物、忘我的状态去体悟其中规律。

久而久之，外在意识的活动受到抑制，渐渐归于宁静、虚无的境界，这时潜意识活动逐渐活跃起来，达到灵感萌生的"无意"状态，才能最正确地反映事物的规律。

总而言之，读书要达到"理解"，甚至达到心体"豁然开朗，一片光明"的融会贯通的境界，就必须放下自我。要读得深透，要"钻进书本"，让自己的心灵深入进去，与作者的思想、言论融为一体，使其言语好像出于自己之口，其思想意念好像出于自己的心灵。读书只有进入书中，才能了解书中之意。也只有这样，才能学有所成，随心所欲地运用这些知识。

做学问要循序渐进

问："知识不长进，如何？"

先生曰："为学须有本原，须从本原上用力，渐渐'盈科而进'。仙家说婴儿，亦善譬。婴儿在母腹时，只是纯气，有何知识？出胎后，方始能啼，既而后能笑，又既而后能识认其父母兄弟，又既而后能立、能行、能持、能负，卒乃天下之事无不可能。皆是精气日足，则筋力日强，聪明日开，不是出胎日便讲求推寻得来，故须有个本原。"

——《传习录》

【鉴赏】

弟子陆澄问道："知识没有长进，该怎么办？"

王阳明回答说："做学问首先要有一个根基，然后从根基上下功夫，循序渐进。道家学说用婴儿比喻，说得很精辟。婴儿在母亲的肚子里还未成形时只是一团气，什么知识都没有。待他出生后，方能够啼哭，而后能够笑，然后认识父母兄弟，既而可以站立、行走，能拿能背，最后世上的各种事情都会做了。这是因为婴儿的精气日益充足，筋骨也越来越有力气，头脑也越来越聪明。婴儿并非出生便具备了各种能力，所以要有个根基。"

《论语·宪问》："不怨天，不尤人，下学而上达，知我者其天乎？"朱熹注："此但自言其反己自修，循序渐进耳。"就是说，如果一个人能够在生活中按照一定的步骤逐渐深入或提高，最终能够获得圣人的学问。

古时候，纪昌去拜箭法高手飞卫为师学习射箭，飞卫让他练好眼睛的基本功。他回家看妻子织布，练就圆睁眼睛，一点也不眨。飞卫让他练把小东西看成大东西的功夫，纪昌练到把头发上的小虱子看成车轮。飞卫这才教他射箭，后来纪昌成了一名百发百中的神射手。

如果飞卫对初学箭术的纪昌大讲特讲射箭的理论知识，而不是让他从练习瞄准开始，循序渐进地教学，纪昌将很难成为百发百中的神射手。

做到循序渐进，最好的办法就是将大目标分化成许多小目标，这样达到目标就会变得简单快乐得多。正如俄国大文豪托尔斯泰所说："人要有生活的目标：一辈子的目标，一个阶段的目标，一年的目标，一个月的目标，一个星期的目标，一天的目标，一小时的目标，一分钟的目标，还得为大目标牺牲小目标。"

这种简单的方法被许多成功人士采用。美国著名作家赛瓦里德说过："当我打算写一本二十五万字的书时，一旦确定了书的主题和框架，我便不再考虑整个写作计划有多么繁重，我想的只是下一节、下一页甚至下一段怎么写。在六个月中，除了一段一段开始外，我没想过其他方法，结果就水到渠成了。"

因此，无论是读书做学问，还是经营生活、工作，人们都不要畏惧过于遥远的目标，而要运用化整为零的方法，忙碌于一个又一个眼前可以企及的小目标，循序渐进，最终实现自己的大目标。这正是王阳明所说的"循序渐进，才能有所长进"的道理。

见多识广才能更好地致良知

良知不由见闻而有，而见闻莫非良知之用。故良知不滞于见闻，而亦不离于见闻。

——《传习录》

【鉴赏】

在王阳明看来，良知虽然不是来自人们平时的见闻，但人们的知识大都是从见闻中产生的，即见闻都是良知的运用。因此，良知不局限于见闻，但也离不开见闻。

对于见闻这个问题，王阳明认为人们要做到"博文"即是"唯精"，"约礼"即是"唯一"，即人们只有广泛地在万事万物上学习存养天理的方法，才能求得至纯至精的天理，才能求得天理的统一与完整，因为天理只有一个。总之，在王阳明眼里，见多识广才能更好地致良知，从而获得心灵的平静和喜悦。

《礼记·中庸》有云："博学之，审问之，慎思之，明辨之，笃行之。"这里说的是为学的几个层次，或者说是几个递进的阶段。"博学之"意为学首先要广泛地猎取，培养充沛而旺盛的好奇心。好奇心丧失了，为学的欲望随之消亡，博学遂为不可能之事。"博"还意味着博大和宽容，唯有博大和宽容，才能兼容并包，使为学具有世界眼光和开放胸襟，真正做到"海纳百川、有容乃大"，进而"泛爱众，而亲仁"。因此，博学乃能成为为学的第一阶段，没有这一阶段，为学就是无根之木、无源之水。

纵观历史，那些成功的大师和智者无不是满腹经纶、学富五车，他们四处学习，到处游历，最后达到了博学多才的境界。

佛学高僧星云大师就是一个博学的人，正如他自己所说："从小到大，我一直喜欢阅读名人传记，在神游古今中外时，发现成功几乎都属于勤奋工作的人，而骄奢淫逸的人注定要走向失败的命运。多年来，我走访了很多地方，在考察人文风俗，经过一番比较之后，深深感到前途充满希望的国家，往往都拥有乐观进取的人民；反之，落后贫穷的国度里，不知勤奋生产的人比比皆是。我发觉那些具有恒心毅力，能够百折不挠的朋友们，活得最为充实幸福。我自己做过各类不同的苦工、劳役，只要利济有情的事业，纵使是经过一番辛苦奋斗，都能令我终生回味无穷，所以我经常告诫徒众说：'博学多识，是善德，是财富；才疏学浅，是罪恶，是贫穷。'"

在星云大师看来，人要成功，首要就是做到博学；而博学的首要就是读书学习。正如吴兢在《贞观政要·崇儒学》中所说，虽然上天给予了人好的品性和气质，但必须博学才能有所成就。这就像一块玉石，要进行打磨才能展现它的完美；木材虽本性包含火的因素，但要靠发火的工具才能燃烧；人的本性中包含着聪明和灵巧，但要到学业完成时才能显出美的本质。

一般说来，知识越渊博、阅历越丰富的人，应变能力就越强。他们反应敏捷，在交往中遇到紧急情况时能够调动长期积累的生活经验和各种知识思考解决，从而使"山重水复疑无路"转化为"柳暗花明又一村"。一个人的社会知识多了，阅历丰富了，他就懂得了一些社会因素、心理因素，那么在与人交谈时，就能更得体、更有分寸。所以，要成为一个成功者，就要多掌握一些知识，这不仅是人际交往之必需，更是让心灵宁静、喜悦的保证。

尤其在当今，现代科学一方面高度分化，另一方面高度综合；边缘学科相继产生，自然科学和社会科学逐渐交融。这就要求我们既要学点社会科学，又要学点自然学科；既要广泛涉猎，又要学有专长。具体地说，我们应该多少知道一些天文、地理和人情知识。此外，除了在一定程度上了解历史学、文学、美学、心理学、伦理学、经济学等之外，像民间故事、隐语、习俗等，都应该储存于大脑中，逐渐建起一座知识的仓库。有了这样一个知识的百宝箱，我们才能更全面、更深入地认识自己、认识世界，才能获得成功的人生。

学问要点化，但不如自己领悟

学问也要点化，但不如自家解化者，自一了百当。不然，亦点化许多不得。

——《传习录》

【鉴赏】

我们的人生能够拥有多大的成就，受着很多方面的影响。一方面，我们的父母、朋友、老师的指点，给我们带来重大的影响，另一个因素就是自身的开悟。

孔子是我国著名的教育家，其弟子多达三千多人，其中最著名的有七十二贤人。佛祖释迦牟尼开创佛教传承，座下弟子无数，而杰出的弟子不过数十人，罗汉却有五百多人。可见，即便是师出同门，技艺也一定有高低。

黄花梨束腰高火盆架

一般来说，做学问可以分为三个阶段：第一阶段是教学，主要学习基础知识。这一阶段好比学走路，需要老师扶着、拉着，有时也要放手，让学生自行；第二阶段是帮学，老师主要指点入门路径，路还要学生自己走；第三个阶段是自学，老师主要在关键处指点一下，其他全靠学生自学自悟。

这一阶段才真正称得上做学问。

学问的最高境界就是融会贯通、举一反三，而不是读了多少年书，掌握了多少具体的知识而死搬教条。而当一个浸淫多年的学者，但是还没有达到炉火纯青、融会贯通、学以致用的境界，就需要得到高人的"点化"。"点化"的妙用，在于学生进修到一定高度，将悟未悟时，适时点拨一下，即可收"拨开云头见月明"的功效，使被点拨者"一了百当"。

僧人了然禅师，出外参学时，不离恭敬心，对前辈十分礼敬。有一次，他吃荔枝时，路过明智禅师的窗口，很恭敬地说："长老！这是从家乡江西来的水果，请您吃几个？"

明智很欢喜地接过荔枝，感慨道："自从先师圆寂后，很久没有吃过这种果子了！"

了然问："不知长老的先师是哪位大德？"

明智说："是慈明禅师，我在他座下忝为职事一十三年。"

了然赞叹道："您十三年担任艰苦的职事工作，一定得了他的道吧？"说着，将手上的荔枝全部送给明智长老。

明智感激地说："我因福缘浅薄，先师嘱咐我，不许收弟子。现在看你如此虔诚，为这荔枝的缘分，我就破一次例。把你的心得告诉我吧！"

了然大喜，很真诚地谈了一些他学禅的见解。

明智开示道："世界是佛魔共有，最后放下时，要能入佛，不能入魔。"

了然一听，顿然开悟，从此成了高僧。

正所谓："听君一席话，胜读十年书。"了然到处参学没有悟道，却被明智禅师一句话点醒。但是，求学悟道也有一个由量变到质变的过程，没有那"十年书"的修养，"一席话"的小火星，又怎能点燃你这颗心？明智禅师的开示意味深长、极富哲理，一般人没有了然的境界，也很难由此悟道。

虽然人生少不了他人的"点化"，别人的点化犹如醍醐灌顶，使得自己顿时开悟。但有时，不若自己去悟，因为那悟道时莫名的惊喜，是求道者最好的报偿。

明心和尚，天资聪明，博通经典，但始终没有悟道。一次，师父问他："你能够学一知十，问十答百，那是因为你聪明伶俐。不过，你这样学禅，依赖的是理智和对概念的领会，未必能明了生死大事。你能把父母未生你之前的根本说给我听听吗？"

明心茫然不知所措，读尽自己所知的书，依然找不到答案，就恳求师父开示。但是，师父，却微笑不语。明心很失望，便辞别师父，出外云游。后来，便过起隐居的生活，靠种地养活自己。

一天，他在地里除草时，捡起一块瓦片，随手向外抛去，正巧击中了旁边一棵竹子，发出清脆的一响，响声撞击着明心的心，他顿时豁然大悟，师父当年提出的问题，在他心里也变得十分清晰了！他喜不自持，明白了师父的良苦用心，如若，当年师父把答案告诉自己，又怎会有今天顿悟的喜悦呢！

能够得到高人点化，并领悟出道理，已是难能可贵。但是，自己能够悟道的价值、自己悟道的喜悦，是无可比拟的。

知行合一，方能达到目标

如人走路一般，走得一段，方认得一段；走到歧路处，有疑便问；问了又走，方渐能到得欲到之处。

——《传习录》

【鉴赏】

王阳明说，如同人走路一样，走了一段才认得一段；走到岔路时，有疑问就打听，打听了又继续走，才能渐渐到达要去的地方。王阳明在强调知行合一、知与行并驾齐驱的同时，也强调首先应对已知的东西真切不断地用功，在知与行同时进行的时候，还要不断地询问，也就是学习，增加自己的见闻，这样才能像走路一样，走了一段才认得一段，持之以恒，坚持不懈，最后才能渐渐到达要去的地方，达到自己要到达的目标。所以我们凡事都应该先行动起来，在行动中不断地去检验、完善所求的知识。

在现实生活中，很多人受到"知而后行"的影响，认为必须完全认识后才能采取行动。其实这就是王阳明所批驳的弊端。在王阳明看来，要等到完全认识天理与私欲后，才开始下克己的功夫是没有意义的；人只能在不断地行动中，逐渐完善自我，增进自己的认识。著名诗人陆游有诗句说过："纸上得来终觉浅，绝知此事要躬行。"纸上得来的东西感受总不是很深刻，要真正弄明白其中的深意，往往来自生活实践中自身的真实体验。

20世纪80年代初期，在我国刚进行改革开放的时候，有这样两个兄弟，他们都是很有经济头脑的年轻人，都想干一番大的事业。而改革开放正好是一个很好的机会，于是他们都想办一家制鞋厂。哥哥是那种行动力很强的人，有了这个想法后就立即干了起来。他请来懂技术的制鞋师傅，招聘工人，引进设备，仅半个月，第一批产品就出来了。而弟弟则是那种谨小慎微的人，他想先看看哥哥办厂是否顺利，然后再根据情况决定自己是否行动。

哥哥的制鞋厂创办初期很简陋，遇到了很多平时想不到的问题：生产出来的鞋无人问津，产品大量积压，导致资金运转出现问题；工人的工资发不下去，没钱采购原料，同时还要应付办厂所要面对的诸多烦琐的事务。哥哥整天忙于处理这些问题，忙得焦头烂额，几个月过去了，鞋没卖出几双，钱却赔进去了很多，人也瘦了一圈。看到这番情景，弟弟不由得暗自庆幸自己没有"鲁莽"行动，不然也像哥哥一样"惨"了。

正所谓"先人一步处处黄金"，经历一年的坚持后，哥哥所付出的努力终于取得了回报，市场打开了，获得了丰厚的利润，工厂的一切工作也走上了正轨；同时占据了大量市场份额和众多的客户，拥有许多优秀的人才，鞋子的制作工艺和款式也领先于其他鞋厂的产品，在产品认知度和成本控制方面都已经建立了优势，顺理成章地成了该行业的龙头老大。

面对这一切，弟弟发现了商机终于行动起来了，马上也办起了自己的鞋厂。但是这时各地的鞋厂早已如火如荼地开办了起来，他的鞋厂已毫无竞争优势了，他的公司资产连哥哥的百分之一都不到，也没有什么固定的大客户，有时只能为哥哥的鞋厂接的订单进行加工，赚取一点微薄的加工费。

很多人都说："愚者，知而不行；智者，知而后行。"可是在现实生活中，很多时候要求我们做到像王阳明那样，知行合一。很多人觉得"三思而后行"，多想想总是没有什么错误，盲目地做事情一定会遭受失败，但是却间接地错过了商机。正像王阳明所说，所谓"知而后行"只是一个害怕失败的借口罢了。很多事情只是去一味地想，而不去实践又如何能够知道自己的想法到底是不是正确的呢？所以在瞄准了创业的商机之后，就要毫不犹豫地去做，一定要把敢于实践放在第一位，在行动中实现自己的梦想。

明朝金陵最红的两位演员，他们是马伶、李伶。一次，两人分别在东西两座戏台上演同一出戏来竞技。两人扮演的都是奸相严嵩。结果观看马伶演出的观众逐渐被李伶卓越的演唱和舞技吸引而去。马伶含羞而退。他连夜出走，投到千里之外的京城，在宰相顾秉谦的门下当了一名差役。因为顾秉谦与严嵩都是一样的奸臣，马伶悉心伺候，更细心揣摩顾宰相的行为举止。三年过后，马伶回到金陵，与李伶相约再行竞技。结果李伶的观众都成了马伶的戏迷，他们被马伶惟妙惟肖、形神兼备的表演所折服。正是马伶长达三年的实践活动，为他赢得了如此巨大的成功。

历史上的赵括和马谡的兵书都没少读，论起兵法来头头是道，可是真正地上了战场，终究难免葬身战场。没有经过实践得来的理论，往往让人感觉空泛，不可靠。所以不论做什么事情，都要"用心"去做，在做事的过程中，要有自己的思考，如果在实践的过程中发现了问题，就要在思考中不断地调整自己的行动，增进自己的认识，这样才能获得成功。否则凡事光凭胆量去蛮干，不会总结教训，只会一次又一次地失败，什么也不会得到。

无数的客观事实证明，实践出真知，实践长才干。只有经过实践检验的理论，才是真正的推不翻的真实理论。实践离不开正确理论的指导，否则在实践中就会迷失方向，无所适从。无论是理想、梦想，还是目标，有了华丽的计划或规划，只停留在脑海里是不能成真的，脚踏实地地付诸实践才是成功的第一步。万事开头难，实践的确不容易，但是空想永远不会获得成功，所以想要成功就要勇敢地实践。没有用自己的实践去摸索，就难以超越前人的辉煌和成就，也就难以有什么更大的进步。这和王阳明所说的走路是一个道理，走的途中有了困惑在所难免，遇到了困难就要去解决它，这样才能弄清自己的人生方向。

言出必行，行之必果

　　不逆，不臆而为人所欺者，尚亦不失为善，但不如能致其良知，而自然先觉者之尤为贤耳。

——《传习录》

【鉴赏】

　　王阳明说，不逆诈、不臆信却被人欺骗的人，尚且还不失为善，但还比不上那些能致其良知、自然能预先觉知的人更加贤明。王阳明提出知行合一，真知就必须要行动，而真正的行动就要达到预期的目的。所谓的"言必信，行必果"就是以实际的行动来对自己的承诺负责。

　　言出必行不仅仅是一种智慧，更是一种道德修养，如果只说不做，无异于欺骗，对于我们人的诚信方面也是有着较大的考验。正所谓"君子一言，驷马难追"讲的也是如何言出必行。

　　曾子的妻子到集市上去，她的儿子哭着闹着要跟着去。曾子的妻子对儿子说："你先回家待着，待会儿我回来杀猪给你吃。"她儿子一听，立即安静下来，乖乖地回家等着。等曾子的妻子从集市上回来时，还没进家门就听见捉猪的声音，她急忙进屋，看见曾子正在杀猪，忙上来拦住丈夫说：

"只不过是跟孩子开玩笑罢了。"曾子说："可不能跟他开玩笑啊！小孩子没有思考和判断能力，要向父母亲学习，听从父母亲给予的正确的教导。现在你欺骗他，这是教孩子骗人啊！母亲欺骗儿子，儿子就不再相信自己的母亲了，这不是实现教育的方法。"于是曾子就杀猪煮肉给孩子吃。

如果曾子和他的妻子一样，因为可惜了那头猪而失信于孩子，那么他们失去的就不仅仅是一头猪那么简单了。母亲的失信会让孩子学会不守信，那么这个孩子的未来会如何呢？曾子用言行告诉我们，不论对谁，都要言而有信，言出必行，诚实无诈，身教重于言教。言出必行就是言行统一，"有所期诺，纤毫必偿；有所期约，时刻不易"。在漫漫人生路上，守信是最美、最宝贵的。昆德拉在《生命不能承受之轻》中说："所谓人生，即是周而复始的诚实、友好、信任的给予与被给予。"承诺是生命中比金子还要珍贵的财富，拒绝诚信的人生绝不会是一个出色的人生。

想必大家都还记得周幽王烽火戏诸侯的故事，周幽王有个宠妃叫褒姒。为博取她的一笑，周幽王下令在都城附近二十多座烽火台上点起烽火。而烽火是边关报警的信号，只有在外敌入侵需召诸侯来救援的时候才能点燃。结果诸侯们见到烽火，以为发生了什么大事，率领兵将们匆匆赶到，弄明白这是君王为博妻一笑的花招后又愤然离去。褒姒看到平日威仪赫赫的诸侯们手足无措的样子，终于开心一笑。五年后，西夷太戎大举攻周，幽王烽火再燃而诸侯没有一个来的，谁也不愿再上第二次当了。结果周幽王被逼自刎，而褒姒也被俘虏。

言出必行对于古代的君王来说是多么的重要，作为一个帝王言而无信到戏玩"狼来了"的游戏，结果身死国亡，可见"信"对一个国家的兴衰存亡都起着非常重要的作用。

　　从前，济阴有个商人，有一次乘船渡河时，因为船触礁石而从船上跌落到水里，停留在水中的浮草上。于是他大声地向正在河中打鱼的一位渔夫呼救，渔夫用船去救他，还没有靠近，商人就急忙嚷叫道："我是济水一带的大富翁，你如果能救了我，我给你一百两金子。"渔夫承载着他并把他救上岸后，商人却出尔反尔只给了渔夫十两金子。渔夫说："当初你答应给我一百两金子，可现在只给十两，恐怕不可以吧！"商人勃然大怒道："你一个打渔的，一天的收入能有多少？你突然间得到十两金子还不满足吗？"渔夫失望地走了。

　　后来有一天，这商人乘船顺吕梁湖而下，船触礁沉没，他再一次落水。正好原先救过他的那个渔夫也在那里。有人问渔夫："你为什么不去救他呢？"渔夫说："他是不兑现承诺的人。"渔夫站着观看那位商人在水中挣扎，商人就沉入水底淹死了。

　　失信于人者一旦遭难只有坐以待毙，虽然并不是每个放弃诚信、失信于人的人都会遭到济阴商人那样的下场，但是如果当时这位商人能够信守承诺，做到言出必行，想必他在第二次落水的时候就不至于丧命了。试问他自己失信于人省下的九十两黄金和他的命哪个更值钱呢？

　　近代文学家鲁迅先生也是一个言出必行的人。一次，他去参加一个小会议，那时暴雨夹着闪电，伴着轰隆隆的雷声，会议上所有的人都认为鲁迅先生不会来。然而在会议开始之前五分钟，一个神秘的人物出现了，是的，就是鲁迅。"我没迟到吧？"他低着头看了看表，脸上露出一丝微笑。尽管他是当代大儒，却没有因为会小、天气坏而迟到。从他身上，不难看出这种言出必行的精神。

　　生活中，我们经常需要向某些人来许诺，以求获得对方的信任。如果我们让自己的承诺变成了空谈，那么将铸成人生之中的遗憾和大错。只有坚持言必信、行必果的诚实守信的人，才能够得到他人的信任与器重，才能够成就自己辉煌的人生。

千里之行，始于足下

我辈致知，只是各随分限所及。今日良知见在如此，只随今日所知扩充到底。明日良知又有开悟，便从明所知扩充到底，如此方是精一功夫。

——《传习录》

【鉴赏】

王阳明说，我们这些人致知，也只是依据各自的能力尽力而为之。今天的良知仅到这样的程度，就只依据今天所理解的延伸到底，明天，良知又有新的体悟，那就从明天所理解的延伸到底。如此才是精一的功夫。王阳明认为，初学者对于修身养性的功夫，应当循序渐进，着眼于当下，而不是妄图寄托于未来。

"千里之行，始于足下"，也就是说很多事情都要从眼前开始做起。始于足下就是你要从当前的事情做起，那么当前就是千里之行的第一步，是千里之行的起点。纵观历史长河，星光点点多少名流、望族曾在历史上留下了光辉璀璨的一页。回望历史只能作为借鉴，久久地沉醉其中并不能解决什么问题，而遥望未来，未来还不是靠今天的打拼吗？只是想着在秋后能有多少的收获，春天却不播种，也只是徒劳。最重要的就是活在当下，过好眼前的生活。眼前的事情都处理不好，更不要奢望于未来。

王阳明的成功也不是一朝一夕得来的，他的心学的建立经历了无数次的阻挠和反对，他的很多观点也是像格竹那样艰难得来的宝贵论证。他是大明朝的军神，是因为他从小就熟读兵书并15岁试马居庸关得来了很多经验。而被称为流行音乐之王、世界舞王的迈克尔·杰克逊也不是天生就会跳出世界上最美的舞蹈的，而是他为了跳得更好，一遍遍地排练，一遍遍地摸索而练成的。

"活在当下"就是强调当下的这段时间，也就是指现在正在做的事、所在的地点、周围的人，那么"活在当下"就是要把关注的焦点集中在这些人、事、物上面，全心全意认真地去接纳、品尝、投入和体验这一切。"活在当下"所倡导的并不是"今朝有酒今朝醉，明日无酒明日忧"这种挥霍青春、透支未来的享乐主义思想，而是让我们不被过去、未来所束缚，把握当下的快乐，把握今天的机遇，并用及时的行动来实现自己的理想和信念。

记得曾经看过这样一句话："昨天已经逝去，把它忘掉；明天还未来到，不必烦恼；今天就在眼前，把它用好。"把握现在才是你要做的事，不悲未来，不念过往，活在当下。其实人的生命可以看作一种物质，它是以时间为单位的。我们大多数人的生命长度看似相近，但是在这相近数量的生命里，我们能够萃取的精华却是大相径庭。生命的宽度与高度取决于我们对待生活的态度和方式。

李大钊曾经说过："我以为世界最宝贵的就是'今'，最容易丧失的也是'今'。因为它最容易丧失，所以更觉得它宝贵。"这句名言是为了提醒大家"今天"的宝贵，所以我们一定要好好把握它。朱熹有一首劝勉人们惜时的诗："少年易学老难成，一寸光阴不可轻。未觉池塘春草梦，阶前梧叶已秋声。"我想，那些在各种科学领域中取得卓越成就的人，大概都是如此。

"活在当下"，是着眼于现在，既不沉湎于往事，亦不对将来作无谓揣测；既不对昨日懊恼悔悟，亦不为明日杞人忧天，把握目前的生活，随缘尽分，用心经营自己每一天的生命。王阳明就有这种积极乐观的态度，他很懂得适时地隐退，既不会居功自傲，为自己立下的赫赫战功沾沾自喜，也不会纠结于朝廷同僚们的极力排挤和反对。他潜心研究心学，以世间法的角度来诠释"活在当下"的意义。人们的本心总是容易攀缘外境，不但攀缘眼前的境界，也攀缘过去及未来。

就如作为学生，本来就应该专注一心地准备考试，却往往因为担心考不好而影响本次考试的发挥，很多考生总是因上次考不好而对考试产生畏惧，又担心这次若是又考不好，将受到师长及父母的责备。如此的焦急之心，即是住在过去及未来，令一个又一个的"当下"从眼前溜走，无法专心准备考试。这是因为"良知"不能时时提起，而被外界的很多作用所蒙蔽，因此心念迁流而不自知，生灭不停，无法发挥觉性的妙用。

孔子曾站在一条奔流不息的江边感叹："逝者如斯夫，不舍昼夜。"人生的时光也是在分分秒秒中消逝，如果不能把握当下，即如奔流向前的流水般无法回复，徒然浪费生命。唯有着眼于现在，提起觉性，不为念念迁流的攀缘心所牵绊，才能拥有自在、做主的人生。

一个卖牛奶的女孩赶往集市的路上，她头顶着一罐牛奶，她边走边想："如果将这罐牛奶卖了，就能够存钱再买一头牛，牛就会产奶，牛奶的产量就更大，能够卖更多钱、买更多牛。当钱愈来愈多，就可以买新衣服、住大房子，甚至成家立业……"她越想越高兴，不由得手舞足蹈起来，一不小心，将头上的牛奶罐摔落，牛奶洒了一地，刚才编织的美梦瞬间化为乌有。

这则故事中的小女孩因大作白日梦，没有好好把握眼前的事物，因为想着将会赚到很多钱而忘记了头上的牛奶，以致牛奶摔到地上，洒了一地，而导致梦想破灭，就是不能"活在当下"的例子。做自己想做的事，认真地活在当下，真实地活在今天，那么，总有一天回望此生，想必会不留遗憾。

现今社会中的很多人都不懂得活在当下的意义，反而总是焦躁于没有发生的未来，或是一味地沉浸在过往的辉煌朝夕，对眼前的很多事情都是熟视无睹，其实我们人生中的每一天都很重要，人生就像是一份考卷，每一天都要交一份答卷，如果不把今天的问题解决好，那么今天必会影响到明天，也会成为不愉快的昨天，所以努力做好当下才是最重要的。

知行合一，经世致用

知者行之始，行者知之成：圣学只一个功夫，知行不可分作两事。

——《传习录》

【鉴赏】

王阳明认为，知是行的开始，行是知的完成：圣人的学问只有一个功夫，知和行不可以分开看作两样事情。王阳明主张知行合一，他认为知行的本性并不是先知而后行或者把知和行分成两件事情来看，也就是他自己所说的"知之真切笃实处即是行，行之明觉精察处即是知"。你对某事物或道理是否知道得深切是可以从行为中看出的；而行为的正确精准与否也反过来影响到对事物的理解。两者是一体的，这也是与朱熹的理学最大的不同之处：朱熹认为论先后，知为先；论轻重，行为重。就这样听上去好像很合理，对"知""行"没有偏重，但其实"知为先"就已经意味着以"知"引领，决定"行"，所以当时的读书人都只会说不会做，这也是王阳明当时极力批评的现象。

真正地要做到知行合一就是要在学习的过程中以实践来检验知识的正确与否，在实践的过程中能够更加深刻地体会所学知识的内涵。古往今来，凡是做大学问的人都强调学以致用，主张在实际的情况下，发挥学问的作用。这一点做得最好的莫过于大圣人孔子，他带着自己的思想和学说周游列国，游说和劝谏于各诸侯国之间，这种治学之道就是学以致用。

博学多才的大圣人孔子30岁时，就成为鲁国当时较有名气的一位学者，并在鲁国阙里收徒授业，开创私人办学之先河。后来为了使自己的学说"见用于统治者"，曾周游宋、卫、陈、蔡、齐、楚等国，自称"如有用我者，吾其为东周乎"，沿途鞍马劳顿，颠沛流离，受尽苦难，在离开卫国去陈国路过匡城时，因误会被人围困了五日，到了蒲地，又碰上卫国贵族公叔氏发动叛乱，再次被围。在陈国住了三年，吴攻陈，兵荒马乱，孔子便带弟子离开。楚国人听说孔子到了陈、蔡交界处，派人去迎接孔子。陈国、蔡国的大夫们知道孔子对他们的所作所为有意见，怕孔子到了楚国被重用，对他们不利，于是派服劳役的人将孔子师徒围困在半道。前不靠村，后不靠店，他们所带粮食吃完，绝粮七日。最后还是子贡找到楚国人，楚派兵迎孔子，孔子师徒才免于一死，但终未见用。孔子晚年致力于教育，其学说虽然没有被当时的统治者采纳，但在社会上却产生了广泛的影响，以至于有门徒三千、贤者七十二人。儒家学之所以延续几千年，无异和孔子当时这种无奈的"四处演说""开馆授徒"有很大的关系。

一个人能够把所学的知识学以致用就是最大的发明创造。人学知识为了什么，难道不是经世致用吗？什么是经世致用？就是生活和社会中的问题要向生活和社会中去寻求答案，并把你找到的答案运用到你在生活和社会中遇到的问题中。再好的学说也应该走到群众中去，只有这样才能放射出它的光芒，否则，只会湮没在历史故纸堆中，徒留后人感叹不已。人非生而知之，要求得知识，一靠学习，二靠实践。离开了实践，学习也就成了无源之水、无根之树。懂得书本知识，有了理论，不付诸实践，理论也就成了装潢门面的东西。

一个送外卖的男孩把比萨送到了约翰家里。

约翰问："一般给多少小费？"

"我第一次给您送外卖。以前为您服务过的人都说，对于您这样的客人，如果我能得到25美分，那简直就是虎口里拔牙了！"

"为了证明他们的愚蠢，给你五美元！"

"谢谢！我会把这些钱捐给学校基金的。"

"你是学什么专业的？"

男孩微笑着回答："应用心理学。"

王阳明主张知行合一，认为知行的本体并不是先知而后行或者将知和行分成两件事来看待，也就是圣人的学说只有一个功夫，认知和实践不可以分为两件事，"知之真切笃实处即是行，行之明察精觉处即是知"。真正做到知行合一就是在做学问的过程中，以实践来检验知识的正确与否，运用所学的知识学以致用。

王阳明的弟子徐爱对于这种知行合一的含义并没有完全理解清楚，他曾经问过王阳明这样的问题："现在有很多人都知道孝敬自己的父母，尊敬自己的师长，然而却又不能做到，这不就是知道应该怎样和真正做到的两回事吗？"

王阳明回答说："你所说的这种状况已经被人的私欲所包围而受到阻碍，已经不是知和行的原意了。没有知而不行的事。知而不行，就是没有真正地明白。圣贤教与知和行，正是要恢复原本的知与行，并非随便地告诉怎样去知与行就了事了。所以《大学》用'如好好色''如恶恶臭'来启示人们什么是真正的知与行。见好色是知，喜好色是行。在见到好色时就马上喜欢它了，不是在见了好色之后才起一个心去喜好。闻到恶臭是知，讨厌恶臭是行。闻到恶臭的时候就开始讨厌了，不是闻到恶臭之后才起一个心去讨厌。一个人如果鼻塞，就是发现恶臭在眼前，鼻子没有闻到，也根本不会特别讨厌了。"

做学问就是用来指导自己的，如果不能学以致用，那么就很难取得任何的进步，这样学习有何用呢？就如我们现在很多学生学习英语是一个道理，学习英语只是为了应付学校的考试，一旦到社会中，却连外国人说的英语都听不懂，那么我们学习这样的英语又有什么用呢？所以要做到知行合一，经世致用，这样才能发挥学习的动力，明确我们学习的目标，解决我们生活中遇到的困难。

五、交友

古诗曰："千金易得，知己难寻。"钟子期和俞伯牙之间的友谊弥足珍贵，令人神往。然而，王阳明却从无此困惑，他的朋友故旧满天下，无论是高人雅士，还是贫人粗客，无所不交。王阳明为何有如此多的朋友，他是怎样做到的呢？

朋友如镜，可以正衣冠

朋友相处，常见自家不是，方能点化得人之不是。善者固吾师，不善者亦吾师。且如见人多言，吾便自省亦多言否？见人好高，吾自省亦好高否？此便是相观而善，处处得益。

——《知行录》

【鉴赏】

王阳明认为，朋友相处，要经常反省自己的过失，方能点化别人的缺点。好的固然是我的老师，不好的也是我的老师。例如看见别人话多，我便反省一下：自己的话也很多吗？看见别人自高自大，我也反省一下：自己也自高自大吗？朋友之间相互拿对方当镜子，就会处处得益。

朋友之间贵在互相见谅，"善人者，人亦善之"，对于朋友的优点，不能忌而不学；对朋友的缺点，不能视而不见；对朋友的忠告，不能听而不闻；就是一些过激的言语，或者偏颇的看法，只要是对自己的善言，也不能怒而反讥。

与朋友相处时，理应是平等互惠的，正所谓"投之以桃，报之以李"。谦让而豁达会让你赢得更多的朋友。朋友相处原本是为了交流感情，相互学习、相互提高的，如若一味妄自尊大，高看自己，小看别人，就会引得朋友的反感，使自己走到孤立无援，朋友都敬而远之，甚至厌而远之的地步。如果朋友确有缺点，"点化"一下也是义务，但是，首先要让朋友相信你的真诚。

宋太宗的宰相寇准与张咏是至交，寇准诸谋略，有治国兴邦之能；张咏善诗文，有倚马可待之才。两人的共同特点是为人耿直，不卑不亢。

张咏在天府之国做官，饱览西蜀风光。且不说沃野千里，膏腴泽民，也不说人杰地灵，物华天宝，单说那股子辣味风情，也足以使张咏诗兴豪发。张咏喜欢和同僚，切磋阴阳八卦，抒咏豪情壮怀，望天高云淡，数大雁南飞。

一天，同僚们把话题扯到他和寇准身上："听说寇准要当宰相了。你和他可谓是当今双杰。"

张咏并没有压人抬己、嫉才妒贤之意，真诚地说："寇公奇才，可惜学术不足。"

后来，张咏从成都回来，拜访寇准。两个老朋友一见面，不作揖打拱，只拍肩相悦，问长问短，说不完的知心话。寇准摆下百禽宴，盛情款待他。酒逢知己千杯少，他们你来我往，杯盏交错，喝得好不痛快。天下没有不散的酒席，人间没有不别的朋友。过了一些时候，张咏要回成都了，分手前，寇准诚恳地请张咏赠言指教。张咏只说了句："《霍光传》不可不读。"

送走张咏，寇准回家后立即找出《汉书》，翻到《霍光传》，逐字逐句往下读，直读到快完了，心头"咯噔"一愣，"光不学亡术"一句进入眼帘。寇准恍然大悟："这是张咏说我的缺点呀！"从此寇准刻苦研读，最终成了忠贤皆备、文略俱全的好宰相。

寇准是北宋时期著名的政治家，为人刚毅正直、思维敏捷，但是寇准不太注重学习，知识面不广，这就会极大地限制寇准才能的发挥，因此，张咏对寇准应该多读点书以加深学识的批评是既客观又中肯的。张咏知道寇准是一个聪明人，给了一句"《霍光传》不可不读"的赠言让其自悟，使老朋友能够从批评中醒悟，从而获益良多。

茫茫人海，芸芸众生，当然也是"物以类聚，人以群分"。近朱者赤，近墨者黑。朋友正是能够在这种情况下点醒我们的人。以朋友为镜，就可以找到自己不足，并不断完善自己，鞭策自己。

朋友之间互相谦让就受益，互相攀比则受损

处朋友，务相下则得益，相上则损。

——《传习录》

【鉴赏】

王阳明指出，结交朋友时，能做到互相谦让，就会受益，互相攀比的话，就受损害。

生活在社会中，如果能采取虚心的态度与朋友交往，对于提升自己的

素质是很有帮助的。俗话说："三人同行，必有我师。"与一群相交甚深的好友在一起聊天，讨论问题，自己虚心的话，必定可以发现朋友的长处并汲取过来，为自己所用。所以现在有人提倡这样一种观点：一个人想要成功的话，就要多与比自己优秀的人交往，这样才能使自己得到进步。

而且，一个人有心的话，还可以从和朋友的谈话与讨论中得到一些启发，领悟到一些独到的观点，或获得某些有用的信息。这样的谈话会使自己的事业获得益处，甚至会使自己的人生发生关键的转折。这就是与朋友交往保持谦虚礼让的态度时可以得到的好处。

然而，在现实生活中，人们之间相互攀比的现象也越来越严重，许多人交朋友的心态也因此而变得极其浮躁。

朋友之间互相攀比会带来什么样的后果呢？

我们常常可以看到这样的事情：以前是很要好的两个朋友，由于其中一位朋友得到提拔了，另一位朋友便心理不平衡起来，甚至产生一种愤恨："咱们同在一起工作，凭什么你就得到提拔，爬到我的头上去吆三喝四？"

在这种阴暗心理的支配下，便开始给好朋友使绊子，到处散布朋友的坏消息，甚至不惜捏造一些事情来诽谤别人，以达到把朋友拉下马的目的。

结果得到提拔的朋友固然被弄得焦头烂额，心情极不愉快；而那位使坏的朋友，除了得到一点变态的心理满足之外，其实也没有得到多大的好处，反而让其他人看清了他的丑恶嘴脸和阴暗心理。

俗话说："与其临渊羡鱼，不如退而结网。"其实，你与其同朋友过不去，费尽心思地用卑鄙的手段去中伤、陷害他，还不如把这种精力用到向内挖掘自己的潜力上。

有一位当记者的年轻人，得知自己的一个同学通过努力考上了美国著名的哈佛大学，他就想，自己的智力并不比这位同学差，他能去，我为什么就不能去？他从朋友的例子上获得足够的信心，辞去记者工作，痛下一年苦功，一年后也考进了哈佛大学。

如果我们有谦虚的态度，我们就能从中发现自己的不足，同时还可以发现自身的潜能是超越我们想象的，只要付出足够的努力，就有可能获得成功，也获得一种自强不息的进取精神。

那怎么样才能在日常交往中拥有谦和的心态呢？我们可以改变自己的视角，从而迅速获得把负面的情绪转化为积极行动的能量。

每当你因看到朋友的成就陷入嫉妒、自卑或自怨自艾的不良情绪时，你要认识到，这正是让自己发生真正改变的契机。你要静下心来，彻底反省一下自己以前的所作所为，自己把时间和精力用在了什么地方？自己的心态、行为正确吗？自己今后又该怎样做呢？

面对朋友的优秀之处，如果你能切实反省自己，肯定会发现自己有某些地方做得还不够好。以此来警醒自己，是得加把劲了，不能再这样得过且过地混下去了。

找出自己的问题后，你的思维观念就会改变，不再把注意力放到别人的成就对自己的"威胁"上，而是将心力集中到如何促使自己进步上。

这样一来，自己制造的心理冲突消失了，抛开了沉重的心灵包袱，从负面思想的束缚中解脱出来，不论做什么事都能够全力以赴。这个方法虽然看似十分普通，但蕴含着神奇的力量——一种向内寻求潜能、让心灵平静的力量。它能摆正你的心态，提醒你不要在那些负面的想法上浪费时间和精力，而应当完全沉浸在你所要解决的问题之中。

正如古人所说："吾之心正，则天地之心正。吾之气顺，则万物之气顺。"当你习惯于这样做时，就能自然地从内心生发出一种笃定的力量。这种力量是与天地规律相适应的，具有调节情绪的神奇作用。你不会再徒劳无功地去抱怨问题，而能很快地把自己的心情调整到最佳状态，重新投入与目标有关的行动中，效率也会更高。

如果你能从自己内心挖掘潜力，认真做好自己该做的事，过一段时间后，你会惊奇地发现，自己的心灵越来越宁静，学习能力也不知不觉地变得越来越强，同时也会感到自己更有自信与朋友泰然相处，因为你的内心有了一种力量，不必再担心别人把你"比"下去，当然生活也顺利而充实多了。

少一些规劝指责，多一些奖励赞美

先生曰："大凡朋友，须箴规指摘处少、诱掖奖劝意多，方是。"

——《传习录》

【鉴赏】

王阳明认为，大凡朋友们相处，应该少一些规劝指摘、多一些奖励鼓舞，这样才对。不只是对朋友要如此，在人际交往中也应少一些批评，多一些鼓励，这样才能维持良好的人际关系。

很多人喜欢批评别人：考虑事情不全面、能力不够……批评是谁都会做的事情，很简单，但对于那些被批评者而言，就是痛苦的事了，轻者变得不自信，严重的甚至自暴自弃。

对比批评给人带来的消极影响，显然，赞美更容易让人接受，而且赞美也是人际交往中最有影响力的一种方式。

有一户人家刚搬到一个新住处，由于人地生疏，与邻居的关系总是搞不好，常常发生口角。这家人很为这件事情伤脑筋，于是去请教智者，智者只说了三个字："说好话。"

黄花梨花卉纹藤心圈椅

这家的女主人很聪明，她决定按照智者的话去做。之后她一见到邻居老太太就夸她精神好气色好；碰到邻居送儿子上学，就夸邻居的儿子又聪明又懂事；要是有人到她家开的百货店买东西，见到年长的就叫大娘、婶子、叔叔、大爷，见到年纪相仿的就叫姐妹、兄弟，而那些小孩子就叫"多漂亮的小姑娘""多帅的小伙子"等。结果没过多久，这家人在镇上就小有人缘了，生意也做得红红火火。

世界上，有谁不喜欢被别人赞美呢？可以说喜欢被人赞美是人的天性。而且，从社会心理学角度来说，赞美是一种有效的交往技巧，能缩短人与人之间的心理距离。

有这样一个故事，说的就是这个道理：

甲乙两人在一家公司任职，一次，两人闹了矛盾。一天，甲对另一同事丙说："你去告诉乙，我真受不了她了，请她改一改她的坏脾气，否则我再也不会理她了。"丙说："好，我会处理这件事。"丙果真去找了乙。之后，当甲遇到乙的时候，果然觉得她不再那么盛气凌人了，而且还友好地打招呼。在以后的日子里，乙变得和气又有礼貌，与从前相比，简直判若两人。甲就向丙表示谢意，并且好奇地问："你是怎么说服她的？"丙笑着说："我只是跟她说，有好多人都称赞她，尤其是你，说她又温柔又善良，不光人长得漂亮，脾气也好，人缘也好！如此而已。"

批评和指责别人，往往带来更多的怨怼和不满，非但不能解决问题，还很容易使人与人之间的关系恶化。相反，如果采用赞美的方法，问题就容易解决得多。

法国名人拉罗什富科曾说："理智、美丽和勇敢的赞扬提高了人们，完善了人们。"所以，在人际交往中，我们不妨尝试着赞美他人，努力挖掘他人的闪光点，这也是王阳明所推崇的仁爱精神。

不要轻易指责别人

学须反己。若徒责人，只见得人不是，不见自己非。若能反己，方见自己有许多未尽处，奚暇责人？

——《传习录》

【鉴赏】

有一位朋友脾气不好，经常容易生气而责备他人，王阳明告诫他说："做学问应该反身自问。假若光知道一味苛责别人，眼睛就会只盯着别人的不对，而看不到自己的错误。如果能反过来要求自己，就能发现自己原来还有许多做得不够的地方，哪里还有时间去责备别人呢？

一些人在面对朋友的缺点或做错的事时，往往会当面指出："你错了，让我来告诉你正确的做法吧。""你怎么连这点小事都做不好！"以此来显示自己高人一等的见解。他们以为这样一来，别人就会心悦诚服地赞同自己的观点。有的人甚至还一厢情愿地认为，别人应该感谢自己为他们纠正缺点和指出错误！

可以说，不讲策略地当面指责他人，这是一种非常不明智的做法。根据心理学家研究，无论哪一个人都有希望得到他人尊重的心理需要，这就是所谓的"自尊心"。

如果是我们自己发现了错误，我们也许会自觉地改正它。但是由别人"直言不讳"地当面指责自己做错了时，自尊心这种本能反应就起作用了，它动员全身的神经、肌肉来抗拒、反击这种指责。所以，一个人面对指责的反应，通常是面红耳赤脖子粗、气急败坏地和别人争辩，竭力捍卫自己的观点。

所以，我们永远不要希望别人是从善如流的圣人。历史上固然有古人闻过则喜的美谈，但那是修养非常高的人才能达到的境界，在现实生活中，绝大多数人是不可能"闻过则喜"的。孔老夫子说得好，"己所不欲，勿施于人"，想一想如果你受到别人的指责自己会怎么样，你就会预见到别人面对指责的反映了。

很多时候，当我们指责他人时，不光受到指责的人会产生激烈的负面情绪反应，就是我们自己，只要细心体会一下，也会感觉到相当大的负面能量。因为我们总是把注意力集中在他人的缺点或错误上，自己好像生活在一个一无是处的世界中，似乎人人都与自己作对。这种消极的心态当然会产生消极的能量，然后会促使你不知不觉地在言行举止上也变得十分消极，心情焦躁不安，受不得一点刺激，对他人越来越吹毛求疵，甚至把原本想帮自己的人也得罪了，把自己本来能做好的事情也搞砸了，这样是不是得不偿失呢？

而当我们保持一份宽容、尊重的心态时，即使看到别人有不合己意的地方，也会坦然面对这一切，尽量将注意力集中到别人好的那一面上，看别人到底能给自己带来怎样的启示，而不是一味地去寻找、批评别人的不对之处。

如果我们能这样做时，就会觉得心情好了很多，眼中的世界也变得更加美好了，而且这种良好的心情不仅有助于我们与周围的人保持和谐的关系，也能让我们保持耐心与冷静，处理问题也会更加轻松和顺利。

要想克服爱批评指责他人的坏习惯，我们可以尝试一下这个方法：让自己的心从当前的圈子中跳出来，摆脱主观愿望，认真地思考和反省一下，假如一旦轻率地批评人，必然会导致双方争吵、对立的情况发生，而出现这种不愉快的事情，对解决问题有没有帮助呢？如果自己这样做，只会带来更糟的心情，影响与他人的关系，甚至干扰到自己的工作，又何必执意去做它呢？

这种思考和反省，是一个不断与良知——也就是"本心"沟通的过程。我们的本心是无形无相的，它能客观、不偏不倚地看问题，如果我们能接近本心，那些想表现自己的私欲就自然消失无踪了。当你想指责别人时，只要能做到这一点，你就能够不理会即将涌上心头地批评他人的冲动，而代之以一种更平和、宽容的感觉，你会惊奇地发现，你的人际关系在不知不觉中好了很多！

从反躬自省中完善自己

见贤思齐焉，见不贤而内自省，则不至于责人已甚，而自治严矣。

——《传习录》

【鉴赏】

自省是一面镜子，它可以照见心灵上的污垢，继而照亮前进的路途。工作中，有很多人经常怨天尤人，就是不在自身上面找原因。实际上，一个人失败的原因是多方面的，只有从多方面入手寻找失败的原因，并有针对性地进行改正，才能起到纠错的作用。

"见贤思齐焉，见不贤而内自省。"看到比自己好的人就要争取进步，与之齐头并进，见到不好的就要反思自己是否也有这样的错误或者坏习惯，这样才不至于严于待人，宽以待己。如果要想成为一个成功的人、伟大的人，恰恰要严于律己、宽以待人，从反躬自省中完善自己，不断积聚自己的优势力量。

陈子昂是我国初唐著名诗人，老家是梓州射洪（现在的四川省射洪县）。由于父母平时对他非常娇惯，所以他长到十几岁时仍然不爱读书，每天只知道跟他的朋友出城打猎、游玩，要不就是四处找人斗鸡赌钱。

随着时间的流逝，陈子昂渐渐长大了，这时他的父母才发现自己的宝贝儿子不学无术，一无所长，并开始为他的前途担忧。父母对他平日里的行为也看不下去了，多次劝他除掉身上的恶习，潜心攻读。可陈子昂早就游荡惯了，哪里听得进去。

有一天，他在游玩途中路过一处书塾，在窗外无意中听到老师在说这样一段话："一个人是否能够享有荣誉或蒙受耻辱，完全取决于他本人的品德。品德好的人，自然会享受荣誉；品德坏的人，也自然会蒙受耻辱。一个人如果放任自流，行为举止傲慢，身上具有邪恶污秽的东西，就无法得到他人的尊敬。要想成为一名君子，就要让自己博学多才，还要经常用学来的道理对照自身进行检点。如果坚持这样做下去，你的学问和知识就会越来越多，行为上也很难有什么过失了。俗话说得好：'少壮不努力，老大徒伤悲。'在生活中，我们看到别人能做一番大事业时总是非常羡慕人家，可是你哪里知道，人家之所以能够取得成功，是下了一番苦功夫的！不经过自身的努力就想得到学问，那就如同缘木求鱼一样幼稚得可笑。"

无意中听到的这一番话，使陈子昂的内心受到很大的触动。他忘记了游玩，马上赶回家，在自己的屋中反思起来，回首自己以前做过的荒唐的事情，心里追悔莫及。

从那一天起，陈子昂毅然跟原来那些朋友断绝了来往，把在家中饲养的各种小动物也都放掉了，从此和书本成了朋友，每天书不离手，勤奋刻苦地学习，直至最后成为一名伟大的诗人。

每个人都需要反思自己的行为，陈子昂如果没有反思，想必也很难成为留名千古的大诗人。要想取得成功，必须适时清理一下内心的"乌云"，经常自查自省，把负面的因素扔进"垃圾桶"，吸取过往教训，总结经验，以免以后发生类似的事件。

王阳明和学生讨论"中"，他认为"中"不是物，而是学者涵养省察时的景象。君子修德，学者求学，圣人得道，乃至君主治国，都要在时时寻找和守定这种自省的景象。背离这种景象，就会落于私欲的俗套。

一个人只有不断地反省，才会不断地提高。一个人进步的能力、学习的能力，就体现在他反省的能力上。若能通过自省找到自己的优势，并将优势发挥到极致，他就能够在该领域中取得非凡的成就，获得成功。

生活的真正悲剧并不在于我们每个人都没有足够的优势，而在于未能使用我们的优势。王阳明为实现圣人之志亲身实践探索的过程，告诉我们人人都可以成为圣人。世界上没有两片完全相同的树叶，每个人的天赋都是不同的，而且每个人都有表现突出的一个方面，只是我们不够相信自己。

我们的时间有限、精力有限，不可能把所有的事情做到最好，但是我们一定可以把其中的一件事做到最好。也就是说，一个人，必须首先找到自身的优势所在。做最好的自己，你就能在不知不觉中超越众人，跨越平庸的鸿沟，从众人中脱颖而出。

不要人云亦云

夫学贵得之心，求之于心而非也，虽其言之出于孔子，不敢以为是也，而况其未及孔子者乎？求之于心而是也，虽其言之出于庸常，不敢以为非也，而况其出于孔子者乎？

——《传习录》

【鉴赏】

王阳明说："学问贵在心中有所获得。我心中认为是错误的，即便是孔子的言论，我也不敢说它是正确的，何况那些比不上孔子的人？我在心里认为是正确的，即便是平常人的言论，我也不敢认为是错误的，何况还是孔子呢？"

俗话说："尽信书不如无书。"一个只知道死记硬背的人，是无法寻获真理的。当我们在学习书本上的知识、言论时，一定要有自己的看法，一定要懂得思考，唯有如此，我们才会不断地进步。当然，在人云亦云的大环境里面，能够坚持自我更显得弥足珍贵。有时坚持自我正确的观点，需要很大的勇气，需要更高的智慧。

我们生活的世界，有许多前人所说的真理，我们理所当然地认为他们是对的，而一旦有人提出相反意见，就会遭到质疑，甚至会付出血的代价。布鲁诺是意大利的思想家、哲学家，他捍卫和发展了哥白尼的日心说，但也因为他批判经院哲学和神学、反对地心说而被捕入狱，最后被烧死在罗马的鲜花广场。而他人生最后的呐喊："火不能征服我，未来的世界会了解我，我知道我的价值！"他的给了后人坚持真理的勇气。时至今日，他被世人誉为反教会、反经院哲学的无畏战士，是捍卫真理的殉道者，受到了世人的尊敬和爱戴。

在生活中，我们只有坚持自己，才不会被外界的言论所迷惑，才能欣赏到美丽的风景，才不会陷入人云亦云的泥沼。

一群喜鹊在女儿山的树上筑了巢，在里面养育了喜鹊宝宝。它们每天寻找食物、抚育宝宝，过着辛勤的生活。在离它们不远的地方，住着好多八哥。这些八哥平时总爱学喜鹊们说话，没事就爱乱起哄。

喜鹊的巢建在树顶上的树枝间，靠树枝托着。风一吹，树摇晃起来，巢便跟着一起摇来摆去。每当起风的时候，喜鹊总是一边护着自己的小宝宝，一边担心地想：风啊，可别再刮了吧，不然把巢吹到了地上，摔着了宝宝可怎么办啊，我们也就无家可归了呀。八哥们则不在树上做窝，它们生活在山洞里，一点都不怕风。

有一次，一只老虎从灌木丛中窜出来觅食。它瞪大一双眼睛，高声吼叫起来。老虎真不愧是兽中之王，它这一吼，直吼得山摇地动、风起云涌、草木震颤。

喜鹊的巢被老虎这一吼，又随着树剧烈地摇动起来。喜鹊们害怕极了，却又想不出办法，就只好聚集在一起，站在树上大声嚷叫："不得了了，不得了了，老虎来了，这可怎么办哪！不好了，不好了！……"附近的八哥听到喜鹊们叫得热闹，不禁又想学了，它们从山洞里钻出来，不管三七二十一也扯开嗓子乱叫："不好了，不好了，老虎来了！……"

这时候，一只寒鸦经过，听到一片吵闹之声，就过来看个究竟。它好奇地问喜鹊说："老虎是在地上行走的动物，你们在天上飞，它能把你们怎么样呢，你们为什么要这么大声嚷叫？"喜鹊回答："老虎大声吼叫引起了风，我们怕风会把我们的巢吹掉了。"寒鸦又回头去问八哥，八哥无以作答。寒鸦笑了，说道："喜鹊因为在树上筑巢，所以害怕风吹，畏惧老虎，可是你们住在山洞里，跟老虎完全井水不犯河水，一点利害关系也没有，为什么也要跟着乱叫呢？"

八哥一点主见也没有，只懂随波逐流、人云亦云，也不管对不对，以至于闹出了笑话。我们做人也是一样，一定要独立思考，自己拿主意，不盲目附和人家。不然，就会像人云亦云的八哥一样可悲又可笑了。

生活中有很多人总是别人说什么就是什么，跟随别人的言论或想法，这样的人往往不会有大成就，一辈子平平淡淡，一事无成。究其原因，就是他们不能坚持自我，往往人云亦云，容易听从别人的建议。

要想在这个世界上有所作为，有一点是必须看重的，那就是坚持自我，善于倾听自己的心声，不要做一颗随风倒的墙头草，唯有遇事坚持自我、有主见，才能取得成就。

少空谈，多实践

若不用克己功夫，终日只是说话而已，天理终不自见，私欲亦终不自见。如人走路一般，走得一段，方认得一段。走到歧路，有疑便问，问了又走，方渐能到得欲到之处。

——《传习录》

【鉴赏】

王阳明认为，如果没有下功夫克制私欲，每天只是说一说，最终就认识不到天理和私欲的区别。就像人走路，走一段才能看清楚前面一段。到了岔路口，有疑惑就要问，问明白再走，这样才能渐渐走到目的地。也就是说，光是空谈而不去实践，是无法克制自己的私欲、认识天理的，因此王阳明感叹："天下大乱，只因空谈多而实践少。"

世界上有两种人：一是实干家，一是空想家。空想家们善于夸夸其谈、想象丰富、渴望强烈，总是设想做各类大事情；而实干家则是着重于做！空想家不管怎样努力，都无法完成那些自己应该完成或是可以完成的事情；而实干家虽然没有空想家那样富丽堂皇的说辞，却往往能获得成功。

　　实干家比空想家做得成功，是因为他们总是采取持久的、有目的的行动，而空想家很少着手行动，或是刚开始行动便很快懈怠。实干家具备有目的地改变生活的能力，能够完成非凡的事业，不论是开一间自己的公司，写作一本书，竞选政府官员，还是参加马拉松比赛等。与此形成鲜明对比的是，空想家大多只是站到一边，梦想这些而已。

　　空想家往往受到人们的嘲笑，因为他们始终把自己的理想挂在嘴边，却从不见他们为之奋斗。他们的谈话言辞激烈，谈到理想时慷慨激昂，然而，他们是行动的矮子。空想家认为以自己头脑中的知识可以拯救世界，但是世界并不这么认为。事实一次又一次地证明，空想家是难以获得成功的。

　　战国时候，秦国派王龁攻下上党，意欲进攻长平。

　　赵孝成王听到消息，命廉颇率二十多万大军驻守长平。廉颇叫兵士们修筑堡垒，深挖壕沟，跟远来的秦军对峙，做好长期抵抗的准备。

　　王龁几次三番向赵军挑战，廉颇说什么也不跟他们交战。秦昭襄王请范雎出主意。范雎说："要打败赵国，必须先叫赵国把廉颇调回去。"

　　过了几天，赵孝成王听到左右纷纷议论，说："秦国就是怕让年轻力强的赵括带兵。廉颇不中用，眼看就快投降啦！"

　　赵王听信了左右的议论，立刻把赵括找来，问他能不能打退秦军。赵括说："要是秦国派白起来，我还得考虑如何对付。如今来的是王龁，要是换上我，打败他不在话下。"

　　赵王听了很高兴，就拜赵括为大将，去接替廉颇。

　　蔺相如对赵王说："赵括只懂得读父亲的兵书，不会临阵应变，不能派他做大将。"可是赵王对蔺相如的劝告听不进去，一意孤行，让赵括带领二十万大军去接替廉颇。

范雎得到赵括替换廉颇的消息，知道自己的反间计成功，就秘密派白起为上将军，去指挥秦军。白起一到长平，布置好埋伏，故意打了几场败仗。赵括不知是计，拼命追赶。白起把赵军引到预先埋伏好的地区，派出精兵二万五千人，切断赵军的后路；另派五千骑兵，直冲赵军大营，把四十万赵军切成两段。

赵括的军队，内无粮草，外无救兵，士兵叫苦连天，无心作战。赵括带兵想冲出重围，秦军万箭齐发，把赵括射死了。四十万赵军，就在纸上谈兵的主帅赵括手里全军覆没了。

赵括是个空谈家，自以为读过兵书，谙熟兵法，但没有亲身经历过战争，书本在他头脑中构筑出虚无缥缈的军事楼阁，然而在真实的刀光剑影中不堪一击，赵括因"纸上谈兵"而被作为空想家的代表贻笑千古。

良好的理论很重要，但是理论若不经过实践的检验，就不可能转化为实际应用中有效的力量。无论是空谈者，还是空想者，往往自以为有了知识就有了一切，这是极度错误的想法。掌握知识是为了应用，有了目标，要实干才能实现，否则，单凭空谈异想天开，将会导致重大的失误。因此，我们应少空谈，多实践，将所学灵活运用在实践中。

真正的友谊没有距离

君等离别，不出在天地间，苟同此志，吾亦可以忘形似矣！

——《传习录》

【鉴赏】

俗话说："人生最宝贵的是生命，人生最重要的是友谊。"爱默生说过：友谊是人生的调味品，也是人生的止痛药。的确，友谊能增进快乐、减轻痛苦，因为它能倍增我们的喜悦、分担我们的烦忧。多一个真正的朋友，就多一块陶冶情操的砺石、多一份战胜困难的力量、多一个锐意进取的同伴。

鲁迅先生曾说："人生得一知己足矣，斯世当以同怀视之。"确然，人一生中能够和一些与自己意趣相同的人交往，真的可以使人受益匪浅。一个可以跟你交流思想、感情，能安顿你的心灵，志同道合，彼此知心的朋友，哪怕是相隔千里万里，想起某个地方有一个自己的真心朋友，心里便感到温馨；哪怕十年、二十年不见面，一朝相见，仍温暖如故。正如人们所说，真正的友谊，如同佳酿，愈陈愈香。

有一句家喻户晓的诗句说到"海内存知己，天涯若比邻"，真正的友谊不管相隔得有多么远，他们的心始终是彼此相通的，始终是彼此相互牵挂，他们也会为自己遥远的另一方有一位知心的朋友感到骄傲和欣慰。

徐爱敦厚好学，非常崇拜王阳明的博学多识，当王阳明受到权奸刘瑾的迫害，被贬谪到贵州龙场驿，人生进入最黑暗时期时，徐爱不避嫌疑，毅然拜王阳明为师。这对王阳明是一个安慰。

在诸弟子中，徐爱是王阳明最知心的人，也是对王阳明心学领悟最深的人。他闻一而知十，德行又好，与孔子的弟子颜回颇像。但徐爱身体不好，他曾梦游衡山，遇到一个老和尚对他说："你与颜回同德。"过了一会儿，又说："也与颜回同寿。"徐爱跟王阳明说了这个梦，并认为自己活不了多大岁数。王阳明真怕徐爱同颜回一样，安慰说："不过是个梦，又何必当真？"

徐爱说："寿命是不可强求的，我只愿早日归隐山林，跟随先生学习，朝有所闻，夕可死矣！"

后来，朝廷要派王阳明巡抚南宁、赣州，王阳明有心辞职。徐爱却又觉得他此时辞职，时机不妥，可能招来灾祸，劝道："现在外面议论纷纷，先生好歹去走一遭，我和师兄弟们先支撑着，等先生了事后再回来。"

王阳明离京后，徐爱就辞了官，在南京城外买了几间房，带着一群弟子读书论道，记述王阳明的言论，编撰《传习录》。

王阳明打仗之余，跟徐爱频繁书信来往。他们虽天各一方，感情从未减弱半分，反因长久的别离而变得更加真挚。当王阳明在军中惊闻徐爱去世的噩耗，悲痛欲绝，两天不吃不喝。可他责任重大，又不能沉溺在伤痛中，只好打起精神，化悲痛为力量。

徐爱虽然死了，却永远活在王阳明心中，让他怀念终生。王阳明本人比较赞同孔子、释迦牟尼的"述而不作"，只讲道而不著书立说。但他后来赞成弟子们编写《传习录》，未尝不是为了完成徐爱未竟的事业。

真正的友谊历久而弥香，不会被时间淡化，更不因千山万水而阻断。人生如梦，岁月如歌。一年又一年的风风雨雨，几许微笑，几丝忧

伤，随着时间小河的流淌，许多人和事都付之东流，但真正的友谊却会随着时间的推移，如陈年酒香，沁人心脾，彼此的心灵可以穿越时空，送去温暖。

聪明人责备自己，愚蠢人埋怨朋友

一友常易动气责人，先生警之曰："学须反己。若徒责人，只见得人不是，不见自己非。若能反己，方见自己有许多未尽处，奚暇责人？舜能化得象的傲，其机括只是不见象的不是。若舜只要正他的奸恶，就见得象的不是矣。象是傲人，必不肯相下，如何感化得他？"是友感悔，曰："你今后只不要去论人之是非，凡尝责辨人时，就把做一件大己私克去方可。"

——《传习录》

【鉴赏】

有一位朋友常常因为生气而责备人，王阳明告诫他说："学习应反身自问。如果光是责备别人，就会只看到别人的不对，而看不到自己的错。如果能反身自问，才能看到自己有许多不足之处，哪还有时间去责备别人呢？舜能感化象的傲慢，关键只是舜不去看象的不对之处。如果舜执意要去纠正象的奸恶，就会看到象的不对之处了。象是一个傲慢的人，必定不肯认错，又怎么能感化他呢？"于是，这位朋友感到后悔。王阳明说："你今后只是不要去评论别人的是非，每当要责备别人的时候，就把它当作一个大私欲除去才行。"

现实的生活中，总有这样的人在身边，他们总是指责你的种种不足，却打着"性格率直""直言不讳""实话实说"等旗号，把自己显现得高人一等，夸大自己的功劳，以显示自己是如何的优秀。其实根据心理学家的研究，无论是哪个人都有希望得到他人尊重的心理需要。所以当一个人面对指责的时候，他们通常内心抑郁，或是直接进行反击，为自己进行辩解，竭力捍卫自己的尊严。

明朝大儒王阳明先生虽然没有学过现代心理学的知识，却能够洞悉人性的弱点，深知一个人受到指责后的反应，所以说舜并不是极力地去纠正象的奸恶，而是以自身的行动感动象，其实这就是孔夫子所说的"己所不欲，勿施于人"。一个人的修养绝不是一味地指责别人，轻视别人，而是以人为镜，知道自己的缺点和不足。

美国总统林肯年轻时住在印第安纳州鸽湾谷，那个时候他有一个嗜好，就是喜欢评论是非，还常常写信写诗讽刺别人，他常把写好的信丢在乡间的小路上，这样容易让讽刺的对象拾到，以便读到他的批评和指责。后来，林肯在伊利诺伊州春田镇做了见习律师，但这一毛病仍没有改掉。

1842 年秋，他又在报上写了一封匿名信讽刺当时的一位自视甚高的政客詹姆士·席尔斯，被全镇引为笑料。席尔斯读到林肯的匿名信时，怒不可遏，愤怒不已，终于查出写信者就是林肯，于是他即刻骑马找到林肯，下战书要求决斗。林肯并不喜欢决斗，但迫于形势和名誉，被逼无奈只好接受挑战。他选择骑兵的腰刀作为武器，并向一位西点军校毕业生学习剑术，准备到决斗那一天决一死战。到了约定日期，二人在河边见面，一场你死我活的决斗就要进行。幸亏在最后，这场决斗被人阻止了，否则美国的历史可能会改写。

这一次经历使林肯认识到了自己的缺点，这也成为他一生中最深刻的一个教训。从这件事之后，林肯学会了与人相处的艺术，他再也不写信骂人、任意嘲弄人或为某事指责人了。此刻的他深刻地明白了一个自尊心受到伤害的人会有怎样可怕的举动。

南北战争的时候，林肯新任命的将军在战争中一次又一次地惨败，使林肯很失望。全国有半数以上的人都在骂这些将军，但林肯没吭一声。他常说的一句话是："不要批评别人，别人才不会批评你。"当林肯太太和其他人对南方人士有所非议的时候，林肯总是回答说："不要批评他们；如果我处在同样情况下，也会跟他们一样的。"任何时候都要顾及别人的自尊心，这就是林肯善于与人相处的秘诀，也是他的成大事之道。

王阳明认为："朋友之间的辩论，即使有浅近粗疏的地方，或是露才扬己的时候，都是毛病发作。应对症下药才行，不能因此怀有轻视别人的心，否则，就不是与人为善的君子之心了。也就是说，当你和朋友相交辩论的时候，总是想要突显自己的见识宽广、才华了得，这样就是私欲在作怪。"与朋友相处，彼此间应当少一点规劝指责，多一点开导鼓励，这样才是正确的"。

汉高祖五年（公元前202年），刘邦大摆酒宴，欢庆建立汉朝。席间，他以胜利者的姿态，问身边的大臣，自己取得天下、项羽失去天下的缘由。大臣的解答不能令他满意，他当朝表明自己的看法："运筹策帷帐之中，决胜于千里之外，吾不如子房（指张良）；镇国家，抚百姓，给馈饷，不绝粮道，吾不如萧何；连百万之军，战必胜，攻必取，吾不如韩信。此三者皆人杰也，吾能用之，此吾所以取天下也。项羽有一范增而不能用，此其所以为我擒也。"刘邦敢用比自己在某个方面高明的人才，这是他取得天下的最重要的原因。刘邦的"用人论"，与一代明君唐太宗的哲言"为政之要，惟在得人。用非其才，必难致治"，可谓异曲同工。

王阳明告诉学生陆九川说："和朋友一起探讨学问，应该委曲谦让，宽厚待人。"这些都是教导我们不要轻易指责他人的真知灼见。所以诽谤和侮辱并不可怕，对那些恶意中伤、侮辱你的言语和行为，你要以此为契机，激励自己不断进取，只有做得更好了，做出更大的成绩，才是让诽谤者闭嘴的最好方式，也是对那些侮辱你的人的最好回应。

不要轻易地去指责别人，在讲你所谓的"直言不讳"的时候，要顾及到对方的自尊心，做一个聪明的人；遇到事情责备自己，而不是埋怨身边的人，查找自己身上的不足。如果每个人都能够通过此方法来进行自省，那么你就是一个聪明人，能够顺利地解决生活中的各种问题。

精诚所至，金石为开

唯天下之至诚，然后能立天下之大本。

——《传习录》

【鉴赏】

王阳明认为，唯天下之至诚，然后能立天下之大本，在他看来，"诚"是一个非常重要的字。做事情的时候，总是有一个先后的顺序，在谈到格物致知和诚意时，王阳明又说："若以诚意为主，去用格物致知的功夫，即功夫始有下落，即为善去恶无非是诚意的事。"也就是说，必须要先有诚意，然后才能在事物上格致，否则就会无从下手。所以在做任何事情的时候，都要讲究一个"诚"字，而此"诚"为内心发出的真诚和坦白。

在生活中有这样一种人，他们表面大度、开朗，总是给人一种极其阳光的一面，其实背地里他们经常把别人的无意冒犯当成是侵犯，而后偷偷报复，绝不对着人面爆发，他们的假仁慈和假热情通常背后都隐藏着冷漠与自私。我们在与人交往的时候，一定要做到态度诚恳、光明正大，切不可躲闪疑心、小肚鸡肠。

很多时候我们做事情成功与否取决于有多大的诚意。一个人只有对人真诚，才能够让别人喜欢和相信，旁人在面对你的时候，才能够敢于说真话、实话，才能乐于和你接触，获得彼此之间的认同。诚信为本。古代著名教育家孔子说过："人而无信，不知其可也。"可见，从古到今，都把诚实守信列为做人的根本。诚实守信做人，才能言而有信；童叟无欺，才能心里坦荡、光明正大。

春秋的时候，楚国叶县有一个名叫沈储梁的县令，大家都叫他叶公。叶公非常喜欢有关龙的东西，不管是装饰品、梁柱、门窗、碗盘、衣服，上面都有龙的图案，连他家里的墙壁上也画着一条好大好大的龙。大家走进叶公的家还以为走进了龙宫，到处都可以看到龙的图案！"我最喜欢的就是龙！"叶公得意地对大家说。有一天，叶公喜欢龙的事被天上真的龙知道了。真龙说："难得有人这么喜欢龙，我得去他家里拜访拜访呀！"真龙就从天上飞来叶公的家，把头伸进窗户中大喊说："叶公在家吗？"叶公一看到真正的龙，吓得大叫："哇！怪物呀！"真龙觉得很奇怪，说："你怎么说我是怪物呢？我是你最喜欢的龙呀！"叶公害怕得直发抖，说："我喜欢的是像龙的假龙，不是真的龙呀，救命呀。"叶公话没说完，就连忙往外逃走了！留下真龙一脸懊恼地说："哼，叶公说喜欢龙这件事是假的，他根本是怕龙嘛！害我还飞来拜访他！"

叶公好龙的故事传诵千秋万代，经久不衰。这里面有很多值得我们学习的内涵，但是叶公的不真实、叶公的心口不一始终是大家在讨论的问题。我们很难想象，一个缺乏真诚的人如何能够做好事情，正常地与人交往，所以古人云："精诚所至，金石为开。"想要把事情做好，就一定要真诚。

事情的成功与否取决于你对人有多大的诚意，一个虚伪狡诈的人无论掩饰得多好，虚伪的面容都会呈现在脸上，心纯净，面容才善良。一个人若心诚志坚，那么便力量无穷。

西汉时期，著名的飞将军李广，他精于骑马射箭，作战非常勇敢。一次，他去冥山南麓打猎，忽然发现草丛中蹲伏着一只猛虎。李广急忙弯弓搭箭，全神贯注，用尽气力，一箭射去。李广箭法很好，他以为老虎一定中箭身亡，于是走近前去，仔细一看，被射中的竟是一块形状很像老虎的大石头。箭头深深射入石头当中，向且箭尾也几乎全部射入石头中去了。李广很惊讶，他不相信自己能有这么大的力气，于是想再试一试，就往后退了几步，张弓搭箭，用力向石头射去，可是，一连几箭都没有射进去。有的箭头破碎了，有的箭杆折断了，而大石头一点儿也没有受到损伤。

人们对这件事情感到很惊奇，疑惑不解，于是就去请教学者扬雄。扬雄回答说："如果诚心实意，即使像金石那样坚硬的东西也会被感动的。"

真心诚意的力量是无穷的，以诚待人是处世的原则。"金石为开"需要你的"精诚所至"。他山之石可以攻玉，重要的是你在初次见面中运用精诚，使用他山之石，那么最沉默的玉也会被琢成器。人可以失去财富、地位、权力，但是却不能失去真诚和信用，所有的东西都会随着时间的流转而贬值，但是真诚不会。庄子曰："真者，精诚之至也，不精不诚，不能动人。"靠你的真诚去打动人，你才能拥有无尽的快乐和财富，没有真心诚意的人，永远不可能发家致富，即使有朝一日发达，也会如"累卵之危"预倾之不复。

人无忠信不可立于世

人情机诈百出，御之以不疑，往往为所欺。觉则自入于逆、臆。夫逆诈，即诈也。臆不信，即非信也。为人欺，又非觉也。不逆不臆，而常先觉，其唯良知莹彻乎。然而出入毫忽之间，背觉合诈者多矣。

——《传习录》

【鉴赏】

王阳明认为，人情诡诈，层出不穷，如果用诚信来防御它，往往受到它的欺骗。要想觉察人情的诡诈，就会事先猜度别人会欺诈自己，就会臆想别人不相信自己。逆诈就是欺诈，臆不信就是不诚信。被别人欺骗了，又不能觉察到。能够不事先怀疑别人欺诈，不无故臆想别人不相信，而又常常能预先觉知一切的，唯有光明纯洁的良知才做得到。但是，其间的差别十分微妙，常常是背离知觉而暗合欺诈的事情发生。

在现今这个社会中，由于各种竞争激烈上演，很多人为了所谓的利益而抛弃了诚信。对于这种背信弃义的人，王阳明一直持有批评态度。他认为人与人之间在打交道之前就先臆想别人，持有怀疑的态度，那么臆想别人就是不相信自己，说白了就是一种不诚信的表现。只有那种怀有淳朴和诚信的人才会赢得别人的信任，才做到了人性中的最真。

人无忠信不可立于世，拥有诚信是一个人立足于世的最基本的原则，是你与人交往的前提要求。"赠人玫瑰，手有余香"，那么同样你给人的是诚信，遵守自己的原则，别人才会与你交心。人与人之间的信任是相互的，你想要自己的狡诈去换取别人的诚信，这无异于缘木求鱼。

一个完全没有诚信的人得不到别人的信任，那么他做什么都不会成功的。一个满口谎言，信口开河的人往往给人一种不踏实的感觉。不能说到做到的人，你也不要期望他能做成什么大事。俗语说："光说不做假把式。"其实，我们每个人都知道这句话的意义，但试问，又有几个人真正从中汲取了经验，做到了"言必行，行必果"呢？古代的墨子曾经说过"身必行之"，告诉我们必须言行一致，以身作则。

北宋词人晏殊素以诚实著称。晏殊少年时，张知白以"神童"名义把他推荐给朝廷，召至殿下，正赶上皇帝亲自考试。皇帝召见了他，并要他与一千多名进士同时参加考试。晏殊见到试题，就说："臣十天前已做过这样的题目，有草稿在，请另选试题。"皇帝非常喜欢他的质朴不隐，便赐给他"同进士出身"。

晏殊当职时，正值天下太平，于是京城的大小官员便经常到郊外游玩或在城内的酒楼茶馆举行各种宴会。晏殊家贫无钱出去吃喝玩乐，只好在家里和兄弟们读写文章。一天，皇宫中给太子选讲官，皇帝御点晏殊上任。执政大臣不知为什么皇上选中晏殊，转天上朝复命，皇上说："最近听说馆阁大臣们都嬉游宴饮，一天到晚沉醉其中，只有晏殊与兄弟闭门读书，这么谨慎忠厚的人，正可教习太子读书。"晏殊上任后，有了面圣的机会，皇帝当面告知任命他的原因，晏殊语言质朴不拘，说："为臣我并非不喜欢宴游玩乐，只是家里贫穷没有钱出去玩。臣如果有钱，也会去宴饮，只是因为没钱出不了门。"皇上因此更欣赏他的诚实、懂得侍奉君王的大体，眷宠日深。仁宗登位后，他得到重用，官至宰相。这两件事使晏殊在群臣面前树立起了信誉，而宋真宗也更加信任他了。

秦末有个叫季布的人，一向说话算数，信誉非常高，许多人都同他建立起了浓厚的友情。当时甚至流传着这样的谚语"得黄金百斤，不如得季布一诺"，这就是成语"一诺千金"的由来。后来他得罪了汉高祖刘邦，被悬赏捉拿。结果他旧日的朋友不仅不被重金所惑而且冒着灭九族的危险来保护他，使他免遭祸殃。一个人诚实有信，自然得道多助，能获得大家的尊重和友谊；反过来，如果贪图一时的安逸或小便宜，而失信于朋友，表面上是得到了"实惠"，但为了这点实惠他毁了自己的声誉，而声誉相比于物质是重要得多的。所以失信于朋友无异于丢掉西瓜捡芝麻，是得不偿失的。

拥有诚信，就如同握住一束馨香的花束，让他人快乐使自己陶醉；虚掷承诺，眼睛变成没情意的金属质的同时，也必将带来信任的危机。诚信是人生的立足点。"守信是一项财富，不应该随意虚掷"。承诺是金，让我们信守承诺，将灵魂袒露于天地之间，为自己交上一份无愧的答卷。

唐中期名臣李勉年轻时，爱好到处游历，广交朋友。有一次他来到了一个叫梁的地方，和一个读书人一同借宿在河南商丘的一家旅店中，因此而认识了这位书生。谁知这位书生突然生起病来，而且十分严重。

李勉替他请医生，买药煎药，喂水喂饭，照顾得非常周到。但是这位书生的病不见好转，竟然到了无可救药的地步。他在临死前对李勉说："李兄，看来我是没救了，我家住在江西南昌，原来想到太原求得一官半职，想不到在这里得病将死，这是命中注定的。"于是从布袋中拿出100两银子交给李勉，又说："我的仆人不知道我有这些银子，我死后你用我的银子替我埋葬，剩下的钱财就送给你用吧，以答谢你连日来对我悉心的照顾。"李勉答应为他料理后事，后事办好后却把剩余的银子秘密地放在墓穴中和死者一起埋下。隔了几年，李勉担任开封县尉的官职。那死去的书生的兄弟带着南昌府的公文来寻找这个书生，一路寻找他的行迹，到了商丘，打听出李勉曾经为死者主持过丧事，就特地来到开封找李勉，询问死者银子的下落。李勉请了假陪同前往商丘墓地，挖出剩余的银子交给了死者的兄弟。他不贪取别人的钱财，这种诚实的行为使书生的家人非常感动。后来李勉当上了节度使，不但为官廉洁公正，而且十分爱惜人才。

其实在我们的生活中很多事情也是同样的，一些讲求诚信的人往往会受到对方的尊敬。王阳明的"致良知"学说中就包含真诚笃实的观点。人之言为信，言而无信则非人。诚信是一个人立世之本，违背了誓言和诚信就会失去所有的朋友，令自己陷入孤立无援的状态。

王阳明告诫自己的学生要讲良知，绝对不容许不诚实。不诚实的事情一旦存在，心就会察觉。不守诚信的人，往往会丢失更多的东西。诚信不仅仅是一种智慧，更是一种财富，这种无形的财富会让一个人更加得到人们的认可，获得大家的帮助。在一个人成功的道路上，诚信的品格往往超越了能力，可以检验一个人。所以你若想在世上获得成功，诚信必不可少。

人生难得"糊涂"

　　叔孙、武叔毁仲尼，大圣人如何犹不免于毁谤？先生曰："毁谤自外来的，虽圣人如何免得？人只贵于自修，若自己实实落落是个圣贤，纵然人都毁他，也说他不着。却若浮云掩日，如何损得日的光明？若自己是个象恭色庄，不坚不介的，纵然没一个人说他，他的恶慝终须一日发露。所以孟子说'有求全之毁，有不虞之誉'。毁誉在外的，安能避得？只要自修何如尔！"

——《传习录》

【鉴赏】

　　王阳明认为，毁谤是外界来的，即使是圣人也在所难免。人只有注重自身的修养，如果自己的的确确是个圣贤，纵然世人都诋毁他，也说不倒他，又能将他怎么样？这就如同浮云遮日，如何能损害太阳的光辉？如自己是一个外貌恭敬庄重、内心空虚无德的人，纵然无人说他坏话，他隐藏的恶终有一天会暴露无遗。因此，孟子说"有求全之毁，有不虞之誉"。毁誉来自外界，岂能躲避？只要能加强自身修养，外来的毁誉算得了什么？

　　人生在世，我们总是避免不了别人对自己的评价，评价中总是毁誉参半。在面对这些评价的时候，每个人都有着自己的想法，其实重要的还是要加强自己的修炼。面对质疑和诽谤，不妨装糊涂，这也是一个不错的方法，装糊涂是一种智慧的生存策略。大智若愚就是这样，表面上是假的糊涂，内心却很警觉、很聪明。有时候装糊涂是为了保证自己不受到侵犯。

苏东坡谪贬惠州任司马时，57岁。这是他第三次遭贬，成为历代被贬大庾岭以南的第一人。他把亡妻独自留在了京都，"生死两茫茫"。那时他身边还有小儿子苏过、两名老女仆，值得欣慰的是还有朝云——聪明漂亮而又善良的侍妾。曾有一天，晚饭后，东坡在屋里摸着肚皮欣然踱步。他问家中的女仆，他那便便大腹之中装着的是什么？一个女子说："是一肚子墨水。"另一个说："一肚子漂亮的诗文。"东坡都笑着摇头说："不是。"随后他问朝云："你说呢？"朝云说："是一肚子不合时宜。"东坡大呼："对啊！"他捻着胡须，仰天大笑。朝云看到的是东坡的精神内核。尽管她小苏东坡二十余岁，却堪称知音。元丰六年，侍妾朝云生子满月，行洗儿礼。东坡赋诗《洗儿戏作》："人皆养子望聪明，我被聪明误一生，唯愿孩儿愚且鲁，无灾无难到公卿。"

苏轼自己一生因聪明而受到的苦刻骨铭心，几次都遭到贬谪，以至于希望自己的儿子能够笨一些、糊涂一些，这样才能够躲避各种灾难。拥有聪明才智也会遭人妒忌，往往机关算尽造成了人的痛苦之源。正所谓难得糊涂，聪明难，糊涂难，由聪明转为糊涂更难。一定要懂得摒弃一些小聪明，这样才能显示真正的大智慧。君不闻"大智若愚"？

很多事情看清了总是会有很多心理负担，能装糊涂的时候，尽量保持这种"糊涂"的心态。很多人因为看不清、不明白而努力，也有很多人看得清了，便难以释怀了，望其一生，念其一生。

有两个人去山区游玩，这两个人一个视力极好，一个患有近视。据说山区里面有宝藏，就在漂流河的那边，于是两个人拼命地向那边跑，结果一不小心两个人都落入了河水之中。河水非常深，两个人在宽阔的河面上挣扎着，很快就筋疲力尽了。

突然，视力好的那位看到了前面不远处有一艘小船，正在向他们这边漂来。患有近视的那位也模模糊糊地看到了。于是，两人便鼓起勇气，奋力向小船游去。游着游着，视力好的那位便停了下来，因为他看清了，那不是一艘小船，而是一截枯朽的木头。但患有近视的人却并不知道那是一截木头，他还在奋力向前游着。当他终于游到目的地，并发现那竟然是一截枯朽的木头时，他已离岸不远了。视力好的那位就这样在水里丧失了生命，而患有近视的那位却获得了新生。

清朝书画家、文学家郑板桥有"难得糊涂"一幅字。他本是个聪明绝顶、通今博古的一代文豪，却偏偏写什么"吃亏是福""难得糊涂"，并煞有介事地再加上个注："聪明难，糊涂难，由聪明而入糊涂更难。"一般为官者都会了解，为政得罪巨室，就难有好的下场。而板桥一反积习，独行其是，明知其不可为而为之，最后，不惜扔掉热烘烘的乌纱，而宁可回到冷飕飕的秋江上去钓鱼，也正因他的率真，才能显得如此的洒脱。他所题的"难得糊涂"，可能有两种含意，一方面似有鉴于官场中的糊涂，他难得那种糊涂，只有及早抽身；另一方面当系看透世态，为免多惹烦恼，不妨糊涂一点。他能保全这种糊涂，也算得是可人了。

六、成事

古人云："不谋万事者，不足谋一时；不谋全局者，不足谋一城。"世上没有办不成的事，只有不会办事的人。一个会办事的人，可以在纷繁复杂的环境中轻松自如地驾驭人生局面，凡事逢凶化吉，把不可能的事变为可能，最后达到自己的目的。

人须在事上磨，才立得住

人须在事上磨炼做工夫，乃有益。若只好静，遇事便乱，终无长进。

——《传习录》

【鉴赏】

王阳明认为，人必须在事上磨炼、下功夫，才会有收益。如果只喜欢宁静安逸的境界，而没有经过各种复杂环境的磨炼，遇事就会忙乱，终究不会有长进。

在人生的旅途中，几乎每个人都希望自己能拥有过人的能力，实现自己的人生价值。但遗憾的是，绝大多数人虽然对出类拔萃的能力和高品质的生活充满无限的向往，但他们却不愿在艰苦的生活中磨炼自己。

殊不知，许多优秀的素质和能力，在书本上无法获得，都是在实际的诸多琐事中磨炼才能获得的。陆游有一首诗说"纸上得来终觉浅，欲知此事须躬行"，说的就是这个道理。

因为从实际磨炼中得到的经验，一个人才会记忆深刻。如果没有经过那种刻骨铭心的体验，人的潜意识是不会将这些东西记住，并化为自己的能力和智慧的。

一个人要想提升自己的能力和素质，一定要积极投入到现实环境中去，只有多吃点苦，不断完善自我，才能将那些诸如渴望走捷径、是非不分等浮躁、不健康心态磨掉，从而培养出受用一生的良好心态模式。

虞舜是古代的贤明帝王，《史记》中记载，虞舜小时候生活在一个问题家庭中，虽然他的祖先是颛顼帝，但到了后面这几代已经衰落了，地位低微，都是平民。他的父亲是个瞎子，人称瞽叟。舜的生母死后，瞽叟给舜找了个脾气很坏的后母，并生下了与舜同父异母的弟弟象。象这个人从小娇生惯养，桀骜不驯，对舜很不友好，常常在父母面前说舜的坏话。他的母亲自然也把舜看作眼中钉、肉中刺，欲除之而后快。

瞽叟很宠爱象，在象和妻子的影响下，虽然舜是一个乖巧孝顺的孩子，但他也越来越憎恨舜，居然经常想把舜杀掉，但因为舜很机灵，每次都很巧合地躲过去了。

由于父亲和后母都不喜欢自己，舜每天都得干很多重活，一旦出了一点小小的差错，就要受到父亲的重罚。生活在这样困苦的环境中，虽然受到这样不公平的待遇，舜还是很孝敬地对待父亲和后母，而且一天比一天忠诚恭谨，毫无一点懈怠之意。

就这样，舜做过很多事，他在历山耕过田，种过庄稼，在雷泽那个地方打过鱼，也做过陶器及各种家用器具来卖，还在各地做过生意，农、渔、工、商的行业他全部都经历过了。繁重的劳动也锻炼了他的才能，用今天的话来说，舜算得上是个阅历丰富的复合型人才。这种人才，无论在今天还是在古代，都是很难得的。

舜20岁时，就因为孝顺父母而闻名天下，大家都知道脾气暴躁的瞽叟有一个很能干、很孝顺的儿子叫虞舜。舜30岁时，当时的天子尧帝年纪大了，想找一个接班人，当尧帝问手下的大臣谁可以治理天下时，手下的大臣都不约而同地推荐虞舜。

经过仔细而周密的德行观察和能力考察后，尧帝确认舜具备治理天下的才能，终于把天子之位郑重地传给了舜。

可以说，正是由于舜从小就在各种事上磨炼自己，才能比别人更快更有效地增进自己的智慧和提高自身的素质和能力，进而拥有一个能实现自己人生价值的生命历程。

当然，在当今的社会中，我们并不需要以频繁的"跳槽"来进行这种磨炼，只要你有心，在任何一件事上都是可以磨炼自己的。对于许多人来说，工作似乎是一件不得已的苦差事，他们抱怨，爱发牢骚，希望有朝一日能摆脱这令人烦恼的生活。

然而从某种角度来说，日常生活和工作正是锻炼心灵的最佳机会。当你忙着赶一份重要的计划时，碰巧又有人找你有事，这时你会不会急火攻心，方寸大乱？但假如你用另一种方式来应对这件事，也许会让你的感觉和工作效率截然不同。

正如柳宗元的《江雪》一诗所说："千山鸟飞绝，万径人踪灭。孤舟蓑笠翁，独钓寒江雪。"在天寒地冻的皑皑白雪中，飞鸟绝迹，人踪俱无，唯有一叶孤舟横在江面，一位老翁悠然自得，正独自在享受垂钓的乐趣。在他的心中，人似乎与大自然融而为一，眼中所见的，只是那无心飞舞的片片雪花……

其实，老渔翁寒江垂钓的境界，正是值得我们效法的做事方式。既不畏严寒，又自自然然，在静谧中忘却物我，超越成功与失败，我自无心于万物。何妨万物常围绕？

当你试着以这种心境去对待所遇到的那些烦琐之事时，你会发现自己的情绪奇迹般地好了许多，自然能比较顺利地完成任务。

如果你顺利通过了这样一次考验，这种美好的经验会记录到你的大脑中，以后它就会以同样的方式处理其他的挑战，你也就获得了一份宝贵的"定力"了。久而久之，你就能够镇定自若地应付一切复杂的情况。

当你拥有这种能力后，以往让你烦恼不已的事，就如过眼烟云一般，你现在不会再受它们的干扰了。这种良好的素质，将会让你的人生获得意想不到的成功。

不做下一个谁，只做第一个我

圣人与天地民物同体，儒、佛、老、庄皆吾之用，是之谓大道。

——王阳明

【鉴赏】

王阳明所言，"圣人与天地民物同体，儒、佛、老、庄皆吾之用，是之谓大道"，指出圣人与天地万物、芸芸众生并没有本质上的区别，只要是适合自己的，都可以为我所用。偶像崇拜自古就有，我们崇拜偶像是为了给自己树立一个榜样，从而完善自我。而那些被人们视为偶像的人，通常都是经历过外界的重重考验，千辛万苦才最后闪闪发光的。他们以自身的成就树立榜样，不是因为自己的独傲群雄、技压群芳要压倒普通人，而是更加希望后继有人，人们能够大胆地超越自己，所以，偶像崇拜不可迷失自己，有句话说"太像别人，就会失去自己"，就是这个道理。人要活出自己的本色，而不要随大流。

王阳明讲，"立志贵专一"，前提便是"于始生时删其繁枝"。"于始学时去夫外好"。也就是说，对于偶像我们要取其精华，去其糟粕。我们可以借鉴一些好的地方让自己学习，充实自己，对于坏的地方我们要给予摒弃，不可以盲目崇拜，认为只要是偶像就都是好的。我们要知道，过分地崇拜偶像会使自己的思想和行动都受到束缚，会成为偶像的翻版或是复制。我们活在世上，都有自己的生存方式，拥有自己的价值观、人生观、世界观。我们要按照自己的生存方式及习惯去生活，绝不成为没有独特灵魂的复制人。

其实，崇拜偶像并不是完全不可取。每个人的心中都有着自己难以超越、无法取代的人，我们朝着自己的偶像目标一步步前进，就会有所成就。但是，一定要找一个适合自己的偶像，不要跟风似的模仿别人。对于这一点，王阳明先生就有很好的感悟，年轻的时候崇拜朱熹，钻研朱子学说，还模仿朱熹提出来的理论去格竹，并没有因此而悟出什么人生的道理，反而使得自己大病了一场。因为这一次体验的失败，让王阳明对自己偶像的学说产生了疑惑，所以才有了后来的"心学"。

王阳明是历史上独一无二的文武全才。我们可以回顾一下历史，在中国古代历史上，能文能武的人很多，但是在这两方面都做到极致的人寥寥无几。三国时期的诸葛亮、曹操都曾领兵打仗，文采过人，但是在文化的综合素质上来看，未必能独傲群雄。宋代的辛弃疾基本上还算是一位文化大师，武功了得，但是毕竟不能成为一代大儒。等到王阳明一出现，就真的打破了这个传奇。能文能武的他是一代心学大师，同时也是大明的军神。王阳明之所以有如此成就，就在于他敢于做一个完完全全的自己，他也崇拜偶像，崇拜朱熹，喜欢古代的兵法，但是在喜欢之余，他汲取精华，然后去除糟粕，再加上自己的看法，并得出了心学。所以，崇拜偶像也不都是错的，但你要记住，太像别人就会失去自己。人生的道路上，我们不要做下一个谁，只做第一个我。

爱德华·琴纳是英国医师，被誉为免疫学之父，同时也是天花疫苗接种的先驱。1749 年 5 月 17 日，爱德华·琴纳在英国的一个牧师家里诞生了。

琴纳的青少年时期，天花这个可怕的疾病在欧洲传播着，英国几乎每一个人都被传染上了这种病，许多成年人的脸上都会留下难看的伤疤，还有成千上万的人因为天花成了瞎子或者疯子，每年死去的人非常的多。爱德华·琴纳看到了这种灾难后，在自己 13 岁的时候，就立志将来当个医生根治这种疾病的。

20 岁时，爱德华·琴纳已经是一名能干的助理外科医生了。在他攻克天花的实践中，琴纳从牧场的一个挤牛奶的工人，在患牛痘的母牛上感染牛痘后，从而不会染上天花这一发现上得到启发。

此后又经过了二十多年的探索、研究，于 1796 年 5 月的一天早晨，他用清洁的柳叶刀在一个叫杰瑞的七岁孩子的两条胳膊上划破几道，接种上牛痘浆后，预防生天花的正确而有效的途径牛痘疫苗从此产生了。

但是当时的这一结论遭到多方面的强烈反对。有人说他亵渎神明，有人指责他把人当牲口，有人提议剥夺他行医的权利，有人提议把他开除出医学会，但琴纳不理会这些世俗的偏见和恶意的攻击，坚信自己的结论是正确的。

他对那些人说道："让人家去说吧，我走我的路！"事实证明了他的科学结论。琴纳靠自己的思考，打开了免疫学的大门，并因此拯救了无数的生命。

王阳明指出，芸芸众生并没有本质上的区别，只要是适合自己的，都可以为自己所用。因此对于偶像，我们要学习的是他的精神，而不是崇拜和迷信一个僵硬的躯体。尤其是很多人永远活在偶像的阴影中，不可解脱。尤其是已逝的偶像，他们生前的丰功伟绩被载入青史，更容易让一些盲目的追随者难以自拔，盲目地崇拜偶像只会让我们的人生路上多一块绊脚石，并不能给我们的人生路上带来什么益处。

人要随才成就自己

人要随才成就，才是其所能为。如夔之乐，稷之种，是他资性合下便如此。成就之者，亦只是要他心体纯乎天理。其运用处皆从天理上发来，然后谓之"才"。到得纯乎天理处，亦能"不器"。使夔、稷易艺而为，当亦能之。

——《传习录》

【鉴赏】

王阳明说，人要根据自己的才能成就自己，这才是他所能做到的。例如，夔精通音乐，稷擅长种植，资质如此，他们自然也就这样了。成就一个人，也是要他心体完全是天理。应事物理，都是从天理上产生出现的，然后才可称为"才"。达到纯天理的境界，也就能成为"不器"。就是让夔和稷改变角色，夔种植，稷作乐，一样能行。

唐朝著名的大诗人李白有诗句说过"天生我材必有用，千金散尽还复来"，后人常用来安慰那些失意之人，同时也说明了我们每一个人都有着自己擅长的才能。每一个人生下来都有自己独到的才能，也许就是别人不具备的。所以我们就要根据这种与生俱来的才能成就自

太白醉酒

己，不要放弃。如果达到了"纯天理"的境界，那么所有的事情都不在话下。

著名的达·芬奇是一位思想深邃、学识渊博、多才多艺的画家、寓言家、雕塑家、发明家、哲学家、音乐家、医学家、生物学家、地理学家、建筑工程师和军事工程师。他是一位天才，他一面热心于艺术创作和理论研究，研究如何用线条与立体造型去表现形体的各种问题，另一方面他也同时研究自然科学，为了真实感人的艺术形象，他广泛地研究与绘画有关的光学、数学、地质学、生物学等多种学科。他的艺术实践和科学探索精神对后代产生了重大而深远的影响。

20世纪70年代初，美国麦当劳总公司看好中国台湾市场。他们在正式进军台湾市场前，需要在当地培训一批高级干部，于是进行公开的招考选择。由于要求的标准很高，许多初出茅庐的年轻人都没有通过。经过一再筛选，一位名叫韩定国的年轻人脱颖而出。最后一轮面试前，麦当劳的总

裁和韩定国谈了三次，并且问了他一个让人意想不到的问题："假如我们要你先去洗厕所，你愿意吗？"还未等他开口，一旁的韩太太便随意答道："我们家的厕所一直都是他洗的。"总裁十分高兴，免去了最后的面试，当场决定录用韩定国。后来韩定国才知道，麦当劳训练员工的第一堂课就是从洗厕所开始的，因为服务业的基本理论是"非以役人，乃役于人"，只有先从卑微的工作开始做起，才有可能了解"以家为尊"的道理。韩定国后来之所以能成为知名的企业家，就是因为一开始就能从卑微的小事做起，做别人不愿做的事情。不要轻视每一件小事，因为每一件大事都是由一件件的小事构成的。只有用积极的态度干好每一件小事，才有可能做大事。

联想总裁柳传志说过一句话："管理的真谛就是给猴子一棵树，给老虎一座山。"给猴子一棵树，让它们不断地攀爬；给老虎一座山，让它们自由地驰骋。也就是提供一定的条件或环境，使人尽其才，充分施展自己的才华；使物尽其用，最大限度地发挥自己的作用。也就是王阳明先生所说的，人要随才成就自己一样。

每个人的人生之旅都有自己最适当的生命坐标，每个人都有自己独特的擅长的一方面。很多孩子在学习上是所谓的"差生"，但是他们却在其他的方面体现出了非凡的才华。当代 80 后作家韩寒就是一例，韩寒的各科成绩都十分的差，但是却能写一手好文章，引领 80 后的文学风潮。

诺贝尔化学奖的得主奥托·瓦拉赫在读中学时，父母让他学文学，一个学期学完了，不料老师给他的评语是："瓦拉赫很用功，但过于拘泥，这样的人即使有完美的品格，也绝不可能在文学上发挥出来。"瓦拉赫的父母很无奈，于是让儿子改学油画。没过多久，老师就通知瓦拉赫的父母，说："瓦拉赫既不善于构图，也不擅于润色，对艺术的理解力很差。"瓦拉赫果然也像老师说的那样，成绩在班上排倒数第一。

面对如此笨拙的学生，老师们都认定他是朽木一根，成才无望。瓦拉赫的父母更加没有办法。就在此时，只有化学老师慧眼独具，认为他做事一丝不苟，适合做好化学实验，于是建议他改学化学。这一次，瓦拉赫的智慧火花逆滅不息，文学艺术方面的"朽木"一下子成了化学方面的良才，成绩遥遥领先。他最终成了一位化学家，获得了诺贝尔化学奖。

瓦拉赫的成才之路是人要随才成就的一个极好的诠释。作为家长，当你的孩子学习有困难时，不要灰心，也不要放弃他，仔细在他身上寻找亮点，挖掘他的优点，并培养他成才。作为公司的领导，也不要放弃你的员工，要善于挖掘他们身上的优点，每个人都是不可多得的将才。

古人有云："世有伯乐，然后有千里马；千里马常有，而伯乐不常有。"也就是说在这个世界上有很多的千里马，但是会不会认得千里马才是最重要的。我们每个人都是一块闪光的金子，至于你适合打造成戒指还是耳环、项链就要看自己的造化。不要放弃自己，不要轻视自己，你有自己的优点，那么就努力挖掘，随才而用吧！

时刻准备的人才会成功

正恐后之罪今，亦犹今之罪昔耳。

——王阳明

【鉴赏】

"凡事预则立，不预则废。"这则妇孺皆知、耳熟能详的古训告诉我们，不论做什么事，事先有准备，就能得到成功，不然就会失败，几千年来，一直被人们引用和传诵着，至今还被人们奉为行动指南和座右铭。明朝大儒王阳明也十分认同这个观点，他一生戎马倥偬，熟读兵书，被誉为"大明军神"。《孙子兵法》上讲"知己知彼，百战不殆"，也就是说在准备战争之前，一定要做好充足的准备，了解对手的特点和实力，这样才能赢得战争。有准备的人虽然不一定都能获得成功，但是获得成功的人一定都是有准备的人。

汉高祖刘邦曾经说张良"运筹帷幄之中，决胜千里之外"，为刘邦立下汗马功劳的重要原因即张良能够正确地部署军队，有提前的准备。对于成功毫无准备的人即便是成功真的来了，也未必能够抓得到。一个国家、企业乃至一个人，要想持续发展，在未来立于不败之地，就必须做好成功前的所有准备。

纽约的一家公司被一家法国的公司兼并了。公司新总裁一上任，就宣布了一个决定：公司所有员工都要进行法语测试，只有测试合格者才能留用。决定一宣布，几乎所有的人都着急了，纷纷涌向图书馆。他们这时才意识到，不学习法语不行了。可是，有一位员工却若无其事，仍然像平常一样，下班以后就直接回家了。同事们还以为，他已经准备放弃这份工作了。但令所有人想不到的是，考试结果一公布，这个在大家眼中肯定是没有希望的人，却得了最高分。尽管他来公司时间不长，但他还是被公司破格列为第一批员工留用了。原来，这个员工在大学刚毕业来到这个公司后，看到公司的法国客户很多，但自己又不会法语，每次与客户的往来邮件或合同文本，都要公司的翻译帮忙，有时翻译不在或顾不上时，自己的工作只能被迫停止，因此，他想法语在这个单位很有用，是工作的一个基本条件，迟早要把法语作为考核和使用员工的一个重要条件。于是，他早早就开始了自学法语。这次最高成绩的取得、考试的成功，就是他提前学习的回报，是他早有准备的结果。

王阳明很少打败仗的原因，就在于他不打无准备之战。做事情一定要"三思而后行"，这个思的过程就是准备的过程。在做任何事情之前，都不要急于行动，而是要细心地准备，才能实现自己的目标。准备多一些，那么你所承担的失败风险就会相应地少一些，你的成功率就会大一些。古语说："未雨绸缪，有备无患。"机会是留给那些时刻准备的人的。准备，就是机遇的捕捉、命运的把握和成功的约定。面对来自人生中的那些挑战，我们要准备好每一个细节，当危难来时，一举击败，成功自然水到渠成。

有句话说："未雨绸缪，是事业成功的基础。"只要做好充分的准备，成功就是一种必然。做好准备才能拥抱成功，准备不是挂在嘴上的口号，不是深埋心中的种子，做好准备需要我们付出巨大的努力，所谓"一分耕耘，一分收获"。不耕耘，就不会有收获。耕耘就是收获的准备。成功者必经过艰辛与汗水之路，而这漫漫长路正是为成功做好的充分准备。

那些看上去非常自信的人，往往都是因为做好了充足的准备，然后才拥有强大的力量去拥抱成功。无论脚下的路多么难走，只要做好准备，我们都要坚定地相信我们能拥有成功。

著名舞蹈家邰丽华很小的时候就因高烧而丧失了听力。在聋哑学校就读期间，她热爱舞蹈，梦想着成为一位优秀的舞蹈家，接着便不断地为自己成为舞蹈家的梦想拼搏，为梦想做充分的准备。她把自己幻想成一只旋转的陀螺，全身心投入到舞蹈事业中。她从生命的低谷到达事业的巅峰，她舞出强者的气魄，在绝望中寻找希望，成为一只破茧而出的蝴蝶，完美地翩翩起舞，充分的准备成就了她完美的理想。

不要抱着成功离我们还很遥远的态度，要知道石子是由于做好了在贝壳中磨炼的准备，才转化成了晶莹的珍珠，而不是在贝壳的外面整天地胡思乱想。雏鹰是由于做好了练翅的准备，才有了翱翔天空的壮美。只要有梦想，并努力为梦想做好充分的准备，就可以像雄鹰一般，搏击万里长空。世间万物皆亦如此，只有做好充分准备，才能获得卓越的成绩。

以心为本，不战而胜

为政不事威刑，唯以开导人心为本。

——王阳明

【鉴赏】

王阳明认为，执政不应该靠严厉的刑罚，应依靠开导人心作为根本。也就是说征战的最有力武器是"攻心为上"，战争不是为了消磨敌人的肉体，而是要敌人心服口服，磨灭他们的精神意志。王阳明在战争上就是一个真正的强者，他震慑的不是敌人的肉体，而是人心。王阳明的攻心为上，是不费一兵一卒，就能够让敌人屈服。攻心为上的主要核心就是"心"。一个人要有不怒自威的震慑力，注重内心的修养，就会不战而胜。不相信自己的意志，永远也做不成将军。

春秋战国时代，一位父亲和他的儿子出征打战。父亲已做了将军，儿子还只是马前卒。又一阵号角吹响，战鼓雷鸣，父亲庄严地托起一个箭囊，其中插着一支箭。父亲郑重对儿子说："这是家袭宝剑，配在身边，力量无穷，但千万不可抽出来。"那是一个极其精美的箭囊，厚牛皮打制，镶着幽幽泛光的铜边儿，再看露出的箭尾，一眼便能认定是用上等的孔雀羽毛制作。儿子喜上眉梢，贪婪地推想箭杆、箭头的模样，耳旁仿佛嗖嗖的箭声掠过，敌方的主帅应声折马而毙。果然，佩戴宝剑的儿子英勇非凡，所向披靡。当鸣金收兵的号角吹响时，儿子再也禁不住得胜的豪气，完全背弃了父亲的叮嘱，强烈的欲望驱使着他呼一声就拔出宝剑，试图看个究竟。骤然间，他惊呆了。一只断箭，箭囊里装着一只折断的箭。"我一直挎着只断箭打仗呢！儿子吓出了一身冷汗，仿佛顷刻间失去支柱的房子，轰然坍塌了。结果不言自明，儿子惨死于乱军之中。"拂开蒙蒙的硝烟，父亲拣起那柄断箭，沉重地啐一口道："不相信自己的意志，永远也做不成将军。"把胜败寄托在一支宝剑上，多么愚蠢，而当一个人把生命的核心与把柄交给别人，又多么危险！

上兵伐谋，攻心为上。古人云："上兵伐谋，意为最高之兵法在于谋略。"古语云："攻心为上，攻城为下。""心战为上，兵战为下。"军事上所讲的"夫战者，攻心为上，攻军为中，攻城为下"，说的就是心理博弈在竞争中的重要性。一个真正的强者要有自己的意志力。威严不是流于表面，而是真正的不怒自威。无法真正地了解一个人的内心，也就无法真正地了解对方真正的想法，就难免会做出错误的选择。作为一个真正的强者，不需要用武力和威胁震慑对方，不需要豪言壮语，恰恰需要的就是不怒自威的气势。这种不怒自威的内心需要强大的自我修养力，你要知道自己才是一支箭，若要它坚韧，若要它锋利，若要它百步穿杨，百发百中，就要磨砺它，拯救它的永远都只是自己。

三国时期，蜀国丞相诸葛亮因错用马谡而失掉战略要地——街亭，魏将司马懿乘势引大军15万向诸葛亮所在的西城蜂拥而来。当时，诸葛亮身边没有大将，只有一班文官，所带领的5000军队也有一半运粮草去了，只剩2500名士兵在城里。众人听到司马懿带兵前来的消息都大惊失色。诸葛亮登城楼观望后，对众人说："大家不要惊慌，我略用计策，便可教司马懿退兵。"

　　于是，诸葛亮传令，把所有的旌旗都藏起来，士兵原地不动，如果有私自外出以及大声喧哗的，立即斩首。又叫士兵把四个城门打开，每个城门口派20名士兵扮成百姓模样，洒水扫街。诸葛亮自己披上鹤氅，戴上高高的纶巾，领着两个小书童，带上一张琴，到城上望敌楼前凭栏坐下，燃起香，然后慢慢弹起琴来。

　　司马懿的先头部队到达城下，见了这种气势，都不敢轻易入城，便急忙返回报告司马懿。司马懿听后，笑着说："这怎么可能呢？"于是便令三军停下，自己飞马前去观看。离城不远，他果然看见诸葛亮端坐在城楼上，笑容可掬，正在焚香弹琴。左面一个书童，手捧宝剑；右面也有一个书童，手里拿着拂尘。城门里外，二十多个百姓模样的人在低头洒扫，旁若无人。司马懿看后，疑惑不已，便来到中军，令后军充作前军，前军作后军撤退。他的二子司马昭说："莫非是诸葛亮家中无兵，所以故意弄出这个样子来？父亲您为什么要退兵呢？"司马懿说："诸葛亮一生谨慎，不曾冒险。现在城门大开，里面必有埋伏。我军如果进去，正好中了他们的计。还是快快撤退吧！"于是各路兵马都退了回去。诸葛亮的士兵问道："司马懿乃魏之名将，今统15万精兵到此，见了丞相，便速退去，何也？"他说："兵法云，知己知彼，方可百战不殆。如果是司马昭和曹操的话，我是绝对不敢实施此计的。"

　　诸葛亮之所以敢对司马懿实施空城计是因为他深刻地了解了司马懿的内心，司马懿是一个非常多疑的人。而且司马懿的内心始终觉得诸葛亮是一个谨慎的人，不会冒险，所以才错过了攻打诸葛亮最佳的时机。现实生活中也是这样，抓住了对方的心理，可以不费一兵一卒就击退你的敌人，王阳明就是一个非常懂得攻心为上的军事家，他能够生擒宁王，正说明了他懂得在战争中攻心的重要性。每次作战之前，王阳明都会通知发布榜谕，直击敌人的内心，找到敌人内心的弱点，晓之以理，动之以情。战争胜利的最高境界，不是击败对方的肉体，而是掌控了对方的内心。

抓准时机，寻找突破点

　　虽千魔万怪，眩瞀变幻于前，自当触之而碎，迎之而解，如太阳一出，而魑魅魍魉自无所逃其形矣。尚何疑虑之有，而何异同之足惑乎！

——王阳明

【鉴赏】

　　王阳明认为，虽然千魔万怪，幻化多端，眼花缭乱地在你眼前，但触摸它就会破碎，迎刃而解。如果太阳一出来，妖魔鬼怪就无法逃脱，还有什么疑虑和困惑吗？

　　王阳明率领没有实战经验的民兵，仅用一个多月的时间就击溃了宁王朱宸濠的数万精兵，体现了他善于抓住对方的薄弱之处，并能够准确地抓住时机，一击制胜。人们常说："机不可失，时不再来。"一点也不错，很多事情都要把握住时机，这样才能够一举击败对手。在战争中要善于寻找突破点，取得战争的先机。

正德十四年，大明宁王朱宸濠在43岁生日，以"狸猫换太子"的说法，蓄谋造反，组织了十万大军，顺江而下。当时王阳明任赣南巡抚，采取了围魏救赵的战术，直接攻打了宁王的老巢南昌，宁王的军队却在攻打南京，导致首尾无法兼顾，双方大战于鄱阳湖。王阳明抓准了时机，并懂得攻心之术，早在湖中扔下了很多"宸濠叛逆，罪不容诛；胁从人等，有手持此板，弃暗投明者，既往不咎"字样的免死牌，宁王见大势已去，仰天长叹："以我家事，何劳费心如此！"就这样，宁王叛乱的事情被王阳明轻易地就化解了。

王阳明能够取得战争的胜利，在于王阳明能够寻找战争的突破点、王阳明深知南昌对于宁王的重要性，懂得抓住敌人的软肋，并一击制胜。所以做任何事情，都要懂得抓住突破点，这样做起任何事情都会简单得多。准时与精确是成功之母。成功的生活中充满了危急时刻，切忌唯唯诺诺、踌躇不前或畏首畏尾，否则你将一事无成。

拖延时间往往意味着逃避，其结果多是一事无成。做一件事情就像播种一样，如果没有在适当的季节采取行动，就绝不可能有好的收成。播种的春天已经过去了，在夏天也弥补不了已经耽搁的事情。错过时机，就是错过成功的机会。

传说五台山上有一种鸟，长着四只脚和一对翅膀，人们叫它"寒号鸟"。春天，百花盛开，寒号鸟身上长满了羽毛。寒号鸟懒得动，也不去找食物，饿了吃树叶，渴了喝露水。春夏秋就这么过去了！冬天终于来了，天气寒冷极了，小鸟们都回到自己温暖的巢里。这时的寒号鸟身上漂亮的羽毛都脱落了。夜间，它躲在石缝里，冻得浑身直哆嗦，它不停地叫着："好冷啊，好冷啊，等到天亮了就造个窝啊！"等到天亮后，太阳出来了，温暖的阳光一照，寒号鸟又忘记了夜晚的寒冷，于是它又不停地唱着："得过且过！得过且过！太阳下面暖和！太阳下面暖和！"寒号鸟就这样一天天地混着，过一天是一天，一直没能给自己造个更好的窝。最后，它没能混过寒冷的冬天，冻死在岩石缝里了。

现实生活中，有些人只顾眼前，得过且过，不做长远打算，不知道用辛勤劳动去创造生活。今天的工作推迟到明天去做，往往精力也会随之耗尽。不懂得抓紧时机，往往把一些原本很简单的事情都推在一堆，结果累积多了，就变成了沉重的负担。很多收到的信件不是立即回复，或者拖拖拉拉过了几天再去看，却发现里面是一些需要紧急处理的事情，但是由于自己的不守时、不抓紧，错过了大好时机，造成了很大的损失。

谁能够做到立即行动，谁就能够把握住最佳时机，否则，就会错失良机。懂得把握时机，对于我们生活中的很多事情也是十分重要的。耽搁意味着后果不堪设想，先发制人意味着胜利，而踌躇不前往往会造成灾难性的结局。

为了我们的人生有所作为，不要总是站在交叉的路口，不断地抉择应该走独木桥还是羊肠小道了。如果后有追兵，不立即做出决定，只会命丧敌手。反复地估量危险、等待机会，只会错过时机。我们本可以在追兵没有追上来之前，渡过独木桥，然后砍断木桥，拦住后面的追兵，到达安全的避风港，或是跑向羊肠小道，布满荆棘，布下陷阱，阻碍敌人的追赶。所以无论你在做什么事情，赶快行动起来吧！抓准时机，寻找突破点，成功将不期而遇。

业精于勤，荒于嬉

琴瑟简编，学者不可无，盖有业以居之，心就不放。

——《传习录》

【鉴赏】

王阳明认为，琴瑟与书籍，是学者不能缺少的，由于常有事可做，心就不会放纵。很多时候我们都是让情绪左右了自己的思想，让心志控制了自己，遇到很多事都很会找一些冠冕堂皇的理由原谅自己，懒散度日，还美其名曰"劳逸结合"。"业精于勤，而荒于嬉；行成于思，而毁于随"，放纵自己只会一事无成。

其实很多事情都靠我们去自律、自我控制。每个人都会遇到一些自己不愿意面对的人或者事情，但是调整自己的心态，强迫自己做一些事情，你还是能够做得很好的。关键在于你要有进取心，你要相信并确定你要改变自己，不愿碌碌无为。每天进步一点点，迟早会"绳锯木断，水滴石穿"的。

在美国一所大学的日文班里，突然出现了一个50岁左右的太太。起初大家并没感到好奇。因为在这个国度里，人人都可以做自己开心的事。当她正襟危坐，挤在一群二三十岁的年轻人中间，跟着教授朗读的时候，实在很有意思。可过了不长时间，年轻人们发现这个老太太并非是退休之后

王阳明名言鉴赏

为填补空虚才来这里排遣时间的旁听生。每天清晨她总是最早来到教室，温习功课，认真地跟着老师阅读。老师提问时她也会出一脑袋汗。她的笔记记得工工整整。不久年轻人们就纷纷借她的笔记来做参考。每次考试前老太太更是紧张兮兮地复习、补缺。

直到毕业，有一天，老教授对年轻人们说："做父母的一定要自律才能教育好孩子，你们可以问问这位令人尊敬的女士，她一定有一群有教养的孩子。"一打听，果然她就是美国交通部副部长赵小兰的母亲——朱木兰女士。

唐朝诗人韩愈说过："业精于勤荒于嬉，行成于思毁于随。"意思是学业由于勤奋而精通，但却因嬉笑不重视而荒废；事情由于反复思考而成功，但它却能毁灭于随随便便。这是一个浅显的道理，我们学习任何东西都是一个由浅入深的过程，要真正掌握一门知识或者技术，都得认真对待，持续地研究学习，才能萃取其精华，最终真正做到随心应用。

一代儒学大师董仲舒自幼天资聪颖，少年时酷爱学习，读起书来常常忘记吃饭和睡觉。其父董太公看在眼里急在心上，为了让孩子能歇歇，他决定在宅后修筑一个花园，让孩子能有机会到花园散散心歇歇脑子。

第一年，董太公一边派人到南方学习，看人家的花园是怎样建的，一边准备砖瓦木料。头一年动工，园里阳光明媚、绿草如茵、鸟语花香、蜂飞蝶舞。姐姐多次邀请董仲舒到园中玩。他手捧竹简，只是摇头，继续看竹简，学孔子的《春秋》，背先生布置的诗经。

第二年，小花园建起了假山。邻居、亲戚的孩子纷纷爬到假山上玩。小伙伴们叫他，他动也不动地低着头，在竹简上刻写诗文，头都顾不上抬一抬。

第三年，后花园建成了。亲戚朋友携儿带女前来观看，都夸董家花园建得精致。父母叫仲舒去玩，他只是点点头，仍埋头学习。中秋节晚上，董仲舒全家在花园中边吃月饼边赏月，可就是不见董仲舒的踪影。原来董仲舒趁家人在赏月之机，又找先生研讨诗文去了。

随着年龄的增长，董仲舒的求知欲愈见强烈，遍读了儒家、道家、阴阳家、法家等各家书籍，终于成为令人敬仰的儒学大师。

王阳明先生说过："人若真真切切地用功不已，对于人心的本质的精妙处，就能够一天天地认识，对于私欲的细微处，也能一天天地认识。如果不用克己功夫，整天的只是聊一些闲话而已，天理不会自己显现出来，私欲也不会自己浮现出来让你去掉。"做事情应该专注于自己的事物之上，而不是在做这件事情的时候，还担心或者惦记着别的事情，这样三心二意永远都无法做好事情。

韩愈三岁就父母双亡，依靠哥哥嫂嫂抚养长大。他七岁就知道努力学习，出口便成文章。15岁时，哥哥又死了。那时正值中原多事，兵荒马乱，可以说韩愈命途坎坷，历尽艰苦。但是，凄凉孤苦的身世、颠沛流离的环境，不仅没有打垮他，反而更激发了他刻苦自修、好学不倦的毅力。学习的时候，他嘴里不停地念着六经的文章，手里不住地翻阅着诸子百家的书籍。正是靠着这样的努力，韩愈学问精湛，尤其是散文写得气势磅礴，文采斐然，成为"唐宋八大家"之首的大文豪。

做任何事情，都要一步一个脚印地去做。我国任弼时同志就曾把自己比作一只载着重物在茫茫沙漠里远行的骆驼，驮负着民族和阶级的希望，负重远行，从不拈轻讨闲，偷奸耍滑，而是拼着性命一步一步地艰难跋涉，始终向着一个既定的目标前行。他始终坚持"能坚持走一百步，就不该走九十九"。做任何事情都是要经过反复的磨砺和奋斗才取得成功的，走马观花无法领略事物隐藏的发展规律，无法取得成功。

无论什么东西，只要它进入了我们的潜意识，就会具有很大的能量。只要我们心中有一个理想的图腾，就会获得相应的信心与方向。我们只要把我们的精力集中于有价值的事物上，就一定能够最大限度地发挥我们的潜力，把事情做到最好。

天才就是比别人多付出了汗水

夫学、问、思、辩、笃行之功，虽其困勉至于人一己百，而扩充之极，至于尽性知天，亦不过致吾心之良知而已。

——《传习录》

【鉴赏】

王阳明认为，学习、询问、思考、分辨、笃行的功夫，虽然有人资质低，要付出比别人多百倍的努力，但是努力到极致，到达彻悟本性、明了宇宙尽性知天规律的功夫，也不过是尽"我心"的良知罢了。

一个人无论你是聪明还是愚钝，只要愿意，都可以通过努力行动而完善自我，实现自我的价值，只不过实现自己的价值要比别人付出多一些的努力而已。从古至今很多天生资质平凡的人，都是通过自己的努力而成了大家眼中的天才，成就了自己的成就，到达了别人难以企及的高度。而一些有着所谓的天分的人往往因为没有后天的努力才变得平庸，一事无成。

"人一己百，扩充之极"这句话，充分地说明了天才是怎样炼成的。天才之所以成了天才是因为他内心有一种张力，有一种不达目的决不罢休的目标。只有将自己的努力发挥到极致，才能将自己的主观意愿也发挥到极致，才能够获得成功。

王阳明的祖父去世之后，悲痛和打击的力量让王阳明坚定了奋斗成圣的信念。立志要做圣人不是仅仅想想而已，而且还要付出努力，抓紧行动。王阳明和家中年龄相仿的四位叔叔一起准备了科举考试，艰苦而漫长的备考之路是最难以打发的。几个叔叔经常凑在一起吟诗作对，花前月下。但是王阳明却每天除了吃和睡，就是努力地学习再学习。

对于王阳明来说，科举不仅仅是祖辈上的希望，更是一种要进身为圣的必备储蓄。他刻苦努力地学习四书五经中圣人的智慧，并身体力行，将圣人的见解变成自己的知识，除此之外还坚持读兵书，每天刻苦地练武，忙碌无比。后来刚刚满20岁的他轻松中举，而他的几位叔叔都落榜而归。而他每天练习的武术和看的兵书为他日后成为大明军神打下了坚实的基础。

王阳明的成功与他自身的努力是分不开的。很显然，他的几位叔叔的失败与王阳明的努力形成鲜明的对比，王阳明多付出了汗水，就得到了多的收获。

发明家爱迪生曾经也说过："天才就是1%的灵感加99%的汗水。"没有什么人能够依靠自己的天分成功。即使上天给了不一样的天分，也需要自己努力提升方可升华自己的天分，否则顶多是一个比平常人聪明那么一点点的普通人而已。

方仲永很小的时候就异于常人，聪慧灵敏，出口成诗，过目不忘。可是他的父亲并没有送他去私塾读书以增长他后天的才干，而是带着他四处方仲永的父亲看到这样可以获得利益，便每天带着他四处表演。等到方仲永长大的时候，他会的东西始终还是小时候的那些陈词滥调，他已经变得和普通人没有什么两样了。

马克思说过："在科学的道路上没有平坦的大道可走。只有不谓劳苦在崎岖小路上攀登的人，才有希望达到光辉的顶点。"所以一味地迷信天赋是自己搬起石头砸自己的脚，要想保持自己的那种独有的天分，还得继续努力，继续扩充。有句古话叫"勤能补拙"，不错的，勤奋能够补救自己的先天不足。自古由勤奋而建功立业的人不在少数，像头悬梁锥刺股的孙敬和苏秦，最后都能够成就一番大事业。

陈景润为了摘取"皇冠上的明珠"，解决"哥德巴赫猜想"，坚持每天凌晨三点起床学外语，同时每天去图书室，沉浸在数学符号的海洋之中。有三天中午，管理员临走时曾大声喊叫，问里面是否还有人，但全神贯注看书的陈景润啥也没有听见，于是被反锁在里面。后来他望着那紧锁的大门，毫不在意地微笑了一下，不觉饥饿、不知疲倦地重又回到书堆中。陈景润同志正是由于这种勤奋，摘取了"皇冠上的明珠"，成为著名的数学家。

苏联著名作家高尔基曾经说过："天才出自勤奋。"一个人只有不断努力，刻苦学习，才能取得成绩。其实这个世界上本没有什么天才，也许有一些智商和天赋出色的人，但是绝大多数的学者和对科学以及人类做出贡献的还是一些和我们智商水平一样的普通人，经过自己的努力被称为天才，所以，所谓的天才就是比别人多付出了汗水。"一分耕耘一分收获，一分汗水一分才"。拥有进取奋进的心，努力地增长自己的见闻，你也会成为"天才"的。

做事业切忌急于求成

天下之事，其得之不难，则其失之必易；其积之不久，则其发之必不宏。

——《传习录》

【鉴赏】

古人有"十年树木，百年树人"之说。在汉语中常看到汉语中有："老到""老辣""姜还是老的辣""少年老成"等词语。其实，如果考察一些高层次的政治家、企业家、高级管理人才，那么他们往往要经过数十年的磨炼积累经验。正所谓，做事情要快工夫，讲求效率；做事业要慢工夫，打牢基础。

王阳明少怀大志，但并不急于求成。他做官，起初只是在工部实习，但他不急不躁，安心干好本职工作，积极思考国家大事，满怀热情地向皇帝进呈方略，凭功劳和资历，稳步升迁。后来遭贬谪，担任龙场驿丞，他仍不急不躁，每天该干什么就干什么，既不四处钻营，也不自暴自弃。终于熬到出头之日，已经年过不惑，但他的思想已经成熟了，本领已经练好了，为政、治军，做什么事都得心应手。

当一个人选择了自己的梦想之后，如果真的想实现自己的梦想，就要付出巨大的努力，而且还要有追求到底的决心，一步一个脚印，扎扎实实地去做自己应该做的事。有许多年轻人初入官场就受到重用，爬到令人羡慕的位置，那并不稳当，因为你打磨太少，根基不壮，不知什么时候就绊倒在一块石头上，几年都翻不了身；许多年轻人初入商场就赚大钱，一切做得顺风顺水，那也不稳当，因为你历练太少，根本不懂真正的商道，不知什么时候就栽倒在陷阱里。若真想在事业上有所成就，首先要克服畏难情绪，打消急于求成的念头。

有一个年轻人，他父亲临终前给他留下了一笔财富。这个年轻人没有像他父亲那样一点一点积累财富，而是把所有的钱全部投入到了炒股当中。他的所作所为只是出于一个目的：他要在短短的几年内超过父亲一生积累的财富。刚开始时，他赚了不少钱，便洋洋自得，也不像开始那样专心研究股票了。到了后来，他逐渐赔了许多，他没理会，又赔了，他也没在意。直至有一天，狂热激情使他越发偏执，使他丧失了冷静的思维，为了那个根本不可能实现的梦想，他把家里的钱都拿出来用于炒股，结果事与愿违，他所有的钱财全部赔进了，至此他才懊悔不已。

故事中的年轻人缺乏耐心，急于求成，最终一败涂地。

老子说："大器晚成。"大凡成大器者，往往舍得花费大量时间、精力在基础工作，做慢工夫。对于许多实现了人生目标的过来人都说，谁都无法"一步到位"，只能一步一个脚印地走下去，才会达到成功。我们要想成就一番事业，就不要把眼睛只盯住眼前，而忽视了对自己的长远规划。

那些在事业上取得一定成就的人，无一不是在简单的工作和低微的职位上一步一步走上来的。他们总能在工作中找到个人成长的支点，并不断调整自己的心态，用恒久的努力打破困境，走向卓越与伟大。

重视眼前那些细小的事

我辈致知，只是各随分限所及。今日良知见在如此，只随今日所知扩充到底；明日良知又有开悟，便从明日所知扩充到底。如此方是精一功夫。

——《传习录》

【鉴赏】

王阳明说："我们这些人探索事物本质的奥秘，也只是依据各自的能力尽力而为之。今天认识到这样的程度，就只依据今天所理解的扩充到底。明天，我们又有新的认识，那便从明日所认识的扩充到底。这样才是专注于一个目标、踏踏实实的功夫。"

王阳明认为，初学者对于修身养性的功夫应当循序渐进。因为人的天赋不一样，领悟能力也不同，如果要求资质较差的人一开始就去做那些天资很高之人才能做的事，如何能够做得到呢？所以，一定要先从细小的地方去进行修养，不管环境怎样，自己只要持之以恒地完善自我，这样就能以最好的准备来等待机会的到来。

在现实生活中，有很多人都不重视去做眼前那些细小的事情，不注意从一点一滴去积累"良好的行为"总认为那些小事不值得去做。

其实他们不知道，每一刻的努力，不论怎样微小，都会令你的心灵得到成长，增加你的定力，提高你的素质。

正如一棵小树一样，虽然你看不到它是如何长大的，但它没有一刻不是处于成长变化中，假如它有一秒钟不成长，那么第二秒、第三秒乃至永远都不会成长，这种变化是不知不觉的。所以，我们每时每刻都要努力，因为我们每一刻的行为都蕴含着改变事物的契机。

当下这一秒钟的努力也许微不足道，但是，正是由无数个这样的一秒钟构成了每一分钟、每一小时，乃至整个人生。

《老子》认为："图难于其易，为大于其细。天下难事，必作于易；天下大事，必作于细。是以圣人终不为大，故能成其大。"难事是由一件件容易的事累积成的，大事也是由一件件细微之事组成的。天下的难事，必定是从每一件容易的事做起；天下的大事，也必定是从每一件看似微不足道的小事做起。正由于这个原因，那些成就了伟大功业的圣人，从不好高骛远去做所谓的"大事"，而是扎扎实实地从身边的每一件小事做起，将每件小事、容易的事做到极致，这样才能做成大事。

发明电话的贝尔的经历，正是从眼前的小事做起，最终获得伟大成功的典型例子。

开始，贝尔并不是一个专业的科学家或发明家，他也没想到要去发明电话这种东西，他只是一个聋哑学校的老师。在学校工作几年后，他与他的一个聋哑学生产生了感情，后来两人结了婚。由于妻子听不到声音，贝尔感到很苦恼，于是他想发明一种工具，能使妻子听到自己说话。

在这个如此单纯的目的的驱动下，贝尔废寝忘食地投入了这项研究中，他从眼前细小的事情做起，做了许多工作。

因为他着眼于解决当前一个个具体的问题，不断地做试验，不厌其烦，自得其乐，所以积累了许多试验的经验，终于在看似非常偶然的一次试验中，他发明了电话，极大地改变了人们的生活方式，他也因此成了一个伟大的发明家。

美国波士顿大学的一位教授曾对毕业生说过这样的话："大学生有一种危险，那就是他们关心其他的问题，胜于关心眼前的问题。年轻人过于自信，把许多事情看得过于简单，认为不值得用全部精力去干而导致失败的例子屡见不鲜。"

这位美国教授所指出的，也正是现在某些大学生所存在的弊病。很多大学生一心想干大事，想在毕业后能找到一个既体面又赚钱的工作，却不能抓住在学校学习的大好机会，认真地从眼前那些看似微不足道的琐事做起，以积累自己日后做大事的基础，而是一味沉溺于游玩与享乐之中，待到一晃三四年过去了，才发现自己除了得到一张文凭之外，什么都没有学到，这时才感叹"时不我待，机不再来"就太晚了！

人生的长远目标固然需要规划，但到了干具体之事的时候，却应有"只管耕耘，不计收获"的心态。

这就好比去爬一座高山，如果光顾着满怀期待地眺望山顶，不断盘算路途中的艰辛，想着什么时候才能到达目标时，你会越走越困难。

但是当你换用另一种方式时，就会发现身心的感觉截然不同了。那就是爬山时不要理会别的，只是埋着头，注意脚下，心平气和地迈出一步又一步……当你如此"只注意脚下"时，脚步便会轻松许多，似乎不知不觉地就到了山顶。

同样，如果你能够用这样的心态去做其他任何事情，也会做得又快又好，而且你会发现，原来这些事并没有想象中的那样困难。

善谋事者能成事

故"君子素其位而行","思不出其位"。凡谋其力之所不及,而强其知之所不能者,皆不得为致良知。

——《传习录》

【鉴赏】

王阳明认为,"君子素其位而行","思不出其位"。大凡谋求力所不及的事,勉强做智力不能完成的事,都不为致良知。

孔子的弟子子路对孔子说:"老师,假如你打仗,你会带我们中的哪一个?总不能带着颜回吧!他营养不良,体力不行,应该带上我吧!"孔子听了子路的话反而笑了,然后摇摇头说:"像你这样的脾气,要打仗绝不带你,像一只疯的猛虎一样,面对一条河就想跳过去,跳不过去还是想跳。你这样有勇无谋是不行的!看上去一鼓作气、很英勇的样子,大有一副慷慨就义的赴死状,你这样的做法只不过去枉死。真正做大事的人要有勇有谋才行。"

一个人想要成就一番大的事业,就要将勇敢和谋略结合起来,这样才能走向成功。王阳明就是一个英勇和谋略完美结合的化身,他"文上成圣,武上称神",不仅仅是一代心学大师,罕见的全能大儒,同时也是一位军事奇才。王阳明在领兵作战的时候,充分地体现了他有勇有谋。宁王朱宸濠造反,大军十万,王阳明手上却没有那么多的人,但能马上召集一批民兵,轻而易举地捕获宁王。王阳明对军事上的策略谈论最多的应当是《孙子兵法》了，《孙子兵法》上说："上兵伐谋，第校之以计而制胜之道而已。"他认为，兵道的总原则就是，误人而不误于人，致人而不致于人。而实现这一点靠的是完全的策略。

王阳明在任命赣南巡抚的时候，漳南山区有一伙十分顽固的贼寇。朝廷里几次派人去剿匪都以失败收场。王阳明全面地调查和分析了山贼：当时很多朝中的官去打仗之前都回去占卜，而占卜的那些卦师都是山贼的探子，他们往往吃里爬外，出卖官府，把打探到的消息传给山贼。

王阳明于是将计就计，故意放出话来，说准备从漳南山区撤军，全力对付横水、桶冈的山贼。这个消息果然很快传到了山贼的耳朵里。漳南山区的山贼摆宴庆祝，而横水和桶冈两地的山贼则全力戒备。王阳明兵分三路，直扑漳南山区，当时山贼毫无准备，溃散而逃。山贼的一号人物詹师富被俘，有四千多的山贼弃暗投明。

王阳明在《绥柔流贼》中这样说过："盖用兵之法，伐谋为先；处夷之道，攻心为上；今各瑶征剿之后，有司即宜诚心抚恤，以安其心；若不服其心，而徒欲久留湖兵，多调狼卒，凭借兵力以威劫把持，谓为可久之计，则亦末矣。"王阳明的战争首选以谋胜敌，这样既可以避免过多的伤亡，又可以体现王阳明的仁者之心。在战争中，勇而无谋是大忌，有勇有谋才是制敌的关键。用兵之法体现在以谋划为先，要以攻心为上策，就像诸葛亮七擒孟获那样，要让敌人心服口服，否则犯上作乱永远都清剿不干净。

张飞是个疾恶如仇的人，在《三国演义》中，经常把他刻画成为一个莽撞的人。其实张飞也是一个有勇有谋的人。有一次，一个财主控告一名贫女偷了他的西瓜。张飞听到控告后大声喝道："你怎么偷人西瓜，你是认打，还是认罚？"贫女被张飞这么一吼，吓得高声喊道："老爷饶命啊！"张飞见到那名女子怀里抱着一个小孩，就要那女子把小孩放在旁边，以便接受处罚。哪知张飞越凶那女子把小孩抱得越紧，似乎很怕失去孩子一样。张飞心想："这女子如此呵护孩子，怎么可能带着小孩去偷大西瓜呢？"于是对财主说："此女子虽然偷你的西瓜，可是罪不至死，不如送你做奴婢如何？"财主露出色眯眯的眼神满口答应。

张飞又说："要是你可以抱着孩子，再抱大西瓜，她就可以跟你走了。"只见财主抱起孩子后，就很难再抱西瓜了。张飞见状，瞪大眼睛怒道："你都不能同时抱着孩子又拿西瓜了，那她就可以了吗？我看你分明是想强占民女！"于是将财主打入大牢，并且放了那个女子。此事在城里传开后，获得百姓们一致的赞扬，认为张飞是粗中有细、办事公道的人。

历史上的"房谋杜断"就是谋划和果断的综合统一，为唐太宗李世民做出了巨大的贡献。房玄龄的主意多，而杜如晦擅长根据房玄龄的想法做出裁断，所以一个人想要做成大事，就必须将英勇与谋略结合起来，既要胆识过人，又要善谋善断。"君子斗智不斗力"，刘备仅仅有关羽、张飞和赵子龙那样的武将不足以取胜，取胜更多的原因在于他有一个足智多谋的军师诸葛亮。

做任何事情都要动动脑子，不要无意识之间成了别人的"手中刃"。很多人心思狡诈，惯用借刀杀人的伎俩，我们唯有谋划在先，三思而后行，才能识破对手的阴谋，立于不败之地。我们当前处在瞬息万变的社会，更需要把"勇"和"谋"很好地结合在一起、如果说勇气是一把所向披靡的宝剑，那么谋略则是智慧的锦囊，只有掌握了这两点才会攻无不克、战无不胜。

不满足是向上的车轮

譬之树木，这诚孝的心便是根，许多条件便是枝叶，须先有根然后有枝叶，不是先寻了枝叶然后去种根。

——《传习录》

【鉴赏】

王阳明说，拿一棵树木来说，树根就是那颗诚恳孝敬的心，枝叶就是尽孝的许多细节。树，它必须先有根，然后才有枝叶，并非先找到了枝叶，然后去种根。

作为一个想要成功的人，就必须要有进取心。什么是进取心呢？用鲁迅先生的话说，就是"不满足是向上的车轮"，只要有了进取心，那车轮才能不断地向上，不断地前行，到达要到的目的地。一个民族和时代的进步，是由进取心推动的。一个人的成功，更离不开进取心作为前行的动力。进取心的源头是不安现状。不安现状本是人之常情，在所有人的内心深处都不乏进取的因子。

陈胜年轻时就是个有志气的人。他跟别的长工一块儿给地主种田，心里常常想："我年轻力壮，为什么这样成年累月地给别人做牛做马呢，总有一天，我也要干点大事业出来。"有一次，他跟伙伴们在田边休息，对伙伴们说："咱们将来富贵了，可别忘了老朋友啊！"大伙儿听了好笑，说："你给人家卖力气种地，打哪儿来的富贵？"陈胜叹口气，自言自语说："唉，燕雀怎么会懂得鸿雁的志向呢！"

秦朝廷征发闾左贫民屯戍渔阳，陈胜、吴广等九百余名戍卒被征发前往渔阳戍边，途中在蕲县大泽乡为大雨所阻，不能如期到达目的地。根据秦朝

陈胜吴广大泽乡起义

法律，过期要斩首。情急之下，陈胜、吴广领导戍卒，杀死押解戍卒的将尉，发动兵变，口号是"大楚兴，陈胜王"。起义军推举陈胜为将军，吴广为都尉，连克大泽乡和蕲县，并在陈县建立张楚政权，各地纷纷响应。

秦二世昏庸无能，政治暴虐，戍兵丁无数，因故不能按期抵达的也无数，可是偏偏是陈胜揭竿而起。因为他比常人更想改变命运，更有进取心。陈胜的"燕雀安知鸿鹄之志"，是一份不甘贫贱的心理。机会总为有准备的人降临，于是大泽乡的一场暴雨帮了陈胜大忙。在现实生活中，每个人的进取心都有着强弱之别。但可以肯定，谁沉溺于现状、自满于现状，就只能原地踏步。古人云："志小则易足，易足则无由进。"这句话将人的志向与进取心紧紧相连。

古人崇尚立德、立功、立言"三不朽"，但是真正做到的人却没有几个，我们的明朝大儒王阳明真正做到了这一点。他不仅仅有立志成圣的决心，也有不断汲取智慧的进取心。在进取的过程中，人有时需要转身乃至后退几步。借用布袋和尚的诗偈："手把青秧插满田，低头便见水中天。六根清净方为道，退步原来是向前。"毕竟进取不等于高歌猛进，有时只能

"退"取，因而免不了应有的稍息和回旋。当在人生的某些关节点懂得退让和放手，这种进取心将更显大智慧。

毕加索在90岁高龄开始画一幅新的画时，对世界上的事物好像还是第一次看到一样，他仍然像年轻人一样生活着。他不安于现状，寻找新的思路并用新的表现手法来表达他的艺术感受。大多数画家在创造了一种适合于自己的绘画风格后，就不再改变追求了，当他们的作品得到人们的赞赏时更是这样。随着艺术家的年龄增长，他们的绘画风格变化不会很大。而毕加索却像一位终生没有找到他的特殊艺术风格的画家，千方百计寻找完美的手法来表达他那不平静的心灵。毕加索作画不仅仅用眼睛，而且用思想。毕加索的画有些色彩丰富、柔和、非常美丽，有些用黑色勾画出鲜明的轮廓，显得难看、凶狠、古怪，但是这些画启发我们的想象力，使我们对世界的看法更深刻。从毕加索的身上，我们可以学到他那不安于现状、朝气蓬勃永不满足的精神。也只有具有这种精神的人，才能获得事业的成功和精神上的富有。

进取心不是可有可无的，而是我们成功奋斗的基石。如果说不安现状是本能，真正支撑和引导进取心的是志向。人生无常，进取也不可能一帆风顺。在困难和挫折面前，唯有不动摇、不放弃、不退缩，才可能拥有成功的未来。其实人的成功常常源自多一点点的坚持，生活中的很多事情都在于不断超越和突破，超越自我，突破自我的极限。

有句话说："无论才能知识多么卓著，如果缺乏热情，则无异纸上画饼充饥，无补于事。"对于任何我们想做的事情，只要我们有进取心，并能够保持，"不抛弃，不放弃"，就一定能够赢得胜利。人们常说："学无止境。"学问是没有止境的，那么事业同样也没有止境，所以人不能轻易满足。鼠目寸光，没有进取心，就永远不会有更大的进步。

随机应变，顺势而动

天下事虽万变，吾所以应之。

——《传习录》

【鉴赏】

这个世界瞬息万变，一个人只有顺应外界的变化而变化，用一种发展变化的眼光和思维来对待生活中的万事万物，才能因地制宜、因时随化，获得真正的自由和幸福。

王阳明在平定农民起义的过程中，始终从当地的实际情况出发，坚持因地制宜、因时而化的原则。他没有把起义农民当成打击对象，而是把杀人越货的盗贼和被迫铤而走险的贫苦民众的区别开来，把首恶和胁从区别开来，把愿意改恶从善和坚持不改的区别开来。具体到个人，王阳明更是谨慎从事，即使犯了罪，也要看认罪的态度来决定处罚。

为了给胁从者、愿意悔改者机会，王阳明在每次采取行动之前，都先发布告，劝谕误入迷途者改恶从善，弃旧图新。在征战过程中，他也是根据实际需要，灵活制定对敌政策。在平乱之后，他根据当地的实际情况，不是奏请皇帝，批准增设县治，管关隘检查的巡查司，就是改变布局不合理的巡检司治所。

王阳明根据社会制度和风俗习惯的不同，因地、因事、因时以制宜，并没有墨守成规。其实，任何事物的发展都会与原有的计划有所不同，当面对改变的时候，智慧之人往往能看到直中之曲和曲中之直，并不失时机地把握事物迂回发展的规律，通过迂回应变，达到既定的目标。反之，一个不善于变通的人，只会四处碰壁，被撞得头破血流。

孔子周游列国时，曾被围困在陈国与蔡国之间，整整十天没有饭吃，有时连野菜汤也喝不上，真是饿极了。学生子路偷来了一只煮熟的小猪，孔子不问肉的来路，拿起来就吃，子路又抢了别人的衣服换来了酒，孔子也不问酒的来路，端起来就喝。可是，等到鲁哀公迎接他时，孔子却显出正人君子的风度，席子摆不正不坐，肉类割不正不吃。子路便问："先生为什么现在与在陈、蔡受困时不一样了呀？"孔子答道："以前我那样做是为了偷生，今天我这样做是为了讲义呀！"

孔子处理事情从容淡然的态度，原因就在于他有着因时而化、因地制宜的头脑。所以说，当遇到困难时，就要改变自己的思路和行为，因为只有变，才有通，才能克服困难，达到自己的目的。

当今社会，各种事物都是飞速发展变化着，身处其中的人如果不能审时度势，顺势而变，就很难适应社会的发展。要想做到积极应变，除了要顺应时代的潮流之外，还应当根据对手情况的变化而变化，也就是说"敌变我变"。诸葛亮"七擒孟获"就是达到了"敌变我变"的高超境界。

诸葛亮出兵南征，平定南中叛乱，在此过程中对南中豪强首领孟获采取了攻心战策略。

一擒孟获，诸葛亮本是乘胜之师，但他却让王平打前站，故意装作不是对手，引孟获进入伏击圈，然后大军裹挟。最后又用大将赵云与魏延在峡谷中前后堵截，使孟获插翅难逃，束手就擒。

二擒孟获采用的则是套用反间计的借刀杀人之计。孟获被捉一次，变得谨慎，退到泸水以南，以泸水为屏障，准备持久坚守。诸葛亮派马岱出战，激发对方上次被俘放归将领的感恩之心，使得孟获与他们发生冲突。堡垒从内部攻破，孟获手下的将领毫不客气地将孟获绑赴蜀营。

两次被擒，仍被放回。这一回诸葛亮故意让孟获了解蜀军的粮草、军情。孟获回去之后气急败坏，急于报仇雪恨，又自以为对蜀军情况了解清楚，便以送礼谢恩名义前来劫营，可诸葛亮早已摸透孟获的心思。孟获又一次自投罗网——三次被擒。

第四次是把好斗的孟获引入陷阱。第五次，诸葛亮采取统战之计，让孟获原来的盟友擒住孟获。

……

七擒孟获，每次用的方法与计谋都不相同，针对孟获心理与战术的变化，诸葛亮对症下药，使孟获完全在他的掌握之中。诸葛亮号称"东方智圣"，当然深谙变化的智慧，所以才能屡战屡胜，所向披靡。

我们在生活中如果也能做到随机应变、顺势而动，无疑会对我们适应生活、适应现实变化有很大的帮助。遇到困难的时候要学会因地、因时而化，及时调整自己的行动方案，不因循守旧。因为客观的情况在不断地变化，我们必须随着客观情况的变化而不断变化。正如王阳明所说："天下事虽万变，吾所以应之。"只有这样，我们才能克服各种困难，获得成功。

顺其自然，不做超出自身条件的事

问："孔门言志，由、求任政事，公西赤任礼乐，多少实用。及曾皙说来，却似耍的事圣人却许他，是意何如？"

曰："兰子是有意必。有意必，便偏着一边，能此未必能彼。曾点这意思却无意必。便是'素其位而行，不愿乎其外。素夷狄行乎夷狄，素患难行乎患难，先人而不自得'矣。"

——《传习录》

【鉴赏】

弟子陆澄问道："孔子的弟子谈志向，子路、冉求想从政，公西赤想从事礼乐，多少都还有实际价值。曾晳所说像是闹着玩的，然而孔子却很赞赏他，这是为什么？"

王阳明回答说："这是因为子路、冉求、公西赤三个人的志向都有主观猜测、武断绝对的倾向，有了这两种倾向，就会执着于一个方面，能做这未必能做那。曾晳的志向中没有这两种倾向，这就是'顺其自然行事，不做超出条件的事，身处夷狄，就做在夷狄能行之事，身处患难之中，就做在患难中能行之事，因时因地制宜，无论什么情况下都怡然自得'。"这其实就是告诫人们要顺其自然地生活，即不要做出超出自身条件的事来，以免招致失败和痛苦。

人生百年，能够完全顺着自己的想法而做的事情不多，先人说，"不如意之事十有八九"，我们的一生不可能永远一帆风顺。有些挫折、失败不是个人力量所能左右的，而在这些不如意的事情发生后，唯一能使我们保持平静的方法，就是保持一颗平常心，不强迫自己去做超出自身条件的事。

陶渊明曾说："俯仰终宇宙，不乐复何如？"睿智之人不会抱着忧虑而愁眉不展。著名作家林清玄也说过："在人生里，我们只能随遇而安，来什么，品味什么，有时候是没有能力选择的。就像我昨天在一个朋友家里喝的茶真好，今天虽然不能再喝那么好的茶，但只要有茶喝就很好了。如果连茶也没有，喝白开水也是很好的事呀！"无论生活在什么环境下，豁达之人都会用乐观平和的心态面对生活。顺其自然地生活，才能够轻松地面对生活中遭遇的困难。

建设迪斯尼乐园时，迪斯尼先生为园中道路的设计大伤脑筋，所有征集来的设计方案都不尽如人意。迪斯尼先生无计可施，一气之下，他命人把空地都植上草坪后就开始营业。几个星期过后，当迪斯尼先生出国考察回来时，看到园中几条蜿蜒曲折的小径和所有游乐景点有机地结合在一起时，不禁大喜过望。他忙喊来负责此项工作的杰克，询问这个设计方案是出自哪位建筑大师的手笔。杰克听后哈哈笑道："哪来的大师呀，这些小径都是被游人踩出来的！"

努力追求，不得其道，顺其自然，反而浑然天成。生活中似乎有着一双无形的手，操控着世间的一切。它就像是一个顽皮的孩子，你越是挖空心思去追求一样东西，它越是想方设法不让你得偿所愿；而当你放下心中的执念，听从命运的安排时，许多事情反而水到渠成。

生命是一种缘，是一种必然与偶然互为表里的机缘。人生中许多事情无法为人所掌控，正所谓谋事在人，成事在天，命运的机缘，充满着无限的奥妙。面对生活的困境和内心的烦恼，我们若能顺其自然，不强求不属于自己的东西，静下心来，世间的一切烦恼与忧愁就将烟消云散。

保持"随时""随性""随喜"的心境，顺其自然，以一种从容淡定的心态面对人生，我们的生活就会有意想不到的收获。顺其自然者，当成大器。这正是王阳明所推崇的"狂而不狷"的修身养性之道。

少一些机心，少一些痛苦

汝若于货、色、名、利等心，一切皆如不做劫盗之心一般，都消灭了，光光只之本体，看有甚闲思虑？

——《传习录》

【鉴赏】

历史上多少悲剧出于争名夺誉，人们只看到了虚名表面的好处，却不知道在虚名的背后，埋藏了多少辛酸和苦难。为了承受这么一个毫无价值的虚名，人们常常暗中钩心斗角，明里打得头破血流，朋友反目成仇，兄弟自相残杀，虚名之累，有什么好处？

中国儒家极力提倡"存天理、去人欲"，王阳明更是把"去人欲"当作"存天理"的条件，他说："去得人欲，便识天理。"

王阳明将天理、良知、本体合而为一的，也就是将道德伦理的价值与存在的本体合而为一，要证得"本体"，就必须打掉一切人欲。在他看来，一个人为什么会产生"机心"？因为人的心里藏有势利的种子，因为势利才产生"机心"。

从某种意义上说，势利就是一种欲望。欲望越多，痛苦也越多。人心不足蛇吞象，而蛇吞象——咽不进，吐不出，要多别扭有多别扭。什么都想要，最后可能什么也得不到，反而一辈子将自身置于忙忙碌碌、钩心斗角之中。这样活着，未免太累！如果少一些机心，是不是也会少一些痛苦呢？

苏秦，字季子，东周洛阳人，是战国时期著名的纵横家。

苏秦早年在鬼谷子门下学习纵横捭阖之术，他勤奋刻苦，博览群书，学业精进。苏秦学业有成，辞别鬼谷子先生时，鬼谷子先生考察了他一番，苏秦侃侃而谈，滔滔不绝，不想鬼谷子先生眉头直皱，脸上并无喜悦。

苏秦把话说完，怯生生地问："先生，我说错什么了吗？先生为何脸有异色？"

鬼谷子语重心长地对苏秦说道："你说得很好，并无错漏。事不可尽，尽则失美。美不可尽，尽则反毁。你只知善辩的好处，唯恐不能发挥至极处，却不知善辩之能遭人嫉妒，若一味恃弄，祸不可测啊。"

后来，苏秦到各国游说，最终配六国相印，权倾一时，但他在燕国受到人的嫉妒。怕燕王杀他，他就自请到齐国做燕王的奸细。他花言巧语又使齐王信任了他，但苏秦的频繁活动终被齐王和齐大夫发觉，后来齐王将苏秦车裂于市。

苏秦凡事都想要尽善尽美，花尽心思来为自己取得成果，但是他这番心机反而使自己吞咽了恶果。人生的许多痛苦都是因为你得不到想要的东西。王阳明说："汝若于货、色、名、利等心，一切皆如不做劫盗之心一般，都消灭了，光光只之本体，看有甚闲思虑？"一切私心的存在就好比做贼的心，到最后不光没有得到想要的，还丢失了本体。

其实，人人都有欲望的机心，都想过美满幸福的生活，都希望丰衣足食，这是人之常情。但是，如果把这种欲望的机心变成不正当的欲求，变成无止境的贪婪，那我们就无形中成了机心的奴隶。在欲望的支配下，我们不得不为了权力、地位、金钱而削尖了脑袋向里钻。我们常常感到自己非常累，但是仍觉得不满足，因为在我们看来，很多人比自己生活得更富足，很多人的权力比自己大。所以我们别无出路，只能硬着头皮往前冲，在无奈中透支体力、精力与生命。

每个人的世界都是他自己造成的。一个人心中充满机心，就会因机心而衍生出困难、恐惧、怀疑、绝望、忧虑等情绪。一个人若是充满了困难、恐惧、怀疑、绝望、忧虑，那么他的整个生活就难以走出悲愁、痛苦的境地；他若能抱着乐观的态度，那么就可使蒙蔽心灵的种种阴霾烟消云散。

人生如白驹过隙，生命在拥有和失去之间很快就流逝了。心灵空间需要自己去经营，如果心中装满势利、欲望、各种算计机关，心灵哪里还有空间去承载别的呢？

七、行孝

古人有"百行孝为先"的说法。几千年来，它始终是衡量一个人品质高低的重要标准之一。在王阳明看来，孝是一切道德的根源，是一个人为人处世的根本，所有好品德的养成都是从行孝开始的。孝是一个人善心、爱心和良心的综合表现。一个连孝敬父母都做不到的人，是要受到社会的谴责的。

百善孝为先

父而慈焉，子而孝焉，吾良知所好也。

——《悟真录》

【鉴赏】

孝顺是发自内心的，由衷而出的。孝顺不是一种形式，更重要的在于内心。中国古话讲："人不孝其亲，不如禽与兽。"作为一个人如果不能孝敬自己的父母双亲，那么这个人还不如禽兽。孝顺一直以来都是中华民族的传统美德。很多人通常都把父母对自己的爱视为一种理所当然的事情，当然有很多人心里面想的都是自己还没有能力来孝顺父母，等自己将来有钱了或者有了地位，一定要好好地孝顺父母，却不知道"子欲养而亲不待"的道理。古人常讲："鸦有反哺之义，羊有跪乳之恩，马无欺母之心。"动物尚且知道感激、回报父母的养育之恩，何况我们人类？不懂得感恩，连自己的父母都不爱，将来又怎么可能爱事业、爱国家？

王阳明在西湖的那段时间，在寺院里遇到了一个封闭于龛内打坐诵经念佛的僧人。这个僧人在这里有三年之久，很呆，也不说话。王阳明朝他喊了喊，那个人才注意到王阳明。两个人攀谈起来，王阳明才知道，原来僧人家里还有个老母亲，无法不起俗念。王阳明于是安抚他并给他讲了爱父母和人本性的道理。僧人听得感动而流下泪水，于是便离开寺院回乡侍奉自己的老母亲去了。

百善孝为先，孝无止境。无论你身处何地，无论你贫穷富有，孝由心生，不由外物。王阳明认为孝是出自真心的，孝的行为才具有真实性。倘若要在孝的表面上做文章，那便不是真孝。

儒家认为，孝是伦理道德的起点，一个重孝道的人必然是有爱心的、讲文明的人。重孝道的家庭也会其乐融融，关系牢固。如果没有孝道，那么这个家庭也会亲情冷淡，不和睦，关系也会轻易瓦解。新加坡前总理李光耀就说过："孝道不被重视，生存的体系就会变得薄弱，而文明的生活方式也会因此而变得粗野。我们不能因为老人无用而把他们遗弃。如果子女这样对待他们的父母，就等于鼓励他们的子女将来也同样地对待他们。"

王阳明也认为子女应有"诚于孝亲的心"，孝顺父母一定要真心诚意，表里如一，要和颜悦色。你可以想象一下，如果你给你的父母端饭，狠狠地放在那里，弄出一些噼里啪啦的响声，估计你的父母吃饭的心思都没有了，会觉得因为自己拖累了儿女，才会让儿女不高兴。你也许见过很多儿女由于种种原因而不养自己的父母，不孝顺自己的父母，但是却很少看到父母让自己的孩子无衣无食地躺在大街上。有句话说："父母在培养孩子上，永远都是投资巨大，收效甚微。"作为人都应该有自己的良心，不要被烦乱的事情蒙蔽内心，掩盖良知。孝顺是不需要理由的，作为一个人，倘若连基本的孝都做不好，你还要指望他能做什么呢？

西汉时期的汉文帝刘恒是历史上有名的孝子，他是汉高祖刘邦的第四个儿子，从小就奉行孝道。刘恒还是代王的时候，生母薄太后跟随他住在一起。刘恒与母亲感情深厚，倾心地侍奉母亲，尽力让她感到快乐和满足。

薄太后身体虚弱，常患病，连续三年都卧病在床。三年里，汉文帝每日勤理朝政，下朝后便衣不解带地陪伴在薄太后病床前，亲自给太后煎好汤药，亲自尝过才放心让母亲服用，唯恐药饵失调。那些日子里，汉文帝往往通宵达旦，陪伴在母亲身边。三年后，母亲的身体终于康复，他却由于操劳过度累倒了。汉文帝的仁义和孝顺感动了天下人，加上他治国有方，国家一派兴旺景象。他与后来的汉景帝一起开创了历史上"文景之治"的繁荣时代。

人有孝敬心应该是发自内心的一种本性情感，父母为了我们劳累了大半辈子，等到老的时候，却得不到应该有的照料，作为人，我们的良知何在？

在王阳明看来，良知一开始便蕴含着情感之维："良知只是个是非之心，是非只是个好恶，只好恶就尽了是非，只是非就尽了万事万变。"良知的好恶情感形成了行善的动因。在现代生活中，很多人为了追求所谓的自由，孝的精神也逐步丧失，最后导致了家庭的冷落，亲情关系的瓦解。其实失去孝道不仅仅是文化传统的重大损失，更是个人品德修养的重大缺失，今天的我们应该继续发扬孝道的优良传统。

孝顺父母就在当下

就如某人知孝，某人知弟，必是此人已曾行孝行弟，方可称他知孝知弟，不成只是晓得说些孝弟的话，便可称为知孝弟。

——《传习录》

【鉴赏】

王阳明给弟子邹守益的信说："近来得致良知三字，真圣门正法眼藏。往年尚疑未尽，今自多事以来，只此良知无不具足。譬之操舟得舵，平澜浅懒，无不如意，虽遇颠风逆浪，舵柄在手，可免没溺之患矣。"他认为致良知必须要讲孝道。对于母亲早逝，他没能奉养；祖母临终，未及一见，王阳明深感伤痛并一直自责于心。在其父去世之后，王阳明也卧病多日。

人的一生难免有很多缺憾，其中最大的可能莫过于"子欲养而亲不待"。当有一天我们蓦然发现，父母已两鬓斑白，此时才孝敬他们，我们会错过无数时机。甚至当双亲已离你远去，才幡然悔悟，却已尽孝无门，这将成为永远无法弥补的憾事。

王阳明主张知行合一，强调孝也要知行合一，"就如某人知孝，某人知弟，必是此人已曾行孝行弟，方可称他知孝知弟"，他强调孝要及时地行动，将知和行紧密结合起来。

孝，经不起等待。生时如果不养父母，死后万事皆空。《孔子·集语》中"子欲养而亲不待"就讲述了这样一个道理。

春秋时，孔子和弟子们出去游玩，忽然听到路边有人在啼哭，就上前去看怎么回事，啼哭的人叫皋鱼，皋鱼解释了他啼哭的原因："我年轻时好学上进，为了求学曾经游历各国，等我回来时父母却已经双双故去。作为儿子，当初父母需要侍奉的时候我却不在身边，这好像'树欲静而风不止'；如今我想要侍奉父母，父母却已经不在了。父母虽然已经亡故，但他们的恩情难忘，想到这些，内心悲痛，所以痛哭。"

人生在世，必然会经历种种痛苦的情感折磨，也在痛苦中锻炼得愈发坚强，面临悲痛愈发能强忍声色，而"子欲养而亲不待"却让人们倍觉"生命中难以承受之痛"。

很多人总在说，等到有钱和时间了，一定要好好孝敬父母。你可以等待，但父母不能等待。在不经意间，父母渐渐变老。花点时间多陪陪父母，父母们没有太多的要求，只是想多让你陪陪。否则当你挚爱的亲人离你而去，你在脑海中回想他们以往对你如何嘘寒问暖、呵护备至，你却只顾着打拼自我天地，忽略了关爱他们，让他们在守望你的寂寞中落寞而去。你的悔、你的痛，成为你一生最深刻的烙印，任岁月无情也抹杀不去。

生孩子不易，养孩子更不易，付出的辛苦是没有当过父母的人难以理解的。古时候父母亡故，做子女的要服丧三年，这是对自己刚出生时父母耐心守候的报答。孝敬父母，是每个人都应该奉行的，无论是过去还是现在。

闵名损，字子骞，春秋时期鲁国汶上人，是孔子著名弟子之一。闵子骞幼年即以贤德闻名乡里，他母亲早逝，父亲怜他衣食难周，便再娶后母照料闵子骞。几年后，后母生了两个儿子，待子骞渐渐冷淡了。

闵子骞受到后母虐待，冬天穿的棉衣以芦花为絮，而其弟穿的棉衣则是厚棉絮。一天，父亲回来，叫子骞帮着拉车外出。外面寒风凛冽，子骞衣单体寒，但他默默忍受，什么也不对父亲说。后来绳子把子骞肩头的棉布磨破了。父亲看到棉布里的芦花，知道儿子受后母虐待，回家后便要休妻。闵子骞看到后母和两个小弟弟抱头痛哭，难分难舍，便跪求父亲说："母亲若在，仅儿一人稍受单寒；若驱出母亲，三个孩儿均受寒。"子骞孝心感动后母，使其痛改前非。自此母慈子孝，阖家欢乐。

孟子曰："惟孝顺父母，可以解忧。"闵子骞的孝行备受后人推崇，明朝编撰的《二十四孝图》，闵子骞排在第三，成为中华民族文化史上先贤。闵子骞不仅孝，而且宽容友爱，正是这些品德，使一个即将分崩离析的家庭重归于好，以自己的行为感动后母，使家庭和睦，母慈子孝，这实在是人生一大幸事。

在现代，人们对自由的追求导致了家庭观念逐渐淡漠，孝的精神也逐渐减弱，这不仅是传统文化的重大损失，也是个人品德修养的重大缺陷。今天的我们，不应该只用一些时髦的理论"武装"自己，仿佛自己不食人间烟火似的，完全没有那种踏实、厚重的责任感。面对过去，新一代的我们应该继承和发扬传统文化中优秀的部分，比如孝敬父母等，也就不会再向如皋鱼一般暗自哭泣"子欲养而亲不待"。

凡有血气者莫不尊亲

尧、舜、三王之圣，言而民莫不信者，知其良知而言之也；行而民莫不悦者，知其良知而行之也。是以其民熙熙皞皞，杀之不怨，利之不庸，施及蛮貊，而凡有血气者莫不尊亲，为其良知之同也。

——《传习录》

【鉴赏】

王阳明说，尧、舜、禹、汤等圣人，他们说的话百姓们没有不信任的，这是因为，他们所说的也只是推致了自己的良知；他们做的事百姓们没有不喜欢的，他们所做的也只是推致了自己的良知。因此，他们的百姓和乐而满意，即便是被处死了也没有怨恨之心。百姓们获得利益，圣人不引以为功。把这些推广到蛮夷的地区，凡是有血气的人无不孝敬自己的父母，因为他们的良知都是相同的。

古语说："得民心者得天下。"历代君主想要获得民心，就必须以德服人。只有具有良好的品德，才能够召集部下同心协力，团结一心。虽然一个人的能力有限，但是其高尚的品格和人格换取的尊重是无限的。历史上的亡国之君，绝大多数都是不注重道德修养，或者是道德尽失的君主。他们不顾人们的死活，尽可能多地搜刮民脂民膏，独断专行，致使民不聊生，最后被农民起义推翻下台。

秦末时期，楚国贵族项羽身材高大，力大无穷，趁乱起兵，依靠自己的军事天才和贵族的优势成为反秦独立势力中最强大的一个。另外一个势力刘邦，他从小不学无术，游手好闲，用语粗俗，毫无王者风范。

项羽在初期取得成功以后，进入秦都咸阳后大肆烧杀抢掠，随意屠杀诸侯，杀死各路义军的总统帅楚怀王。对民众苛刻，连投降的40万秦朝士兵都杀得一个不剩；对谋士的建议充耳不闻，刚愎自用。他不仅失去民心，也导致无法立足关中。另一股势力的刘邦因从小和平民生活，爱惜民力，待人宽厚，而且自知没有太大本事所以十分尊重人才，对投降士兵愿意留下的收编，不愿意的就让他们回乡，十分受人爱戴。

在长达五年的楚汉战争中，虽然刘邦多次失败，但是仍然不断得到民众的支持，所以能够不断地反扑。残暴不仁的项羽在被刘邦打败后，就

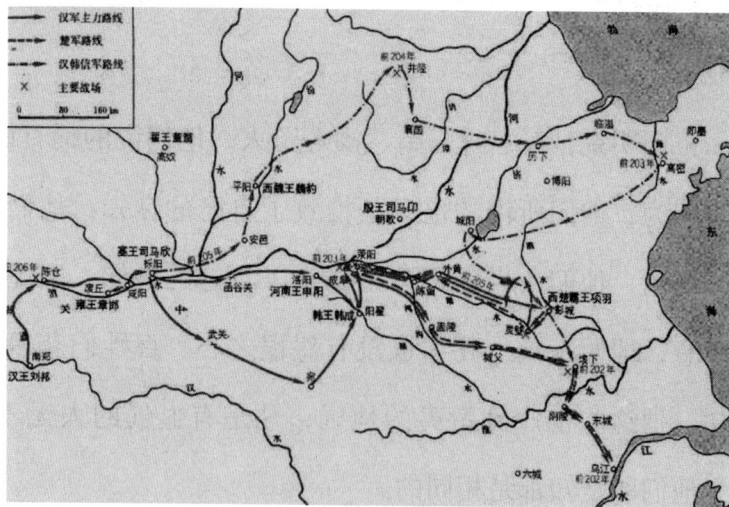

楚汉之争形势图

众叛亲离，所有的军队在一夜之间都离他而去，最后被迫自刎于乌江。而刘邦因为得到人民爱戴而最终登基称帝，开创了统治中国长达412年的汉朝。

古语云："民心不可欺，民心不可违。"唐太宗李世民说："水能载舟，亦能覆舟。"只有坚持良好的道德修养，才能够做到"德天下"，只有做到了以德服人，才能够真正地凝聚人心，也才能够真正地"得天下"。王阳明早就深谙此道，了然于心。王阳明不论自己职位高低，始终坚持着为百姓做点实在的事情，心里面也始终装着老百姓，为官的清正廉洁就体现在是否能够受到百姓的拥戴，而不是自己觉得自己做得很好就够了。

秦始皇的暴政：大量征集奴隶和平民修建阿房宫和骊山陵墓；赋税繁重，要把平民三分之二的财产拿来缴税；徭役繁重；刑法残酷，很小的错误就要判刑，一人犯罪就要株连九族，甚至把与犯人有关系的人一并判刑。所以大街上到处都可以看到犯人。

秦二世胡亥做了皇帝就更加严重了，他残害自己的手足和忠臣，将12个兄弟处死，又将六个兄弟和十个姐妹碾死，刑场惨不忍睹。他派人到阳周的监狱中逼蒙恬自杀，蒙恬开始不肯，声辩说要见胡亥，请他收回诏命。使者不许，蒙恬见生还无望，只得服毒自尽。对其他的大臣，胡亥在赵高的唆使下，也大开杀戒。右丞相冯去疾和将军冯劫为免遭羞辱而死，选择了自尽。有了赵高的支持，胡亥还不放心，又向李斯询问如何才能长久地享乐下去。李斯向胡亥献出了独断专权、酷法治民的治国方法。有了李斯的主意，胡亥便肆意放纵自己的欲望。他继续大量征发全国的农夫修造阿房宫和骊山墓地，调发五万士卒来京城咸阳守卫，同时让各地向咸阳供给粮草，而且禁止运粮草的人在路上吃咸阳周围三百里以内的粮食，必须自己带粮食。常年的无偿劳役外，农民的赋税负担也日益加重，最终导致陈胜、吴广的大泽乡起义。

秦朝的统治者横征暴敛，对民苛刻，贪图享乐还心狠手辣，所以导致民心尽失，正验证了那句古话"官逼民反"。维持社会的长治久安，就在于得民心，而得民心则在于以德治天下。以德治天下的关键在于以德服人，而不是以暴制暴。只有你给了对方发言空间，你才能够知道别人的需求和你对别人的影响。倘若闭目塞耳又怎样了解他人的想法，并能够及时改正呢？倘若面对反对的声音却不改，又如何做到致良知、以德治天下呢？

其实具有这种高尚的品德，不仅仅是做大事的人应该如此，即使是寻常的百姓也是一样。

种十里名花，何如种德

良知只是个是非之心，是非只是个好恶，知好恶就尽了是非，知是非就尽了万事万变。

——《传习录》

【鉴赏】

王阳明认为，良知作为人内心的是非准则，是非就是好恶，知道好恶就做到了明辨是非，明辨是非就能够完成世间的万事万变。古语有云："种十里名花，何如种德；修万间广厦，不若修身。"王阳明的"心学"思想尤其注重个人的道德修养，将道德的修养和天理相统一。他认为，良知作为人内心的准则，具有知善去恶的能力，人们能够凭借它明辨是非善恶。一个人发自内心的道德修养会影响他的言语、行为以及为人处世的原则。

古人云："养生贵在养心，而养心首重养德。"一个人修身必先养心，而养心贵在养德。一个具有高尚品德的人才值得人们尊重和敬仰。我国历史上的许多思想家和养生家都把养德放在修身的重要位置。《论语·学而篇》中，子曰："君子不重则不威。学则不固。主忠信。无友不如己者。过，则勿惮改。"意思是说，君子，不庄重就没有威严。学习可以使人不闭塞。要以忠信为主，不要同与自己不同道的人交朋友。有了过错，就不要怕改正而讳疾忌医。

道德一方面还体现在庄重威严，慎重交友。有句话说："知其人，观其友。"一个人怎样可以从他身边的朋友就能看出来，"物以类聚，人以群分"，秦桧的几位好友张俊、万俟卨都是宋朝有名的奸臣，包括他的老婆王氏。但丁说："道德常常能填补智慧的缺陷，而智慧却永远填补不了道德的缺陷。"秦桧聪明反被聪明误，最终死得很惨，成了"千古跪相"。

清代养生家石天基认为"善养生者，当以德行为主"，并提出了常存安静心、常存正觉心、常存欢喜心、常存善良心、常存和悦心、常存安乐心的"六心"。养德就是始终保持高尚的情操，稳定的心态，没有大起大落的情绪，不浮不躁，方可延年益寿。也就是说一个有品德的人会长寿。而那些品德差的人，由于口碑极差，就会遭人非议、冷落，甚至到处遭人指斥、唾骂，搞得心神不宁，寝食不安，从而影响健康，身心疲惫。

汉光武帝时，皇帝的姐姐湖阳公主的仆人杀人，犯了法，躲在公主家里不出来，所以抓捕他的人不敢进去。洛阳县令董宣要抓杀人犯，可是又进不去，只好一天天在外边等候，听说公主的车要出来，跟着公主的正是那个人，就拦住了，立即叫人把他拉下车来，就地处决了。公主认为董宣在她面前杀她的仆人，是在欺负她，很生气，便向汉光武帝哭诉，告董宣的状。董宣也生气地说："皇上您很圣明，复兴了汉朝，但现在却放纵人杀人，这么能治理国家呢，我不用你打，我自己先死吧！"说着就用头撞柱子，撞得头流了血。

汉光武帝知道了事情真相，也就不杀他了，而且觉得董宣说得有道理，但面子下不来，所以让他给公主磕头，赔礼道歉。董宣就是不听，刘光武帝就让人按他的头，董宣双手撑地，挺着脖子，强按也按不下去。光武帝无奈，只好把他放了。汉光武帝最后奖励了他，还给他加了个"强项令"的称号。

董宣死后，汉光武帝派人去他家里，见到董宣家里很贫穷，竟没有钱买棺材埋葬，原来董宣还是个清廉的官吏。汉光武帝知道了，非常难过。

品德高尚是治国之本。一个明君想要自己的国家千秋万载，就必定要从自身做起，德政是治理国家之本，美德是国家兴旺之本。得道者多助，失道者寡助，秦始皇施暴政，导致国家分裂，殷纣王残忍无道，最终被周取代，只有品德高尚的君主才能唯贤唯德，能服于人。《周易》曰："天行健，君子以自强不息；地势坤，君子以厚德载物。"品德高尚的人会有很多朋友，会得到很多人的帮助和尊敬。孔子说过，德不孤，必有邻。所以，有德之人不会孤单，必有"民声相应，同气相求"之人与之为伴。

用行动表达对父母的孝顺

不慈不孝焉，斯恶之矣。

——《传习录》

【鉴赏】

"身体发肤,受之父母,不敢毁伤",身体是父母所赐予,即便是伤害身体的权力也在于父母,而不在于自己。在中国人的眼中,孝是一切美德的基础,是一切事业的起点,不孝者不成大业。

王阳明提倡以良知为本的孝道观。他认为万事万物的本源是良知。有了良知之心,自然就会发自内心地孝顺父母。良知一旦被蒙蔽,孝顺就仅仅只是形式上的孝道,而非出自内心忠诚的孝。要孝敬父母,不能光有外表的花哨言行,还必须有真正付诸行动的爱。

汉文帝时期,在临淄这个地方出了一个很有名的人,她就是勇于救父的淳于缇萦。

淳于缇萦的父亲叫淳于意,本来是个读书人,但是非常喜欢医学,还经常给别人看病,所以在当地出了名。后来他做了太仓令,但是他为人耿直,不愿意跟做官的来往,也不会拍上司的马屁,所以在官场上很不得意,没有多久就辞职当起医生来了。

一次,淳于意被一位商人请去为他的妻子看病,结果没有好转,反而在几天之后死了。商人仗势欺人,向官府告了淳于意一状,说他看错了病,致人死亡。

当地的官吏也没有认真审理,就判处他"肉刑"(当时,肉刑有脸上刺字、割鼻子、砍左足或右足等),要把他押解到长安去受刑。

除了小女儿缇萦之外,淳于意还有四个女儿,没有儿子。在他被钾解到长安去受刑的时候,他望着女儿们叹气说:"可惜我没有儿子,全是女儿，遇到现在这样的急难，一个有用的也没有。"

听到父亲的话，小缇萦又悲伤又气愤。她想："为什么女儿就没有用呢？"当衙役要把父亲带出家门时，她拦住衙役说："父亲平时最疼我，他年龄大了，带着刑具走不太方便，我要随身照顾他。另外，我父亲遭到不白之冤，我要去京城申诉，请你们行行好，让我和你们一起去吧。"

衙役们见小姑娘一片孝心，就答应了她。当时正值盛夏，天气反复无常，时而雨水涟涟，时而天气晴朗。天晴时，小缇萦就跟在父亲旁边，不住地为父亲擦汗；遇上阴雨天，她就打开雨伞，以防父亲被雨水淋湿；晚上，小缇萦还要给父亲洗脚解乏。这一切深深地感动了押送淳于意的衙役。

经过二十多天的长途跋涉，他们终于来到了京城。履行完相关的手续之后，淳于意马上就被关进了牢房。小缇萦不顾疲劳，也马上开始四处奔走，为父亲喊冤。

可是，人们一看申诉的竟是个还未成年的小姑娘，便没有给予理睬。小缇萦想，要解决父亲的问题，只能直接上书皇上了。于是，她找来纸笔，请人帮忙将父亲蒙冤的经过一一写好，恳求皇上明察。同时她还表示，如果父亲真的犯了罪，她愿代父受刑。

第二天，小缇萦怀里揣着早已写好的信，来到皇宫前。就在那时，只见不远处尘土飞扬，马蹄声声，一辆飞驰的马车直奔皇宫而来。小缇萦心想："上面坐的一定是一位大臣。"她灵机一动，用双手举起书信，跪在马车前。

车上坐的是一位老者，他看到了小缇萦，便俯下身来，关心地问："小姑娘，为什么在这儿拦住我的去路，难道有人欺负你了吗？"小缇萦就把父亲被抓的事情一五一十地告诉了这位大臣，并请求他把信带给皇上。

听小缇萦说得那么诚挚恳切，这位大臣答应了她的要求。皇上读了这封信后，被深深地打动了，当他听说小缇萦千里救父的事迹后，十分钦佩。之后，皇上亲自审理此案，并为淳于意洗清了不白之冤。

也许在年少的小缇萦心中，根本就没有很明确的孝顺的概念，但是，她拥有一颗良知之心，正是这颗良知之心使她拥有一种最朴素的孝顺行为，时时事事都想着自己的父亲，都站在父亲的角度来考虑问题。

其实，孝敬真的很简单，只要像爱自己一样爱父母、爱家人，并体现在日常的一些细小的行动上，就已经做到了孝顺。念父母生、养之恩，这是每个子女都应该做到的，报父母之恩，更是每个子女应尽的义务。"不慈不孝焉，斯恶之矣。"王阳明的孝道观讲孝弟是良知的一个表现，不慈不孝，这是良知被蒙蔽，由此产生恶。由知孝到行孝，是由良知到致良知的过程，也是知行合一观点所要求的。

《诗经》中说："哀哀父母，生我劬劳。"父母生养我们的时候，辛酸劳瘁，不是一般人所能想象的。作为儿女者，若能真切体会父母的深恩重德，孝敬父母之心必会油然而生，随之付诸实践。若是有人不为父母对子女的爱无动于衷，这种人将很难得到安详幸福的家庭，也很难成就大业。

孝敬父母要发自内心

此心若无人欲，纯是天理，是个诚于孝亲的心，冬时自然思量父母的寒，便自然要求个温的道理。夏时自然思量父母的热，便自然要求个清的道理。这都是那诚孝的心发出来的条件。却是须有这诚孝的心，然后有这条件发出来。

——《传习录》

【鉴赏】

"孝",必须是对父母发自内心的"敬",而不仅仅止于"供养"上,否则就不是真正的孝。子女要做到孝顺,最不容易的就是对父母和颜悦色。仅仅是有了事情,儿女替父母去做,有了酒饭,让父母吃,这并不是完整的孝。正如国学大师钱穆先生所言:"人之面色,即其内心之真情流露,色难,乃是心难。有愉色者,必有婉容。"孝子服侍父母,以能和颜悦色为难。有的儿女在为父母盛饭倒水时总把碗或杯子"砰"的一声放在父母面前,把父母吓得不知所措。这样的态度会让父母做何感想,这样的行为能算是孝敬吗?

王阳明认为子女应有"诚于孝亲的心","冬时自然思量父母的寒,便自然要去求个温的道理;夏时自然思量父母的热,便自然要去求个清的道理",这都是诚孝的心发出来的条件。他还打比方说:譬之树木,这诚孝的心便是根,许多条件便是枝叶,须先有根然后有枝叶,不是先寻了枝叶然后去种根。所以子女在孝顺父母的时候,一定要真心诚意,表里如一。

从前有个老人,妻子去世以后一直过着孤单的生活。他是个工作辛苦的裁缝。但现在他太老了,已经不能做活儿了。他的双手抖得厉害,根本无法穿针;而且老眼昏花,缝不直一条线。他有三个儿子,都已经长大成人,结了婚有了各自的家。他们忙于自己的生活,只是每周回来和父亲吃一顿饭。渐渐地,老人的身体越来越虚弱了,儿子看他的次数也越来越少。

他心想:"他们不愿意陪在我的身边,因为他们害怕我会成为他们的累赘。"他通夜不眠为此而担心,最后他想出了一个办法。

一天早上,他找到木匠朋友,让其帮助自己做一个大箱子,然后他又跟锁匠朋友要了一把旧锁头。最后他找到卖玻璃的朋友,把朋友手头所有的碎玻璃都要过来。老人把箱子拿回来,装满碎玻璃,紧紧地锁住,放在了饭桌下面。当儿子们又过来吃饭的时候,他们的脚踢到了箱子。他们向桌子底下看,问他们的父亲:"里面是什么?"

"噢,什么也没有,"老人说,"只是我平时省下的一些东西。"

儿子们又踢了踢箱子,听见里面发出响声。"那一定是他这些年积攒的金子。"儿子们窃窃私语。他们经过讨论,认为应该保护这笔财产。于是他们决定轮流和父亲一起住,照顾他。

第一周,年轻的小儿子搬到父亲家里,照顾父亲,为他做饭。第二周是二儿子,再下一周是大儿子,就这样过了一段时间。最后年迈的父亲生病去世了,儿子们为他举办了体面的葬礼,因为他们知道饭桌下面有一笔不小的财产,为葬礼稍微挥霍一些他们还承担得起。葬礼结束后,他们满屋子搜,找到了钥匙。打开箱子后,他们看到的是碎玻璃。

"好恶心的诡计,"大儿子说,"对自己的儿子做出这么残忍的事情!""但是他为什么要这样做呢?"二儿子伤心地问,"我们必须对自己诚实,如果不是为了这个箱子,直到他去世也不会有人注意他。""我真为自己感到羞愧,"小儿子抽泣着,"我们逼着自己的父亲欺骗我们,因为我们没有遵从小的时候他对我们的教诲。"

但是大儿子还是把箱子翻过来,想看清楚在玻璃中是不是真的没有值钱的东西,他把所有的碎玻璃都倒在地上。顿时三个儿子都噤声无言,箱子底下刻着一行字：孝敬父母要发自内心！

真正的孝顺是要发自内心。孔子说过："做父母的有错误时，我们要温和地提醒他们。如果他们不听劝，那么我们就不要再继续唠叨了。但是不能因为父母有错，我们对他们就不尽孝道。不仅要孝敬他们，而且态度还要恭敬，侍奉他们不能有怨言。"

孝是发自内心的情感表达，没有表里如一的孝就没有真心实意地爱。在履行赡养父母的义务时，我们要发自内心，真心地为父母做事，穷则穷孝，富则富孝，只要用一颗真正的孝心让父母开心愉快，自己也就真正尽到孝道了。

心知孝，行做孝

不慈不孝焉，斯恶之矣。

——王阳明

【鉴赏】

王阳明认为，不慈不孝的人，就是良知被蒙蔽的人，由知孝到行孝就是一个知行合一的过程。王阳明认为万事万物的本源是良知，有了良知之心，自然就会发自内心地孝顺父母。良知一旦被蒙蔽，孝顺就仅仅只是形式上的孝道，而不是发自内心真诚的孝。孝顺父母不是徒有其表地嘴巴上说说，而要身体力行地付诸行动。

恩莫大于父母养育之恩。每个人的生命都来自父母，应该感谢父母给自己生命。"十月怀胎苦，莫要忘母恩"我们每个人都是自己的母亲怀胎十月，辛辛苦苦生下来的。从呱呱坠地到牙牙学语，再到蹒跚走路，在父母亲辛辛苦苦地养育之下，我们才能够长成今天这样亭亭玉立。

以前，一位母亲吃饭时总是把好吃的留给儿子，这也是天下所有母亲的做法，因为家里比较穷，所以饭桌上有鱼吃的日子较少，但只要有鱼吃，母亲就让儿子吃肉最多的鱼肚子，自己吃儿子不吃的鱼头。有时儿子让她吃鱼肚子，她总是说爱吃鱼头。这样一直到儿子长大成人，参加工作赚钱了，生活好起来了。

儿子长大后把女朋友领到家里来了，在饭桌上，面对儿子带回家的肥硕的、香喷喷的红烧大鲤鱼，母亲的口水都快要流下来了。多少年了，为了儿子能长大成人，她一个人又当爹又当妈地拉扯着孩子，支撑着这个家，吃了一辈子的鱼头，现在看到儿子能够成家立业了，而且带回了这么漂亮的儿媳妇，别提心里多高兴了，终于可以吃一次鱼肚了。正当母亲的筷子伸向那块让人馋涎欲滴的鱼肚时，儿子的筷子也伸过来了，夹起了那让她屡次反胃的鱼头，恭敬地放到她跟前，满含感激地说："妈妈，谢谢您养育儿子长大成人，从现在起，您什么也不用干了，我能养活您了。以后，我要让您天天能吃到您喜欢吃的鱼头。"看着儿子满含深情的目光，妈妈咽了口唾沫，缩回了筷子，无言以对！

"可怜天下父母心"，在父母为我们付出了那么多的时候，我们有没有想过，他们也是人，他们也需要疼爱和呵护呢？我们的父母小的时候也是自己爸妈的掌上明珠，他们也是被疼爱、被宠过来的，可是有了儿女，他们受再多的苦，挨再多的累也不会哼一声。

当你受到非议的时候，有谁会始终站在你的身后相信你、支持你；当你在外地工作受苦受累，有谁心心念念地惦记着你；当你遇到好多喜欢的东西，是谁把这些都买给你，而自己却从来舍不得吃，舍不得用？读到这里，想必答案不言自明了吧！爱情固然重要，亲情更加重要，其他人能因为金钱而背叛你，父母不会因为金钱而不认你。

汶川地震发生后，抢救人员在废墟中发现了她。她已经死了，是被垮塌下来的房子压死的。透过那一堆废墟的间隙可以看到她死亡的姿势，双膝跪着，整个上身向前匍匐着，双手扶着地支撑着身体，有些像古人行跪拜礼，只是身体被压得变形了，看上去有些诡异。

救援人员从废墟的空隙伸手进去确认了她已经死亡，又冲着废墟喊了几声，用撬棍在砖头上敲了几下，里面没有任何回应。当人群走到下一个建筑物的时候，救援队长忽然往回跑，边跑变喊："快过来。"他又来到她的尸体前，费力地把手伸进女人的身子底下摸索，他摸了几下高声地喊："有人，有个孩子还活着。"

经过一番努力，人们小心地把挡着她的东西清理开。在她的身体下面躺着她的孩子，包在一个红色带黄花的小被子里，大概有三四个月大，因为母亲身体庇护着，他毫发未伤。抱出来的时候，他还安静地睡着，他熟睡的脸让所有在场的人感到很温暖。随行的医生过来解开被子准备做些检查，发现有一部手机塞在被子里。医生下意识地看了下手机屏幕，发现屏幕上是一条已经写好的短信："亲爱的宝贝，如果你能活着，一定要记住我爱你。"看惯了生离死别的医生却在这一刻落泪了。手机传递着，每个看到短信的人都落泪了。

母亲的爱是可以延续的爱，有的人说："世界上最浩瀚的是海洋，比海洋还要深远的是母爱。"有些子女一直认为自己的父母还年轻，用不着自己操心，等他们老了，再孝敬不迟。也有的人常说，我现在还没有钱，等我有钱了，再孝敬我的父母。难道大家不懂得"子欲养而亲不待"的道理吗？

有孝敬父母的心，就应该把它付诸行动，"莫等闲，白了少年头，空悲切"。平时在外给家里打个电话就是一个孝心，平时买一些东西，向父母嘘寒问暖，陪他们走走逛逛就是孝心。孝心是内心里散发出的品德，不是做作。为人子应当懂得孝敬父母，理所当然，这是不能推卸的责任，也是一个人还有良知的体现。

道德当身，不以物惑

世之君子，唯务致其良知，则自能公是非，同好恶，视人犹己，视国犹家，而以天地万物业体，求天下无治，不可得矣。

——《传习录》

【鉴赏】

王阳明认为，世上的君子只要专心于修养自身的品德，那么自然能够公正地辨别是非好恶，像对待自己那么对待他人，将国家等同家事一样关心，把天地万物看作一个整体，从而求得天下的大治。

真正的美德是背地里所做的一切事情都可以公之于世。一个人有了高尚的品德，自然做起事来也是光明磊落，不会被一点点利益所驱使，改变本性，也不会因为金钱、名誉而故意败坏自己的道德，毁坏自己的操守。有句话说："道德当身，不以物惑"，一个具有高尚品德的人是不会出卖自己的良知做一些违法乱纪之事的。

威廉和汤姆刚从学校毕业，在没有找到工作之前，打算一起旅行。他们在旅行途中到达一个小镇，由于人生地不熟，道路颠簸，威廉又是个开车的生手，所以当车从斜坡高处向下滑行时，不慎撞到一辆停靠在路旁的轿车。两人下车查看，自己所租的车虽然没有损坏，但被碰撞的那辆新的奔驰轿车受损很严重。

当时四下无人，汤姆建议道："趁现在还没被人发现，车主也不在，我们赶快离开这里吧！"但是威廉说："我们不能就这样离开，虽然没人看见，但是我们应该负起责任。"说完，就写了一张道歉的纸条，并在上面留下了自己的姓名和联系电话，然后把它夹在车子的雨刷与挡风玻璃间。

当他们完成旅行之后，威廉接到了车主的电话，约定了见面时间。威廉如期赴约，车主见面后对他说："像你这样诚实的年轻人实在不多，我的公司正需要你这样的人才，不知你是否愿意为我工作？"威廉怎么也想不到会因此获得一份好工作。

有道德的人就像是在社会中懂得遵守秩序的人，所以你在他们的身边，总是安然自得。而丧失道德的人就像故意扰乱社会长治久安的流氓，他们的身边总有吵不完的嘴、打不完的架。一个具有高尚道德的人总会有自己的原则，他们不会因为私欲而损害自己的良知。法国有这样的谚语："人而无德，生而何益。"一个人若没有品德，能为社会和大家做些什么呢？

一位年轻人问老者："我怎样才能成功地攀登到梦想的山巅？"

老者微微一笑，从地上捡起两张纸，叠两只小船放在身边的小河。一只小船什么都没有，小船不喧哗，不急躁，借着水流，一声不吭地驶向前方。途中，蝴蝶、鲜花向它搔首弄姿，它不为所动，默默前行。

另一只小船，上面放了几颗小石子，没过一会儿，小船开始下沉了，一会儿又刮到了河中的水草，一会儿又撞到浅滩，没过多久就完全沉入了水中。

老者说："人的一生，金钱、美色、地位、名誉、诱惑太多。就像第二条小船，选定了奋斗目标，途中因思谋金钱而驻足，因贪恋美色而沉沦，因渴求名誉而浮躁，因攫取地位而难眠，故难以像第一只小船一样，不为诱惑所动，向着既定目标默然潜行。这就是为什么有些人做事往往半途而废，不能成功的原因。"年轻人恍然大悟，打点起行囊，迎着风向山顶爬去。

人活一世要保持自己的品德，不以物惑，不以金钱而出卖自己的良心，不要为了短暂的利益而误了自己的一生。

子欲养而亲不待

就如称某人知孝、某人知弟，必是其人已曾行孝行弟，方可称他知孝知弟。不成只是晓得说些孝弟的话，便可称为知孝弟。

——《传习录》

【鉴赏】

又如，我们讲某人知孝晓悌，绝对是他已经做到了孝悌，才能称他知孝晓悌。不是他只知说些孝悌之类的话，就可以称他为知孝晓悌了。

有很多年轻人渐渐发现自己身边的父母开始爱唠叨了，却总是以心烦不想听来应对，其实爱唠叨就是疼你的表现，当你的父母在你面前唠叨，也是他们呈现老年化的趋向。这个时候，父母需要更多的理解和爱护，而我们却把我们的时间统统地分享给了好朋友、好伙伴。

春秋时孔子和他的徒弟们一起外游，忽然听到道旁有哭声，仔细寻声而看，原来是一个男人蹲在地上正哭得伤心。他们停下了脚步上前问男子哭的原因，哭的男人说："我年轻的时候，喜欢学习，曾游学各国，回来的时候，父母双亲就都不在了。作为他们的儿子，在父母需要我陪伴和照顾的时候，我不在。就好像'树欲静而风不止'，而今天我想要供养我的双亲时，他们却都不在了。虽然他们都不在了，但是二老对于我的恩情却难以忘怀，所以想到这些就感到悲伤。"

很多时候，人们的所想所念都是事与愿违的，我们总是以为孝顺父母还来得及，当你已经长大的时候，父母自然也就随着你的长大而逐渐衰老了。有的时候孝顺是只能当下就要开始的，而不能等。时间不等人，岁月不待人。感情也是分阶段的，父母含辛茹苦地把我们养大，到老的时候，谁都希望儿孙满堂，儿女承欢膝下。

当我们有了所谓的"能力"的时候，你会看到头发花白的父母，牙齿掉光的父母，面对你的山珍海味，他们早已无福消受了。为什么我们不能趁着大好的年华，趁着父母能吃能喝的时候就买来给他们吃呢？当我们和父母之间意见相左的时候，为什么就不能谦让他们呢？谁是谁非又如何？当我们惹他们生气的时候，为什么不能主动道个歉，认个错，让他们放宽心呢？

父子不信，则家道不睦

《礼记》言："孝子之有深爱者，必有和气；有和气者，必有愉色；有愉色者，必有婉容。"须有是个深爱做根，便自然如此。

——《传习录》

【鉴赏】

王阳明在回答徐爱的"从心中求善"时说："《礼记》上说'深爱父母的孝子，对待父母一定会很和气；有了和气的态度，必定有愉快的气色；有愉快的气色，必定有让父母高兴的表情'。必须有深爱之心作为根本，就自然会这样了。"

有一个家庭总是因为不和睦引发不断地争吵。父子之间因为一些鸡毛蒜皮的小事，没完没了地争吵，这个家庭里的每个成员每天都会因为彼此之间的争吵而心情抑郁。但是他们却经常能听到邻居愉快的笑声，看到邻居家庭一团和气、其乐融融。为此他们非常羡慕邻居一家的和睦。于是一天，这个家庭的长者就去向邻居家请教。邻居家告诉他说："我们家不吵架，是因为我们家坏人太多。"长者很生气，以为邻居是在开他的玩笑。坏人多，应该经常吵架才是啊！

没过多久，长者无意中听到了邻居家因为一件失误的事的谈话。所有的人都诚恳地检讨自己，说如果自己做得再好一些的话，就不会出现这样的失误。没有人推脱，没有人给自己辩解，大家都是坏人，大家都有责任。

长者终于明白了，原来，邻居对自己说的是真话，是自己没能够理解其中的真谛。

家和万事兴，这个道理想必没有人不知道，对于生活在这个世界上的人，没有人不希望自己拥有一个幸福、美满的家。和谐、和睦的氛围，没有人会拒绝。对于一个家庭，组成家庭的时候，无一不抱着美好的憧憬和愿望。可是，如何保持，如何建设一个属于自己的和谐、和睦的家，却很少有人知道。

其实想要拥有一份和谐的环境和氛围，多一些谅解，多一些理解，就会获得更多的爱、更多的幸福。每一个家都需要一些"坏人"，多一些承担责任的人。中国历史上唯一的女皇帝武则天就说过："父子不信，则家道不睦。"父子相互猜忌，家庭就会不和睦。在一个大的家庭里面，最基本的就是信任了，大家团结一心，才能够共同面对各种问题。

公孙丑说："君子不亲自教育自己的儿子，为什么呢？"

孟子说："因为情理上行不通。教育儿子必然要用正理；如果行不通，便会动怒，这样就伤了感情了。儿子会说，你用正理教育我，而你自己却做不到，父子之间就伤了感情，就坏事了。古时候相互交换儿子进行教育，父子之间不求全责备，否则会使父子关系疏远。父子疏远，这是最大的不幸。"

家庭中的缝隙产生往往因为彼此不能让一步，作为儿女，我们要体贴父母，他们养育我们很不容易，那么在发生矛盾的时候，我们就要主动避开锋芒，谦让一下他们，这也是作为儿女应该做的。而作为父母，同样也要理解儿女在外打拼的辛苦，如果不能理解，也不要强加指责，多一些关心和爱护，这样和谐的家庭才会维持。

王阳明在京师和当时的文人交往时，其诗文受到人们的广泛赞赏。但他总是不满足，觉得这不是他的道理，就告病回家，筑室阳明洞中，行引导术。有一天，他坐在山洞里，友人王思舆等四人来看他，刚刚出五云门，他让仆人去迎，并且说出他们来的情况。仆人在路上遇到他们，王阳明说的与他们的行迹相同，大家都觉得很惊讶，以为王阳明得道了。然而，过一些时候，他说："这时拨弄精神，不是道。"这样静坐久了，想离世远去，只是祖母和父亲舍不下，因循下不了决心。过了些时他忽然醒悟说："这种恋念之心从小就有，如果此念可去，就是断灭人性了。"

孝敬父母可以说是发乎情、止乎礼的。亲情之间的这种爱是人性中自古就有的，不可断绝。用我们的真心爱戴我们的父母，不要因为一些小事情而"色难"他们。我们在对待他们的时候，态度要很恭敬，不能有怨言。孔子说过："做父母的有错误时，我们要温和地提醒他们，如果他们不听劝，我们就不要再继续唠叨，但是不能因为父母有错，我们就不尽孝道，不孝敬他们。"

今之孝者，不单是谓能养

如言学孝，则必服劳奉养，躬行孝道，然后谓之学。岂徒悬空口耳讲说，而遂可以谓之学孝乎？

——王阳明

【鉴赏】

子游问："怎么做才是尽孝？"孔子说："现在人们认为的孝，是能养活父母。连狗马等牲畜都能得到饲养。假如对父母不敬的话，供养父母与饲养狗马有什么区别呢？"

人人都有一颗知是非的心，能分辨善恶，辨别是非。俗话说："人非草木，孰能无情。"面对生活中的很多事，我们都会为之动容，当你看到2008年汶川大地震的时候，那凄惨的画面，很多人都心惊流泪了。孔子的话说得很对，其实归根结底就是一句话"能养只是一半的孝"。

仲由，字子路。春秋时期鲁国人，孔子的得意弟子，性格直率勇敢，十分孝顺。早年家中贫穷，自己常常采野菜做饭食，却从百里之外负米回家侍奉双亲。父母去世后，他做了大官，随从的车马有百乘之众，所积的粮食有万钟之多。坐在垒叠的锦褥上，吃着丰盛的筵席，他常常怀念双亲，慨叹说："即使我现在想吃野菜，为父母亲去负米，哪里能够再如愿以偿呢？"

有句话每次听起来都会动情地流泪，那就是"子欲养，而亲不待"。很多人都会说："我现在还没有钱养父母，等我有了钱再孝敬他们也不迟啊！"可是孝顺所体现的不仅仅是让父母过上好日子，更体现在平时的尊重和爱护。

王阳明说，只是有个头脑，只要此心去人欲，存天理，便自然会在冬凉夏热之际要为老人找一个冬暖夏凉的地方。仅仅能养活父母并不是孝顺，就如孔圣人所说，牲畜和家禽都是我们喂养长大的，难道我们的这种行为也叫孝顺吗？

罗巩是宋代大观年间的太学生，他的父母亲在两年中先后因病去世，棺柩停在屋中，经过三年多的时间还没有入土安葬。他推诿这是哥哥的责任。可是他的哥哥呢，认为父母是兄弟二人共同的父母，关于父母遗体的安葬，罗巩也应负有责任。后来罗巩赴京应考，当时京中有一关帝庙，传说很灵，因此香火很盛。他在应考期中，憧憬着美丽光明的前程，也到关帝庙去焚香叩头，诚心祈祷。

这天夜间，梦见关帝指着他父母的棺柩对他说："孔夫子论孝道，曾说生事之以礼，死葬之以礼，祭之以礼。现在你的父母去世很久，还没有安葬，这是你大大的不孝，冥司对你已记上了一件极大的重罪，恶报难逃，不必再问什么前程，还是早日回家去吧！"罗巩听了很不服地说："我还有一位哥哥，父母遗体没有安葬，我哥哥要负很大的责任。倘若有罪的话应归罪于我哥哥，怎么冥司把罪恶记在我的账上呢？"关帝怒叱道："你是一位儒者，读过孔子圣书的人，应当明礼知义，知而不行，罪加一等。你的哥哥是没有读过什么书的碌碌愚人，不足深责，怎么可把责任推在哥哥身上呢？"罗巩一觉醒来，大为惶恐，急急忙忙雇舟返家，在返家途中，竟覆舟而溺毙水中。

孝是人最基本的善举，如果连父母的大恩都不报，我们还能指望一个人能有其他的善举吗？孝顺不仅仅体现的是一种美德，同时也是对父母的宽慰，是对于自身的一种完善，同时也是立足于社会的根本。

使父母无忧是行孝的基础

于是该然泣下，甚悔，且曰："凤何如而可以免于不孝？"

予曰："保尔精，毋绝尔生；正尔情，毋辱尔亲；尽尔职，毋以得失为尔惕；安尔命，毋以外物栽尔性。斯可以免矣。"

——《传习录》

【鉴赏】

学生傅凤想要早点考取功名，以摆脱贫困的家境，更好地奉养父母，于是不眠不休地学习，却因劳累过度而病倒了。王阳明批评他的这种做法并不是孝顺，傅凤流下了悔恨的泪水，并向王阳明请教："我如何才能够修正这种不孝的行为呢？"

王阳明回答说："保养好你的身体，爱惜你的生命；端正你对父母的感情，不要辱没了父母对你的期望；尽心尽责地做好你该做的事情，不要有得失之心；平心静气地生活，心不要被外物所左右，这样你就能避免陷入不孝的处境。"

在王阳明看来，家贫亲老而不为禄仕，固然不得为孝，但欲求禄仕以成疾，使父母伤心悲苦，牵肠挂肚，

书法《百善孝为先》

这又怎么谈得上孝呢？由此可见，为人子女者，在生活上不让父母担忧，不让父母伤心悲苦，这就是对行孝最起码的要求。

孟武伯向孔子讨教关于孝的含义。孔子答曰："父母唯其疾之忧。"意思是，由于疾病不受人控制，因此子女如果能常常以谨慎持身，使父母只忧虑子女的疾病，而没有别的东西可忧虑，这就是孝。然而现实社会中，

有些人能自理自立，却还是让父母整天为他担惊受怕，这便是不孝。

在一个关着一些死刑犯的牢房里，死刑犯们聚在一起看书闲聊。

一名犯人指着书中的珠宝图说："我母亲没有一件像样的首饰，如果她戴上这些首饰一定会很高兴。"

另一名犯人指着上面的房屋说："我家的房子又破又旧，每逢下雨就漏，我母亲如果有这么一间漂亮的房子她该多高兴啊。"

第三个犯人指着上面的汽车说："我真想给母亲买一辆车子，以后她来看我的时候就不用走那么远的路了。"

书最后传到一个犯人的手中，他拿着看了很长时间，看着上面的珠宝、房子、汽车……他沉思了许久后，流着泪说："我们从一出生就让母亲操心劳神，直到长大了，本该回报母亲的养育之恩，却由于我们的错误让母亲更加为我们操劳。我们都是母亲牵挂的根源，更是母亲幸福的寄托。我们的一言一行、一举一动都连着母亲的心，我们是母亲心中永远的痛。母亲的付出，不是为了得到珠宝、别墅、小汽车这些物质上的回报，因为在她们心里最大的幸福莫过于自己的儿子是一个正直的、对社会有贡献的人。如果我们的母亲有一个好儿子就好了！"

这时，所有的人都低下了头。

对于父母来说，他们最想要的不是珠宝、汽车、别墅这些外在的东西，而是除了疾病，他们可以不必为儿女的衣、食、住、行等担忧。

俗语说："儿行千里母担忧。"无论儿女多大了，都永远是父母心中的牵挂。子女离家的时候，父母心里总是充满担心与牵挂，分别总是令他们黯然神伤。他们会担心子女在外面是否吃饱穿暖，是否受人欺负，是否会误入歧途等，因此才有了这句"父母唯其疾之忧"。然而古往今来，又有几人能做到让父母无忧呢？因此，王阳明才会告诫人们：行孝，首先要使父母无忧。

能养不是孝，要有孝顺的心

言学孝，则必服劳奉养，躬身孝道，然后谓之学。岂徒悬空口耳讲说，而遂可以谓之学孝乎？

——《传习录》

【鉴赏】

王阳明曾与一个名叫杨茂的聋哑人用笔进行交谈：

（王阳明）问：你口不能言是非，你耳不能听是非，你心还能知是非否？

（杨茂）答曰：知是非。

（王阳明感慨）：如此，你口虽不如人，你耳虽不如人，你心还与人一般。

（杨茂）首肯，拱谢。

大凡人只是此心。此心若能存天理，是个圣贤的心；口虽不能言，耳虽不能听，也是个不能言不能听的圣贤。你如今于父母，但尽你心的孝；于兄长，但尽你心的敬。

（杨茂）首肯，拜谢。

我如今教你，但终日行你的心，不消口里说；但终日听你的心，不消耳里听。

（杨茂）顿首再拜。

王阳明向杨茂指出，人人都有一颗知是非的心，如看见父母自然知孝，看见兄长自然知敬的道德行为。即使是聋哑人，口虽然不能表达，耳虽然不能聆听，但心与常人是一样的，能知善知恶、辨别是非。这就是因为人心都有良知，无须口说，也无须耳听，只要用心去行就可以了。

在中国，对父母及老年人的孝养一直是个大问题，这也正是中国古代圣贤格外重视孝道的原因。在王阳明生活的那个年代有许多道德的约束，尚有许多人不懂得孝的真实含义，更不用说在当今社会了。

能养只是一半的孝，真正的孝是发自内心的那份真诚。只有心里时时想着孝，并努力践行，这才是真正的孝。

有一个财主有两个儿子，大儿子愚笨，不讨人喜欢，小儿子聪明伶俐，于是财主就尽心抚养小儿子。两个儿子逐渐长大了，大儿子一直在家里陪着父母，小儿子因为颇有才华，被父亲送到县城读书。

小儿子果然不负众望，考取了功名，一家人欢天喜地，两位老人也准备收拾行李，和小儿子一起到新地方开始生活。本来小儿子不想带着父母，但是想到兄长愚钝，就勉为其难地带上了两个老人家。

到了就职的地方之后，小儿子给父母选了一间房子，安排了一个奴婢，从此就消失了。两位老人看不见他的人影，生病了也只能使唤下人去找大夫。虽然在这里不愁吃穿，但是两个老人心里很难过。

一年以后，大儿子带着家乡的特产过来看弟弟，一见到老人，就难过地哭了——一年不见，父母老了许多。虽然大儿子很笨拙，但是很心疼父母，他决定带着父母回家生活。父母想到自己以前和大儿子生活在一起的时候，从来没有把他当回事，端茶倒水像下人一样使唤，但是他从来没有生气，反倒是乐呵呵地照顾自己，不禁也流下了眼泪。就这样，笨哥哥又带着老人回到乡下去了。小儿子想不明白，为什么父母不跟着这样有头有脸的儿子，却要和那笨人一起生活。

其实，感动老财主的正是大儿子的一颗孝心。只有让父母感受到儿女的孝心，他们才会觉得幸福。孝绝不仅仅是能够保证父母衣食无忧，父母更希望得到的是儿女的关心，他们希望儿女能常回家看看。

能养不是孝，有孝顺的心才能算作孝。

八、养心

"圆满人生"的最高境界是"三无而终"——无恨而终、无憾而终、无疾而终。而儒家的人生观是要探求生命的本质，追问"人存在的意义是什么"这个问题的终极意义。王阳明心学的"致良知"正是这样一个不断探索的过程。也正因为王阳明在探求的过程中，明白了生命存在的真实意义，他才能够在逝去的时候微笑着说："此心光明，亦复何言？"

抛开杂念，让心空灵不昧

虚灵不昧，众理具而万事出。心外无理，心外无事。

——《传习录》

【鉴赏】

王阳明认为，让心空灵而不糊涂，各种道理存于心中，万事万物就会呈现出来。这其实是说，在人的本心之外没有什么天理，离开了人的本心，也就没有事物。

佛家常劝诫世人：要想让心灵充盈欢乐，首先要让心灵清明空灵，拂拭心上的积尘，不为外物所动，不以物喜，不以己悲，抛却人生的烦恼和苦痛，方能悟得空空大道，获知欢乐幸福的人生境界。

无论是王阳明的"空"，还是佛家的"空"，都不是一无所有的虚空，而是包含了极其深刻的意义，即王阳明所说的"让心空灵而不糊涂"。一方面，"空"是指万事万物都是处在永恒变化之中的，因此，要求我们达到一种无我——消除个人私欲的境界；而另一方面，"空"也是"不空"，无论是儒家圣人还是佛学大师都讲究点化世人、普度众生。由此来看，"空"的意义在于让我们以无我的精神去从事世间的种种事业。

王阳明曾言："圣人之所以为圣，只是其心纯乎天理而无人欲之杂，犹精金之所以为精，但以其成色足而无铜铅之杂也。人到纯乎天理方是圣，金到足色方是精。然圣人之才力亦有大小不同，犹金之分两有轻重。……盖所以为精金者，在足色而不在分两；所以为圣者，在纯乎天理而不在才力也。故虽凡人，而肯为学，使此心纯乎天理，则亦可为圣人，犹一两之金，此之万镒，分两虽悬绝，而其到足色处可以无愧。"王阳明以纯金比喻，意在说明圣人比凡人更高明的地方不是他的才能，而是一颗只存天理而无贪嗔杂念的空明之心。

宇宙万物，因为虚空而含纳包容，所以能拥有日月星河的环绕；高山因为不拣择砂石草木，所以成其崇峻伟大。世人常说"海纳百川"，便是将"大海"作为浩瀚胸襟的形象代表。而人心的包容，是大海与高山都不能比的。所谓"心空"，即内心无外物羁绊。修养内心的最高境界，便是将心腾空，如此才能真正做到包容万物。

苏不韦是东汉人，他的父亲做司隶校尉时得罪了同僚李皓，被李皓借机判了死刑。当时，苏不韦年仅十八岁，他把父亲的灵柩草草下葬后，又把母亲隐匿起来，自己改名换姓，用家财招募刺客，发誓复仇。但几次行刺都没有成功，这期间李皓反而青云直上，官至大司农。

苏不韦就和人暗中在大司农官署的北墙下开始挖洞，夜里挖，白天躲藏起来。挖了一个多月，终于把洞挖到了李皓的卧室下。一天，苏不韦从李皓的床底下冲了出来，不巧李皓上厕所去了，于是杀了他的小儿子和妾，留下一封信便离去了。李皓回屋后大吃一惊，吓得在室内设置了许多机关，晚上也不敢安睡。苏不韦知道李皓已有准备，杀死他已不可能，就挖了李家的坟，取了李皓父亲的头拿到集市上去示众。李皓听说此事后，心如刀绞，心里又气又恨，又不敢说什么，没过多久就吐血而死。

李皓因一点个人私怨就将人置于死地，结果不仅给自己招来杀身之祸，连老婆、孩子都跟着倒霉，甚至是死去的父亲也未能幸免于难。而苏不韦从十八岁开始就谋划复仇，此外什么也没做成。这两个人最大的缺陷都是被仇恨所牵绊，没有宽大的心胸。人有时候如果能宽容一点，甚至一笑泯千仇，将干戈化为玉帛，不但能为自己免去毁灭性的灾难，还可以放下心灵的包袱，让自己变得轻松，而生活也能变得更加幸福和祥和。

从内心深处摆脱周遭的羁绊，进入心无旁骛的至高境界，就是踏上了心灵的解脱之路，内心感受到的万物便会远远超过自己视线范围之内的一切。此时的内心，呈现的是一种空无的状态，也就是王阳明所说的空明之心。空，才能容万物。即便是人与人之间的交往，也需要给彼此一定的空间，才能畅所欲言、和平相处。与其用金钱权力、名誉地位将内心满满地填充，何不索性全部放下，将心腾空，获得心灵的自由和解脱呢？

因此，普通人若能学会抛开杂念，使内心纯净空明，那么，即便才能有高下之分，也同样可以成为圣人。

养心，把良知应用到万事万物上

或问："释氏亦务养心，然要之不可以治天下，何也？"

先生曰："吾儒养心，未尝离却事物，只顺其天则自然就是功夫。释氏却要尽绝事物，把心看作幻相，渐入虚寂去了，与世间若无些子交涉，所以不可治天下。"

——《传习录》

【鉴赏】

有人问："佛家也务求养心，但它不能用来治理天下，为什么呢？"王阳明回答说："我们儒家提倡养心，但从来都没有脱离具体的事物，只是顺应天理自然，那就是功夫。而佛家却要全部断绝人间事物，把心看作幻象，慢慢地便进入虚无空寂中了。他们与世间再没有什么联系，因此不能治理天下。"

　　心学作为心性儒学，最不同于其他儒学者的，在于其强调生命活泼的灵明体验。看似与佛学的心法修教十分相似，但佛学只求出世，而心学则是用出世之心做入世之事，即儒学所说的"内圣外王"。纵观王阳明的一生，平国安邦、著书立说、驰骋骑射，全无中国文人的懦弱单薄。他动静兼入极致，顿悟深远，知行合一，于平凡中体现伟大，以入世中明见其出世的心境。由此来看，王阳明的一生严格奉行了他自己提出的"把我们的良知应用到万事万物上"的理念，最终将心学发扬光大，使越来越多的人获得心灵欢欣的智慧。

　　曾经有一个县令长期听王阳明讲学，他却遗憾地对王阳明说："先生的学说实在是好，只是我平时要处理的文件繁多，案子复杂，没有什么时间去深入研究先生的这些学问。"

　　王阳明听了，教导他说："我什么时候叫你离开你的文件、案子凭空去做学问了？你既然要处理案件，就在处理案件上做学问，这才是真正的'格物'。比如，你在审理案件时，不能因当事人回答时无礼而发怒，不能因当事人言辞委婉周密而高兴，不能因当事人说情而心生厌恶乃至故意惩罚他，不能因当事人哀求就曲意答应他，不能因自己事务繁杂而随便断案，不能因别人罗织罪名诽谤陷害而按他们的意愿处置。如果你能认真反省体察克己，唯恐心中有丝毫的偏私而错判了是非，你就已经是在实践我所讲的'致良知'了，哪里还需要另外花时间来研究我说的那些学问呢？总之，处理文件、审理案子都是实实在在的学问，如果脱离了具体事物去做学问，反而会落空。"

　　由此可见，只要我们不存私心，踏踏实实地做好手中的每一件事情，就已经是在"致良知"了。

有个修鞋匠每天都要经过不同的城镇，给不同的人修补不同的鞋子。有时候他会遭遇狂风暴雨，路途艰辛；有时候挣不上多少钱，饥肠辘辘。但是他的身影从来没有在人们的视线中消失过，每当太阳升起的时候，他都会准时地出现。

修鞋匠已经修了十几年的鞋，所经手的鞋有高档货，也有廉价货，有礼貌的顾客，也有故意刁难的市井无赖。但是这么多年来，这个修鞋匠无论遇到什么样的事情，都认认真真地完成他的工作。生活虽然过得很清贫，但是他依然很快乐。

每当有人向他谈起"嗨，伙计，修鞋嘛，能穿就行了，用不着那么认真"等类似的话时，这个修鞋匠总是这样说："那样我无法面对自己，生活也就没意思了，你说，我怎么能快乐呢？"

"你一定能活得很长寿。"大家都这样说。

"谢谢，我的朋友，其实，我也这么认为。"修鞋匠憨憨地笑着。

这个平凡的修鞋匠就是一个拥有纯明良知且懂得在万事万物上致良知的人，因而他才会认认真真地修补每一双鞋。不为别的，只为了能够"面对自己"，所以，他是快乐的。

王阳明又何尝不是如此，他通过对万事万物的体验而提出了"良知"、"致良知"的修心之说。在良知与致良知上，他更看重后者，认为不讲学，圣学不明，因而他也成为当时天下最"多言"的人。他通过讲学、研讨、撰写诗文、通信等方式，传播文化，培养和造就了一大批文化精英。也正是因为他把自身的良知应用到万事万物上，才得以将心学发扬光大，帮助更多的人寻求心灵的安宁与喜悦。这种引领万事万物共同成长的行为，正是修心的最高境界。

根据心来行事，才能享受快乐

庚辰往虔州，再见先生，问："近来功夫虽若稍知头脑，然难寻个稳当快乐处。"

先生曰："尔却去心上寻个天理，此正所谓理障。此闲有个诀窍。"

曰："请问如何?"

曰："只是'致知'。"

曰："如何致?"

曰："尔那一点良知，是尔自家底准则。尔意念着处，他是便知是，非便知非，更瞒他一些不得。尔只不要欺他，实实落落依着他做去，善便存，恶便去，他这里何等稳当快乐！此便是'格物'的真诀、'致知'的实功。若不靠着这些真机，如何去'格物'？我亦近年体贴出来如此分明，初犹疑只依他恐有不足，精细看，无些小欠缺。"

——《传习录》

【鉴赏】

正德十五年（1520 年），弟子陈九川再次见到了王阳明，问："最近我致良知的功夫虽然能够掌握一些关键地方，但仍旧很难找到一个稳当快乐的所在。"

王阳明回答说："你应到心上去寻找天理，这便是所谓的'理障'。这里边有一个诀窍。"

陈九川又问："是什么诀窍?"

王阳明回答说："只是一个'致知'。"

陈九川又问："怎么去致呢？"

王阳明回答说："你心里的那一点良知，便是你自己的准则。你的意念所在之处，正确的就知道正确，错误的就知道错误，对它一丝一毫都隐瞒不得。你只需不去欺骗良知，切切实实地顺从良知去做。善便存养，恶便去除，这样何等稳当快乐！这就是'格物'的真正秘诀、'致知'的实在功夫。如果不凭借这些真机，如何去'格物'？我也是近几年才清楚明白地体会到这些。刚开始，我还怀疑，仅凭良知恐怕会有不足，但精细地看，就会发现并没有什么缺陷。"

一个人有多大的灵性，在于他的心有多大的灵性。生活中的每一次沧海桑田，每一次悲欢离合，都需要我们用心去体会、去感悟。如果我们的心是暖的，那么眼前出现的一切都是灿烂的阳光、晶莹的露珠、五彩缤纷的落英和随风飘散的白云，一切都变得惬意和甜美，无论生活有多么清苦和艰辛，都会感受到天堂般的快乐。心若冷了，再炽热的烈火也无法给我们带来一丝的温暖，我们的眼中也充斥着无边的黑暗、残花败絮的凄凉。

因此，一个人生活在这个世界上，必须懂得珍视、呵护自己的心灵，这样才能保持个人的真善。

有一位小尼姑去见师父，悲哀地对师父说："师父！我已经看破红尘，遁入空门多年，每天在这青山白云之间，茹素礼佛，暮鼓晨钟，经读得多了，心中的执念不但不减，反而增加，怎么办啊？"

师父对她说："点一盏灯，使它不但能照亮你，而且不会留下你的身影，就可以体悟。"

几十年之后，有一所尼姑庵远近驰名，大家都称之为万灯庵。因为庵中点满了灯，成千上万的灯，使人走入其间，仿佛步入一片灯海，灿烂辉煌。

这所万灯庵的住持就是当年的那位小尼姑，虽然年事已高，并拥有上百个徒弟，但是她仍然不快乐。因为尽管她每做一桩功德都点一盏灯，但是无论把灯放在脚边，悬在顶上，乃至以一片灯海将自己团团围住，还是会见到自己的影子。灯越亮，影子越显；灯越多，影子也越多。她困惑了，却已经没有师父可以问，因为师父早已去世，自己也将不久于人世。

后来，她圆寂了。据说就在圆寂前，她终于体悟到禅理的机要。

她没有在万灯之间找到一生寻求的东西，却在黑暗的禅房里悟道。她发觉身外的成就再高，如同灯再亮，却只能造成身后的影子。唯有一个方法，能使自己皎然澄澈，心无挂碍，那就是点亮一盏心灵之灯。

点亮心灯，人生才能温暖光明，由心灯发出的光，才不会留下自己的影子。不管身外多么黑暗，只要你的心是光明的，黑暗就侵蚀不了你的心。不要被别人的言语所诱惑，围绕着你的心去生活，就能绽放你自己的生命色彩，实现你生命的圆满和美丽。

"我有明珠一颗，久被尘劳关锁。今朝尘世光生，照破山河万朵。"这是宋代禅僧茶陵郁的一首悟道诗，他说的那颗明珠是什么呢？其实就是他自己的心。正如王阳明认为的那样：一个人只有点亮自己的心灯，踏踏实实地根据心来行事，才能稳稳当当地享受快乐。

知行合一的真意

爱因未会先生"知行合一"之训，与宗贤、惟贤往复辩论，未能决，以问于先生。

先生曰："试举看。"

爱曰："如今人尽有知得父当孝、兄当弟者，却不能孝、不能弟，便是知与行分明是两件。"

先生曰："此已被私欲隔断，不是知行的本体了。未有知而不行者。知而不行，只是未知。"

——《传习录》

【鉴赏】

徐爱因为没看领会老师知行合一的教导，与宗贤、惟贤两人反复辩论，不能决断，于是向老师请教。

王阳明说："试举一个例子，我们来分析一下。"

徐爱说："现在人们尽管知道对父母应当孝顺，对兄长应该尊敬，但有的人却不能孝顺父母，不能尊敬兄长，由此可以看出，知和行分明是两件事。"

王阳明说："这种情况是心被私欲隔断了，已经不再是知行的本体。可以说没有真正认识到了而不能行的。认识到了而不能行，只是没有真正认识到。"

在现实生活中，我们很多时候也会受到许多利害毁誉等私欲的干扰。有时候，会因为种种利害关系的束缚，而不敢去做自己真正想做的事。

有一个年轻人，在一家大公司做宣传工作，虽然工作环境十分舒适，待遇也很好，但他慢慢发现，自己的兴趣并不在此，他对现在这种公文式写作的工作感到无限悲哀。他很想辞职去从事自己喜欢的文学创作，但又舍不得这份工作给自己带来的优厚薪水和不错的社会地位。

就这样，年轻人生活在现实与理想的冲突之中，情绪越来越低落。终于有一天，他遇到了一位朋友，那位朋友曾经是一位外科主治医师，不久前刚辞职经商。见他满腹心事的样子，那位朋友便问是怎么回事。

年轻人把自己想辞职搞文学创作，但又怕失去稳定工作，没有安全感的顾虑一一说出。那位朋友听说后，没有立即下结论，却指着自己下巴一处划伤的刀痕，说："你看，这是我刮胡子时划伤的。"

年轻人简直不敢相信，这怎么可能，他当医生时，操作手术刀的能力可真称得上是一流的啊！

看到年轻人不可思议的表情，那位朋友哈哈一笑，解释说："十分不解，对吧？我曾经把刀摆弄得出神入化，怎么可能出这种差错呢？不过要注意的是，现在我已经有两个多月没摸手术刀了。"

停了一会儿，那位朋友又说："许多人很看重一种安全感，可是，什么才是真正的安全感呢？一位管理专家说过，工作本身并不能带来经济上的安全感，具备良好的思考、学习、创造与适应能力，才能立于不败之地。这样看来，真正能保证自己安全的还是本身的能力啊。"

年轻人豁然开朗，很快就办理了辞职手续，专心从事写作。现在他的稿酬之高，是他以前的薪水所不能企及的。更重要的是，他找到了一种久违的快乐，那是一种找到自我、找到激情的快乐。

有时候我们很想去做一件事，可是周围的人都认为我们不可能完成那件事，种种冷嘲热讽纷至沓来，在这些非议面前，我们中的大多数人退缩了，没有勇气和激情再去做那件自己想做的事。这就是由于我们的内心受到外界利害毁誉影响的缘故。

其实只要我们更深入地了解自己内心的真正需要，就能摆脱那些私欲的束缚，从而按照心灵的指引去做自己真正想做的事。

要想知道自己内心真正想要的是什么，就必须安静下来，与心灵交流，倾听那个发自深层次自我的声音，遵照它的指示去做。《黄帝内经》上说："心者，君主之官也，神明出焉。"我们的"本心"，也即是知行的本体，处于一国之主般的领导地位，具有变化莫测的神奇功能。假如能以本心做主，返入无物遮蔽的本来状态，则意识之所到，行为即从之，就不会出现"心里想往东，脚却迈向西"的自我冲突情况了，这就是知行合一。

要达到"知行合一"的境界，就先要将心地打扫得干干净净，末念尽除，内心如秋月光华一般的澄洁。

如何才能给心灵做个大扫除，把那些遮蔽知行本体的垃圾清除掉呢？

我们可以从"止观"入手。"止"，就是要让心中那些乱七八糟的念头止住，平静下来；"观"，就是要在虚静中体察心之本体，了悟智慧。不论是闲暇或是做任何事，我们都可以借机锻炼自己的心，做止观的功夫。

首先，我们必须以"本心"无形无象的性质为主，因为只有无形无象，外界各种事物才干扰不了，也只有在虚无纯净的状态，智慧和能力才能从中生发出来。

闲暇时，放宽心怀，畅想秋夜时分，皓月高挂竹梢，万籁俱寂，一片静谧。此时，心境稳如泰山，不动不摇；思维如行云流水，自由自在。纵偶有闲思杂虑涌上心头，也不为此烦恼，只是不理它，心心念念融会在美妙的静境中，心旷神怡，领悟天地万物的奥秘，正如八大山人说："静几明窗，焚香掩卷，每当会心处，欣然独笑。"

其实，不管那些无聊的杂念如何纷纷浮现，只要自己不睬它，不看它，与它做一个主，它就动不了你的心。而且杂念自己待得久了，无人理它，自然会消失。时间久了，头脑就会平静下来。在这种宁静的状态中，最适宜与心灵交流，不要理会以往那些关于利害关系的考虑，用心去捕捉那来自最本真的意念。当你觉察到积极而能令自我得到满足的某些想法时，马上肯定它，并为此而积极行动，如果你能信任自己的内在心灵，你的人生将会出现一个全新的世界。

关注内心，勿失本体

知是心之本体，心自然会知。见父自然知孝，见兄自然知弟，见孺子入井，自然知恻隐。此便是良知，不假外求。然在常人不能无私意障碍。所以须用致知格物之功，胜私复理。即心之良知更无障碍，得以充塞流行。便是致其知，知致则意诚。

——《传习录》

【鉴赏】

心是什么？从医学角度来说，心为神之舍，血之主，脉之宗，在五行属火，为阳中之阳，起着主宰人体生命活动的作用。但对于俗世的人来说，心是思想的主宰，人的一切行为都来源于心的指挥。

身在浮世之中，总有很多人为追求物质享受、社会地位和显赫名声等身外之物而心力交瘁，疲惫不堪。他们怨天尤人、欲逃离而不得，皆因忽略了自己的内心，迷失了自己的本性。

明代大儒王阳明早年习儒，在禅学上也有很深的造诣。他一生经历过百死千难的人生体验，在艰难困境中顿悟儒道之简易博大，"沛然若决江河而放诸海也，然后叹圣人之道坦如大路"，因此而创心学一派。王阳明把心学浓缩为四句话："无善无恶心之体，有善有恶意之动。知善知恶是良知，为善去恶是格物。"他认为良知是心之本体，无善无恶就是没有私心物欲遮蔽的心，是天理。在未发之中，是无善无恶的，也是我们追求的境界，它是"未发之中"，不可以善恶分，故无善无恶。当人们产生意念活动的时候，把这种意念加在事物上，这种意念就有了好恶、善恶的差别，可以说是"已发"，事物就有中和不中，即符合天理和不符合天理，中者善，不中者恶；良知虽然无善无恶，但却自在地知善知恶，这是知的本体；一切学问、修养归结到一点，就是要为善去恶，即以良知为标准，按照自己的良知去行动。

一天，了空禅师在外弘法，途经一条山路，被土匪打劫。了空禅师看着土匪们，扑簌簌地掉下了眼泪。

匪徒们哈哈大笑说："你真是一个胆小的和尚！"

了空禅师说："我不是因为害怕才流泪，对于生死，我早就不放在心上了。"

"那你为什么流泪呢？"匪徒们好奇地问。

了空禅师说："你们年轻力壮，非但不为社会贡献，却在此拦路劫财危害社会，想到你们所犯的罪过，不仅遭人唾弃，国法难容，将来还要堕入耳鼻地狱，遭受苦难。我是为你们难过才流泪啊！"

匪徒们听了，感动之余，竟然抛下贪婪之心，皈依到了空禅师门下，从此变成了虔诚的修行人，心性与行为也与往日大不相同。

万恶的匪徒为何会弃恶从善？皆因他们本有良知，以前"失其本体"，现在回归正位，并没有变成另一个人，而是做回了真正的自己。

王阳明用一生的经验总结出一句话："心"左右一切。做好事来源于内心，做坏事也来源于内心。心中所想会影响我们的行为，正如王阳明所说："心体上着不得一念留滞，就如眼着不得些子尘沙。些子能得几多，满眼便昏天黑地了。""这一念不但是私念，

王阳明故居

便好的念头亦着不得些子。如眼中放些金玉屑，眼亦开不得了。"意思是说，人的心体上不能存留一丝杂念，就像眼里揉不得一点沙子。一点沙子没有多少，却使人满眼昏天黑地，看不清世界。这一念头不仅仅是指那些恶的私念，就是好的念头也不能存留。王阳明以此劝诫人们时时保养自己的良知，不让它被物欲所沾染。

因此，我们要时刻关注内心的想法。不让世俗的虚名侵占自己的心灵，失去自我。只要我们每个人有自己独立的思想，那么在任何复杂的世界、任何复杂的时代、任何复杂的环境，都可以永远保持自己最初开始时的心境，保持自己的良知，并不断地按照良知来进一步"格物"，才可以真正做到"致知在格物，物格而后知至"，意思就是获取知识的途径在于体察事物，体察事物之后，知识才能被自己真正理解。

重返童心，找回心之本源

人之心体，本无不明。而气拘物蔽，鲜有不昏……今必曰穷天下之理，而不知反求诸其心，则凡所谓善恶之机，真妄之辨者，舍吾心之良知，亦

将何所致其体察乎?

——《传习录》

【鉴赏】

王阳明认为，人心的本体原来是明白清楚的，可由于气量的拘束和物欲的蒙蔽，逐渐变得昏暗模糊了。如果人们只是想要穷尽天下万事万物的道理，却不向自己的内心探求，舍弃了自我的良知，本心被蒙蔽，自然就看不清善恶的原因，体察不到真假的异同。

只有当蒙蔽本心的那些物欲被清除，本心恢复纯明，才能真正激发心的巨大能量。这就要求人们的内心回归到纯朴自然的状态，回到初来人世时那头脑空空的初心之境，具体说就是重返童心，做回心灵上的儿童。这也是李贽后来在王阳明的"本心"之上衍生出"童心说"的基础。

关于童心，继承王阳明思想的明代哲学家李贽做出如下解说："夫童心者，真心也……若失却童心，便失却真心；失却真心，便失却真人。"在他看来，所谓童心，就是人在最初未受外界任何干扰时一颗毫无造作、绝对真诚的本心，不掺杂任何虚假的纯真，是人内心中的一念之本，是那瞬间萌动的"天真"。如果失掉童心，便是失掉真心；失去真心，也就失去了做一个真人的资格。而人一旦不以真诚为本，就永远丧失了完整的人格，心的巨大能量也就被压制了。

儿童，是人生的开始；童心，是心灵的本源。心灵的本源怎么可以遗失呢?

人们初临人世的时候，只是一个头脑空空的婴儿，只懂得饿了要吃，困了要睡，不懂得男女之间的色欲，不懂得功成名就、家财万贯的荣耀，他们什么都不知道，只以一颗纯真的初心，好奇地观望这个世界，享受这个世界带给他的每一丝欢乐。随着人们渐渐长大，原本纯洁的心沾染上世俗的尘埃。人在启蒙时期，通过耳闻目睹会获得大量的感性知识，长大之后，又学到更多的理性知识，而这些后天得来的感性闻见和理性道理一旦进入主人的心灵，童心也就遗失了。久而久之，听到、看到的道理日益增多，所能感知、觉察的范围也日益扩大，从而明白美名是好的，就千方百计地去发扬光大；知道恶名是丑的，便挖空心思地来遮盖掩饰，这样一来，童心就不复存在。

童心一旦失去，说出的话便是言不由衷；参与政事，也没有真诚的出发点；写的文章，也无法明白畅达。一个人如果不是胸怀美质而溢于言表、具有真才实学而自然流露，那么从他嘴里连一句有道德修养的真话也听不到。

当你用虚假面对世界时，世界回应你的也只能是虚假。因为人一旦以虚假为本，一举一动就无不虚假，由此去对假人说假话，正是投其所好；跟假人讲假事，他肯定信以为真；跟假人谈假文章，他必然赞赏有加。这可真是无处不假，便无所不喜！满天下全是虚假，俗人哪里还分辨得出真伪。在这样一个虚假的世界里，看不到真相的人们难免做出错误的决定，走上错误的道路，做出错误的事情，而这一连串错误所累积而成的人生必将痛苦不堪。

要想摆脱这虚假、痛苦的生活，必须寻回童心，从此时此刻起开始重返童心，真实地面对自己，面对世界。

人人都有一颗圣人之心

是非之心，不虑而知，不学而能，所谓良知也。

——《王文成公全书》

【鉴赏】

王阳明所说的"良知"，究其来源，就是孟子所说的"人之所不学而能者，其良能也，所不虑而知者，其良知也。孩提之童，无不知爱其亲也。及其长也，无不知敬其兄也。亲亲仁也，敬长义也。无他，达之天下也。"（《孟子·尽心篇》）——从这个方面看来，良知便是一种先天的知识，良能便是一种先天的能力，它们都是人本来就有的"内在的道德性"，其本源都是人心。

人人习性不同如同其面，本性则相同相通人人平等，士农工商，良知无异，都可以成德成圣。王阳明说："天地虽大，但有一念向善，心存良知，虽凡夫俗子，皆可为圣贤。"在王阳明的《咏良知四首示诸生》诗中，第一首便点出了"良知"的精髓：

个个人心有仲尼，自将闻见苦遮迷。

而今指与真面目，只是良知更莫疑。

其意是说，每个人心里都有良知，不比孔子多一点，也不少一点。因为良知本是天生，不用学习和思考，自然而得，大家不多不少，只有"灵丹一粒"。那么，为什么孔子是大圣人，而大家只是凡人呢？因为孔子体悟了自己的良知，而大家还处于蒙混状态，将"灵丹"遗弃在物欲的垃圾堆中。

王阳明这一说法与佛家认为"凡圣不二"意思相同，"佛是已悟的凡人，凡人是未悟的佛"，佛性人人本具，不生不灭、不垢不净、不减不增，不同之处只在一个悟字上。作为"先觉"者，其义务是帮助未悟者觉悟成圣，帮助的方法，并非将"良知"灌输给他人，而是引导他人发现自己的"良知"。

同理，孔子引导"鄙夫"的方法，不是将良知像传授知识一样传授给对方，只是以没有丝毫偏见的平等心，引导对方反观自心，发现心中本有的"矿藏"。

王阳明说："良知之在人心，无间于圣愚，天下古今之所同也。"也就是说，无论是圣人还是俗人，古人还是今人，都根源于同一个良知，心之本体，本来就没什么分别。我们只要识得自己的良知，也就继承了古圣人的仁心。

良知如同一座智慧的宝库，一向被认为是有圣人在保管。我们后人拼命翻账簿，以期能破解开启宝库的密码。有一天，我们发现自己原来与圣人共同享有着开启宝库的钥匙，我们还需要漫无目标地去寻找吗？当然，以智者为师也很重要，因为智者可以为你指点路径，帮你指出"宝库"所在，让你更快地领悟"良知"之妙！

保持心体的中正平和

曰："心如何求？"

先生曰："古人为治，先养得人心和平，然后作乐。比如在此歌诗，你的心气和平，听者自然悦惮兴起，只此便是元声之始。《书》云'诗言志'，志便是乐的本。'歌永言'，歌便是作乐的本。'声依永，律和声'，律只要和声，和声便是制律的本。何尝求之于外？"

——《传习录》

【鉴赏】

一天，弟子钱德洪问王阳明："在心上如何寻找和谐的音律呢？"王阳明回答说："古人大治天下，首先需要培养人们心平气和，然后才进行礼乐教化。就像你领诵诗歌的时候，心里很平和，听的人才会自然愉快，激发起兴趣，这里只是元声的开始罢了。《尚书》说'诗言志'，'志'，就是音乐的根本：'歌永言'，'歌'便是作乐的根本；'声依永，律和声'，律只要求声音和谐，声音和谐就是制作音律的根本，又何苦要到心外去寻求呢？"

在王阳明看来，舜作《韶》乐九章，周武王作《武》九变，都是在具备了中正平和的心境的基础上制作的，因而具有较强的民风教化的作用，对人们的身心健康十分有益。而后世制作音乐，却多是做一些俗词滥调，与民风教化一点关系都没有，甚至还可能损害人们的身心健康。因此，王阳明苦口婆心地劝诫人们：要想使民风返璞归真，就要将音乐中的淫词滥调都删去，只保留忠臣孝子的故事，使百姓人人都能明白道理，在潜移默化中激发他们的良知，长此以往，真正的音乐就能够恢复了。也就是说，如果人们能够保持心体的中正平和，就能够制作出美妙的音乐，也能够品味音乐的美妙了。

由此可知，真正的音乐应该能把人们日常生活中的沉重压力释放出来，让人们获得精神上的舒缓和平和，并在音乐的美妙旋律中触到自己的良知，重拾生活的信心。不能起到这种功用的，就不是真正的音乐，而是噪音了。

余光中先生在《饶了我的耳朵吧，音乐》一文中，列举了诸多被音乐逼于无奈的事实，从声乐家席慕德到大文豪夏志清、哲学家柏拉图，从计程车、火车到咖啡厅、餐馆、街道，用了大量的人物、现象来反映音乐带来的后果："其一是噪音、半噪音、准噪音会把我们的耳朵磨钝，害我们既听不见寂静，也听不见真正的音乐；其二就更严重了，寂静使我们思考，真正的音乐使我们对时间的感觉加倍敏锐，但是整天在轻率而散漫的音波里浮沉，呼吸与脉搏受制于繁芜的节奏，人就不能好好地思想。"

当然，余光中先生并不是讨厌音乐，相反，他是一个音乐的信徒，对音乐不但具有热情，更具有信仰与虔敬。正如他自己解释的那样："国乐的清雅，西方古典的宏富，民谣的纯真，摇滚乐的奔放，爵士的即兴自如，南欧的热烈，中东和印度的迷幻，都能够令我感发兴起或辗转低回。唯其如此，我才主张要么不听音乐，要听，必须有一点诚意、敬意。要是在不当的场合滥用音乐，那不但对音乐是不敬，对不想听的人也是一种无礼。我觉得，如果是好音乐，无论是器乐还是声乐，都值得放下别的事情来聚精会神地聆听。音乐有它本身的价值，对我们的心境、性情、品格能起正面的作用。但是今日社会的风气，却把音乐当作排遣无聊的玩物，其作用不会超过口香糖，不然便是把它当作烘托气氛点缀热闹的装饰，其作用只像是霓虹灯。"

毕竟大多数人不是音乐家，也不擅长制作音乐，因而我们在无法回避那些不和谐的音乐时，更需要修炼自己心体的中正平和，换一种心态去体会创作者的心声，哪怕是挑剔其中的不完善之处，往往也能让我们忘却噪音带来的折磨和痛苦。

总之，心中有音乐，听到的皆是音乐，否则，入耳的就只能是噪音。对音乐如此，对生活也是如此，我们不能因为自己的喜好而拒绝某些事物，更不应把自己所好强加在别人的身上。用欣赏的眼光去看待世界，那么世界处处都散播着美妙、和谐的音乐！

掌控自己的思绪和行为

克己须要扫除廓清，一毫不存，方是。有一毫在，则众恶相引而来。

——《传习录》

【鉴赏】

约束自己，可除杂念，必须要彻底干净，不能存有一丝一毫，这样才是理想的境界。有一点点私欲存在的话，那么那些乱七八糟的恶念就会相互吸引，接踵而来。

王阳明认为，进行心性的修养，一定要克服各种私心杂念，不能存有一丝一毫，如果存有一点私欲在心里面，那么它就将慢慢扩大，引发众多的杂念。

其实在日常的生活中，经常能遇到这样的事情。很多人做事动机不单纯，往往想到很多和这件事本来就没有丝毫关联的弊端，从而引发了真正的麻烦，避之不及。有一些写手起初原本是因为喜欢写作才去写一些东西，但是在写作的过程中，忽然想到了因为写作，自己可以某一天而扬名于天下，又想着如果自己写得不好，就永远无法让自己的作品大白于天下。导致此写手在写作的过程中，掺杂了太多的名与利的东西在里面，最后迷失了最初单纯只是喜欢写作而并非要有所取的初衷，导致他的文章缺乏了起初的本真，完全成了商业化的工具，这种悲哀其实也是自己造成的。

有一些人原本上网仅仅为了查找一些资料，在上网之前和自己千万次叮嘱一定要奔着自己查资料的目标速战速决，切不可迷恋网络游戏。可是当他打开电脑，网页上蹦出了游戏的广告时，他心里想看看有什么新的游戏推出了，绝对不去玩。当他打开游戏的浏览页面时，就想着就试五分钟，坚决不多玩，然后就心安理得地玩起了游戏。新游戏导致他想要进一步了解，最后不知不觉地玩了几个小时，最初查资料的初衷已经早就不记得了。

古时候，有个进京赶考的秀才，路途遥远，走了没多久，他就又饥又渴的。看看四下里，前不着村，后不着店，秀才饥渴难耐。终于经过一片熟透的桃林，树上的桃子粉红诱人，秀才只淡淡望了一眼便继续低头赶路。过路的人看到秀才嘴唇干裂，脸色苍白，就知道他一定口渴难当，于是问他："你为什么不摘个桃子解渴啊？"他说："'桃李无心，我心有主。'主人不在，桃李是不会管自己的；但是我去偷吃，我的善心则不存在了。"他的话感动了那位路人，路人把自己的水分给了他一些。后来这件事被当地的官员知道后，把他推举给朝廷，使他受到了表彰。

其实这种私心杂念对于我们来说，是极其有害的。有些时候不必要的东西往往蒙蔽了事物的本真，导致我们偏离了人生的主题。

看破繁华，不动于气

圣人无善无恶，只是"无有作好"，"无有作恶"，不动于气。

——《传习录》

【鉴赏】

孔子人生态度的一个重要方面，就是求心安。心若安定了，那外面的风吹雨打便都可看作过眼云烟。就其对儒家之"礼"的阐释——"礼与其奢也，宁俭；丧与其易也，宁戚。"可以看出，孔子认为礼节仪式与其奢侈繁杂，不如节俭，正如丧礼那样，与其在仪式上准备得隆重而周到，不如在心里沉痛地哀悼死者，因为心中之礼比其外在形式更重要。

求心安，即保持一颗安定、清净的心，不因外界的打击和诱惑而摇摆不定，不过于狂热地去追求心外之物。能够做到这一点并不容易，因为人的心境太容易受到外界的干扰。恶人受丑陋之心的牵引而做坏事，普通人也可能因为执着心、愧疚心等而使自己陷入痛苦，无法自拔。如果人对于外界的事情心有挂碍，并由此生出了懊恼、欢喜，那么这颗心就失去了它的本来面目。

王阳明的弟子薛侃曾向他请教："为何天地间的善难以培养，而恶却难以去除呢？"王阳明认为，因为心中有善恶之念，引发好恶之心，才导致为善或为恶。他在回答中举出"花草"的例子：当人们想赏花时，就认为花是好的而它周围的杂草是恶的，因为那些杂草影响了赏花的效果；而当人们要用到那些杂草时，则又认为它是善的。这样的善恶区别，都是由于人们的好恶之心而产生的，因此是错误的。王阳明指出，应该心中无善无恶。他所讲的无善无恶与佛家所讲的不同。佛家只在无善无恶上下功夫而不管其他，不能够将此道理用于治天下；而王阳明所讲的无善无恶，是告诫世人不从自身私欲出发而产生好恶之心，不要随感情的发出而动了本心。

有一天，深山里来了两个陌生人。年长的仰头看看山，问路旁的一块石头："石头，这就是世上最高的山吗？""大概是的。"石头懒懒地答道。年长的没再说什么，就开始往上爬。年轻的对石头笑了笑，问："等我回来，你想要我给你带什么？"石头一愣，看着年轻人，说："如果你真的到了山顶，就把那一时刻你最不想要的东西给我。"

年轻人很奇怪，但也没多问，就跟着年长的人往上爬。斗转星移，不知过了多久，年轻人孤独地走下山来。

石头连忙问："你们到山顶了吗？"

"是的。"

"另一个人呢？"

"他，永远不会回来了。"

石头一惊，问："为什么？"

"唉，对于一个登山者来说，一生就大的愿望就是登上世上最高的山峰，但当他的愿望真的实现了，同时，也就没有了人生的目标，这就好比一匹好马的腿断了，活着与死，已经没有什么区别了。"

"他……"

"他从山崖上跳下去了。"

"那你呢？"

"我本来也要一起跳下去的，但我猛然想起答应过你，把我在山顶上最不想要的东西给你，看来，那就是我的生命。"

"那你就来陪我吧！"

年轻人在路旁搭了个茅草屋，住了下来。人在山旁，日子过得虽然逍遥自在，却如白开水般没有味道。年轻人总爱默默地看着山，在纸上胡乱画着。久而久之，纸上的线条渐渐清晰了，轮廓也明朗了，后来，年轻人成了一名画家，绘画界宣称他是一颗耀眼的新星。接着，年轻人又开始了写作，不久，他就因他的文章回归自然的清秀隽永一举成名。

许多年过去了，昔日的年轻人已经成了老人，当他对着石头回想往事的时候，他觉得画画、写作其实没有什么两样。最后，他明白了一个道理：其实，更高的山并不在人的身旁，而在人的心里，心中无我才能超越。

这位老人的境界不可谓不高。确实，更高的山在我们的心里，只有心中无我时，人才能攀越这座高山。人世间最可怕的不是做错事，而是心中动了歪念。倘若内心摇摆不定、狂热偏激，就会动歪念，继续做错事，这个时候就只有倒空了自己，才会发现虚无。

一位佛学大师曾说："心是最有反应、最有感觉的器官。我们看大自然的山川鸟兽、花开花落，我们看人生的生老病死、苦空无常，我们看世间的生住异灭、轮回流转等待，都会因心的触动而有喜怒哀乐的表现。"世间的风动幡动，其实都是因为心动罢了。

王阳明认为，无善无恶是静态时候的表现，有善有恶是气动的表现。在起心动念间，如果我们自己的内心茫然，就会不知所住，甚至连自己究竟是对是错都分辨不清。因此，唯有秉持一颗安定、清净之心，才能将世情看破，身处繁华闹市而不为所动。

调整心态，不因环境变化而变化

世以不得第为耻，吾以不得第动心为耻。

——《传习录》

【鉴赏】

人人都希望自己过上更好的生活，过得舒适快乐。然而，生活并不是一条康庄大道，更多的时候，是一条布满荆棘与陷阱的崎岖小路。很多人在这条路上遇到了困难，不仅无法跨越，还会不自觉地陷入了一个可悲的怪圈，把大量的时间放在抱怨上。

王阳明出自书香门第，富有才情，但是多次参加会试都没有上榜，世人看来这是十分耻辱的事情。王阳明不以为然，却说："世以不得第为耻，吾以不得第动心为耻。"在他看来，有上榜之事，就有落榜之事，不要过分在意。快乐还是痛苦，都是生活的一部分。只有调整心态，才能减轻痛苦，享受快乐。

苏轼的友人王定国有一名歌女，名叫柔奴。柔奴眉目娟丽，善于应对，其家世代居住京师，后王定国迁官岭南，柔奴随之，多年后，复随王定国还京。

苏轼拜访王定国时见到柔奴，问她："岭南的风土应该不好吧？"不料柔奴却答道："此心安处，便是吾乡。"苏轼闻之，心有所感，遂填词一首，这首词的后半阕是："万里归来年愈少，微笑，笑时犹带岭梅香。试问岭南应不好？却道：此心安处是吾乡。"

在苏轼看来，偏远荒凉的岭南不是一个好地方，但柔奴能像生活在故乡京城一样处之安然。从岭南归来的柔奴，看上去似乎比以前更加年轻，笑容仿佛带着岭南梅花的馨香，这便是随遇而安。

"此心安处是故乡"，不论在什么样的环境里均能安之若素，方可心无烦忧，一心做自己应做或爱做之事。即便身处泥泞之中仍能遥看满山花开。

王阳明说："读书作文安能累人？人自累于得失耳。"不懂得身处泥泞之中而遥看山花烂漫的人，并非为泥泞所累，而是被自己的心态所拖累。

有人曾经问过一些饱受磨难的人是否总是感到痛苦和悲伤，有人答道："不是的，倒是很快乐，甚至今天我有时还因回忆它而快乐。"为什么会这样呢？因为他从心理上战胜了磨难，他从磨难中得到了生活的启示，他为此而快乐。换句话说，生活本来就是充满快乐的。

一个富人和一个穷人在一起谈论什么是快乐。

穷人说："快乐就是现在。"

富人望着穷人漏风的茅舍、破旧的衣着，轻蔑地说："这怎么能叫快乐呢？我的快乐可是百间豪宅、千名奴仆啊。"

一场大火把富人的百间豪宅烧得片瓦不留，奴仆们各奔东西。一夜之间，富人沦为乞丐。

炎炎夏日，汗流满背的乞丐路过穷人的茅舍，想讨口水喝。穷人端来一大碗清凉的水，问他："你现在认为什么是快乐？"

乞丐眼巴巴地说："幸福就是此时你手中的这碗水。"

生活有时候会显出它不公平的一面，使我们经历磨难。然而，那不过是生活中一点或酸或辣的调味品，如果只将目光集中在这里，生活反而会变得毫无希望。当我们遇到挫折的时候，多想想美好回忆中那些令人振奋的人和事；当我们的情绪消极倦怠的时候，先想想如何去解决，而不是一味地去逃避。当我们将内心痛苦的负累转化为积极乐观的力量，便能在不幸的悲剧之中重新找到幸福的人生。

其实，每个人的生活都是一样的有苦有甜，不一样的是人们的心态。与其在埋怨中度过，不如转变心态。埋怨只能证明无奈，生活不相信懦弱。

身处泥淖性如莲

此心光明，亦复何言。

——王阳明

【鉴赏】

　　王阳明一生中求学成长、出将入相、讲学授徒，故去之前留下来一句话："此心光明，亦复何言。"这颗心正大光明，还有什么可说的呢？人这一生中，只要不愧对百姓，不愧对国家，还有什么可遗憾的呢？王阳明能够从容不迫地面对死亡，与他一生没有与世俗同流合污不无关系。他为百姓和国家都做出了自己应有的贡献，付出了汗水，鞠躬尽瘁，死而后已。

　　明朝的皇帝多昏庸，政治腐败，民不聊生，宦官横行。在那样一个时代中，王阳明没有与世俗同流合污，周旋于尘境不流俗。这就是他懂得方圆之道，懂得如何在泥淖之中保持本色还能够很好地生存。就像一朵莲花，"出淤泥而不染，濯清涟而不妖"，一个人倘若保持了内心的高洁与正直，外在的任何束缚都不会影响他。

　　在日本，耕田的农民被视为贱民，连出家当和尚的资格都没有。无三禅师虽然出身于贱民，但是他一心皈依佛门，于是假冒士族之姓，了却了自己的心愿。后来，无三禅师被众人拥戴为住持。举行就任仪式的那天，有个人突然从大殿中跳出来，指着法坛上的无三禅师，大声嘲弄道："出身贱民的和尚也能当住持，究竟是怎么回事啊？"就任仪式庄严隆重，谁也没有想到会发生这样的事情，众僧都被眼前发生的事弄得不知所措。在这种情况下，谁都不能来阻止这个人说话，只好屏息噤声，注视着事态的发展。仪式被迫中断，场上静得连一根针掉在地上都能听见，众人都为无三禅师捏了一把汗。面对突如其来的发难，无三禅师从容地笑着回答："泥中莲花。"

绝对的佛禅妙语！在场的人全都喝彩叫好，那个刁难的人也无言以对，不得不佩服无三和尚的深湛佛法。就任仪式继续进行，这突然的刁难并没有对仪式产生什么影响，因为禅师的妙语为他赢得了更多的支持与拥护。

有句话说："雅室何须大，花香不在多。"保持一颗淡泊心，王阳明也不是天生的圣人，他也曾经历过人生中的各种苦难，长期遭到贬黜排挤，连基本的健康、安全生活都很难维持。但人生中的不如意并没有让他抱怨不公平，尽管"冯唐易老，李广难封"的悲剧不可避免地在他身上重演，但王阳明强调"致良知"恰恰就是希望每个人都能够将自己的"良知"不被外界的纷扰而蒙蔽，心外无物，心外无理。

"宁静而致远，淡泊而明智"。人生中很多时候，你不得不为你的生存做出让步，有的时候违背了自己的本意，无法坦荡地存活。其实人性中的大智何其多，在淡泊中体悟出真滋味，在寂寞中参悟坦荡，不流于世俗的变化而变化，有所欲有所求，随性而始，随性而终。淡泊就是低调地处理人生事，以平和的心态来面对人生，不管面对的欲望有多诱惑，只要不过界限，就不会累己累心，淡泊的性情是用理智去思自己所念所求，不被欲望所控制。花开任其绽，云散任去飘。得意时不忘我，失意时泰然恬淡，以平常心来对待人生的真谛。当我们身处一个污浊的环境时，就要保持"万花丛中过，片叶不沾身"的操守，遇到不顺心的事情不要满腹牢骚，愤世嫉俗。

不怕不悔，不喜不惧

人于生死念头，本从生身命根上带来，故不易去。若于此处见得破，透得过，此心全体方是流行无碍，方是尽性至命之学。

——《传习录》

【鉴赏】

王阳明认为，人的生死之念，原本是从生身命根上带来的，因此不能轻易去除。如果在此处能识得破、看得透，这个心的全体才是畅通无阻的，这才是尽性至命的学问。王阳明被贬至贵州龙场，龙场在贵州西北的荒凉之地，当地住的都是少数民族，王阳明非常不适应当地的生活。加之刘瑾一直都在暗中追杀王阳明，要不是王阳明使用了"金蝉脱壳"之计，估计难逃刘瑾的魔爪。王阳明认为，得失荣辱都不重要，都可以置之度外，只有这生死问题还没有参透，于是给自己做了一个石棺，自己躺在里面说："我就等待命运的安排吧！"

王阳明参透生与死，明白了生死的意义，从而面对人生之路都会泰然处之，无所畏惧。有句话说："上半生不犹豫，下半生不后悔。"人生中的每一步都是财富，坦然地面对一切，接受生命的馈赠，懂得"不浮不躁，不争不抢，得之我幸，失之我命"，面对一切都用真心度过。

一位准备外出闯荡世界的年轻人，想要干一番事业，却不知道自己应该怎样去做，顾忌到很多问题，于是有人建议他去请教一位德高望重、通理悟世的大师。到了大师那里，大师仅仅说了三个字"不要怕"。年轻人很疑惑，不肯走。大师继续说："另有三个字，等你闯荡回来后再告诉你。"

年轻人牢记着这三个字离开了家乡。十几年后，他功成名就返回故里，并急着去拜见大师，不幸大师已经仙逝。他悲痛万分地问大师的弟子，大师临终前有没有给他留下什么话。弟子便拿出一个信札交给他。他打开一看，上面赫然写着"不后悔"三个字。年轻人顿时了悟人生的奋斗哲理，又义无反顾地开始了新的创业。

人人都渴望成功，但真正能出人头地者可谓是凤毛麟角。其实一个人只要付出努力，即使失败也不后悔。正如王安石所说："尽吾力而不能至者，可以无悔矣。"只要是尽了力，就不必为不能功成名就而空悲切了。一个人不要为自己的失败而悔悟，你的悔悟是悔悟自己当初太过努力了吗？其实既然已经奋斗过，为什么还要在乎不尽如人意的结果呢？

有句话说："天空没有留下鸟的痕迹，但我已经飞过。"著名女诗人席慕蓉也说过："一个只顾低头赶路的人，永远领略不到沿途的风光。生命的美不在目的，而在历程。"如果有了奋斗之心，就不要惧怕事业无成和旁人的讥笑，你要知道努力的人永远不可笑。

在炎热的夏季里，一只蚂蚁辛勤地在田里来来去去，努力收集大麦和小麦，为准备冬天的贮粮而忙碌着。蜣螂看到了说："小蚂蚁啊！你们为什么要这样卖命工作呢？趁着现在天气好，一起来玩耍不是很好吗？"蚂蚁什么也没说。蜣螂笑笑说："天生的劳碌命，不管你喽！我自己去玩啦！"说完一溜烟地跑开了。

等到了冬天，蜣螂的食物，牛粪都没有了，很多都被雨水冲走了，蜣螂只好饿着肚子来找蚂蚁，请求分给它一点食物。蚂蚁说道："蜣螂啊！在我努力工作的时候你嘲笑我，但是如果那时你也一起工作的话，现在就不至于因为缺乏食物而来求我了。"

　　永远不嘲笑努力工作的人，你无法预知将来这些努力工作的人会有什么样的变化抑或是成就。自己安于现状，不愿奋斗，觉得走下坡路不费事，那也不要嘲笑那些逆风而行的人。成功的英雄固然可敬，但失败的强者同样应该受到尊重。"前怕狼，后怕虎"是永远都不可能做出成绩的，人生中的很多事情都是这样的。只要不惧怕，就没有什么不敢闯；只要不后悔，就会快乐地享受努力的乐趣。

　　近代电磁学的奠基者法拉第有个座右铭："拼命去争取成功，但不要期望一定会成功。"因为期待本身就是一种惧怕，就是一种精神上的纠缠，放开这种思想束缚，你会活得更淡然、更愉悦。"怒伤肝，喜伤心，思伤脾，忧伤肺，恐伤肾"，人生中的事情或喜或忧，都要看得如"云淡风轻"一般，做到不怕不悔、不喜不惧。就如王阳明所说"如果能识得破、看得透，这个心的全体才是畅通无阻的"，那么世间的一切事情也就都是畅通无阻的。

淡然面对荣辱毁誉

　　天地生意，花草一般。何曾有善恶之分？子欲观花，则以花为善，以草为恶。如欲用草时，复以草为善矣。

——《传习录》

【鉴赏】

　　天下之事，利来利往。贪腐者们追求的那些东西其实不外乎身体的安适、丰盛的食品、漂亮的服饰、绚丽的色彩和动听的乐声，到头来终究是一场空而已。

面对功名利禄、荣辱毁誉，王阳明悟出了自己最佳的人生态度："渊默"。"渊默"的理念体现了"众人嚣嚣，我独默默，中心融融，自有真乐"的超然物外的境界。

王阳明认为，无论是做学问还是生活，都必须保持心境的澄澈和安定，不能为名利所累。因而在他看来，不能有太多的得失之念，他所理解的"渊默"恰好契合了做学问的境地。

然而，生活中，有的人过于贪财，有的人过分施舍，这都不是"渊默"的应有之处。吝啬、贪婪的人应该知道喜舍结缘是发财顺利的原因，不播种就不会有收成。行善的人应该在不自苦不自恼的情形下去做，否则，就是很不纯粹的行善了。

有一个人十分苦恼自己妻子的吝啬。他跟自己的好友说："我的妻子贪婪而且吝啬，对于做好事情行善，连一点儿钱财也不舍得，你能到我家里去，给我太太讲些道理吗？"

这个好友是个痛快人，听完他的话后，非常爽快地就答应下来。

好友到达那个人的家里时，他的妻子出来迎接，可是却连一杯水都舍不得端出来给好友喝。于是，好友握着一个拳头说："嫂子，你看我的手天天都是这样，你觉得怎么样呢？"

那个人的妻子说："如果手天天这个样子，这是有毛病，畸形啊！"

好友说："对，这样子是畸形。"

接着，好友把手伸展开成了一个手掌，并问："假如天天这个样子呢？"

那个人的妻子说："这样子也是畸形啊！"

好友趁机立即说："不错，这都是畸形，钱只能贪取，不知道给予，是畸形；钱只知道花用，不知道储蓄，也是畸形；钱要流通，要能进能出，要量入而出。"

那个人的妻子听后，若有所思，羞愧地低下了头，赶紧端来一杯水招待好友。

握着拳头，你只能得到掌中的世界；伸开手掌，你能得到整个天空。握着拳头暗示过于吝啬，张开手掌则暗示过于慷慨。这么一个比喻，便将为人处世和用财之道说明，让人豁然领悟了。

世间的道理大多都是相通的。人降临世界的时候，手是合拢的，似乎在说："世界是我的。"他离开世界的时手是张开的，仿佛在说："瞧，我什么都没有带走。"

一个人是否追求名利，往往取决于一个人的荣辱观。有人以出身显赫作为自己的尊荣，讲究某某"世家"、某某"后裔"；有的人则以钱财多寡为标准，所谓"财大气粗"，"有钱能使鬼推磨"，"金钱是阳光，照到哪里哪里亮"，以及"死生无命，荣辱在钱"，"有啥别有病，没啥别没钱"，等等，这些俗话正揭示了以钱财划分荣辱的现状。

以家世、以钱财来划分荣辱毁誉的人，尽管具体标准不同，但其着眼点、思想方法并无二致。他们都是从纯外在的条件出发，并把这些看成是永恒不变的财富，而忽视了主观的、内在的、可变的因素，导致了极端、片面的形而上学错误，结果吃亏的是自己。持这种荣辱观的人，往往会拼命地追逐名利，最终导致一些身居要职的人总是铤而走险，走向贪污、腐败的道路。

人格的伟大之处就在于：它超出了欲望的需求而追求品德的完善。一个人做到无欲的时候，就是放弃了心中的杂念，清空了心灵中积存的枯枝败叶。清空了心灵，才能最大限度地获得生命的自由、独立；清空了心灵，才能收获未来的光荣与辉煌。

　　清心去欲，是王阳明思想的一个重要主张，他认为一切功名利禄都不过是过眼烟云，得而失之、失而复得等情况都是经常发生的。要意识到一切都可能因时空转换而发生变化，能够把功名利禄看淡、看轻、看开些，就做到"荣辱毁誉不上心"。

心在静处，不被荣辱左右

　　夫妄心则动也，照心非动也；照照则恒动恒静，天地之所以恒久而不已也。

——《传习录》

【鉴赏】

　　"非宁静而无以致远。"静是什么？是泰山崩于前而色不变，是大胸襟，也是大觉悟，非丝非竹而自恬愉，非烟非茗而自清芬。

　　如何才能进入静的境界？王阳明给出了一种答案：不要轻易起心动念。常人之所以和圣人有分别，完全因为起心动念。因此，万事万物呈现在心中的时候，寂然无我；而当达到了寂然无我的境界时，万事万物自然也会呈现在心中。

　　紧张和焦灼的生活，很难让人品味到静的清芬与恬愉，甚至会渐渐浮躁起来，可是浮躁往往不利于事情的发展。因此，与其让浮躁影响我们正常的思维，不如放开胸怀，静下心来，默享生活的原味。毕竟唯有宁静的心灵，才不营营于权势显赫，不奢望金银成堆，不乞求声名鹊起，不羡慕美宅华第，因为所有的营营、奢望、乞求和羡慕，都是一厢情愿，只能加重生命的负荷，加速心灵的浮躁，而与豁达康乐无关。

谢安乃晋朝名臣。晋简文帝时，权臣桓温想要简文帝禅位给他，简文帝死后，谢安等人趁他不在京都，马上立太子做了皇帝。桓温气急败坏，于是在宁康元年（公元 373 年）二月，亲率大军，杀气腾腾地回兵京师，向谢安问罪。并欲趁机扫平京城，改朝换代。眼见朝廷上下，人心惶惶，新帝司马曜也不得不下诏让吏部尚书谢安和侍中王坦之到新亭迎接桓温。

二月的京城，春寒料峭，桓温的到来更给这里增添了一派肃杀气象。桓温到来时，百官都去迎接。文武百官纷纷跪拜在道路两旁，甚至连抬头看一眼威风凛凛从眼前经过的桓温的勇气都没有，这里面也包括那些有地位有名望的朝廷重臣。但谢安除外，面对四周杀气腾腾的卫兵，他先是作了一首咏浩浩洪流的《洛生咏》，然后才从容地说："我听说诸侯有道，就会命守卫之士在四方防御邻国的入侵。明公入朝，会见诸位大臣，哪用得着在墙壁后布置人马呢？"桓温一下子被他镇住了，于是赶忙赔笑说："正因为不得已才这样做呀！"他连忙传令撤走兵士，笼罩在大家中间的紧张气氛一下子消除了。接下来，他又摆酒设撰，与谢安两人"欢笑移日"。在这欢笑声中，东晋朝廷总算度过了一场虚惊。

"泰山崩于面前而不惊"，如此的定力不是每个人都可以具有的。谢安曾经在桓温的手下做事，面对这个杀气腾腾的上级，要想保持镇定，不仅需要在气势上胜过他，更要在内心上胜过他。可以说，谢安能够在桓温面前安然自在，是因为他自己保持了内心的宁静，在气势上胜过了桓温。

王阳明良知的哲学思想中包含这样一层含义，即良知是生命本源的一种知觉。宁静作为一种功夫的意义就在此，它能够减去压在良知表面上的重物。宁静是一种气质、一种修养、一种境界、一种充满内涵的悠远。安之若素，沉默从容，往往要比气急败坏、声嘶力竭更显涵养和理智。

其实，真的不需太急功近利，不如将心跳放缓，随青山绿水而舞，见鱼跃莺飞而动。水流任急境常静，花落虽频意自闲。把心常放在静处，荣辱得失，哪一样能够左右我？

修得不动心的境界

心之本体，原自不动。

——《传习录》

【鉴赏】

王阳明曾在平定叛乱后，看见世风日下感慨道：破山中贼易，破心中贼难。心中之贼便是"私欲"，"私欲"是一切万恶的源头。他认为一个人持有什么样的心态，就可能成为什么样的人，也就能够拥有一个什么样的人生。

世间的事，纷至沓来，只有做到不动心，才能得到真正超然物外的洒脱。王阳明认为，心的本体，原本就是不动的。心不动，即便有三千烦恼丝缠身，亦能恬静自如。这就好比同样多的事情，有人为世事所叨扰，忙得焦头烂额，有人却能泰然自若地悉数处理完毕。生活的智者总是懂得在忙碌的生活之外，存一颗娴静淡泊之心，寄寓灵魂。后者虽因忙碌而身体劳累，却因为时时有着一颗清静、洒脱而无求的心，便很容易能找到自己的快乐。

苏轼是宋代名士，有很深的文学造诣，他的思想兼容了儒释道三家关于生命哲理的阐释，虽如此，有时候他也不能真正领悟到心定的感觉。

苏轼被贬谪到江北瓜洲时，和金山寺的和尚佛印相交甚多，常常在一起参禅礼佛，谈经论道，成为非常好的朋友。

一天，苏轼作了一首五言诗：稽首天中天，毫光照大千；八风吹不动，端坐紫金莲。

苏轼

做完之后，他再三吟诵，觉得其中含义深刻，颇得禅家智慧之大成。苏轼觉得佛印看到这首诗一定会大为赞赏，于是很想立刻把这首诗交给佛印，但苦于公务缠身，只好派了一个小书童将诗稿送过江去请佛印品鉴。

书童说明来意之后将诗稿交给了佛印禅师，佛印看过之后，微微一笑，提笔在原稿的背面写了几个字，然后让书童带回。

苏轼满心欢喜地打开了信封，却先惊后怒。原来佛印只在宣纸背面写了两个字："狗屁！"苏轼既生气又不解，坐立不安，索性搁下手中的事情，吩咐书童备船再次过江。

哪知苏轼的船刚刚靠岸，却见佛印禅师已经在岸边等候多时。苏轼怒不可遏地对佛印说："和尚，你我相交甚好，为何要这般侮辱我呢？"

佛印笑吟吟地说："此话怎讲？我怎么会侮辱居士呢？"

苏轼将诗稿拿出来，指着背面的"狗屁"二字给佛印看，质问原因。

佛印接过来，指着苏轼的诗问道："居士不是自称'八风吹不动'吗？那怎么一个'屁'就过江来了呢？"

苏轼顿时明白了佛印的意思，满脸羞愧，不知如何作答。

身在人世操劳一生，却能心安身安，这着实是一件不容易实现的事。这需要我们转换对生活的态度，持一颗清静的心，不生是非分别，不起憎爱怨亲，这样就能够安稳如山，自在如风。

世上本无事，庸人自扰之。王阳明说人人都具有心力，大凡终日烦恼的人，实际上并不是遭遇了多大的不幸，而是自己的内心对生活的认识存在着片面性，心无力而已。真正聪明的人即使处在烦恼的环境中，也能够自己寻找快乐。

在忙碌、纷扰的生活外保持一颗清静的心，这是每一个人必须谨记在心的真理。心中有青山，就算是忙，也永远是"气定神闲的忙"。

净化内心，不被身处的环境所束缚

是有意于求宁静，是以愈不宁静耳。

——《传习录》

【鉴赏】

生活充满了种种偶然与不测，很多人的心情都容易因此受到影响，使得精神无时无刻不在忐忑不安之中。而要沉着冷静地去面对，则需如王阳明所说的涤荡内心。不管是顺境，还是逆境，都要静心不动。

静心即净心。平常人想要净心的时候，往往习惯于用理性去控制，但这样做的结果可能适得其反。告诉自己"不能动心，不能动心"，这个时候心已经动了。提示自己"心不能随境转"，这个时候心已经转了。王阳明说，有意去找寻宁静，这个时候已经不宁静了。真正的净心不是特意去控制它，也不是刻意去把握它。什么时候都知道自己的心，心自然而然就不动了。心不动了，人就不会为外界的诱惑所动，从而净化自身。

仰山禅师有一次请示洪恩禅师道："为什么吾人不能很快地认识自己？"

洪恩禅师回答道："我给你说个譬喻，如一室有六窗，室内有一称猴，蹦跳不停，另有五只称猴从东西南北窗边追逐猩猩。猩猩回应，如是六窗，俱唤俱应。六只称猴，六只猩猩，实在很不容易很快认出哪一个是自己。"

仰山禅师听后，知道洪恩禅师是说吾人内在的六识（眼、耳、鼻、舌、身、意）和追逐外境的六尘（色、声、香、味、触、法），鼓噪繁动，彼此纠缠不息，如空中金星蜉蝣不停，如此怎能很快认识哪一个是真的自己？因此便起而礼谢道："适蒙和尚以譬喻开示，无不了知，但如果内在的猕猴睡觉，外境的猩猩欲与它相见，且又如何？"

洪恩禅师便下绳床，拉着仰山禅师，手舞足蹈似的说道："好比在田地里，防止鸟雀偷吃禾苗的果实，竖一个稻草假人，所谓'犹如木人看花鸟，何妨万物假围绕夕？'"

仰山终于言下契入。

为什么人最难认清自己呢？主要是因为真心被掩盖了。就像一面镜子，布满灰尘，就不能清晰地映照出物体的形貌。真心没有显现出来，妄心就会影响人心，时时刻刻攀缘外境，心猿意马，不肯休息。

心不动才能真正认清自己，遇到顺境不动，遇到逆境也不动，不受任何外在的影响。现代人的状况大多相反，遇到顺境的时候高兴得不得了，遇到逆境的时候痛苦得不得了，这就带来许多痛苦。其实，我们遇到的任何外境都一样，如果我们能够了解这一点，就不会被六尘所诱惑，也不会被六识所蒙蔽。

实际上，顺境跟逆境不过是一体两面而已，一个是手背，一个是手心。顺境时得意忘形，逆境时失意忘形，都是不对的，换句话说，是心有所住。有所住，就被一个东西困住了，就得不到解脱。要想真正解脱，并不是去崇拜偶像，也不是迷信权威，而是要心无所住，心不为动。这样，面对任何事情，物来则应，过去不留。

外面再美的景致，也无法使我们的心得到真正的休息，反而白白浪费掉精力。王阳明启示我们，把浑浊、动荡的心澄清，不要刻意去欢喜、悲伤。就好像看一池生长于污泥中的荷花，池边的观赏者有人欢喜有人忧，可是一池的荷花却在那里，不动，不痴，也不染，荷花只是荷花。人如果也能像荷花一样，不被外物牵绊，活出真我，心便能回归寂静，生活也就不会被境遇随意差遣。

保持内心的安定，从静坐开始

教人为学，不可执一偏。初学时心猿意马，拴缚不定。其所思虑，多是人欲一边。故且教之静坐，息思虑。

——《传习录》

【鉴赏】

在《传习录》中，王阳明指出：教人做学问，不可固执某一边。刚开始学习时，内心浮躁，心如猿猴在跳，意如烈马奔驰，无法安静下来，他所思虑的，多是那些乱七八糟的事。因此就教他静坐，平息思虑。

在这里，王阳明强调要善于排除私心杂念。其实不论干任何事，只有保持内心的安定，进入一种不为外物所动的状态，才能把事情做到完善的地步。

静坐是一种东方独特的修身养性的传统方法，古代许多在事业或学术上取得卓越成就的名人，平常都爱好静坐，如李白、白居易、苏东坡、陆游等。通过悉心练习静坐，可以感悟人生，认识自我，医治心灵的创伤，并可促使注意力集中，开发潜在的智慧。

大家在现实生活中，也经常会有这样的体会，如果自己心中没有什么杂念，就会觉得精神很振奋，注意力集中，感官和脑筋都比以前灵动多了。其实这也是在排除了杂念的状态下，一个人的智慧和能力得到发挥作用的原因。

很多取得惊人成就的人，都善于排除杂念而保持高度的注意力。那些在事业中非常专注、经常因为专注于某件事而忘记周围事物的存在的科学家，通常都能取得伟大的成就。当他集中全部精力来思考某一问题时，就会进入一种忘我的境界，使他的思维只集中到一个点上，当然就容易出灵感。

现在社会已进入到生活节奏空前加快的时期，尤其在大都市，工作氛围更是十分紧张，让人无法静下心来，时时有一种浮躁、焦虑的心情。带着这种心情去做事，效率自然不会高，因为许多事是要潜心思考才能做好的。而且，整天处于焦躁的状态，即使拥有富足的财产，生命质量也不会高到哪里去。

所以现在很多名人，如一些明星和公司总裁、总经理，都喜欢抽空到一个特定的地方，静修一段时间，以提升自己的心灵境界，体验和谐、宁静的生命状态，获得更好的决策能力。

古人认为"定能生慧"，就是说人在心意安定、注意力集中的状态下，能够产生比较高的智慧，如思维能力、记忆能力、理解能力大增等。有的人具有"一目十行，过目不忘"的惊人本领，即为他的定力高、注意力高度集中，激发了潜在能力的缘故。

《朱子语类》中记载了这样一则小故事。

宋代人陈烈为自己的记忆力差而苦恼。一天，他读《孟子》，读到其中的"学问之道无他，求其放心而已矣"这句话时，恍然大悟，说："我没有将散放在外的心收拢回来，怎么能够在读书的时候牢记住有关内容呢?"于是把自己单独关在一间房子里，专心致志地静坐，在此期间不去读书或想别的事，以免分心。这样坚持了一百多天。从此之后，只要读过的书就不会再遗忘了。

静坐得法，能增进记忆力，其原理并不神秘，不过是借此把注意力集中起来罢了。

静坐这种方法还有助于创新发明。

埃玛·盖茨博士是美国的大教育家、哲学家、心理学家、科学家和发明家，他一生中有许多发明。盖茨博士能够把这个世界变成更理想的生活所在，全靠创造性的思考。而他这种创造性的思考方法，也是靠排除杂念，高度集中注意力才能达到的。

通常，他进行专心思考的地方是一间十分宁静的房间，这个房间里唯一的家具是一张简朴的桌子和一把椅子，桌子上放着几本白纸簿，几支铅笔以及一个可以开关电灯的按钮。

当他遇到困难而百思不解时，就到这个房间来，关上房门，熄灭灯光，静静地坐在椅子上，让自己全副心思进入深沉的集中状态。他就这样运用"集中注意力"的方法，要求自己的潜意识给他一个解答，不论什么都可以。有时候，灵感似乎迟迟不来；有时候似乎一下子就涌进他的脑海；更有些时候，至少得花上两小时那么长的时间才出现。等到念头开始澄明清晰起来，他立即开灯把它记下。

埃玛·盖茨博士曾经把别的发明家努力过却没有成功的发明重新研究，使它尽善尽美，因而获得了二百多种专利权。他就是通过静坐，集中注意力思考，从而获得别人在常态中无法想到的东西。

通过静坐能够获得种种独特的效果，其境界也并非高不可攀。每天只要花十多分钟进行练习，慢慢地，就能够让自己达到心如止水的宁静境界。这种境界能使你保持平和的心情，更有耐心和智慧去处理各种复杂的事务。

静坐的方法是很简单的。放松身体，暂时将各种事务也放下来，不理会了，好像自己身处一个环境优雅的世外桃源，与世隔绝了，再没什么牵挂，让心灵做一次彻底的放松。

然后微微合上双眼，可以想象一处美丽的风景，轻轻地吸气，配合放松身体；缓缓地呼气，柔和地任气息向下沉去。让思绪与呼吸融为一体，反复练习，心态要尽量从容自然，就像在做一种悠闲自在的游戏一样。

一个人只要有点耐心和毅力，在万事撼其心的日常生活中抽出一点时间，沉潜内心，摒弃那些平常干扰自己的琐事，让身心进入一种宁静和谐的状态，就有可能领悟到静坐的境界，并将其精神融入人生之中，从而达到提升心灵、开发智慧的目的。

拥有一颗清净心，摆脱外界环境的干扰

问："声色货利，恐良知亦不能无。"

先生曰："固然。但初学用功，却须扫除荡涤，勿使留积，则适然来遇，始不为累，自然顺而应之。"

——《传习录》

【鉴赏】

人类在任何时代都需要一颗清净心。也就是远离烦恼的迷惘，有了清净心，遇到失意之事能治之以忍，遇到快心之事能视之以淡，遇到荣宠之事能置之以让，遇到怨恨之事能安之以忍，遇到烦乱之事能处之以静，遇到忧悲之事能平之以稳。

王阳明说："扫除荡涤，勿使留积，则适然来遇，始不为累，自然顺而应之。"排除杂念，不为外物所累，追求心灵的自由。王阳明强调的是一种心灵的模式，拥有一颗清净的心，摆脱外界环境的干扰，完全沉浸、专注于当下所做的事情当中，用整个身心来解决所面临的问题，而不是纠缠于自我。

俗语说："世上无难事，只怕有心人。"人若是专心致志，任何难题都能较好地解决，而深入研究问题的起因、经过、结果以及相关的问题，则能做到"触类旁通"，解决了此问题，便能解决与此相通的问题。反之，倘若三心二意，被外物所扰，再聪明的人也不能掌握真正的技术，不能学会更多的知识。

从前，有个名叫弈秋的人，他的棋艺水平闻名全国。每隔两年，弈秋大师都招收两名徒弟，这一次，他的徒弟是两个年轻小伙子，一个叫东木，一个叫西木。

弈秋讲棋有个习惯，总是闭着眼睛讲解，用手摸着棋子出招，并不监督徒弟们学习的态度，全凭他们的自觉来掌握棋艺。

开始时，东木和西木都能够全神贯注地听老师讲课，有时，两个人还时不时打断弈秋的讲解，提出各种疑问。晚上回到住宿的地方，两人往往兴致未尽，在院子中互相切磋棋艺，二人水平不相上下，进步很快。

一年后，东木和西木回家看望。经过一片林子时，他们恰好看到一个英俊的猎人，拉弓搭箭，一下子射落一只正在高飞的鸿鹰。这情景深深地吸引了西木，给他留下难忘的印象。回到老师身边，东木和西木学棋的态度有所不同了。东木学棋的兴致越来越浓，西木却感到整天学棋太枯燥了。东木听老师讲解棋谱时，专心致志，用心去领会老师说的每一句话；西木呢，他对猎鸟更感兴趣，总惦记着，鸿鹰是不是正在天上飞呢，有时，他还隐隐约约地听到鸿鹰的叫声，眼前不时浮现猎人射鹰的英姿。

又一年过去了，东木和西木学艺期满。弈秋让二位徒弟对弈，检验他们的棋艺。结果呢，当然是东木棋高一筹，把西木"杀"得落花流水。

弈秋大师看完两位徒弟的棋局，感慨地说："初学时，我闭目教棋时听你们两人的回答，我认为你们同样的聪明；后来，我闭目教棋时只听到东木一个人的回答，西木的心已经飞走了，所以我明白东木才是我真正的徒弟。"

清净心能够提高人的人生境界。清净之心就是一粒小小的种子，虽然外表看来微不足道，但其中蕴涵着最伟大的力量，凭借这种力量，人能够实现非常大的提升。

诸葛亮五十四岁时写给他八岁儿子诸葛瞻的《诫子书》中说："非淡泊无以明志，非宁静无以致远。"意思是一个人在社会中生活，若淡泊名利等身外之物，便可以真正明确自己的志向；若心无旁骛地投入某项你所钟爱的事业中，便可以实现远大的目标。这是诸葛亮一生的真实写照，亦是我们后人谨遵的警句名言。

为世俗名利所困扰，就算成功了，得到的也只是物质丰裕的快感，缺少"闲居无事可评论，一炷清香自得闻"的那派悠然，按照王阳明所说的，我们若做一件事物，沉下心来好好地投入，研究它、发展它，把功名等泛泛之事都抛之脑后，终有一天，会收获兴致，还有成功。

在紧张忙碌的日子里，拿出小小的空闲为自己净心，片刻的净心会带来片刻的安宁，无数个片刻积累起来，你就会获得一份悠然自得的心情，整个身心达到和谐的状态。

九、豁达

世间不如意之事，十有八九。然而面对艰难困苦，我们需要以怎么样的心态来面对呢？明朝大儒王阳明先生的人生，总是布满了荆棘与挫折，那些我们无法想象的艰难困苦总是偏偏降临，然而他并没有一蹶不振，而是仅凭个人之力，扫除一切障碍和磨难，体悟人生，创建心学，开创了辉煌的人生，成就了圣人的传奇。

保持积极乐观的心态

凡"劳其筋骨，饿其体肤，空乏其身，行拂乱其所为，动心忍性，以增益其所不能"者，皆所以致其良知也。

——《传习录》

【鉴赏】

古今中外的名人，要成就大事者，无一不历经重重磨难，最后坚持不懈而取得胜利。孟子的话很好理解，上天要降大任给一个人，通常都会使他的内心困苦，筋骨受到劳累，让他的身体忍受饥饿，备受穷困之苦，让他事事不能如愿以此来折磨他的心志，通过这些来让他内心警觉，使他的性格坚定，增加他的才干。而王阳明认为这些都是为了致良知。

其实在生活中也是如此，拥有一个好的心态对于我们实现人生的理想有很大的帮助。王阳明在贵州龙场任驿丞的时候，那里环境十分的恶劣，不仅地处穷山恶水，而且他和当地人的语言也不通，最悲惨的不仅仅是这些，那里连住的房子都没有，一切都要靠自己动手。他与随从们一起盖起了一座茅草房，茅草房十分简陋、矮小。很多人都心情抑郁，可是王阳明却十分乐观，还赋诗说："草庵不及肩，旅倦体方适。"其实很多苦难都来自我们自己的想象，当一个人心中有更高的理想和信念时，这种来自外界的困难就会显得十分的渺小。

积极乐观的心态，是人生中最宝贵的财富。积极的心态能使一个懦夫成为英雄，从心志柔弱变为意志坚强。随着现今社会的发展，越来越多的人劳累于工作，烦心于家庭琐事，更多的人为了追求金钱、地位、权力，让本真的快乐渐渐消失在我们的记忆中。很多人抱怨于社会的不公，其实很多时候，是我们自己迷失了原属于我们自己的快乐，不存在什么偏见和不公。

有句话说："当上帝为你关上了一道门的时候，他其实同时为你开了一扇窗。"很多时候，这些困难都来自我们的内心。中国的盲人歌手萧煌奇就是一个很好的例子，他的歌曲中唱道"是不是上帝在我眼前遮住了帘，忘了掀开……"也许上帝真的为他遮住了视觉上的那一道门，但是同时也为他打开了他能歌善唱的一扇窗。他的同班同学中国好声音学员张玉霞也是同样的盲人街头卖艺歌手，但是通过自己的努力，也可以像萧煌奇一样，出自己的专辑，实现自己做歌手的梦想。

曾经听过这样一件事，两位患者，其中一位得了癌症，而另一位患者只是普通的肺病，结果由于化验单两个人拿错了，导致普通肺病的病人以为自己得了癌症，抑郁而亡；相反得了癌症的患者以为自己只是普通的肺病，积极地配合医院的治疗，病情得到明显的好转和改善。一个人的心态很重要，保持积极乐观的心态，你才能够生活得更好，获得更多的成功。

在佛语中有这样一句话："命由己造，相由心生，世间万物皆是化相，心不动，万物皆不动，心不变，万物皆不变。"我们单从相由心生这句来讲，似乎此句与明朝大儒王阳明的观点颇有几分相似。王阳明在平定叛乱之后，看到世风日下不禁感慨道："破山中贼易，破心中贼难。"而心中之贼便是个人的私欲，这种私欲是万恶之源，他认为一个人持有怎样的心态，就可能成为什么样的人，也就能够拥有怎样的人生。世间万事，纷纷扰扰，只有做到不动心，才能够拥有真正的超然外物的洒脱。心的本体，原本就是不动的。心不动，即便有了三千烦恼丝缠身，也能够恬淡自如。你的所见、所闻、所感、所思都来源于你的大脑，从而构成了你的全部世界，而除此之外的其他世界则与你无关或者对你没有任何的意义。有些人经常在黑夜里不敢一个人出门，害怕有鬼，其实鬼到底是什么样子的呢？恐怕鬼在每一个人心中，他的形象都不一样。什么事情都容易去除，唯独心魔难除。

心态决定命运，心态决定人生。我们要学习王阳明，引用孟子的话，把每一次劳筋骨、饿体肤的经历都作为一种要成大事必经的过程，那么还有什么事情能够难得住我们呢？我们都知道世间不如意之事，十有八九。在现实的生活中，每个人都有自己不顺心的事情，而且我们面对的很多不顺心的事情又总是无法避免。但是我们虽然不能改变外界的糟粕环境，却可以决定自己的心灵选择。有一句话让我记忆深刻："当我苦恼于没有一双好鞋穿的时候，我才发现不远处有个人没有脚。"很多事情要以不同的眼光来看，如果你善于用不同的眼光看问题，把任何不愉快的事情都能看成是上天送给你的礼物，你便能从生活中得到无限的乐趣。

不被世间纷繁复杂的事情所干扰，才能用心看到一个真的世界。保持一个平和自然的心态，那么所有的苦恼瞬间也会迎刃而解。